拥有超高人气的南北朝史

彪悍南北朝

之十六国风云

云淡心远 作品

中国出版集团　现代出版社

图书在版编目（CIP）数据

彪悍南北朝之十六国风云 / 云淡心远著. -- 北京：
现代出版社，2018.6

ISBN 978-7-5143-7013-3

Ⅰ.①彪… Ⅱ.①云… Ⅲ.①中国历史—南北朝时代
—通俗读物 Ⅳ.①K239.09

中国版本图书馆 CIP 数据核字（2018）第065789号

彪悍南北朝之十六国风云

作　　者	云淡心远
责任编辑	张　霆　邸中兴
出版发行	现代出版社
地　　址	北京市安定门外安华里 504 号
邮政编码	100011
电　　话	010 - 64267325　010 - 64245264（兼传真）
网　　址	www.1980xd.com
电子信箱	xiandai@vip.sina.com
印　　刷	三河市宏盛印务有限公司
开　　本	710mm×1000mm　1/16
字　　数	625千字
印　　张	30
版　　次	2018年6月第1版　2023年1月第5次印刷
书　　号	ISBN 978-7-5143-7013-3
定　　价	65.00元

主要人物

刘渊（？—310），南匈奴单于之后，匈奴汉国的建立者。

刘聪（？—318），刘渊第四子，匈奴汉国第三任皇帝，在他任上，汉国军队先后攻占洛阳、长安，西晋灭亡。

刘曜（？—329），刘渊堂侄，本为匈奴汉国大将，公元318年继承汉国帝位，改国号为赵，史称前赵。后在与石勒作战时兵败被俘，不久被杀。

石勒（274—333），羯人，曾被卖为奴隶，后成为汉国大将，公元319年与刘曜决裂，建立后赵，329年灭掉前赵，基本统一了北方。

张宾（？—322），石勒的主要谋士。

石虎（295—349），石勒堂侄，在石勒死后废掉石勒之子石弘自立，成为后赵第三任君主。

冉闵（？—352），冉魏政权的建立者，以勇猛著称。

慕容廆（297—348），东部鲜卑三大部之一的慕容部首领，前燕政权的建立者。

慕容翰（？—344），慕容廆庶长兄，因受到慕容廆猜疑，被迫出走，先后投靠段部、宇文部，后回归并立下大功，最终因功高震主被赐死。

慕容俊（319—360），慕容廆次子，前燕第二任君主，趁石虎死后中原大乱之机南下，平定冉魏和多个割据势力，实现了慕容部入主中原的夙愿。

慕容恪（321—367），慕容廆第四子，前燕名将，屡立战功，慕容俊死后他辅佐幼主慕容暐，成为前燕支柱。

慕容垂（326—396），慕容廆第五子，慕容俊丰政时期因受到猜忌郁郁不得志，枋头一战击败东晋名将桓温，挽救了前燕政权，却反被迫出走前秦，投靠苻坚。淝水之战后回到关东，复国成功，建立后燕政权。

慕容德（336—405），慕容廆幼子，南燕政权建立者。

苻健（317—355），氐人首领，前秦政权建立者。

苻坚（338—385），苻健之侄，前秦第三任君主，以宽容著称，先后灭掉前燕、前凉等多个政权，统一北方，后率军南下攻打东晋，却在淝水一战大败，之后曾经强大的前秦很快就分崩离析，他本人也为后秦姚苌所杀。

王猛（325—375），前秦名相，苻坚最重要的辅佐者。

姚苌（329—393），羌人，本为前秦将领，淝水之战后建立后秦政权。

姚兴（366—416），姚苌长子，后秦第二任君主。前期雄心勃勃，励精图治，后期在遭受挫折后逐渐丧失了进取心，国势也由盛转衰。

赫连勃勃（381—425），匈奴铁弗部人，胡夏政权建立者。

拓跋珪（371—409），鲜卑拓跋部首领，北魏政权建立者，先后击败后燕、后秦，使北魏成为北方第一强国。

拓跋嗣（392—423），拓跋珪长子，北魏第二任皇帝。

拓跋焘（408—452），拓跋嗣长子，北魏第三任皇帝，在他任上先后平定胡夏、北燕、北凉等政权，统一了北方。

崔浩（？—450），北魏前期重要谋臣，先后辅佐拓跋珪、拓跋嗣、拓跋焘三任君主。

刘琨（271—318），西晋名将，西晋末年出任并州（治所晋阳，今山西太原）刺史，在西晋都城洛阳被匈奴汉国攻陷后，依然坚守并州多年。

祖逖（266—321），东晋名将，东晋初年率部北伐，收复黄河以南大片国土，后因遭到朝廷猜忌，忧愤而死。

桓温（312—373），东晋名将，权臣，曾率军灭掉十六国之一的成汉，三次发动北伐。

谢安（320—385），东晋名相，在他主政期间，晋军于淝水一战击败了号称多达百万的前秦南侵大军。

刘裕（363—422），东晋名将，权臣，南朝宋首任皇帝。出身寒门，后以军功执掌东晋朝政，两次发动北伐，灭掉南燕和后秦，后废晋自立，建立刘宋政权。

目 录

引 子

话说天下大势，分久必合，合久必分。

这是《三国演义》开头著名的卷首语。

为了证明"合久必分"，罗贯中从统一的东汉末年，写到了公元 220 年三国分裂。

为了证明"分久必合"，他又从三国分裂，写到了公元 280 年司马懿的孙子司马炎建立的西晋灭掉东吴，再次完成统一大业为止。

此语向来被认为十分精辟——用它来解释中国历史发展的规律，简直就如用阿基米德原理来解释浮力的规律一样贴切。

不过，和阿基米德原理相比，这句话似乎也存在一个小小的问题："分久必合，合久必分"的"久"字难以定量。到底多长的时间才能称为"久"？

如果罗贯中接着《三国演义》继续往下写的话，他的答案一定会让所有人都大跌眼镜！

因为，作为三国终结者的西晋帝国的统一仅仅维持了 24 年——还不够一个人从幼儿园读到博士！

在开国皇帝司马炎死后不久，西晋王朝就爆发了八王之乱，北方少数民族乘机崛起。

自从公元 304 年匈奴人刘渊建立汉国（后改名赵，史称前赵）开始，在长达 135 年的时间里，匈奴、羯、鲜卑、氐、羌等少数民族先后入主中原，他们先后建立的国家和几个汉人建立的政权一起，被称为十六国。

十六国的说法缘于北魏史学家崔鸿写的一本纪传体史书《十六国春秋》，书里记录了前赵、成汉、后赵、前凉、前燕、前秦、后凉、后燕、后秦、西秦、南凉、西凉、北凉、北燕、南燕、胡夏等 16 个国家的历史。

但这只是一个习惯性的说法而已。

事实上，除了上述的十六国以外，这一时期还存在代国、冉魏、西燕、翟魏、谯蜀等多个政权，远不止十六国。

这是一个常被忽视的时代，它夹在三国和隋唐两个著名的历史时期之间，历史教科书上几乎一笔带过。

这也是一个值得重视的时代，可以说，没有十六国，就没有北朝，就没有后来强盛的隋唐。

这是一个炼狱般的时代，混乱值爆表，战乱频仍，生灵涂炭。

这也是一个梦幻般的时代，精彩度冲天，风云迭起，英雄辈出。

有中土豪杰，有胡人干才。

有铁血战神，有名士风流。

有草根逆袭，有贵族复国。

千载留名却充满争议的，这是冉闵。

出身奴隶却成为皇帝的，这是石勒。

宽容大度却屡遭背叛的，这是苻坚。

扪虱而谈却谋比诸葛的，这是王猛。

深沉厚道却战无不胜的，这是慕容恪。

叛逃敌国却复兴祖国的，这是慕容垂。

坎坷半生却应时而起的，这是刘渊。

砥柱中流却回天乏力的，这是刘琨。

意气慷慨却难挽危局的，这是祖逖。

寄人篱下却反客为主的，这是赫连勃勃。

杀人凶手却求被害者保佑的，这是姚苌。

暴桀雄武却终结十六国的，这是拓跋焘。

遗腹子复国的，这是拓跋珪。

气吞万里如虎的，这是刘裕……

　　要了解这些熠熠发光的人物，要了解这段混乱却精彩的历史，就必须先从一个叫刘渊的匈奴人说起。

第一章 白痴当皇帝，八王之乱起

怀才不遇的高富帅

刘渊的前半生堪称是怀才不遇的典型。

他出身高贵，是匈奴冒顿单于的直系后裔，其父刘豹是南匈奴的左部帅。

南匈奴的历史可以追溯到东汉初年，当时匈奴的内部为争夺王位发生动乱，呼韩邪单于（大美女王昭君的丈夫）的孙子日逐王比自立为南单于，并南下归附汉朝，从此匈奴分裂成了南北二部。

之后，北匈奴在汉朝的打击下被迫西迁，逐渐消失在中国历史的记载中；而南匈奴则从此定居于长城以南地区，汗庭设立在离石左国城（今山西方山）。

东汉末年，丞相曹操把南匈奴分为左、右、南、北、中五部，刘渊的父亲刘豹就在此时开始统领五部之一的左部。

由于长期和汉人混居，南匈奴人也逐步汉化，至少从姓名来看已与汉人无异，比如刘渊家族就因认为自己是冒顿单于和汉朝公主的后代，而把姓氏改成了汉朝的国姓——"刘"。

刘渊少有大志，据说他很小的时候就曾经说过这样一句名言：吾每观书传，常鄙随陆无武，绛灌无文。二生遇高皇而不能建封侯之业，两公属太宗而不能开庠序之美，惜哉！——我每次看史书，常常鄙视随何、陆贾缺少武力，周勃、灌婴没有文化，随何、陆贾这两个书生在汉高祖打天下的时代不能领兵打仗，封不了侯；周勃、灌婴两个武夫在汉文帝治天下的时代不能帮助皇帝教化百姓，岂不可惜！

有了如此远大的目标作指引，年少的刘渊每天都像饥饿的婴儿吮吸奶水一样贪婪地吮吸着各种知识，每天都像夏日的知了练习蝉鸣一样不知疲倦地练习着各种武功，早读《左传》，晚看兵书，冬练三九，夏练三伏……

经过不懈的努力，成年以后，刘渊果然成了文比随陆，武超绛灌的全才——

他不仅学富五车，诸子百家无一不精，诗词歌赋全都拿手；而且武艺过人，刀枪剑戟样样娴熟，骑马射箭通通擅长。

更难得的是，他除了才气高、志气高，颜值也非常高，史载他身材魁伟，面容英俊，还留了把跟关云长一样漂亮的长胡子，堪称美髯公。

既有显赫的出身，又有非凡的相貌，还有出众的才华，这样的高富帅在特别看重门第、风度的魏晋时代，无疑是非常吃得开的。

因此，刘渊很早就在并州（治所晋阳，今山西太原）一带享有大名，朝廷重臣王浑对刘渊非常欣赏，与他结成了忘年交。

王浑是刘渊的同乡，出身于魏晋南北朝时的顶级豪门太原王氏，官至三公之一的司徒，其子王济则不仅官拜侍中，还娶了晋武帝司马炎的女儿常山公主。

西晋初年，刘渊曾作为南匈奴的人质住在都城洛阳。

经由王浑的推荐，司马炎特地召见了刘渊，一番交谈下来，他对刘渊的表现大为叹服。

事后，他对自己的女婿王济说：依我看，即使由余、金日磾（dī）也比不上刘渊！——由余是春秋时的西戎人，秦穆公的重要谋臣；金日磾是匈奴休屠王子，汉武帝时的佐命元勋，两人都是少数民族精英的代表人物。

王济回答说：刘渊的文武才干，远超由余和金日磾，陛下如果用他主政东南，平定东吴指日可待！

司马炎连连点头。

但此时另两位大臣孔恂、杨珧却说：非我族类，其心必异。这些外族人和我们汉人就像油和水一样格格不入，永远都不可能融合为一体。若授予刘渊重权，只怕即使平定了东吴，他也会割据江东！这不是引狼入室是什么？

司马炎一下子就无语了。

刘渊的大好前程成为了泡影。

几年后，西北地区的鲜卑人造反，声势浩大，司马炎派兵镇压，却屡战屡败，还折损了多员大将。

正当他头疼不已的时候，大臣李憙（xǐ）又再次向他推荐了刘渊：陛下，臣以为如能给刘渊一个将军的名头，让他统领匈奴五部西征，叛乱可平也！

没想到这次又是那个孔恂跳了出来，再次坏了刘渊的好事：蛟龙得云雨，非复池中物也。让刘渊去平乱，恐怕之后西北会更乱！

就这样，在皇帝面前，刘渊的名字时不时被提起，却时时都被否决。

燕子去了又来了，杨柳绿了又枯了，桃花开了又谢了……

转眼，刘渊已经在洛阳闲居了多年。

眼看着赘肉逐渐滋生，眼看着肚子开始发福，眼看着空有一身本事却没有地方施展，刘渊的心情就如被关在笼子里的雄鹰一样无比郁闷！

难道自己的才华只能像埋在地下的宝藏一样永远没有显露的可能？

难道自己这辈子只能在临死的时候因虚度年华而悔恨，因碌碌无为而羞耻？

希望在哪里？

前途在哪里？

有一次，在九曲河边和朋友饯别的酒会上，看着不停流向远方的河水，刘渊觉得他的忧伤也像这河水一样绵延不断看不到尽头，不由得动情地说：我恐怕是要老死在洛阳了，今天一别，也许就是永别！

说完，他悲从心来，忍不住仰天长啸，声彻云霄！

受其感染，朋友们也全都泪流满面，叹息不已。

一时间，场面颇为悲壮。

没想到这一幕正好被路过这里的齐王司马攸（司马昭次子，司马炎同母弟）看到了，回去后他马上就找到了司马炎：刘渊这个人必须马上除掉！否则，并州将来一定不会安宁！

幸亏此时王浑也在皇帝身边，他连忙为自己的朋友辩护：刘渊的人品我是了解的，我王浑愿意为他担保。况且现在我们大晋向来倡导以德治国，无缘无故就杀掉边疆少数民族的质子，这会造成多坏的影响？

听了王浑的话，司马炎觉得有道理，便放过了刘渊。

刘渊就这样侥幸逃过了杀身之祸！

公元279年，刘渊的父亲刘豹死了，他才得以离开京城，回到了生他养他的故土，子承父业出任匈奴左部帅，几年后又被任命为北部都尉。

在家乡，刘渊终于得以一展长才。

他心思缜密，赏罚分明，同时又轻财重义，待人宽厚，因此很快就声威卓著，不仅深得匈奴五部的族人爱戴，甚至还有很多汉人不远千里前来投奔他。

如果就这样发展下去，刘渊也许会和他的父辈一样，作为一个边疆少数民族的首领，远离权力中心，平淡却又舒服地度过自己的一生。

然而，命运是那么任性，它似乎从来都不喜欢按常理出牌，在你雄心勃勃踌躇满志的时候，它往往会给你兜头泼一盆冷水；在你备受打击逐渐心灰意懒的时候，它却往往会给你一个千载难逢的大馅儿饼！

就在已经人到中年的刘渊开始慢慢习惯故乡生活的时候，神奇的命运却突然把他推上了历史舞台的中央！

这一切，和当时西晋国内形势的急剧变化是分不开的。

白痴皇帝是怎样炼成的

在刘渊担任北部都尉不久后的公元 290 年，晋武帝司马炎就去世了，32 岁的太子司马衷继位，是为晋惠帝。

说到司马衷，你也许不一定有印象，但正史上记载的有关他当上皇帝后的两个经典故事，我相信你一定是有所了解的。

据说司马衷有次在华林园听见青蛙叫，便问了随从一个很傻很天真的问题：这些青蛙叫得这么起劲，到底是为公事呢还是为私事呢？

一时间，随从们全都惊呆了，过了好一阵才有个聪明的随从回答说：在公家地里叫的青蛙是为了公事，在私人地里叫的青蛙是为了私事。

还有一次，听说某地发生了饥荒，很多百姓没有饭吃饿死了，司马衷一出口便是一句传颂千古的名言：何不食肉糜？——没饭吃，为什么不吃碎肉呢？

这次，再聪明的随从也回答不出来了。

正是这两个著名的故事为司马衷赢得了"白痴皇帝"的美名。

不过，司马衷到底是不是真正的白痴，这个好像目前史学界还是有一定争议的，但他的智商比较低却是肯定无疑的，我估计他应该和现在学校里那种无论怎么认真学习、依然门门课都不及格的笨学生差不多吧。

那么问题来了：既然司马衷这么蠢，司马炎为什么还要让他当太子呢？

最主要的原因是，他虽然智商水平低，投胎水平却特别高。

他是司马炎的次子——虽然前面还有个哥哥，但两岁就夭折了，而且他又是杨皇后所生，按照古代嫡长子继承制的原则，他自然是根正苗红、名正言顺的皇位继承人。

被立为太子的时候，司马衷才 9 岁，虽然看上去反应也有点慢，但毕竟年龄还小，司马炎认为将来可以教育好，加上当时杨皇后又正得宠，所以没什么争议就立了他。

然而没过多久，司马炎也觉得这个儿子似乎智商堪忧，产生了换太子的想法，但杨皇后的原则却很坚定：太子必须要亲生的。

何况，这孩子也是无辜的，虽然笨是笨了点，但他又不是故意的！

因此她坚持力挺自己的亲儿子：立嫡以长不以贤，岂可动乎？

可惜司马衷 16 岁的时候，他的亲生母亲杨皇后就去世了，临死前她推荐自己的堂妹杨芷为下一任皇后。

有了这么一层关系，新的杨皇后对司马衷自然也是照顾有加，竭力维护。

可是，人丑，再怎么化妆都没用；人傻，再怎么维护也白搭。

时间长了，大臣们也都看出这个太子实在是不堪大任。

一天，司马炎宴请群臣，司空卫瓘（guàn）假借着酒意，突然跪在了司马炎的面前：臣有事要说。

司马炎连忙问：什么事？

卫瓘却不好意思明说，只是用手摸了摸皇帝的御座：此座可惜！

司马炎明白他的意思，但也不便明说，只好故意打哈哈：卫公啊，你真的是喝醉了啊！哈哈哈哈……

卫瓘是个聪明人，也就不再多说：哈哈哈哈……

相比之下，侍中和峤就没这么含蓄了。

他直接对司马炎说：皇太子有淳古之风，而季世多伪，恐不了陛下家事——皇太子像古人一样淳朴，只是现在这个时代太复杂了，恐怕他难以承担陛下的家事啊！

就像现在某些人说"不合眼缘"其实就意味着嫌对方长得丑，所谓"有淳古之风"显然就是"笨"的另外一种说法。

司马炎可不是"有淳古之风"的那种人，当然不会不知道和峤的意思。

可是他能怎么回答呢？

他只好沉默不语。

听了臣子们的话，司马炎对儿子也越来越没有信心，于是就有了下面这次决定司马衷命运的考试。

那一天，司马炎特地把东宫的大小官员都召来赴宴，然后派使者给司马衷送去一张试卷，罗列了一些朝政方面的问题，让他写出答案。

同时他命这使者就在东宫等着，只要卷子一答完就马上送到司马炎那里。

司马衷倒是毫不在意，他的表现像植物一般淡定——这是他的一贯风格，当然也是很多呆子的一贯风格。

太子妃贾南风（西晋开国元勋贾充的女儿）可吓坏了，她知道这些题目凭司马衷的水平是肯定答不了的，便紧急请了个枪手作答。

显然这枪手水平还是不错的，旁征博引，各种典故，各种成语，各种名人名言，各种比喻排比，洋洋洒洒，文采飞扬。

旁边有个随从赶紧提醒贾南风：不行啊。太子向来就不爱看书。这么写的话，皇帝肯定知道有问题，不如就事论事，有什么答什么，语句只要通顺就好了。

贾南风这才恍然大悟，连忙说：要不，你来写吧，我将来一定不会忘记你的。

这个随从颇有些小才，很快就模仿司马衷的语气写了一份答卷，文字虽然朴实无华，偶尔还有几个错别字，但也算是答得有根有据，像模像样。

接着，贾南风又马上让司马衷照着抄了一遍，随即交给使者。

司马炎看了这张答卷非常满意，还特意把它给卫瓘看，很有点显摆的意思：老卫啊，你看看，你看看，我儿子好像也没你说的那么差吧？

除此以外，司马衷之所以能顺利保住太子之位，很大程度上也与他的儿子有关。

虽然司马衷的能力不行，但这并不代表他的性能力不行——在他不到 20 岁的时候，谢才人就给他生了儿子司马遹（yù）。

司马遹和父亲截然不同，从小就聪慧过人，祖父司马炎非常喜欢，经常把他带在身边。

有一次夜里宫中突然失火，司马炎想要登楼观看火情，当时才 5 岁的司马遹却拉住了他，说：突然起火，应该防备意外，陛下您不应该站在那么显眼的地方，这不安全。

一个还在尿床的小屁孩儿竟然考虑得比自己还要周密，司马炎不由得大为惊奇：这简直是天才！

从此，他对司马遹更是刮目相看，甚至还当着群臣的面把他与晋朝的实际开创者司马懿相提并论。

也许，在司马炎的设想里，司马衷只是个过渡人物，司马遹才是他真正的接班人。

当然，他也知道司马衷毕竟难堪大任，因此在他病重的时候，为自己的儿子煞费苦心地挑选了两个辅臣——汝南王司马亮和车骑将军杨骏。

北风那个吹，八王那个乱

司马亮是司马懿的第四子，司马炎的叔父，历任军政要职，是当时皇族宗室中年龄最大、威望最高的人物。

杨骏则是杨皇后之父，凭借这一身份而备受重用，是司马炎在后期最信任的得力助手。

在司马炎看来，这两个人，一个是司马衷的叔祖父，一个是司马衷的外祖父，忠诚度都是不容置疑的，且两人可以相互牵制，不至于一家独大。

他本以为，有他们为自己的儿子保驾护航，自己应该可以放心了。

然而，正如祥林嫂本以为狼不会在春天到村子里来一样，"本以为"的东西往往是不靠谱的。

事实很快就证明了他这个自以为是的设想完全是痴心妄想！

杨骏利用自己在宫中侍疾的机会，居然把司马炎命自己和司马亮共同辅政的诏书藏了起来，接着杨皇后又趁司马炎临死前昏昏沉沉的时候，召来了专门负责起草诏书的中书监华廙和中书令何劭，口头宣布皇帝遗诏，任命杨骏为太尉、太傅、都督中外诸军事、侍中、录尚书事，总领朝政。

之后，杨皇后当着华廙、何劭的面，把写好的诏书给躺在床上的司马炎看，司马炎什么也没说——估计他这时要么是已经病得说不出话来了，要么是已经气得说不出话来了！

既然皇帝没发表意见，那当然就可以认为是默许了。

就这样，按照这个所谓的"遗诏"，在司马衷继位后，杨骏就成了整个西晋帝国说一不二的主宰。

由于他专横跋扈，刚愎自用，且为人刻薄，心胸狭窄，很快，朝中大臣们都对他怨声载道，分封在各地的诸侯王对他更是不服。

野心勃勃的皇后贾南风从中看到了机会。

她决心发动政变，除掉杨骏。

但她深知自己实力不够，且居住在深宫之中，不便出面，需要找个有实力的帮手。

她找的人，是时任都督荆州诸军事的楚王司马玮。

司马玮是司马炎的第五子，司马衷的弟弟，当时才21岁。

此人的头脑像十以内加减法一样简单，胆子像十的一百次方一样大。

这样的人，显然是拿来当枪使的最佳人选。

果然如贾后所料，司马玮听说后不仅欣然答应，还叫上了自己的弟弟淮南王司马允（司马炎第十子）作为帮手，两人随即申请入朝。

杨骏本来就担心司马玮等人在地方上手握重兵，会对自己不利，见他们主动要入朝，当然立即同意。

公元591年3月8日，在贾后的精心策划下，政变正式发动。

历史上影响深远的"八王之乱"自此拉开了序幕。

凭借手中掌握的司马衷这个橡皮图章，贾后轻易地取得了将杨骏免职的诏书，给杨骏安的罪名很老套——谋反。

司马玮负责执行，他亲自驻守司马门（皇宫外门），派东安公司马繇率军拿着诏书前去捉拿杨骏。

暴雨面前，城市下水道的好坏一览无余；生死关头，杨骏豆腐渣的本质顿时呈现。

当时有部下建议他烧掉禁宫中的云龙门放手一搏，他犹豫了半天，最后居然说：云龙门是魏明帝时所建，花了一大笔钱，怎么舍得就这样烧掉呢？——为了保护公物，不惜自己的生命，这是一种什么样的精神？

最终，坐以待毙的杨骏被杀于马厩之中，其家人、党羽全都被诛。

颇有心计的贾后并没有立即走上前台，而是推出了汝南王司马亮和太保卫瓘共同执政。

两人都是功勋卓著的老臣，在这样一场动乱后，由他们出面稳定局势，可谓是众望所归。

不过，对贾后来说，这一切只是不得已的做法——自己要想独揽大权，像司马亮这样名高望重的人是必须除掉的。

因此，在仅仅3个月后，贾后又暗中指使司马玮杀掉了司马亮和卫瓘，接着又嫁祸于他，以"擅杀大臣"的罪名将司马玮这个愣头青斩首。

司马亮等人死后，贾后终于再无任何顾忌，开始为所欲为。

她荒淫无度，不仅和太医令程据等人私通，甚至还让人四处物色美男，供她淫乱。

不过，贾后还是有点头脑的，虽然私生活够乱，在政事上却一点不乱——这几年，她重用庶族出身的老臣张华，使朝政保持了几年的相对安定。

然而，春风得意的贾后此时仍有心病——非自己所生的太子司马遹。

当年的神童司马遹现在已经逐渐长大了。

对贾后的专权，他非常不满。

贾后对此心知肚明，遂决心废掉太子。

公元299年年底，贾后设计诬陷太子谋反，将司马遹废为庶人，次年又将其杀害。

贾后的这一举动，就像一碗水被倒入了看似平静的油锅——立即引起了轩然大波！

毕竟，司马遹是晋武帝司马炎看好的继承人，向来被寄予厚望！

赵王司马伦（司马懿第九子）乘机以"贾后谋害太子"为罪名起事，一举诛杀了贾后和贾氏一党，自任相国，控制了朝政。

但贪婪的司马伦对此并不满足，没过多久就把司马衷一脚踢开，篡位做了皇帝。

这可让其他诸侯王找到了口实。

镇守许昌（今河南许昌）的齐王司马冏（司马炎弟弟司马攸之子）首先举起大旗，宣布讨伐司马伦。

长安（今陕西西安）的河间王司马颙（司马懿弟弟司马孚的孙子）和邺城（今河北临漳）的成都王司马颖（司马炎第十六子）也起兵响应。

司马伦众叛亲离，很快就兵败被抓，随后被赐死。

司马衷重新复位，封司马冏为大司马，司马颖为大将军，两人都加九锡，共同辅政。

司马颖采用谋士卢志的建议，主动请辞，以退为进，返回封地邺城。

司马颖走了，自然是司马冏一手遮天。

他骄奢恣欲，作威作福，不久就大失人心。

公元302年12月，河间王司马颙声称接到皇帝密诏，指责司马冏"斥罪忠良，伺窥神器"，出兵讨伐司马冏。

没想到还没等他的部队打到洛阳，京城内的长沙王司马乂（司马炎第六子）就已经杀掉了司马冏，最高权力落入了司马乂手中。

司马颙心里不是滋味。

什么感觉？

就好像自己先看中的美女，却被别人横刀夺爱抢走了。更要命的是，这个第三者的实力远远不如自己！

这让他的心理怎么能平衡！

于是，他又再次和司马颖联手，以"司马乂论功不平、专擅朝政"为名发兵攻向京城。

司马乂固守洛阳，苦苦支撑，但毕竟寡不敌众，局面越来越被动。

重赏之下，必有勇夫；重压之下，必有叛徒——几个月后，城内的东海王司马越（司马懿弟弟司马馗的孙子）与部分禁军合谋，抓获司马乂，将其送给了联军。

司马乂随即被活活烤死。

之后，司马颖以丞相、皇太弟的名义掌握了大权，坐镇老巢邺城，遥控朝局。

然而，天下乌鸦一般黑，司马家的王爷都一样水——除了饭桶还是饭桶，除了废物还是废物，除了让人失望还是让人失望。

司马颖也不例外。

他不仅任性妄为，还宠幸小人，弄得朝政一片混乱。

这样一来，很快又有人不安分了。

这一次跳出来的是司马越。

司马越当时在京城洛阳担任尚书令，公元304年7月，他与右卫将军陈眕（zhěn）联手发动政变，控制了洛阳城，随后他挟持皇帝司马衷，率禁军北上，讨伐邺城的司马颖。

但理想很夺目，现实很残酷。

在荡阴（今河南汤阴），司马越的部队被司马颖击败，战后司马越狼狈逃回自己的封地东海（今山东郯城），司马衷则被挟持到了邺城。

与此同时，趁着京城空虚，司马颙派大将张方出兵东下，轻而易举地占领了洛阳。

这几年，最高权力在几个诸侯王之间像走马灯一样转来转去，西晋中央政府的权威已经降到了最低点，整个帝国也几乎成了无政府状态。

天下早已四分五裂，乱成了一锅粥。

在西南，氐人流民领袖李雄驱逐了晋朝益州（治所今四川成都）刺史罗尚，占领了成都；

在西北，凉州（治所姑臧，今甘肃武威）刺史张轨统领河西四郡，由于远离中原的战火，那里成了事实上的独立王国；

在东南，扬州（治所建邺，今江苏南京）刺史陈敏扫平了蛮族叛乱，正准备割据江东；

在北方，实力最强的则当属幽州（治所蓟城，今北京）都督王浚。

王浚出身于著名大族太原王氏，是西晋开国元勋王沈之子，如今看到天下大乱，他的野心也开始膨胀起来。

不过，王浚清楚地知道，要想在这样的乱世出人头地，自己的兵力显然是远远不够的。

和某些足球俱乐部一样，他也想到了引进外援。

这方面，他是有很明显的地缘优势的。

因为幽州地处晋帝国的东北边陲，与鲜卑、乌桓等游牧民族近在咫尺。

据史书记载，这两个民族都源于战国时的东胡。西汉初年东胡被匈奴冒顿单于击败，其残部分别退保乌桓山和鲜卑山，后均以地名为族号，发展成为乌桓、鲜卑两个民族。本来他们都是匈奴的附庸，后来匈奴在汉朝的打击下逐步衰落，他们则乘机坐大，尤其是鲜卑各部此时已经遍布于几乎整个塞北。

东部鲜卑位于辽西一带，主要有段部、慕容部、宇文部三大部；

北部鲜卑主要是拓跋部，他们原先居于大兴安岭北部，后南迁到了阴山（位于今内蒙古）一带；

西部鲜卑则包括河西鲜卑秃发部和陇西鲜卑乞伏部……

与幽州相邻的是东部鲜卑，其中距离最近的是段部。

为了搞好与段部鲜卑的关系，王浚可谓下尽了血本——他不仅把自己的女儿嫁给了段部首领段务勿尘，还为段务勿尘争取到了一个辽西公的封号。

之前司马颖等人讨伐司马伦的时候，曾经派人到幽州招兵，王浚却不仅不予配合，还下令禁止幽州百姓参与司马颖的招募。

司马颖因而对王浚恨之入骨。

现在他大权在握，自然不能不报这个仇。

由于顾忌王浚的实力，他这次来了一手暗的——他派自己的心腹和演去担任幽州刺史，并命其找机会杀掉王浚。

不料，和演谋事不密，反被王浚所杀。

正所谓打草惊蛇，如此一来，王浚终于彻底明白了：自己一定不会被司马颖所容！

与其认命，不如玩命！

与其坐以待毙，不如拼死一搏！

于是他马上联合了鲜卑段务勿尘、乌桓羯朱和并州刺史司马腾（司马越之弟）等人一起起兵，共十几万人，浩浩荡荡杀奔邺城，讨伐司马颖。

得知这个消息，司马颖不由得大惊——这些游牧民族从小在马背上长大，在箭雨中成长，其战斗力非比寻常，而自己的部队刚刚与司马越打过一场恶战，人困马疲，怎么可能敌得过这些如野兽一样凶悍的异族人？

他满脸愁容，忧心忡忡。

第二章　认刘邦为祖宗的匈奴汉国

匈奴汉国借壳上市

就在这时，一员 50 多岁的老将自告奋勇挺身而出：殿下无须担心，我愿意召集匈奴五部，共赴国难！

此人正是本文开头提到的匈奴人刘渊。

刘渊怎么会在这里呢？

原来，八王乱起的时候，司马颖为了壮大自己的实力，特意遣使征召刘渊。而刘渊也希望能在一个更大的舞台上证明自己，因此一拍即合，当即应召。

此后，他在司马颖手下颇受重用，先后担任宁朔将军、辅国将军、冠军将军等职。

然而就在前段时间，看到西晋的局势乱成一团，各地豪杰并起，素来桀骜不驯的匈奴人也开始坐不住了，在刘渊的堂祖父左贤王刘宣的鼓动下，他们决定推举刘渊为首起兵造反，并马上派人到邺城告知刘渊。

刘渊听了非常激动，立即找到司马颖，以参加葬礼为由请求回家。

但司马颖却坚决不同意。

无奈，刘渊只得让老家的族人先准备起来，自己再相机行事。

这次，正是为了找到脱身的机会，才有了刘渊上面的言语。

不过，尽管刘渊信誓旦旦，但司马颖却还是将信将疑：五部之众，真的能来吗？就算真的来了，鲜卑、乌桓来去如风，恐怕也不是那么容易对付的。我觉得还是先避其锋锐，退保洛阳为妥。你看如何？

刘渊慷慨激昂地说：一旦您主动退出邺城，那就是示弱于人，必然会被天下人看轻，何况就算到了洛阳，有司马颙和张方在，您还能有现在这样的权势吗？殿下是武帝之子，功勋卓著，威名远播，岂是王浚、司马腾这种小人可比的！鲜卑人虽然悍勇，但我们匈奴五部也不是吃素的。殿下您只要安抚将士，守住邺城，我回去召来五部将士，一定取王浚、司马腾两个逆贼的项上人头！

这段话既有理性的分析，又有感性的吹捧，更有豪迈的誓言，司马颖听得热血沸腾，连声叫好，便不再犹豫，当场拍板，让他马上回去召集五部。

一回到老家，刘渊就被族人拥立为大单于，很快就有了 5 万之众。

这时有消息传来，司马颖已经被王浚等人击败，几乎全军覆没，带着皇帝司马衷和几十个随从狼狈逃到了洛阳。

刘渊不由得叹道：烂泥扶不上墙，朽木做不成梁。司马颖实在是太没用了，真是个奴才！不过呢，话是这么说，我毕竟和他有过约定，不救他好像说不过去啊！

刘宣等人连忙劝谏：晋朝对我们像使唤奴隶一样，我们怎么能再为他们效忠呢？如今他们自相残杀，这正是上天要灭亡他们，是上天要让我们复兴呼韩邪单于的事业！天与不取，反受其咎，请大单于切勿迟疑！

呼韩邪是西汉末年的匈奴单于，当时匈奴内讧衰落，他率部向汉朝称臣，后又重归漠北，复兴匈奴。很显然，刘宣是希望刘渊效仿呼韩邪，脱离汉人的统治，重新成为草原的主宰！

听了刘宣的话，刘渊连连点头，随即发表了一段重要讲话：英雄不问出处，帝王岂有定数！大禹出于西戎，周文王生于东夷。如今我们有如此多的部众，足以横行天下，上可以像汉高祖一样统一全国，下可以像魏武帝一样占踞中原，呼韩邪何足道哉！

接着他又说：汉朝国祚绵长，恩德结于人心，我的先人是汉室之外甥，与汉室约为兄弟，由我来继承汉朝大业，名正言顺。我们应当以汉为国号，以争取人心。

这就是刘渊的眼光。

这就是刘渊的见识。

眼光有多远，才能走多远。

见识有多高，才能飞多高。

显然，刘渊之所以能名留史册，他建立的汉国之所以能灭掉西晋这个庞然大物，绝对不是偶然！

刘渊的这番话，让所有在场的匈奴人都佩服得五体投地，他们异口同声地说：大单于圣明，非我等所及！

公元 304 年 10 月，刘渊正式称汉王，建都于左国城（今山西方山）。

刘渊所建的国家被称为匈奴汉国，因后来国号改为赵，故又称汉赵或前赵。

同月，氐人李雄也在成都宣布独立，称成都王。

这就是十六国中最早建立的两个政权。

十六国的大幕就此拉开。

建立之初的汉国，其实是相当脆弱的，地盘不大，兵马不多，不过好在当时的晋朝中央政府内乱不已，自顾不暇，根本没有精力搭理在边远地区闹腾的刘渊。

对刘渊有威胁的，只有附近的并州（治所今山西太原）都督司马腾。

司马腾连续数次派军前去攻打刘渊，都被汉军打败。

随后刘渊派大将刘曜（刘渊的堂侄）等人四处攻城略地，先后攻下了屯留（今山西屯留）、长子（今山西长子）等地，实力大增。

然而次年，刘渊的老巢离石（今山西吕梁离石区）一带发生了严重的饥荒，他扩张的步伐也不得不慢了下来。

就在这段时间，晋朝的时局又发生了翻天覆地的变化。

司马颖在逃到洛阳后，马上就像投案自首的犯人一样被控制了起来，不仅权力没了，甚至连人身自由也得不到保证，大权都控制在司马颙部下大将张方的手上。

不久，张方又劫持皇帝司马衷和司马颖等人到了长安。

长安是司马颙的根据地，此后自然是司马颙说一不二，专掌朝政。

他改立司马炽（司马炎第二十五子）为皇太弟，司马颖则失去了所有职务，成了闲人一个。

不过司马颙的好日子并没有持续多久。

公元 305 年 7 月，关东的东海王司马越联合了范阳王司马虓（司马懿弟弟司马馗的孙子）、幽州都督王浚等人发兵征讨司马颙，并于次年攻入长安，携皇帝司马衷东返洛阳。

司马颙逃入太白山躲了起来，后被司马越设计诱杀。

司马颖也在逃亡路上被抓到邺城，后被范阳王司马虓的部下秘密处死。

历时 16 年之久的"八王之乱"至此宣告结束，司马越成为了最后的胜利者。

不久，49 岁的皇帝司马衷因食物中毒而死——究竟是谁下的毒，你懂的。

可怜的傻皇帝自登基以来一直就像击鼓传花游戏里的花一样被人传来传去，现在，在传到第八个人手上的时候，游戏终于结束了，他也终于解脱了。

司马衷死后，司马越拥立 23 岁的皇太弟司马炽继位，是为晋怀帝。

当然，司马炽依然只是幕前的傀儡，司马越才是真正的实际控制者。

他身兼太傅、录尚书事等几大要职，独揽朝政大权，几个弟弟也都手握重兵，雄踞一方——他的三弟高密王司马略出任征南大将军、荆州都督，镇守襄阳（今湖北襄阳）；四弟南阳王司马模则任征西大将军，镇守长安；二弟新蔡王司马腾本来担任并州刺史，后来又调任司、冀二州都督，镇守邺城。

接替司马腾担任并州刺史的是刘琨。

刘琨，字越石，西汉中山靖王刘胜之后（和刘备同宗），他风流倜傥，才气纵横，年轻时就名气很大，是著名的二十四友之一，还曾和好友祖逖一起创造了"闻鸡起舞"和"枕戈待旦"两个著名的成语。

后来他因协助司马越讨平关中而被封为广武侯。

在并州，刘琨很快就显示了他与前任司马腾的区别——如果说司马腾因其皇族血统可以称为 VIP，那么刘琨堪称 MVP。

在上任的途中，他就遇到了刘渊派来阻截的大军，一番恶战下来，匈奴人大败，刘琨遂乘胜进入晋阳（今山西太原）城。

之后，刘琨又经常派间谍潜入匈奴汉国内部，偷偷散布流言，弄得汉国内部人心惶惶，很多人都归降了刘琨。

总之，在刘琨手里，刘渊根本占不到任何便宜。

愚者认死理，智者懂变通。

很快，刘渊就调整了自己的进攻方向。

经过审慎考虑后，刘渊开始向西攻城略地，一路势如破竹，连续攻克平阳（今山西临汾）、蒲坂（今山西永济）等战略要地，占领了几乎整个河东地区（今山西西南部），并把都城迁到了蒲子（今山西隰县）。

一时间，刘渊声威大震。

不久，两员大将的加入又大大加强了刘渊的实力。

一位是刘渊的好友王弥。

王弥是东莱（今山东莱州）人，他不仅是个官二代，还是官 N 代，家族中世代都是二千石以上的高官。

在魏晋南北朝那个拼爹的时代，他如果按照父辈铺就的道路走下去，前途毫无疑问是一片光明的——权力、地位、金钱、美女，一样都不会少。

但王弥却不走寻常路，他是个天性就不安分的人，按部就班的事避之唯恐不及，离经叛道的事却乐此不疲。

当时有个隐士很早就对他下了评语：君豺声豹视，好乱乐祸，若天下骚扰，不作士大夫矣——你说话声音像豺，目光像豹，好乱乐祸，如果将来天下乱起来，一定不会走正途。

王弥年轻时曾在洛阳闯荡过一段时间，因缘际会认识了当时正在京城当质子的刘渊，两人成了莫逆之交。

公元 306 年，他的家乡东莱有人造反。

见此情景，浑身充满叛逆基因的王弥就像狗看到了骨头一样兴奋——对王弥来说，乱世是他的开心乐园。

他毫不犹豫就带着家丁加入了叛军。

然而这次造反很快就被政府军镇压了，王弥被迫亡命江湖，带着一帮手下逃到山里，成了一个山大王。

在山大王这个职业里，王弥干得相当出色。

他不仅弓马娴熟，膂力过人，而且极有谋略，每次行动都有周密的计划，几乎从不失手，因此在胶东一带声名远扬，江湖人称"飞豹"。

在队伍不断壮大的同时，王弥的野心也在不断壮大。

他不再满足于小打小闹，便干脆率部出山，在青州、徐州一带四处掳掠，几乎所向无敌——直到他遇到了西晋兖州刺史苟晞。

苟晞是当时数一数二的名将，如果说王弥是飞豹的话，苟晞就是飞虎——在苟晞面前，王弥连遭败绩，只得退回山中。

日暮途穷之际，他听说自己当年的老友刘渊已成气候，便遣使请求归附。

刘渊大喜过望，当即封王弥为镇东大将军、青徐二州牧、东莱公。

从奴隶到将军

比起王弥，另一位投奔刘渊的人在当时的名头要小得多，但后来在历史上的影响却大得多——此人的名字叫石勒。

石勒是羯人，按照《晋书》《魏书》等史籍的说法，羯人出自匈奴别部，不过现代不少史学家根据羯人"多高鼻深目"的特点，认为他们很可能是来自中亚。

石勒的原名叫背，小名叫匐勒，出生于上党武乡（今山西榆社），其祖父耶奕于、父亲周曷朱均是部落小帅。

羯人是外来民族，人数也不是很多，相貌又与主流社会的汉人完全不同，因而他们的社会地位十分低下，备受歧视。

石勒家尽管是羯人中的小头目，也照样摆脱不了赤贫的命运。

石勒没上过学，大字不识一个，小小年纪就四处打工，做过小贩，当过雇农，勉强混个温饱。

不过，美景多出现在穷乡僻壤，猛男多出身于贫苦家庭。

成年后的石勒长得高大威猛，气宇轩昂。

有看相的说他相貌不凡，将来前途无量。

但几乎没人相信。

只有当地的两个大户郭敬、宁驱觉得这小伙子人不错，经常送衣给粮，资助他家。

石勒是个知恩图报的人，他知道自己家里穷得叮当响，能回报他们的只有自己的一身力气，便常去帮他们耕种。

在干活的时候，石勒的耳畔总感觉有隆隆的战鼓声和呜呜的号角声，觉得非常奇怪，便回去告诉自己的母亲。

他母亲似乎颇有点医学知识，对此很是不以为然：这不过是耳鸣而已，哪里值得大惊小怪！

公元303年，并州一带闹了饥荒，石勒被迫和族人一起出外逃荒，结果和家人走散了，孤身一人，饥寒交迫，几乎面临绝境。

幸好此时遇到了当年的恩人郭敬，郭敬给他衣服、食物，他这才侥幸得以活命。

然而，今后的路在何方？

不，以后的饭碗在哪里？

总不能喝西北风吧。

石勒想来想去，觉得还是干人贩子比较有前途，他对郭敬说：老家有很多"胡人"都快饿死了，我想把他们诱骗到河北，把他们卖给当地富户家做奴隶，这样我可以赚到钱，这些人也可以活命，双赢。

悲催的是，很多时候，理想和现实往往是一对反义词。

一心想当人贩子的石勒不但没当上人贩子，反而却被人贩子给贩卖了。

当时的并州刺史司马腾居然也想到了和石勒一样的主意——他派军队四处捉拿"胡人"，将他们贩卖到山东，以赚钱充实军需。

倒霉的石勒也被抓了，后来被卖到了茌平（今山东茌平），成了当地土豪师欢家的一个奴隶。

在师家耕种的时候，石勒似乎又听见了战鼓、号角的声音，他问身边的那帮同事——也就是和他一起种地的奴隶们：你们有没有听到这种奇怪的声音啊？

这些奴隶竟然也都听到了：自从你来了，我们就经常听到这样的声音了。

石勒不由得笑了：这个，我从小在家里就经常能听见的。

奴隶们都大为惊奇，很快这事就传到了主人师欢的耳朵里。

师欢也觉得这个羯人很神奇，便赦免了他的奴隶身份。

重获自由的石勒又再次遇到了生存的问题。

对着没有星星的夜空，饿着没有食物的肚子，看着没有希望的前程，石勒终于作出了自己的决定：既然不能改变这个世界，那就去适应它！

只要能活下去，什么都可以干！

不管良知！

不择手段！

不问底线！

恰好师欢家的附近有个皇马——皇家马场，石勒以自己善于相马为名与马场头目汲桑搭上了关系，之后他便经常骑上汲桑那里的好马，纠集了夔安、支雄、桃豹、逯明、呼延莫（这些人后来大多成了石勒征战天下的干将）等一帮亡命之徒，号称十八骑，四处抢掠，抢来的宝物则大多交给了汲桑。

也就是说，这段时间，石勒相当于黑社会老大，汲桑则相当于他们的幕后保护伞。

不过石勒的黑社会生涯并没有持续多久。

公元304年，原先镇守邺城的司马颖逃到了洛阳（这个前面有说过），邺城周围一下子成了无政府状态，各路军阀、各地豪强纷纷揭竿而起，割据一方。

其中势力最大的一支队伍是原司马颖的部将公师藩，手下有数万人之多。

汲桑决定带着石勒等一帮人前去投奔公师藩。

也许是觉得石勒原先的名字无论是"背"还是"匐勒"都太拗口太没文化太非主流了，在公师藩面前实在是不好介绍，汲桑帮他按照汉人的习惯，起了个响亮的名字：石勒。

不过，在公师藩的麾下，石勒似乎并不受重用，只是个小头目。

公师藩不久就失败了，被兖州刺史苟晞斩杀——又是苟晞！

汲桑和石勒则潜逃回了马场。

之后，汲桑干脆以为司马颖报仇（当时司马颖已死）为名起兵，独立拉起了一支队伍，自称大将军，石勒则担任前锋都督。

石勒很快就展现了他的军事天赋——排兵布局如神助，冲锋陷阵似等闲。

带着这帮临时拼凑的部队，他居然连战连捷，甚至还一举攻进了河北重镇邺城，晋朝驻守邺城的最高指挥官新蔡王司马腾也在此战中被杀。

这下子事情闹大了。

西晋太傅司马越赶紧派出自己的王牌战将苟晞前去征讨。

石勒和苟晞两位当世一流战将可谓棋逢对手，两人在平原（今山东平原）和阳平（今山东冠县）之间打了大小30余战，互有胜负，今天我挥你一榔头，明天我还你一棒槌，谁也奈何不了谁。

看见战局僵持，司马越也亲自率大军东进，驻扎在官渡（今河南中牟），随时准备增援苟晞。

官军士气大振，苟晞随之也找到了破敌之法——避开难以对付的石勒，与汲桑对决。

汲桑素来忌惮苟晞的威名，不敢迎战，只是在营垒外构筑木栅，加强防守。

苟晞没有马上进攻，而是派人在汲桑营外一遍一遍地展开轰炸式的宣传工作：里面的人听着，你们已经被包围了！放下武器，出来投降！要活命，快投降，给钱回家看老娘；要想死，就顽抗，黄泉路上走一趟……

汲桑的部队本来就是乌合之众，听了这样的话很快就军心瓦解。

苟晞乘势猛攻，在东武阳（今山东莘县）大破汲桑军，歼灭万余人。

汲桑一败，石勒独木难支，也只能败退下来。

两人收集残兵，本打算投奔汉王刘渊，没想到途中又中了西晋冀州刺史丁绍截击，再次大败。

汲桑和石勒在乱军中失散，之后汲桑在逃亡途中被杀，石勒则逃到了上党（今山西长治）。

上党有一支数千人的少数民族部队，首领是张背督、冯莫突，见多识广的石勒很快就取得了他们的信任，随后又说服了他们，和他们一起往投刘渊。

刘渊见石勒相貌堂堂，谈吐不凡，非常喜欢，当即封石勒为辅汉将军、平晋王——从平晋两个字就能看出他对石勒的器重。

而石勒的表现也没让刘渊失望，他刚到汉国，就立下了一个大功。

当时乌桓人伏利度在乐平（今山西昔阳）有一支强大的武装，一直不肯归附刘渊，让刘渊很是头疼。

石勒自告奋勇前去招抚，他假装得罪了刘渊，前去投奔，没过多久，就以他出众的能力和天生的魅力获得了伏利度部下的爱戴。

眼见自己的威望已经超过了伏利度，石勒开始行动了。

在一次聚会上，他突然把伏利度抓了起来，并召集所有部众，对他们说：我和伏利度谁更适合做领袖？

对伏利度的水平，将士们不是存疑，是怀疑！

对石勒的才干，将士们不是相信，是迷信！

所有人都无一例外地选择了石勒。

随后石勒带着这支部队归顺了汉国。

刘渊加封他为督山东征讨诸军事，把这些人都归他统领。

有了王弥、石勒等大将助阵，刘渊底气大增，他开始大手笔地扩张。

公元 308 年春，刘渊命其第四子刘聪率军南下，占据太行山；石勒则担任东路军统帅，进军河北。

与此同时，西晋内部却出了问题。

国家不亡，内斗不已

就像有些人习惯于"酱缸文化"的毛病一样，西晋政府也有习惯性内斗的毛病。

关键时刻，太傅司马越和首席名将苟晞之间竟然出现了不可调和的矛盾。

其实，本来司马越和苟晞关系是非常不错的，两人甚至曾结拜为兄弟。

但后来的情况就不一样了。

短短数年间，苟晞败王弥，灭公师藩，平汲桑，连破强敌，所向披靡，一时间声名大噪，当时人甚至将他比作"韩白"（韩信、白起），他的官职自然也一升再升，被晋封为抚军将军、都督青兖二州诸军事。

花太美，就难免被人摘；人太红，就难免被诋毁。

有人对司马越说：兖州是魏武帝曹操起家的地方。苟晞这个人有大志，长期待在这样重要的地方，恐怕以后不好控制，会成为您的心腹大患。

作为八王之乱的亲历者和终结者，司马越别的心思也许不一定有，但提防内部人的心思可从来没放松过。

一听这话，他立刻就对苟晞猜忌起来。

司马越采用明升暗降的方法，一方面给了苟晞侍中、征东大将军、开府仪同三司、东平郡公等一大堆虚衔，另一方面却夺去了他在兖州的实权，把他从青、兖二州都督改任为都督青州诸军事。

而他本人却以丞相的身份，兼领了都督兖、豫、司、冀、幽、并诸军事，并且把自己的大本营设在了兖州。

平白无故地失去了一半权力，苟晞非常郁闷，从此，他对司马越越来越不满，打起仗来自然也没以前那么卖力了。

在足球场上，领先者一放松，落后者就可以转守为攻；在战场上，苟晞一放松，王弥就开始占据主动。

他趁此机会重新发展壮大起来，先是攻下了泰山（今山东泰安），然后又一路向西，如入无人之境，连续攻克了鲁（今山东曲阜）、谯（今安徽亳州）、梁（今河南开封）、陈（今河南淮阳）、汝南（今河南上蔡）、颍川（今河南禹州）等地。

公元 308 年 4 月，王弥占领了河南重镇许昌（今河南许昌），之后又乘胜进逼京城洛阳，驻扎在城南的津阳门外。

一时间，天下震恐。

然而，经过千里奔袭后的王弥军已是强弩之末，疲惫不堪，在洛阳城外难以抵挡晋军精锐的猛攻，不得不退兵。

之后王弥率残部北渡黄河，来到平阳（今山西临汾），投奔刘渊。

对这位久未谋面的老朋友，刘渊非常热情，不吝赞美之词：将军有不世之功、超世之德……

花花轿子人抬人，你抬我一尺，我抬你一丈，王弥当然懂这个道理，便力劝刘渊称帝。

刘渊并不推辞，只是继续给王弥戴高帽子：我之有将军，如鱼之有水。你真是我的诸葛亮啊！

之后，刘渊加封王弥为特进、侍中、司隶校尉，让他率军与石勒一起攻略河北。

其余的大臣们也看出了刘渊的心思，当然不会放弃这种风险小收益大的大好机会，一个个争先恐后地劝进。

而前线的好消息也在不断传来。

这段时间，刘聪拿下了河内（今河南沁阳）等地，石勒则先后攻下了魏郡（今河北魏县）、汲郡（今河南卫辉）、顿丘（今河南清丰），接着又与王弥合兵，一鼓作气拿下了河北重镇——邺城（今河北临漳）。

形势一片大好，刘渊心花怒放。

这年 10 月，他正式称帝，封长子刘和为大将军（后加封梁王），四子刘聪为车骑大将军（后加封楚王），堂侄刘曜为龙骧大将军（后加封始安王），宗室尽皆封王，其他功臣皆封公侯。

这也标志着匈奴汉国已经成为和晋朝平起平坐的对等国家。

两国之间的决战已经一触即发。

然而，在这样一个面临生死存亡的时刻，晋朝却依然还在坚持着"国家不亡，内斗不止"的基本国策不动摇。

晋怀帝司马炽年轻气盛，对司马越的专权十分不满，经常和中书监缪播、散骑常侍王延等几个亲信一起密谋，想要逐步削减司马越的权力。

司马越的嗅觉比警犬还要灵敏，他很快就察觉到了皇帝的意图，便马上率军回到洛阳，随后直闯皇宫，从司马炽的身边把缪播等人抓走处死。

接下来，司马越又把宫中的禁卫军从上到下悉数罢免，全部换成了自己的亲信。

莫名其妙失了业，那些将士们怎能不怨声载道？

冲冠一怒为头衔。

有位叫朱诞的禁军将领一怒之下干脆北上投奔了匈奴汉国，并在面见刘渊时称洛阳空虚，竭力请求刘渊发兵攻打洛阳。

刘渊当然不会放弃这样的好机会，他当即任命朱诞为前锋充当带路党，大将刘景为大都督，率军南下攻晋。

刘景的进展颇为顺利，先是攻克了黎阳（今河南浚县），接着又在延津（今河南延津）大败晋军，还将当地百姓 3 万余人全部赶进黄河淹死。

刘渊得知后大发雷霆：我欲剪除的是司马氏，百姓何罪？刘景有何面目再来见朕！天道岂能容之？

随后他当即下令把刘景降职。

由此可见，刘渊算得上是一个爱民的皇帝，这在生灵涂炭、动辄屠城的十六国时期是难能可贵的。

和他有着相似见识的还有他麾下的大将石勒。

石勒在拿下邺城后又挥师北上，相继攻克了巨鹿（今河北平乡）、常山（今河北正定）、中山（今河北定州）、博陵（今河北安平）、高阳（今河北蠡县）等地。

相对于当时的其他军队，石勒所部的军纪还是不错的，赢得了河北不少百姓的支持，当地少数民族更是纷纷投到他的帐下，他的兵力很快就达到了10万余人，成为当时一支举足轻重的武装力量。

除此以外，他还延揽了很多士人。

他把这些知识分子集中在一起，别立一营，称为君子营。

君子营中最有名的是张宾。

张宾是赵郡中丘（今河北内丘）人，此人自幼博览经史，不过他读书作文不喜雕琢章句，讲究实用，而当时的西晋社会却极其崇尚清谈，特别讲究形式，这也注定了只注重知识不注重姿势的他在那个只注重姿势不注重知识的时代并不被人重视。

他曾经在中丘王司马铄（司马懿弟弟司马孚的曾孙）的手下担任过都督，但他向来就不拘小节，司马铄却是娇生惯养的公子哥，两个人就如天上的雄鹰和笼里的金丝鸟一样——完全不是同一类的，没有任何共同语言，因此他根本不受司马铄的待见，不久就被迫辞了职。

怀才不遇的他常常叹息：我自认为自己的才智见识不比张良差，可惜遇不到汉高祖啊！

看到石勒在河北的作为，张宾好像饿汉看到满汉全席一样兴奋：我见的人多了，只有这个"胡人"将军可以与之共创大业！

他立即提剑来到石勒军门前，大声呼喊着求见。

不过，最初石勒对他也并不重视，但后来张宾几次献计都得到了事实的印证，石勒这才认识到了他非凡的才华，从此石勒对他言听计从，遇到任何疑难问题都要先去咨询他。

就在石勒经营河北的同时，汉军另两员大将刘聪和王弥正在攻打壶关（今山西壶关）。

壶关位于南太行山的北端，是沟通并州和中原地区的交通要道，壶关一旦丢失，并州刘琨和西晋朝廷之间的联系就会被彻底切断！

晋朝太傅司马越和并州刺史刘琨当然不敢怠慢，连忙分别从洛阳和晋阳派出援军救援壶关，却都被刘聪击败。

孤立无援的壶关最终被刘聪攻陷。

这样一来，黄河以北已经没有了任何屏障，晋朝的都城洛阳已经暴露在了刘渊的面前！

第三章　无可奈何西晋去

创业未半却中道崩殂

公元 309 年初，刘渊把都城从蒲子迁到了平阳（今山西临汾）。

当年 8 月，他以刘聪为主帅，率军南下攻打洛阳。

司马越命平北将军曹武等人出兵抵御，却都被刘聪打败。

刘聪乘胜渡过黄河，随后又在宜阳（今河南宜阳）战胜了镇守关中的南阳王司马模（司马越的弟弟）派来的援军。

连战连败会让人丧失信心，连战连胜会让人丧失警惕。

沉浸在胜利中的刘聪开始飘飘然了。

西晋弘农（今河南灵宝）太守垣延向刘聪诈降，刘聪居然全不怀疑，立即接受。

当天夜里，垣延突然从内部发难，猛攻汉军营帐。

汉军此时正在睡梦中，根本无法组织有效的抵抗，被垣延杀得大败，损失惨重，无奈只得撤军回到平阳。

乘风破浪却最终阴沟翻船，成功在望却最终功亏一篑，刘渊对此岂能甘心！

两个月后，他又再次大举出兵。

刘渊以刘聪、王弥、刘曜、刘景等人率 5 万精锐骑兵为前军，大司空呼延翼率步兵为后继，浩浩荡荡，杀向洛阳。

晋军根本没有想到汉军会这么快就卷土重来，一时间大为恐慌。

刘聪乘机率军长驱直入，很快就杀到了洛阳城下，屯兵于城西的西明门外。

晋将北宫纯趁敌军立足未稳，当天夜里率一千勇士发动突袭。

汉军猝不及防，黑夜中一片混乱，大将呼延颢战死，不得不向南溃退。

第二天，刘聪又在洛河南岸收集败兵，重整旗鼓，随后进屯洛阳城南的宣阳门，同时命刘曜驻扎在洛阳城东的建春门，王弥屯兵于城西的广阳门，刘景则迁回到了城北的大夏门，从而完成了对洛阳的包围。

就在刘聪厉兵秣马准备攻城的时候，突然听到了一个坏消息——后继部队发生了兵变，主帅呼延翼被乱兵杀死，部众全部溃逃回了平阳！

老成持重的刘渊闻知此事大惊，连忙命刘聪撤兵。

但年轻气盛的刘聪却不甘心这样白跑一趟，坚决要求留下继续攻城，表示不拿下洛阳誓不罢休！

刘渊同意了。

然而，洛阳毕竟是座大城，哪是那么容易攻下的？

汉军连续多日猛攻，伤亡惨重，洛阳城却岿然不动。

刘聪绞尽脑汁费尽心机竭尽全力却依然无计可施无法可行无路可走。

他已经尽力了，也已经力尽了。

很多人在遭遇挫折一筹莫展的时候都会怪罪于流年不利运气不好，刘聪也不例外。

为了转运，他把部队的指挥权交给了亲信部将刘厉、呼延朗，自己则跑到了百里之外的中岳嵩山去祈祷。

应该说，祈祷还是有效果的，"运"的确是转了——只不过是向坏的方面转的。

就在刘聪外出的这段时间，晋军乘虚而入，出城突袭汉军，群龙无首的汉军被打得大败，呼延朗被杀，刘厉则投洛河而死。

这样一来，刘聪更郁闷了。

损兵折将，士气低落，这仗还怎么打下去？

王弥也劝他：我军此次出师不利，粮草也支撑不了多长时间了。我看还是退兵吧，殿下您回师平阳，我撤到兖州、豫州一带待命，我们养精蓄锐，再图后举。

但刘聪还在犹豫——毕竟自己是主动请战的，现在灰溜溜地回去，面子上怎么过得去？

好在天无绝人之路。

快溺水有人递木头，要撤兵有人给理由。

就在刘聪骑虎难下之际，后方的太史令宣于修之帮了他一个大忙。

宣于修之对刘渊说：岁在辛未，当得洛阳。今晋气犹盛，大军不归，必败——天相显示，要到辛未年（当年是己巳年，辛未年是两年后）我们才能得到洛阳。如今晋朝气运还在，如果我们不撤军的话必败。

刘渊于是马上派人召刘聪班师。

得到这个命令，刘聪的感觉就像雨一下子停了，天一下子亮了，浑身一下子就轻松了。

他当即率刘曜等人一起北撤平阳，而王弥则率部南下。

之后，王弥一直在豫州一带发展，连下颍川（今河南禹州）、襄城（今河南襄城）等郡县，声势颇大，还派其部将曹嶷东进，攻取自己的老家青州。

与此同时，河北的石勒也战果累累，他先是攻下了冀州治所信都（今河北冀州），接着又南渡黄河，突袭甄城（今山东甄城），杀晋兖州刺史袁孚，随后又再次北上，攻打河北各郡县，所到之处，如入无人之境。

刘聪、刘曜当然也没闲着，在河内（今河南沁阳）与晋军大打了一仗，大大地巩固了汉国在黄河以北的统治。

看着将领们在各地战果累累，刘渊信心满满。

他就像孩子期待长大一样热切地期待着辛未年（公元 311 年）的到来。

那是上天安排他的帝国攻克洛阳、灭掉西晋的日子。

遗憾的是，他并没有等到这一天。

公元 310 年 7 月，刘渊突然得了重病，很快就一病不起，几天后就去世了，后被谥为光文皇帝，庙号高祖。

刘渊的知名度也许并不高，但他在历史上的地位却是毋庸置疑的——正是他一手开创的汉赵帝国最终灭亡了西晋，把中华大地带入了持续近 300 年的大分裂时代！

但这也许并一定不是他的错。

事实上，虽然是匈奴人，但他汉化程度颇深，满怀儒家理想，深信仁义道德，目光长远，爱惜民力，可以说是个不错的领袖。

然而，天往往不遂人愿，有人奋发向上最终却每况愈下，有的爱情刻骨铭心最终却草草结局，刘渊一心想做明君最终却开启了乱世的潘多拉盒子！

想播龙种却收获了跳蚤，如果刘渊地下有知，不知他会有怎样的感想？

刘渊死后，按照惯例，太子刘和继承了皇位。

刘和是刘渊的长子，汉国建立后他一直留在都城平阳，先是被封为梁王，后又顺理成章地成为太子。

刘和这个人，能力不见得强，猜忌心却极强，对他的几个弟弟尤其是手握重兵的刘聪非常不放心。

刚一登基，他就和几个亲信密谋，想要诛杀楚王刘聪、齐王刘裕（刘渊第三子）、鲁王刘隆（刘渊第五子）、北海王刘乂（刘渊幼子）等亲王，以绝后患。

刘裕、刘隆两人很快被杀，但刘聪可不是这么好对付的，他事先早已得知了消息，严阵以待，随后反戈一击，率军杀入皇宫，将仅当了 6 天皇帝的大哥刘和杀死，控制了朝政大权。

群臣纷纷请求刘聪登上帝位。

但刘聪却是一副忸怩作态的样子，推说刘乂是单皇后所生，应该继承皇位。

刘乂也算识时务，流着眼泪极力推辞。

如此这般，单曲循环了 N 次……

一直到群臣肚子开始打鼓眼皮开始打架嘴里开始打哈欠的时候，刘聪才半推半就地坐上了皇帝的宝座，并封刘乂为皇太弟，自己的长子刘粲为河内王。

在刘渊的儿子中，刘聪的确是最出类拔萃的。

他自幼熟读经史，对兵法尤为精通，同时又武艺过人，可以拉开 300 斤的大弓，可谓文武兼备，当年西晋重臣王浑曾对他赞不绝口：这孩子前途不可估量！

刘渊起兵后，刘聪一直领军南征北战，独当一面，战功赫赫，威名远扬。

现在，刘聪大权在握，自然渴望大展宏图。

首先当然是要实现父亲未竟的遗志——攻克西晋都城洛阳。

对这个地方，他是再熟悉不过了——他曾经作为主帅两打洛阳，尽管两次都铩羽而归，但也积累了丰富的经验。

经过深思熟虑，他决定采用新的战略：先扫清洛阳外围，将其孤立，然后乘其疲敝一举拿下！

推卸责任太聪明，反误了卿卿性命

公元 310 年 10 月，刘聪任命自己的儿子刘粲为主帅，率始安王刘曜等人领兵 4 万南征。

与此同时，石勒也率两万精兵从河北前来会合。

在顺利渡过黄河后，汉军并没有直接进攻洛阳，而是转战于洛阳附近的梁（今河南开封）、陈（今河南淮阳）、颍（今河南禹州）、汝（今河南汝南）一带，先后攻陷了百余座城堡。

而石勒则挥师南下，先后攻占宛城（今河南南阳）、江夏（今湖北安陆）等地，在江汉大地纵横驰骋。

被汉军这么一闹，洛阳几乎成了一个孤岛，由于难以得到各地的物资支援，人口众多的洛阳城很快陷入了饥荒的困境。

无奈，西晋太傅司马越只能派使者传檄各地，还在檄文上插上羽毛以示紧急，让他们火速派兵勤王，入援京师。

皇帝司马炽更是可怜巴巴地对使者们说：你们替我转达各方镇，动作一定要快，早的话京城还有的救，再晚就来不及了！

时间在一天天地过去，司马炽和司马越的心也在一点点地变凉。

各地的勤王军竟然一个也没来！

勤王的檄文都是相似的，不来勤王的方镇却各有各的原因。

青州刺史苟晞和司马越不和，自然不愿赴援，而此时王弥的部将曹嶷正在青州一带作乱，让他更有了拒绝的理由；

坐镇关中的南阳王司马模最近有点烦，秦州（今甘肃天水）、安定（今甘肃泾川）等地都有人叛乱，腾不开手；

驻在襄阳的征南将军山简倒是派了兵，可惜战斗力实在是渣，走到半途居然被一支流民武装打败，灰溜溜地回去了；

并州刺史刘琨向来积极响应朝廷号召，这次也不例外，他特意向鲜卑拓跋部的首领拓跋猗卢借了两万鲜卑骑兵，想要派他们援救洛阳，但司马越考虑到这些鲜卑人不好控制，生怕引狼入室，拒绝了他。

既然没人帮忙，洛阳城内的王公大臣们只能自己想办法了。

树挪死，人挪活，很多朝臣都提议迁都。

但太尉王衍却坚决不同意，还把自家的车都卖了，以示决心。

王衍出身于名门琅琊王氏，是当时的士族领袖。

他幼年时就长得非常漂亮，据说竹林七贤之一的名士山涛见了他曾感叹不已：何物老妪，生宁馨儿！——不知什么样的妇人，竟然能生出这样美的孩子！

长大后，他不仅英俊潇洒，风度翩翩，而且知识渊博，才华横溢。

魏晋时期崇尚清谈，王衍就是这方面第一流的高手，他善谈《老子》《庄子》，出口成章，因此名气极大，被称为"一世龙门"。

也正由于他的出身和名气，他官运亨通，多年来一直担任尚书令、司空、司徒等宰相级的高官，不过他一向以清高自居，甚至从来不谈"钱"这个俗字，把钱叫作"阿堵物"的就是他。

对于治国理政这样的俗事，他当然更是毫不关心，成天只是高谈阔论各种貌似高深却毫无意义的问题，比如"先有有还是先有无？""先有黑还是先有白？""先有鸡还是先有蛋？""先有男人还是先有女人？"……

司马越本是皇室疏属，在朝中的根基不是很深，他执政后，尤其看重王衍在士族中的影响力，因而王衍更受重用，荣升太尉，成为朝中仅次于司马越的二号人物。

很显然，王衍的态度也代表了司马越的态度，迁都的事也就不了了之了。

可是，不迁都，难道就这样困守洛阳，坐以待毙？

司马越满脑子小聪明，当然不会这么干。

他穿上戎装，找到皇帝司马炽，表示自己要率禁卫军出屯兖州、豫州一带以讨贼。

司马炽不傻，自然知道他的用意——好啊，你拍拍屁股想走，让我一个人在这等死?

于是他竭力反对:如今朝廷社稷都依赖于您。您怎么可以远离朝廷呢?

然而司马越早就想好了一番冠冕堂皇的说辞:臣已经下了决心,一定要率众平贼,贼灭了国家就安全了。如果坐守京城,不主动出击,恐怕事态会越来越严重……

他的话这么坚决,作为一个只拥有被否决权的傀儡,司马炽还有什么好说的?

他一下子就无语了,泄气了。

公元 310 年 11 月 15 日,司马越带着太尉王衍等一帮亲信大臣和 4 万将士,浩浩荡荡地开出了洛阳城,随后一路向东,驻扎在项县(今河南项城)。

从他的行军路线来看,他的目的很可能是要返回自己的老巢东海郡(今山东郯城)。

而由于司马越带走了几乎所有的精英和精兵,洛阳城内很快就陷入了无政府状态,盗贼横行,混乱不堪。

对于临阵脱逃的司马越,司马炽心里充满了愤恨。

一怒之下,他的智商情商急剧下降争相逃亡,做出了一个十分不理智的决定。

司马炽派使者给青州刺史苟晞送了一份密诏,命其讨伐司马越。

这正中苟晞的下怀。

他对司马越早就恨之入骨,曾经扬言说:司马越身为宰相,处事不公正,以致天下混乱,我岂能对此听之任之?

他马上传檄天下,宣告司马越的罪状。

本已内外交困、焦头烂额的司马越哪里承受得了这样的打击?

很快他就忧愤成疾,不久就死在了军中。

他这一死倒是解脱了,却给跟随他的这帮大臣们留下了一个巨大的难题。

领头羊没了,他们该何去何从?

众人推王衍为首。

王衍连连摆手,推说襄阳王司马范(楚王司马玮之子)比他更有资格。

司马范当然也不愿意在这个时候出这个头,也极力推辞。

司马范:你职位高。

王衍:你血统高贵。

司马范:你名气大。

王衍:你血统高贵。

司马范:你能力强。

王衍:你血统高贵。

…………

就这样，两个人推让了一万两千多个回合，依然不分胜负，最后他们不得不决定效仿没头的苍蝇——不设首领。

接着又经过了 3 万个回合的讨论，他们开始继续东行，打算护送司马越的灵柩，返回其封地东海郡。

然而，他们做梦也没有想到：就在他们拖拖拉拉磨磨叽叽慢慢吞吞缓缓前行的时候，汉国石勒的大军已经逼近了他们！

石勒之前在江汉一带打得顺风顺水，本想留在那里，作为自己的根据地。但他的首席谋士张宾却极力反对，他认为这一地区河网纵横，不利于羯胡骑兵的行动，而且其部下多为北方人，在南方水土不服，容易产生疫病。

石勒听从了他的建议，便重新率军北上，先后攻克新蔡、许昌等地。

在许昌，他听说司马越死了，其部下群龙无首，立即意识到这是个千载难逢的好机会，便马上率军来追。

在苦县宁平城（今河南郸城），石勒追上了王衍等人率领的晋军，把他们团团围住，发起猛攻。

比起石勒的军队，晋军人数其实并不少，而且多为中央禁卫军，照理战斗力并不差。

但有句话是这么说的：一只狮子领导下的一群绵羊，要比一只绵羊领导下的一群狮子可怕得多。

何况这批晋军连一个绵羊般的领导都没有！

与其说这是场战斗，不如说这更像是一场屠杀！

很快晋军就全军覆没，太尉王衍、襄阳王司马范、任城王司马济、武陵王司马澹、吏部尚书刘望等王公贵族全部被俘。

战后，向来重视知识分子的石勒把王衍等名士带到营中，问他们晋朝衰败的原因。

王衍详细论述了 36 个原因 72 个理由 108 个因素 216 个细节，引经据典，侃侃而谈，气势磅礴的排比句一段接一段，精美绝伦的漂亮话一串又一串……

石勒面带微笑，听得有滋有味。

不知不觉一天就过去了。

末了，王衍总结陈词，把自己的责任推得一干二净。

他声称自己从小就不想当官，对朝政从来都不参与，因此西晋的败亡和自己没有一毛钱的关系。

为求免祸，他还对石勒大加赞美，劝其称帝。

没想到这段话彻底葬送了他。

31

石勒的脸色立马由晴转阴，冷冷地说：阁下年轻时就入朝为官，名扬四海，身居要职几十年，竟然能说出这样的话？败坏天下的，不是你这样的人，还能是谁！

随后他马上命人把王衍拖了出去。

见此情景，其余被俘的大臣们也都吓坏了，也纷纷向石勒哀求。

石勒一言不发，拂袖而去。

出去后，石勒对部将孔苌说：我行走江湖这么多年，从来没有见过这种人！

没有多加考虑，他就决定把他们全部处死。

也许是为了给这些文化人最后的面子，对他们执行死刑的时候，石勒没有用刀枪，而是用了一种别出心裁的方式。

当天晚上，王衍等人被带到一堵断墙之下下，石勒命人从后面把墙推倒，把这些人悉数活埋。

临死前，王衍发出了这样的叹息：呜呼！我辈虽然比不上古人，但如果当初不崇尚虚无，勠力同心以匡扶国家，又怎么会落到今日这样的地步！

已经死去的司马越也没能逃过这一劫，被剖棺焚尸，挫骨扬灰。

就连他的家人也没能幸免。

当初司马越出征的时候，其亲信何伦和王妃裴氏、世子司马毗奉命留守在京城，负责监视皇帝司马炽。听说司马越的死讯后，何伦慌了，便匆匆带着裴氏和司马毗等人逃出了洛阳，想去找王衍等人会合。

由于此时的洛阳已经危如累卵，人人都想逃离，因此在这支队伍里，也有大批的皇亲国戚跟随。

没想到预想中的逃命之旅却变成了送命之旅——在洧仓（今河南鄢陵），他们竟然与死对头石勒狭路相逢，毫无意外地，又是兵败如山倒，又是全军覆没，司马毗等 48 位西晋宗室亲王死于非命。

西晋之殇

尽管逃出去的人已经上了西天，城内的人却依然还想出逃。

司马炽也不想留在洛阳坐以待毙，可他毕竟是皇帝，不是想走就走的，至少得找个合适的理由吧。

还好这时苟晞雪中送炭，上表请求迁都仓垣（今河南开封东北）。

真是久旱逢甘霖，长夜见光明，司马炽当即表示同意。

然而，由于朝中的那帮公卿大臣们舍不得放弃多年来搜刮的财物，又是整理又是打包耽误了不少时间，好不容易等到他们出发的时候，又发现居然连皇帝乘坐的车子都找不到了，无奈司马炽只好徒步出行，想走到黄河边再坐船东下。

但刚走出宫门没多久，他们就遇到了强盗。

接下来发生的事是亘古未闻的——光天化日之下，洛阳闹市之中，堂堂一国之君，居然被一伙不知名的毛贼抢掠得抱头鼠窜，狼狈逃回了宫中！

从此，他再也不敢出门，惶惶不可终日，像已经被判死刑的犯人一样忐忑不安地等待着最后时刻的到来。

好在，善解人意的命运并没有让他等太长的时间。

公元 311 年 5 月，刘聪命大将呼延晏率军南下，攻打洛阳。

汉军势如破竹，连战连捷，很快就到了洛阳城下。

始安王刘曜、征东大将军王弥、安东大将军石勒等汉军大将也奉命各率所部前来会合。

心无斗志、腹无食物的洛阳守军现在的战斗力相当于十的负一百次方——约等于零。

几乎没有遇到像样的抵抗，洛阳就落入了汉军的手中。

司马炽想逃往长安，在路途中被抓获。

汉军在洛阳城内大肆烧杀抢掠，皇宫陵庙都被洗劫一空，上至太子司马铨、下至平民百姓的 3 万余人都死于乱军之中。

几天后，汉军撤出了洛阳，临行前刘曜下令放火，把洛阳宫室全部焚毁。

王弥连忙劝阻：洛阳天下之中，山河四险之固，宫室又都是现成的，咱们应该劝主上把都城从平阳迁到这里。怎么可以烧掉呢？

不过，由于之前王弥没等刘曜就抢先入城，刘曜对王弥早就有了一肚子意见，当然没听他的。

古都洛阳就此被焚烧殆尽，成了一片废墟。

此后王弥率军东出，屯兵于项关，石勒南下驻于许昌，刘曜则带着俘虏们凯旋而归。

捷报传来，刘聪极为兴奋，又是大赦又是改元，同时封司马炽为会稽公。

他得意扬扬地问司马炽：你们家为什么要这样自相残杀？

司马炽的人生格言是：尊严诚可贵，人格价更高，若为生命故，二者皆可抛。因此一心只想苟活的他毫无廉耻地回答说：因为大汉将应天受命，我们之所以要自相杀戮就是为了替陛下您扫清道路，这是天意，非人力所及！

刘聪听了非常受用。

然而，饶是司马炽如此低声下气，如此卑躬屈膝，如此以犯贱为己任，如此视受虐为享受，最终的结局却依然悲惨——既丢了脸，也丢了命。

有一次，刘聪大宴群臣，让司马炽穿着仆人的衣服给大臣们挨个倒酒。

几个西晋旧臣见前皇帝受到这样的侮辱，忍不住悲从心来，失声痛哭。

刘聪觉得很不舒服，真是嗑瓜子嗑出个臭虫——扫兴！

他不由得微微皱了一下眉头：我不想以后再看到这样的场面！

于是，司马炽不久就被害了。

不过，尽管已经攻占了西晋都城洛阳，但对于刘聪来说，他的大业还远没成功。

西晋的残余势力依然遍布各地——晋阳有刘琨、幽州有王浚、青州有苟晞、关中有南阳王司马模、江东有琅琊王司马睿……

刘聪首先把矛头对准了近在咫尺的司马模。

司马模是司马越的弟弟，司马越执掌西晋大权后，他就被寄予厚望，出任征西大将军、都督秦雍梁益四州诸军事，镇守关中。

可惜司马模的水平实在是太差，让他来当此重任，就仿佛让修自行车的小工去修航天飞机一样——完全是用非其人！

这家伙最擅长的是无事生非，小事化大，大事化到不可收拾。

当时关中饥荒，疾疫流行，盗贼四起，司马模不但没有能力解决这些问题，反而还因用人不当而导致了秦州（今甘肃天水）刺史裴苞、安定（今甘肃泾川）太守贾疋（yǎ）等人的叛乱，搞得关陇一带乱成一团，民不聊生。

听说洛阳失守的消息，司马模也感受到了危机，慌忙派部将赵染守卫蒲坂（今山西永济），以防备汉军随时可能发动的进攻。

蒲坂位于黄河东岸，扼黄河著名渡口——蒲津渡，当秦晋要冲，地理位置十分重要。

没想到赵染对司马模早就十分不满，一到蒲坂就献城投降了汉国。

刘聪大喜，立即以赵染为前锋，其子河内王刘粲和堂弟始安王刘曜为主帅，统兵西征，攻打长安。

在士卒们看来，司马模这样的饭桶获胜的可能性比中国男足拿世界杯的可能性还小，因此还没怎么打仗，其部下就已经叛逃一空。

司马模成了孤家寡人，无奈只得向汉军投降。

之后，刘聪封刘曜为雍州牧，率部镇守长安。

不过，没过多久，刘曜就发现自己面临的形势非常凶险。

他发现，自己拥有的，只是一座孤城而已。

他发现，关中不只有司马模这样的酒囊饭袋，也有很多的英雄好汉！

他发现，关中人只是不忠于司马模，并非不忠于晋朝！

原西晋安定太守贾疋、冯翊（今陕西大荔）太守索綝、始平（今陕西兴平）太守麴允、扶风（今陕西泾阳）太守梁综等人全都不服匈奴人的统治，先后起兵反抗。

他们共推贾疋为主帅，兵马达10余万，气势如虹，很快就逼近长安。

刘曜亲自率军征讨，却被打得大败，自己还为流矢所伤。

而此时从洛阳逃出的秦王司马邺（司马炎第二十三子吴王司马晏之子）也辗转到了关中，于是贾疋等人迎立司马邺为主，声势更盛。

刘曜困守长安，连战连败，后来实在撑不住了，被迫放弃了长安，驱赶着长安居民 8 万余人，逃回了汉国都城平阳。

晋军就这样顺利收复了长安。

公元 313 年 4 月，14 岁的司马邺在长安登基称帝，是为晋愍帝——也是西晋的最后一位皇帝。

朝政则掌握在麴允、索綝两人手里（此前贾疋已经战死）。

对此刘聪当然不会坐视不管。

随着他的一声令下，不久前刚在关中失利的刘曜又率军卷土重来，企图夺回关中。

晋军在麴允等人的带领下，苦苦抵抗，总算是把汉军赶了回去。

第二年，刘曜又再一次发动攻击，再一次被拼死一搏的晋军击退。

但此时的关中经过多年的饥荒和战乱，早已残破不堪。都城长安的居民甚至不满 100 户（其余都被刘曜带走了），车只有 4 辆，杂草丛生，荒凉无比，其他地区的情况当然也好不到哪去。

这样一个穷得几乎揭不开锅的草台班子，还能经得起匈奴汉国的下一次冲击吗？

公元 315 年 9 月，刘曜又一次率军从蒲坂渡过黄河，这次他吸取了前两次的教训，没有直捣长安，而是改用了稳扎稳打、步步为营的策略。

他先是攻取了冯翊（今陕西大荔），接着又挥师北上拿下了上郡（今陕西韩城）。

直到 316 年 7 月，他才率部西进包围了北地郡（今陕西铜川）。

北地郡是长安的北方门户，距离长安仅百余里。

西晋大都督麴允连忙率步骑 3 万前来救援。

刘曜心生一计，他命人在城外四处燃起篝火，同时派间谍大肆宣扬北地郡已经被汉军攻陷。

看见北地郡方向浓烟滚滚，麴允以为汉军正在放火焚城，对北地失守一事顿时深信不疑，一时间大惊失色，慌忙退兵。

刘曜乘机率军追击，大败麴允军。

孤立无援的北地郡也在不久陷落。

之后，刘曜乘胜攻打长安，很快就攻下了外城。

麴允、索綝等人护卫着皇帝司马邺退守内城。

到公元 316 年 11 月，城内粮草断绝，无法支撑，司马邺被迫出城投降。

至此，西晋正式灭亡，共历四帝，51 年。

第四章　横扫河北如卷席

强敌灰飞烟灭

在刘曜与西晋关中政权作战的几年间，汉国的另一名大将石勒更是战绩彪炳，战果累累。

第一个倒在他手下的，是他的老对手——西晋青州刺史苟晞。

在汉军攻下洛阳后，豫章王司马端（晋武帝司马炎之孙，其父为司马炎第十四子司马遐）从乱军中逃出，投奔了苟晞。

苟晞将其立为皇太子，自己则担任太傅、都督中外诸军事、录尚书事等要职。

不过，虽然这些头衔听上去很唬人，但实际上都是虚的。

此时苟晞的实力与之前相比，已经大大地缩水了，缩水程度甚至比我那个经历 2008 年股灾后的股票账户还要严重！

因为他刚刚经历了其军事生涯中最大的一次失败。

就在前不久，王弥的部将曹嶷趁苟晞在外作战，乘虚而入前来攻打青州，声势颇大，苟晞闻讯后大惊，急忙回军来救。

战事本来颇为顺利，苟晞连战连胜，曹嶷且战且退，眼看苟晞就要大功告成，没想到意外的事发生了。

不得不说，有时候，上天才是命运的主宰。

此时天气突然大变，风沙骤起，漫天迷雾，由于苟晞军处在逆风的方向，被风沙吹得眼睛都睁不开，什么也看不见，顿时失去了战斗力。

曹嶷乘势进击，不仅反败为胜，而且大获全胜。

此役苟晞损失惨重，只得弃城而逃，退守高平（今山东巨野），之后又移驻仓垣，在迎立司马端后，又转到了蒙城（今河南民权）。

青州一战，苟晞所部精锐尽失，后来虽然又重新招募了一些新兵，但其战斗力却再也无法恢复到以前的水平了。

更重要的是，苟晞的人也变了。

国事大坏，又遭大败，这一切让他感觉回天乏力，束手无策。

就像一些绝症病人往往会把一切看开尽情享受一样，预感到前途不妙的苟晞也开始纵情肆欲，终日足不出户，沉迷于美酒美色之中不可自拔。

就像一些工作中失意的家长往往会拿孩子出气一样，战场上失意的苟晞对下属也愈加苛暴，将士们都对他怨声载道。

石勒敏锐地注意到了苟晞的窘境。

他当然不会放过这样的机会。

公元 311 年 9 月，石勒从许昌出兵，突袭蒙城。

老对手再次相逢，形势已经截然不同。

如今苟延残喘的苟晞早已不是当年那个如日中天的苟晞，如今如日中天的石勒也早已不是当年那个初出茅庐的石勒。

强弱易势，结局是可以想象的。

没花多大力气，石勒就攻占了蒙城，俘虏了苟晞，但并没有杀他，而是任命他为自己的左司马。

刚烈的苟晞当然不愿接受，一个多月后，他密谋反叛，被石勒发现，惨遭杀害。

一代名将就这样窝囊地离开了人世。

毫无疑问，真正让他倒下的，不是他的对手，而是他绝望的内心！

擒获西晋名将苟晞，让石勒威名更盛，汉主刘聪对他也是大加赞许，不仅下诏表彰，还加封他为征东大将军、幽州牧。

但这却引起了一个人的嫉恨。

此人就是王弥。

对于石勒，王弥打心眼里是看不起的。

论出身，他是汉人大族、官宦世家，而石勒是卑微的羯人；

论文化，他是博涉书史、才华横溢，而石勒是个文盲，大字不识一个；

论关系，他和汉国创始人刘渊是故交，而石勒和刘渊八竿子都打不着；

论官职，他是齐国公、大将军，比石勒显然也要高出一头；

论能力，他当然更不认为自己会比石勒差。

论外表……

这个就算了，我看重的是内涵！

然而，不管他承认不承认，现在的石勒无论是实力还是威望都已经超过了他！

这让他感到难以接受。

当然，除了嫉妒，更重要的是，王弥是个有野心的人，他早已把山东一带看作了自己的地盘，卧榻之侧，岂能容石勒这样的人安睡！

他暗中有了除掉石勒之心。

在石勒平定苟晞后，王弥一方面偷偷派使者联络已经占据了青州的老部下曹嶷，邀请他和自己夹击石勒；另一方面，为了麻痹石勒，他又派人带着自己的亲笔信前去祝贺。

在信中，王弥对石勒大拍马屁：石公您能俘获苟晞而又任用他，何其神也！如果让苟晞和我王弥做您的左膀右臂，天下不足定也！

没想到弄巧成拙，这反而暴露了他内心的意图。

因为，石勒实在是太聪明了。

对于他，我只能用张良形容刘邦的那句话来形容：殆天授也！

看了——不，听了这封信（石勒不识字），石勒的反应是这样的：王弥位重而言卑，一定是心里有图我之意了。

而事实也验证了他的判断——王弥派去联络曹嶷的使者意外地被石勒的侦察兵截获，从使者的口中，石勒什么都知道了。

张宾劝石勒先下手为强，把王弥干掉。

这一切，王弥全然不知。

此时他正在与西晋将领刘瑞作战。

刘瑞战力颇强，王弥难以招架，无奈只好派人向石勒求救。

石勒内心正巴不得刘瑞灭了王弥呢，便打算拒绝。

张宾连忙劝谏说：明公您不是在考虑怎么消灭王弥吗？现在正是个好机会。咱们只需要这么做……

听了他的话，石勒改变了主意，亲自率军前去增援。

石勒出马，便有办法，很快他就击斩了刘瑞。

危难见真情，石勒的这一举动让他赢得了王弥的信任。

战后，石勒盛情邀请王弥到自己的营中喝酒叙旧。

王弥向来以狡诈著称，照理他应该会想到这事可能有诈，然而，这一次也许是被石勒之前那股毫不犹豫救援自己的义气打消了戒心，也许是像尿床的孩子那样虽然有所意识却无法把持住，总之他头脑一热，不顾部下的劝阻，执意前去赴宴。

到了石勒的地盘，可就由不得他了。

就在这次酒席上，石勒乘其不备，手起刀落，亲手砍下了王弥的脑袋。

随后，石勒向刘聪表奏，称王弥图谋不轨，因此自己为国除害，将其斩杀。

刘聪闻讯不由得大怒。

王弥是开国元勋，官位比你石勒还高，你居然敢擅自把他砍了，这还了得！

你眼里还有我这个皇帝吗？

然而，怒归怒，他却并不能把石勒怎么样。

一方面，他无法处罚石勒——此时石勒手握重兵，羽翼已成，虽然名义上是自己的臣属，但实际上独立倾向很强，要想惩治他并非易事；

另一方面，他也不能处罚石勒——此时天下尚未平定，他需要石勒这样的大将为自己效力，远没到兔死狗烹鸟尽弓藏的时候。

他只能无奈地叹了口气。

刘聪最后做出的处理决定，让我忍不住想起了小时候常做的边进水边排水的数学题：

一边是下诏严厉指责石勒：擅杀大臣，有无君之心……一边却是加封石勒为镇东大将军、都督并、幽二州诸军事。

从这个官职上可以看出，刘聪显然是希望石勒北上帮助自己攻打西晋在北方的最后两个强敌——并州的刘琨和幽州的王浚。

石勒的"隆中对"

但石勒却没有这么做。

他率军在豫州一带转了一圈，最后驻扎在了葛陂（今河南平舆）。

在葛陂，他收到了西晋并州刺史刘琨送来的一份珍贵礼物：他的生母王氏和堂侄石虎——自从8年多前他被掠到山东卖为奴隶之后，他就与家人失散了。

与王氏和石虎一起到来的，还有一封刘琨写的劝降信。

在信里，刘琨先是说了一番好话，夸石勒用兵如神，"虽自古名将，未足为谕"；接着话锋一转，说他之所以攻城略地无数却依然没有一片容身之地，是因为未得明主，"存亡决在得主，成败要在所附，得主则为义兵，附逆则为贼众"；随后又苦口婆心地劝他"幡然改图，弃暗投明"；并且授予他"侍中、持节、车骑大将军"等名号。

刘琨之所以会在这个时候劝降石勒，是因为他认为这是个千载难逢的好时机——石勒自作主张杀了王弥，和刘聪之间的关系有了难以修复的裂痕。

然而，他错了。

这只是他一厢情愿而已。

他和石勒，就跟鹰和虎一样，根本就不是同一个世界的人。

他费尽心机灌输给石勒的说辞，就仿佛泼向石头的水——无论多么猛烈，依然一丁点儿都渗不进去，完全是徒劳。

石勒毫不客气地拒绝了他的劝降：事功殊途。君当逞节本朝，吾自夷，难为效——人各有志。你应当表现你的气节为你的朝廷尽忠，我是个外族人，难以效仿你。

当然，为了表示对刘琨送来家人的感谢，他也给他回赠了不少名马和珠宝。

不过，尽管对刘琨的来信不感冒，但信中的某些语句还是戳中了他的痛点：为什么自己打了这么多的胜仗，却依然没有自己的地盘？下一步，自己该怎么干？

经过再三考虑，他决定把目标对准江南的西晋琅琊王司马睿。

司马睿是司马懿第五子司马伷的孙子，袭封琅琊王，因其封地琅琊（今山东临沂）与司马越的封地东海（今山东郯城）相近，故司马越封他为徐州都督，让他镇守下邳（今江苏睢宁），为自己看管大后方，之后他又被改封为安东将军、扬州都督。

公元307年，在司马王导的建议下，司马睿移驻建邺（今江苏南京，后因避晋愍帝司马邺讳而改名建康），开始经营江东。

王导出身于魏晋名门琅琊王氏，和司马睿是多年的好友，也是司马睿最倚重的心腹。

这几年北方乱成一团，而远离战火的江东在王导等人的精心治理下比较安定，因此中原士人纷纷南渡，江东成为了西晋王朝最后的一片净土。

现在听说石勒在葛陂大造舟舰，随时准备南下，司马睿不敢怠慢，连忙集结了自己几乎所有的兵力，北上到了寿春（今安徽寿县），摆出一副与石勒决战的样子。

此时石勒的日子并不好过。

自从他来到葛陂以来，整整3个月的时间一直阴雨绵绵，石勒的部下大都是北方人，对这样潮湿阴冷的天气极不适应，很多人都得了疫病，加之粮草供应不足，仗还没打，部队的减员就超过了半数，士气低落，军心浮动。

敌方大兵云集，己方却伤兵满营，这仗还怎么打？

石勒的心情就和天气一样的阴沉。

他召集部下开会，讨论应对之策。

右长史刁膺建议向司马睿求和，等其退兵后，再慢慢图之。

石勒脸色铁青，沉默半晌后发出了一声长叹。

大将夔安则说应该把营寨搬到高处以避水。

石勒听后报以一声冷笑：将军你未免太胆小了吧。

另两名部将孔苌、支雄则慷慨激昂地表示：趁敌军未至，我等愿意连夜进军，攻下寿春，再一鼓作气平定江南，活捉司马家小儿！

在石勒看来，这显然并不现实，但为了鼓舞士气，他还是对孔苌等人表示了赞许：真乃勇将之计也！

就这样，众人七嘴八舌地说了半天，石勒依然眉头紧锁，表情凝重。

显然，他对将领们的意见都不满意。

此时，他注意到坐在一旁的张宾还没发言，便扭头问道：你对此有什么看法？

张宾这才不慌不忙地说：将军您攻陷晋朝都城，囚禁晋朝天子，又杀害过那么多的晋朝王公，恐怕就算数尽您所有的头发，也无法数尽您对晋朝犯下的罪过，您怎么可能再去侍奉司马氏呢？实际上，去年诛杀王弥后，您就不应该来这里，如今数百里内天天下雨，这是上天在劝您不要在此地久留啊。

石勒听了连连点头，示意张宾继续说。

于是，张宾又说：邺城西接汉都平阳，山河四塞，咱们应该北上占据那里，然后就可以经营河北，河北一定，天下就没人可以和你抗衡了。

石勒的脸色开始由阴转晴。

不过，对张宾的言论，也有些将领仍有一些顾虑：我们北撤，晋军如果从后追击怎么办呢？

张宾笑着说道：晋军之所以在寿春集结，只不过是怕我们去攻打他们。听说我们撤兵，他们高兴还来不及，怎么会来追击我们？我们可以让辎重部队先撤，同时派大军向寿春进发以为疑兵之计，等辎重部队走远了，大军再从容北还，这有什么可担心的呢？

张宾的话，为石勒指明了发展的方向。

可以毫不夸张地说，对石勒来说，张宾这段言论的重要性丝毫不亚于"隆中对"对刘备的重要性！

可以毫不夸张地说，没有张宾的这段言论，就没有石勒后来的成功！

听了这番话，仿佛一块挡住视线的厚重幕布一下子被拉开，石勒顿时感觉眼前一亮，豁然开朗：张君的计策真是太妙了！

他当即贬了刁膺的官，将右长史一职转授给张宾，从此他对张宾更加尊重，不再直呼其名，而称其为"右侯"。

方案已定，接下来就是执行了。

按照张宾的计划，他让辎重部队先行北上，同时派出一支部队南下，摆出要进攻寿春的样子，以作为疑兵牵制敌方。

这支部队的主将，石勒出人意料地选择了初出茅庐的石虎。

石虎当时年仅18岁，到军中还不到半年，却已经以凶狠残忍而闻名全军，据说他尤其喜欢用弹弓打人，已经多次致人死伤。石勒曾想杀掉这个惹是生非的侄子，其母王氏却劝他说：强壮的牛犊往往会把车子弄坏，石虎年纪还轻，你为何不稍微等一段时间看看？

毫无疑问，在乱世，战场是检验人才的唯一标准，这次，石虎迎来了自己的表现机会。

然而，想在情场得意，光有颜值还不行，还得有头脑；要在战场取胜，光靠凶猛还不够，还要有计谋。

石虎的首秀就演砸了。

他率着两千精锐骑兵向寿春挺进，途中正好遇到了晋军的后勤补给船，船上的各种包子、馒头、烧饼、油条等，散发出阵阵诱人的香味。

就像饿极了的鱼儿即使明知饵料是插在鱼钩上的，也会毫不犹豫地咬钩一样，缺粮很久的石虎军士兵即使明知可能有问题，也都抱着"宁做饱死鬼，不做饿死人"的远大理想纷纷下马上船，争抢食物。

一时间，场面比清晨7点的菜市场还要混乱。

此时晋军突然伏兵大发。

手里拿着油条大饼的石虎军对阵手里拿着大刀长矛的晋军，结果自然是毫无悬念的。

石虎军大败而逃，溃不成军。

晋军乘胜追击，连追了一百余里，追上了石勒正在缓缓撤退的主力部队。

石勒遇变不惊，临危不乱，迅速摆好了阵势，严阵以待。

他自己则身先士卒，横刀立马，威风凛凛，站在阵前。

不过，虽然表面上看起来镇定自若，坚如磐石，但实际上他却高度紧张，心脏狂跳。

如今的形势，真可谓是"趁你病，要你命"。自己的军队早已疲病交加，军心动摇，如果晋军大举进攻，他能抵挡得住吗？

完全没有把握。

他甚至已经做好了战死沙场的准备。

这一刻，两军对峙，大兵云集，剑拔弩张，气氛紧张得让人几乎要窒息！

一场大战一触即发！

但正如有时乌云压顶电闪雷鸣看似暴雨来袭最终却没有下一滴雨一样，这场看似不可避免的大战最终却没有爆发！

惧于石勒的威名，晋军主帅纪瞻此战根本不敢动手，在硬着头皮与石勒对视了一段时间后，他就一步步地往后退，引兵退回了寿春。

石勒这才得以安全撤军。

然而北上的道路依然危机重重。

由于军粮已尽，石勒军只得四处掳掠。

可是中原一带久经战乱，早已是一片萧条，村庄不见炊烟，土地大片荒芜，百姓死的死，逃的逃，剩余的人也都躲在坚固的坞堡里，处处坚壁清野。

巧妇难为无米之炊，强盗难抢无人之野，在这种情况下，石勒军就算再穷凶极恶，又能有什么收获？

为了活命，军中甚至发生了人吃人的惨剧。

好不容易到了黄河边的棘津（今河南延津）渡口，石勒又再次遇到了大麻烦。

一方面他的手头没船，另一方面对岸的枋头（今河南浚县）又有晋朝将领向冰在虎视眈眈，怎么才能过河？

关键时刻，又是张宾献计，让石勒派轻骑从下游的文石津（今河南滑县）缚木筏偷渡黄河，偷袭向冰，并夺取其船只，才接应大军顺利到达了黄河北岸。

由于此战获得了晋军的大量粮食物资，石勒军士气重新振作，随后他一鼓作气，率军长驱直入，逼近邺城。

当时驻守邺城的是刘琨的侄子刘演，见石勒来势汹汹，他不敢应战，退守城内的三台。

三台即三国时曹操所建的三座规模宏大的建筑群——铜雀台、金虎台和冰井台，三台的台基高度达 8-10 丈（当时的一丈大约相当于现在的 2.4 米），上面的房屋更是多达好几百间，居高临下、易守难攻。

诸将大多欲强攻三台，但张宾却再次提出了不同的意见：与其华丽撞墙，不如优雅转身。三台险固，攻取它不是那么容易的。如果我们舍之而去，他们会不战自溃。王浚和刘琨才是我们的大敌，刘演根本不足为虑。常言道，得地者昌，失地者亡，邯郸（今河北邯郸）、襄国（今河北邢台）都是赵国的旧都，依山傍险，可谓形胜之地，咱们在此二者之中选择一处为根据地，然后再四处攻略，如此则霸业可图！

石勒大喜：右侯所言极是！

他马上率军绕过三台，北上占据了襄国。

接下去该怎么办？

张宾对此早有安排。

他对石勒说：此地离幽州、并州都不远，我们在这里安家，王浚和刘琨肯定不会置之不理，恐怕不久他们就会派兵前来送死。如今附近的谷物都已成熟，应马上分派诸将去收掠粮谷，以备战时之需。同时还应遣使向皇帝刘聪说明我们的意图。

石勒依计而行，一面派人四处抢粮，一面派人去平阳汇报。

刘聪正期盼石勒能北上助自己对付王浚、刘琨，对此当然非常满意，当即加封石勒为上党公、冀州牧、都督冀并幽营四州诸军事。

诈降破王浚

果然不出张宾所料，石勒的到来，立即引起了王浚的注意。

因为，襄国紧邻冀州（治所今河北冀州），而冀州此时已是王浚的地盘。

这几年，趁着中原大乱，王浚浑水摸鱼，势力范围扩张了不少。

他先是凭借段部鲜卑的帮助把成都王司马颖赶出了邺城，后来又押对了宝，站在了东海王司马越这一边——派部将祁弘带着鲜卑骑兵协助司马越击败了河间王司马颙，因此在司马越执政后，他也不断加官晋爵，先后被授予了司空、大司马等顶级头衔。

除了这些名义上的好处，他也捞了不少实惠。

公元309年，石勒攻掠冀州，杀死了西晋冀州刺史王斌，后来石勒奉命南下，王浚趁机乘虚而入，占领了冀州，西晋朝廷当时正自顾不暇，也就顺水推舟地任命他为都督幽冀诸军事。

不久，洛阳失陷，王浚又找了个晋朝宗室立为皇太子，自任尚书令，自己任命百官，组织了一个临时政府，算是过了一把最高领导的瘾。

如今，石勒居然侵犯到了自己的身边，心高气傲的王浚当然不能忍受。

他决心趁石勒立足未稳，将其赶出河北。

公元312年12月，王浚派部将王昌率军征讨石勒，段部鲜卑首领段疾陆眷（此时段务勿尘已死）也带着其弟段匹磾（dī）、段文鸯、堂弟段末柸和5万鲜卑骑兵前来助战。

此时石勒到襄国才仅仅几个月的时间，连城都没来得及修好，只好临时竖了些木栅，勉强算是山寨版的城墙。

段疾陆眷麾下的鲜卑兵战斗力极强，石勒的部队以前和西晋军队作战几乎是所向无敌，但现在遇到这些鲜卑人，却成了所向不敌——他多次派将领出城迎击，每次都死伤惨重，大败而回。

眼看着鲜卑人在城外大造攻城器具，时刻准备攻城，石勒忧心忡忡。

他召集部下，对他们说：我想率精兵出城与敌军决一死战，大家觉得怎样？

将领们吃过鲜卑人的亏，知道鲜卑人擅长野战，因此普遍有畏战情绪，很多人都认为还是应该坚守城池。

这样的回答显然不是石勒想听到的——城内粮食不多，城外又无救援，甚至连个像样的城墙都没有，在这种情况下，坐守城池岂不是坐以待毙！

有忧愁，找右侯。

他只能再次向张宾求助：右侯，你对此有何高见？

张宾不慌不忙地说道：鲜卑诸部，段氏最为勇悍，其中尤以段末柸为甚。段疾陆眷近日将攻击城北。不过他们多次取胜，必然有所懈怠。我们暂时不要出战，继续示弱以麻痹他们。同时抓紧在北门附近凿多个暗门，等他们来攻城的时候，出其不意地派人从暗门冲出去突袭段末柸的军帐。只要抓住了最猛的段末柸，其余人也必将不战自溃！

平心而论，这个主意颇有些冒险，但事已至此，除了相信张宾，还有别的办法吗？

好在，张宾的预判比天气预报要准确得多。

几天后，段疾陆眷果然率军来到了城北。

也许是出于对石勒军的轻视，鲜卑人似乎把打仗当成了打牌，战场当成了夜场，他们有的嘻嘻哈哈地笑着，有的松松垮垮地站着，有的歪歪扭扭地坐着，有的甚至舒舒服服地躺在地上休息。

见此情景，石勒心头暗喜，连忙命令打开暗门，大将孔苌率一帮敢死队员突然出城，像离弦之箭一般直扑段末柸所部。

段末柸不愧是鲜卑第一猛将，面对孔苌的偷袭，他毫不畏惧，越战越勇，孔苌支持不住，只得向城中败退。

段末柸杀得兴起，紧追不舍，竟然单枪匹马跟着孔苌进了襄国城内。

见此情景，石勒连忙下令关闭城门。

段末柸被包围了。

尽管他武力值超强，但他挡得住一个人的进攻，挡得住五个人的进攻，挡得住十个人的进攻……却无论如何也挡不住无数人连续不断的围攻，最后他终于力竭被擒。

在段部鲜卑人眼里，段末柸的地位相当于 20 世纪 90 年代初马拉多纳在阿根廷队的地位——几乎是神一般的存在。

就像 1994 年世界杯马拉多纳被禁赛后阿根廷队就彻底崩溃一泻千里一样，段末柸的被俘让城外所有的鲜卑人都失去了信心，失去了斗志，失去了继续战斗的勇气，竟然不战而退，仓皇逃走。

石勒当然不会放过这样的好机会，他马上命全军出动，趁机追杀。

此役石勒军大胜，杀敌无数，缴获铠马 5000 匹——由此可见，鲜卑人这时已经广泛使用铁甲骑兵，怪不得有如此恐怖的战斗力！

这一战对石勒来说意义十分重大，不仅让他在襄国彻底站稳了脚跟，而且彻底打破了鲜卑人不可战胜的神话，极大地鼓舞了士气！

战后，将士们纷纷要求把段末柸斩首示众，为战死的兄弟们报仇雪恨。

但常人才讲仇恨，牛人只看利弊。

石勒的眼光显然更为长远，他坚决制止了这个提议：辽西鲜卑与我们素无冤仇，他们只是被王浚利用而已。杀段末柸一人而与一国结怨，实在是太不合算了。如果我把段末柸放回去，他们必然会感念我的恩德，以后就不会听命于王浚了。

正好此时段疾陆眷也遣使向石勒求和，石勒欣然答应。

他派石虎去段疾陆眷营中与之结盟，自己则在襄国城中大摆宴席，宴请段末柸。

段末柸本以为难逃一死，万万没想到自己不但没有被杀，反而还被奉为上宾，因而他万分感动，当场认石勒为干爹。

就这样，石勒通过巧打感情牌，把段部鲜卑拉到了自己一边，此后，段部鲜卑开始和石勒暗通款曲，与王浚则貌合神离。

没有了鲜卑人强有力的支持，一直以来狐假虎威的王浚变得像没有了炮弹的大炮一样徒有其表，威力尽失。

石勒乘机大展拳脚，四处扩张，他先是派人北上攻取了冀州的治所信都（今河北冀州），杀死王浚任命的冀州刺史王象；第二年又命石虎率军南下攻打邺城，邺城守将刘演果然如当初张宾所料的那样见敌军势大几乎没怎么抵抗就弃城而逃，退到了廪丘（今山东郓城）。

一时间，石勒威名大振，就连一向与王浚交好的乌桓人也暗中遣使归附了石勒。

在这期间，石勒还意外地找到了自己年轻时的恩人郭敬。

那次，他击斩了乞活军首领李恽——当初由于并州饥荒，两万多户流民被迫到河北以及中原一带逃难求食，后逐渐形成了号为"乞活"的汉族流民武装集团。

乞活者，乞求活命也，由此可见当时流民的命运有多么悲惨！

就在石勒准备把俘虏们悉数活埋的时候，他突然觉得有个俘虏看着眼熟，情不自禁地脱口而出：你是郭敬？

郭敬很惊讶：是的，您怎么认识我？

由于石勒已经改了名字，而且在经历过无数大场面之后，无论是气质还是服饰，和当年比都有了类似丑小鸭变白天鹅一样的那种脱胎换骨的变化，因此郭敬根本就是一头雾水，一片茫然，一副"你认错人了"的木然表情。

石勒连忙下马，拉着郭敬的手流着眼泪说：恩公，我是匐勒啊，今日能与你在此重逢，岂非天意！

郭敬这才认出——或者说这才敢认出，如今这个大名鼎鼎的石勒将军竟然是当年自己救助过的那个孤苦无依的穷小子！

两人自然是一番唏嘘，随后石勒拜郭敬为上将军，将此战的俘虏全部赦免，让郭敬统领。

后来郭敬在石勒建立的后赵政权一直做到了荆州刺史。

仅仅用了不到半年的时间，石勒就占领了太行山以东的大部分地区。

王浚开始坐不住了。

他再次邀请段疾陆眷，请他与自己一起去打石勒，但现在段疾陆眷早已与石勒暗中交好，当然是找各种理由推托，坚决不肯应召。

王浚大怒，便以重金贿赂鲜卑拓跋部的首领拓跋猗卢，请他为自己教训不听话的段疾陆眷。

不知道是拓跋部的军队战力不行，还是他们根本就是出工不出力，反正最后的结果是拓跋部被段部击败了。

这下子，王浚和段部鲜卑算是撕破了脸，彻底闹翻了。

外则强敌环伺四周，内则疆域不断缩水，此时的王浚面临的局面不可谓不严峻。

按常理，这个时候他应该要胆战心惊、如履薄冰了吧。

可他偏不按常理出牌——在这样极端不利的情况下，他的野心却反而极端膨胀。

在古代，几乎所有野心家的终极梦想都是当皇帝。

王浚当然也不例外。

从西汉以来，社会上就一直流传着一条著名的谶语：代汉者，当涂高也。

"涂"通"途"，"当涂高"的大意是指道路上的某种高高的东西。看过《三国演义》的人也许会有印象，袁术称帝的时候就提到了这句话，认为自己字公路，正应此谶。

现在王浚大概是袁术附体，居然也想到了这条谶语，也觉得自己完全符合这一条件：他的父亲王沈字处道，处在道路中央，这不是当涂是什么？

然而，谶言中还有个"高"字，而且当时已经也早已不是"汉"朝了……

这些，王浚都没看到——就像有人在做商业计划书预测未来利润的时候，往往会只看到对自己有利的一面而忽视对自己不利的因素一样。

当然，王浚再怎么有野心，但他毕竟不是傻子，何以在事业走下坡的时候反而那么迫不及待地想当皇帝了呢？

这也许与他的用人有关。

他向来狂妄自大，目高于顶，性情又极为残暴，因此从来都听不进不同意见，对那些敢于进谏敢于和他唱反调的下属，他只有一个原则：杀！

这样一来，他身边围绕的自然都是些马屁精，在这些宠臣的吹嘘下，他越来越自以为是，越来越不知天高地厚，称帝的心情也越来越迫切。

有句话说：上帝欲使人灭亡，必先使人疯狂。这话反过来说其实也成立，当某个人疯狂至极的时候，他离自己的灭亡也已经不远了。

现在的王浚就是这样。

事实上，此时他的对手石勒早已把枪口对准了他——只是由于不知王浚的虚实，才暂时没有采取行动。

为了稳妥起见，石勒打算先派个使臣去幽州探一下路。

张宾却不同意：王浚和我们素来没有交往，现在无缘无故地派使臣去，也许只会让他猜疑，甚至暴露我们的意图，以后我们再想用什么计谋，恐怕都不好办了。不过，王浚名为晋臣，实际上却早就想废晋自立，只是怕天下的英雄不肯服从他罢了。我们可以自降身份，卑辞厚礼，对他称藩推奉，这样他才会对我们放松警惕。

石勒闻言大喜：右侯说得对！

他立即派自己帐下的门客王子春带着大量珍宝前往幽州。

王子春给王浚带来了石勒给他的一封信，信里是这么说的：我本是个卑微的"胡人"，只是因遭逢乱世而流离失所，才逃到了冀州。如今晋朝国运沧丧，中原无主，明公您是名门之后，德高望重，无比伟大，无比光荣，无比正确，堪为天下之主的，除了您还能有谁？我奉戴明公如天地父母，愿明公能体会到我的心意，把我当成您的儿子看待。我之所以冒着生命危险起兵，正是为了替明公驱除障碍啊。希望明公能应天命，顺人意，早日登基。明公您不当皇帝，不光我不答应，我们全家都不答应；不光我们全家不答应，全国人民都不答应；不光全国人民不答应，老天爷都不答应……

这封信极尽吹捧肉麻之能事，连我这个千年之后的旁观者看了都觉得太夸张太无耻太令人作呕太令人难以置信，何况是半年多前还和石勒兵戎相见的王浚？

王浚没敢相信，便问王子春：石公乃一时豪杰，据有赵国旧都，与我成鼎足之势，为何要称藩于我？

能言善辩的王子春早就准备好了一番说辞：正像明公您说的那样，石将军的确是英才出众，士马强盛，按说他完全可以自己称帝，但是他很有自知之明，知道皇帝要有天命，绝对不是仅凭实力就能当的。自古以来，只有"胡人"做辅佐名臣的，从来就没有"胡人"做天子。但明公您就大不一样了，您乃是中州贵胄，英俊潇洒，文武双全，名满天下，威震夷夏，上得了战场，写得了文章，治得了国家，平定得了叛乱，而石将军呢，出身卑微，一字不识，不过是大老粗一个，他与您相比，就像月亮之于太阳，江河之于大海，大蒜之于水仙。石将军正是考虑到项羽、公孙述（东汉初年割据巴蜀称帝，为汉光武帝刘秀所灭）等人的前车之鉴，所以他才诚心拥戴您的，这有什么可奇怪的呢？

这番话让王浚觉得非常受用，但他毕竟是个政坛老手，对于石勒的用心，他还是有所怀疑的，便派了使者跟着王子春到襄国，以回访的名义，暗中搜集情报。

可惜使者遇到的是石勒。

石勒这个人狡诈如狐，弯得下腰，演得好戏，不要得了脸，为达目标不择手段。

他先是亲自到襄国城外迎接王浚的使者，还像模像样地陪着使者检阅部队，视察府库。

使者发现，石勒的军队人数并不多，且多为老弱病残；石勒的府库里兵器也很少，且大多陈旧无比——这当然是石勒制造的假象，他早已把精锐士兵和精良武

48

器都藏了起来。

使者发现，在向石勒递交王浚给他的书信时，石勒北面而拜，态度极其恭敬。

使者发现，在收到王浚的礼物——一柄麈（zhǔ）尾（魏晋时执于手的拂尘，以标志风雅）以后，石勒没有将它拿在手里，而是把它挂在了墙上，每天早晚都一本正经地叩拜，嘴里还自言自语地说：我不能见到主公，见到他赐给我的麈尾，就像见到他本人一样。

回到幽州后，使者将其所见所闻一五一十全都向王浚作了汇报，最后总结说：勒形势寡弱，款诚无二——石勒的实力不强，对王公您忠心不二。

这样一来，王浚对石勒开始有所相信了——原来石勒现在的日子不好过啊，怪不得他要投靠我！

正好这个时候，王浚的部将游统遣使向石勒投诚，石勒立刻将其斩首并送给王浚。

这无疑让王浚更加相信石勒的诚意。

而他的宠臣枣嵩暗中收了石勒不少好处，经常在王浚面前为石勒说好话，渐渐地，王浚对石勒终于消除了戒心。

公元314年初，石勒觉得火候差不多了，便再次派人到幽州，向王浚上表，说自己将在3月亲赴幽州，当面奉上尊号，同时又给枣嵩写信，让他为自己谋取并州牧的职位。

此时的王浚已经彻底相信了石勒，因此毫不犹豫地答应了石勒的请求。

石勒开始紧锣密鼓地筹划3月份奇袭幽州的行动。

知己知彼，百战不殆，他详细地询问王子春有关王浚的情况。

王子春说：王浚为政苛暴，不得人心。去年幽州闹水灾，百姓无粮可吃，王浚的府库里粮食满仓却不肯拿出来赈济灾民，百姓对他怨声载道，纷纷叛逃他处。而王浚却对此毫无察觉，好像一点也不担心，成天沉浸在皇帝梦中不可自拔，最近还重新设置了文武百官，他傲慢无比，狂妄无限，在他看来，这个世界上只有两种人，一种是他自己，一种是蠢货。连汉高祖、魏武帝他都不放在眼里，经常大言不惭地说，世无我王彭祖（王浚字彭祖）这样的英雄，方使刘邦、曹操这种竖子成名！

听了王子春的话，石勒不由得抚掌大笑：王彭祖真可擒也！

然而，等到预定的日期到了，部队都已经集结完毕，只等一声令下就开拔，石勒却又犹豫起来了。

生石勒者父母，知石勒者张宾。

张宾看出了他的心思，悄悄对他说：将军您是在担心刘琨、鲜卑、乌桓三方会乘虚而入，偷袭我们的后方吗？

石勒面色沉重地点了点头：是啊。

张宾分析说：鲜卑、乌桓现在都已叛离王浚，肯定不可能去帮他；而刘琨和王浚虽然名义上同为晋臣，但实际上两人关系一直不好，甚至视若仇敌。如果我们给刘琨写信请和，他一定不会为救王浚而袭击我们。更何况，我们轻骑往返，只需二十天而已，就算他真的想有所行动，恐怕没等他动手，我们就已经回来了。兵贵神速，请将军切勿耽误时间！

石勒顿时如释重负：我所担心的，右侯已经帮我解决了，还有什么可迟疑的！

他立即率军出发，同时遣使到并州向刘琨请求和好，以麻痹刘琨。

石勒军一路昼夜兼行，很快就渡过了易水，抵达了幽州境内。

此时正是公元314年3月——他和王浚约定的时间。

边防部队连忙派人到幽州治所蓟城（今天津蓟县）向王浚汇报这一重要军情。

他部下的将领们大多感到石勒此行来者不善、居心不良，要求派兵阻截。

但利令智昏的王浚却对此大发雷霆：石公这次是来拥立我的，谁敢再说要攻打他的，立斩不饶！

他还命令接待部门安排酒宴、艺人准备演出，以招待石勒一行。

就这样，石勒军一路上没有遇到任何抵抗，就来到了地处幽州腹地的蓟城。

随后他大声呼叫，让守军开门。

守军早已得到王浚的通知，当然马上就打开城门，迎接石勒进城。

尽管这一切比一帆风顺还要一帆风顺，但老谋深算的石勒并没有丝毫大意，依然高度警惕。

他以给王浚送礼为名，让部队驱赶着数千头牛羊在前面开路，借此堵塞街巷，以防止王浚可能在城内设下的伏兵。

王浚的左右都觉得石勒的行为不对头，纷纷请求加强防御。

然而，旁观者虽然清，当局者却依然迷。

直到这个时候，王浚竟然还在一厢情愿地认为石勒一定不会有恶意，他一直在默默念着一句名言：梦想还是要有的，万一实现了呢？

他依然不同意对石勒进行抵抗。

见王浚死到临头依然执迷不悟，他的部下大都对他失去了信心。

跟着王浚，只有死路一条！

左右的随从纷纷找借口离开。

王浚几乎成了孤家寡人。

很快，石勒率军冲到了他的面前，将他绑了起来。

王浚虽然被抓，傲气却依然不改。

他破口大骂：胡奴真是大逆不道，竟敢忽悠你老子！

石勒微微一笑，不慌不忙地说：你身居高位，手握重兵，眼看着朝廷倾覆，却不但不救援，反而想自立为天子，你说说看，到底谁才是真正的大逆不道？

之后，石勒命人将王浚押回襄国，将其斩首。

石勒诈降破王浚，是历史上著名的经典战例。

无论是球场上还是战场上，胜利总是来自两个因素——自己的技术和对手的失误。

这一战也是如此，正是石勒的奇谋妙策和王浚的低级错误，才让石勒的获胜显得如此的轻松，如此的顺利，如此的不费吹灰之力。

第五章　不能忘却的英雄们

何意百炼钢，化为绕指柔

王浚败亡的消息传到平阳，汉主刘聪极为兴奋，他立即加封石勒为都督陕东诸军事、东单于、骠骑大将军等职。

而同样的消息在晋阳的刘琨看来，就大不一样了。

他知道，自己以后的日子无疑将越发艰难了。

事实上，自从公元307年刘琨出任并州刺史以来，就几乎没过上一天安生日子。

这几年中，匈奴人多次来犯，刘琨苦心孤诣，竭尽全力，才勉强为晋朝保住了晋阳这么一块孤悬敌后的根据地。

跟王浚一样，深知自己实力不足的他也想到了引入外援。

他以自己的儿子为人质，与鲜卑拓跋部的首领拓跋猗卢交好，与其结为兄弟，还表奏晋廷封拓跋猗卢为代公。

正是在拓跋鲜卑的全力支持下，刘琨才得以在如此险恶的环境中生存下来。

在这期间，也发生了很多传奇的故事。

有一次，晋阳城被匈奴人团团围住，几乎陷入绝境。

当天晚上，刘琨乘着月色登上城楼，仰天长啸，声音凄厉，城外的匈奴人都受到了感染，忍不住喟然长叹。

深夜，刘琨又吹起了胡笳（古代塞北游牧民族的吹奏乐器，类似笛），听着这些熟悉的旋律，城外的匈奴人都想起了自己的家乡，忍不住潸然泪下。

黎明时分，当城头上的胡笳声再次响起的时候，城外的匈奴人竟然彻底失去了斗志，解围而去。

这就是历史上著名的"一曲胡笳救孤城"。

刘琨过人的才艺由此可见一斑。

他志向高远，风度翩翩，心有猛虎，细嗅蔷薇。既雄豪又儒雅，既能带兵打仗，又能吟诗作赋，琴棋书画样样都有一手，尤其是音乐造诣在当时更是首屈一指。

不过，多才多艺的人大多比较感性，往往容易感情用事——刘琨也是如此。

当时晋阳有个叫徐润的人，此人精通音律，在这方面和刘琨颇为相投，两人经常在一起切磋音乐。

刘琨将其引为知己，也许是爱屋及乌吧，他对徐润极为重用，让他担任晋阳地区的最高行政长官——晋阳令。

可是，让一个音乐家去搞政治，就和让金鱼去爬树、用水仙花去炒菜差不多——完全是用非所长。

事实上，徐润这个人人品极差，仗着刘琨的宠信胡作非为，为所欲为，极其不得人心。

刘琨部下大将令狐盛性情耿直，很是看不惯徐润的行为，多次和其发生冲突，两人几乎水火不容。

徐润对令狐盛怀恨在心，遂捏造罪名，怂恿刘琨杀了令狐盛。

刘琨的母亲听说此事后，对儿子的所作所为非常担心：你不能驾驭豪杰，反而宠信小人，这样下去，祸必及我！

后来发生的事，果然被他母亲说中了。

公元 312 年 7 月，令狐盛的儿子令狐泥为了替父亲报仇，投降了匈奴汉国，并且把并州的虚实一五一十全都告诉了刘聪。

他说，刘琨如今正在外面率军平叛，晋阳守军不多。

刘聪闻言喜出望外，立即命其子刘粲和中山王刘曜率军乘虚攻打晋阳，令狐泥则自告奋勇担任向导。

得知这个消息，刘琨急忙回军，但已经来不及了，晋阳很快就落入了汉军的手中，他的父母都被匈奴人杀害。

失去了根据地的刘琨只好率残部退到了常山（今河北正定），同时向自己的把兄弟拓跋猗卢求救。

拓跋猗卢以其子拓跋六修为前锋，自己率军 20 万为后继，浩浩荡荡杀奔晋阳。

汉军大将刘曜率军在汾河东岸迎击拓跋六修。

这一战，鲜卑人再次体现了他们恐怖的战斗力。

匈奴人遇到他们总是略逊一筹。

是役汉军大败，主帅刘曜也身受重伤，坠下马来，幸亏其部下拼死相救，才勉强捡了一条命。

汉军士气大损，失去了继续与鲜卑人对抗的勇气。

当天夜里，刘粲、刘曜等人就匆忙率军西撤，大批晋阳百姓也被他们驱赶着同行。

这是他们的一贯做法，就像之前他们在长安做的那样——即使把城还给你，也只给你一座空城！

但带着百姓走得能有多快？

不久他们就被拓跋猗卢的鲜卑骑兵追上，又是一场大战，又是一场大败，汉军再次受到重创，死伤惨重。

刘琨请拓跋猗卢继续进军，一鼓作气，直捣平阳。

但拓跋猗卢却拒绝了：我来得太晚了，致使你的父母被害，我很惭愧。如今你的失地已经收复，我的部下也已经很疲劳了，需要休整，我看刘聪不是那么容易被消灭的，咱们还是见好就收吧。

随后，拓跋猗卢留下部将段繁等人协助刘琨戍守晋阳，自己则率军返回漠北。

此时晋阳已成了一片废墟，刘琨只好徙居阳曲（今山西阳曲），在那里招集散兵和流民。

之后的一段时间，由于刘聪把主要的精力用来对付西边长安的晋愍帝司马邺，刘琨才获得了少许喘息之机，得以生存下来。

虽然屡经磨难，但顽强的刘琨依然不改志向。

对他来说，他的面前从来都没有选择题，只有必答题——无论如何，他都一定要平定汉国、收复国土！

只要还有呼吸，他就绝不会放弃这个目标！

公元 313 年 6 月，刘琨再次邀请拓跋猗卢与他一起攻打汉国，但由于刘聪早有准备，早已派刘粲等人扼守险要之处，无懈可击，无空子可钻，最后刘琨等人只能无可奈何，无功而返。

之后仅过了半年多，石勒就攻灭了王浚，实力越发强大。

毫无疑问，石勒的下一个目标肯定是苦守并州多年的刘琨。

刘琨深知自己的处境，在给晋愍帝司马邺（当时长安还没陷落）的上表中，他悲愤地说道：东北八州，勒灭其七；先朝所授，存者唯臣。勒据襄国，与臣隔山，朝发夕至，城坞骇惧，虽怀忠愤，力不从愿耳！——晋朝东北地区 8 个州，石勒灭掉了 7 个，先帝所授的 8 个州刺史，如今仅剩我一个。石勒占据襄国，与我只隔了一座太行山，早上出兵晚上就能到达，每个城堡都很害怕，我虽满怀忠心和仇恨，但却力不从心啊！

他明白，自己要想在刘聪和石勒两强的夹缝中生存和发展，只有依靠拓跋鲜卑，便表奏晋愍帝封拓跋猗卢为代王。

正是凭借拓跋猗卢的鼎力相助，他才在并州又坚持了两年的时间。

　　然而，靠墙，墙可能会塌；靠山，山可能会倒；靠别人，别人也总有逝去的那一天。

　　公元316年初，拓跋鲜卑发生内乱，拓跋猗卢被其子拓跋六修所杀，之后拓跋六修的堂兄拓跋普根又灭掉了拓跋六修自立，没过几个月拓跋普根也死了，其子拓跋始生被拥立……

　　你方唱罢我登场，城头变幻大王旗。

　　拓跋部首领的变换比季节的变换还快。

　　一时间，漠北乱成了一团。

　　但刘琨却因祸得福，他的儿子刘遵之前一直在拓跋部当质子，在那里颇有威望，拓跋部大将箕澹、卫雄与他关系不错，为了避乱，两人便带着3万部众与刘遵一起南下并州，投奔了刘琨。

　　这样一支能征惯战的鲜卑生力军的意外加入，让刘琨如中了彩票大奖一样热血沸腾。

　　不过，据说中大奖对很多人来说并不一定是好事，很多穷光蛋一旦中了大奖，往往会患上"三高"——高估自己的财力、高估自己的能力、高估自己的控制力，大肆挥霍，到处投资，最后甚至导致破产。

　　很不幸，刘琨也没能摆脱这样的命运。

　　之前一直被动挨打，刘琨憋气都快要憋出内伤来了，现在他实力大增，信心大增，肾上腺素大增，不免有些飘飘然，产生了与刘聪、石勒一较短长、一决高下的念头。

　　正好此时石勒率军攻打乐平（今山西昔阳），太守韩据向刘琨求救。

　　正在兴头上的刘琨当即答应，命箕澹等人率军前去讨伐石勒，救援乐平。

　　箕澹劝谏他说：我部下的这些人久在异域，未习明公恩信，恐怕现在难以使用。我觉得还是应该先闭关守险，积蓄实力，等他们受到您的感化后，再用他们不迟。千万不要操之过急。

　　平心而论，这个建议是很有道理的。

　　然而，生活告诉我们，道理往往赢不了情绪。

　　此时的刘琨早已情绪高涨，头脑发热。

　　如果说箕澹的话是一盆冷水，那么刘琨热昏到爆表的脑袋就是一块烧红的铁板——冷水浇上去马上就被蒸发得无影无踪。

　　他把这样的忠告完全当成了空气。

　　刘琨命令全军出动，让箕澹率军两万为先锋，自己则驻军于广牧（今山西寿阳），以为声援。

见箕澹军来势汹汹，石勒的部下也有人胆怯了，多年前的"恐鲜症"又犯了，有人对石勒说：箕澹士马精强，锐不可当，咱们应暂且避其锋芒，深沟高垒，不要与之交战。

石勒勃然大怒：箕澹军远来疲惫，号令不齐，何强之有！敌军转眼将至，此时怎可退避？若箕澹乘我退兵的时候乘势进逼，岂不是自取灭亡！

他立即以扰乱军心的罪名将进言者处死，同时传令三军：后出者斩！——有出击不及时的，斩！

不过，他也知道，对付这些剽悍的鲜卑军，要像钓大鱼一样——绝对不能硬来，只能用巧劲。

石勒命大将孔苌率轻骑兵迎战箕澹军，同时在山上的险要之处设下了两支伏兵。

战不多时，孔苌就假装不支，向后败逃。

箕澹不知有诈，紧追不舍，追到山谷处时，石勒的伏兵从两边山上突然杀出，箭如飞蝗，杀声震天。

在石勒军的四面夹击之下，箕澹几乎全军覆没，只剩千余人突围而出。

消息传来，并州大地一片震恐，刘琨的部下军心离散，其长史李弘献出晋阳城，投降了石勒。

这样一来，刘琨无家可归，无路可走，无计可施，无可奈何，几乎陷入了绝境。

幸好这时占据蓟城（今北京）的段匹磾向他发出了邀请。

段匹磾是段部鲜卑首领段疾陆眷的弟弟，当初石勒灭掉王浚返回襄国的时候，任命当地人刘翰为幽州刺史，驻守蓟城，但刘翰对石勒并无好感，石勒一走，他就投靠了段匹磾。

蓟城自此为段匹磾所有。

接到段匹磾的信后，刘琨立即率残部出发，到蓟城投奔了段匹磾。

段匹磾对刘琨颇为敬重，不仅与他结为兄弟，还推举他为大都督。

两人歃血为盟，约定要共襄义举，复兴晋室。

公元317年初，段匹磾和刘琨率军进屯固安（今河北易县），随后段匹磾又写檄书给其兄长段部鲜卑首领段疾陆眷以及叔父段涉复辰、堂弟段末柸等人，请他们带兵前来汇合，共讨石勒。

但段末柸却和他根本就不是一条心。

在段部鲜卑内部，如果说段匹磾算是"亲晋派"的话，段末柸就是彻底的"亲石派"。他之前曾经认石勒为干爹，后来石勒对他也非常不错，经常派人给他送各种厚礼——从美食到美酒，从金钱到美女，琳琅满目，应有尽有。

现在他觉得回报石勒的机会来了。

他对段疾陆眷、段涉复辰说：您二位作为段匹磾的父辈和兄长，听一个小辈的，那不是耻辱吗？何况，打石勒对我们也没什么好处，就算成功了，还不是他段匹磾一个人的功劳！

段疾陆眷等人觉得有理，便没有出兵。

这样一来，段匹磾孤掌难鸣，也只能撤军。

第二年，段疾陆眷病死，段末柸杀死段涉复辰，占据了辽西，自称单于。

段匹磾率军回去奔丧，却被段末柸认为是来争位的，率军阻截。

两军因此大战了一场，段匹磾大败，损失惨重，退回了蓟城。

刘琨的世子刘群在段匹磾军中，此战中被段末柸俘获。

段末柸逼他给刘琨写信，许其幽州刺史一职，让他与自己一起对付段匹磾。

没想到这封信却被段匹磾的部下所获，献给了段匹磾。

不过，段匹磾对刘琨还是很信任的，他没有隐瞒，把信直接交给了刘琨。

刘琨看信后脸色大变，急忙表态：我绝对不会做这种忘恩负义的事。

段匹磾当然也就见坡下驴，表示自己从来没有怀疑过刘琨，让他放心。

本来这事如果就这样发展下去，估计接下来刘琨就可以安全回家了。

然而，道路总要拐弯，人生总有意外。

段匹磾的弟弟段叔军对哥哥说：我们本是"胡人"，当初这些晋人之所以听我们的，是因为我们的实力比他们强。而如今我们骨肉相残，危机重重，正是他们图谋我们的好时机，刘琨这个人的威信实在太高，万一有人拥戴他起兵与我们作对，我们就彻底完了。这种事，宁可信其有，不可信其无。宁可错杀，不可放过。不怕一万，只怕万一……

段匹磾被说动了，便把刘琨软禁了起来。

这一下子引起了轩然大波。

刘琨的部属们群情激奋，纷纷揭竿而起。

他们有的据城自守，不再听命于段匹磾；有的甚至密谋偷袭段匹磾，救出刘琨。

没想到他们的举动反而害了刘琨。

见刘琨如此得人心，段匹磾害怕了，在左右的怂恿下，他决定置刘琨于死地。

公元 318 年 5 月，刘琨被段匹磾下令缢死，享年 48 岁。

其实刘琨对自己的命运似乎早有预感，在那段最后的日子里，他给后人留下了一首传颂千古的诗作《重赠卢谌》（卢谌是他的老部下，时任幽州别驾）：

握中有悬璧，本自荆山璆。

惟彼太公望，昔在渭滨叟。

邓生何感激，千里来相求。

白登幸曲逆，鸿门赖留侯。

重耳任五贤，小白相射钩。
苟能隆二伯，安问党与雠？
中夜抚枕叹，想与数子游。
吾衰久矣夫，何其不梦周？
谁云圣达节，知命故不忧。
宣尼悲获麟，西狩涕孔丘。
功业未及建，夕阳忽西流。
时哉不我与，去乎若云浮。
朱实陨劲风，繁英落素秋。
狭路倾华盖，骇驷摧双辀。
何意百炼钢，化为绕指柔。

是啊，何意百炼钢，化为绕指柔——谁能想到经过千锤百炼的钢铁，如今竟然成了可以缠绕在手指上的软丝？

这是怎样的一种凄凉？

这是怎样的一种悲愤？

千载之下，依然让人为之泪下。

也许刘琨也有着很多缺点，也犯过不少错误，但我觉得，他依然无愧于英雄的称号。

在极端困难的情况下，刘琨坚守并州10年，像一枚钉子一样插在匈奴汉国的心脏，虽然最终失败了，但他那种明知不可为而为之的精神、永不放弃的斗志永远值得我们尊敬！

真正的英雄，不是没有痛，不是不能输，而是输了痛了却更加坚强，愈挫愈奋，百折不挠。

就像刘琨那样。

刘琨后来成了很多人的偶像。

据说几十年后的东晋大司马桓温就极为崇拜刘琨，他在北伐时见到了一个老妇，一问，才知道是刘琨当年的婢女。

这个老妇一见桓温就说：桓公您很像刘司空（晋愍帝司马邺曾封刘琨为司空）。

桓温大喜，又特意出去精心打扮了半天，接着回来再问老妇：你觉得到底哪里像啊？

老妇回答：脸很像，就是瘦了点；眼很像，就是小了点；胡须很像，就是红了点；身材很像，就是矮了点；声音很像，就是娘了点……

桓温听完，像被扎了孔的气球——一下子就泄气了，马上回到卧室，瘫倒在床上，一连好几天闷闷不乐。

刘琨的风采和魅力由此可见一斑。

祖逖击楫中流

一个在中原陆沉后北方大地上旗帜性的人物就这样倒下了，但与此同时，另一个旗帜性的人物却依然还在坚持战斗。

此人就是刘琨当年情同手足的好友祖逖。

和刘琨一样，祖逖也出身于官宦世家，史载其"世吏二千石"——世代都是二千石俸禄以上的大官。

年轻时他曾和刘琨在同一个地方共事，两人志同道合，引为知己，有没有穿同一条裤子我不知道，但盖同一条被子睡同一张床却是经常的事（不要想歪了）。

每到黎明时分，只要听到外面公鸡报晓，祖逖就会一脚把刘琨踹醒——看起来，刘琨有个毛病：赖床。

随后两个年轻人就一起到外面舞剑练武。

这就是成语"闻鸡起舞"的由来。

少年心事当拏云，那个时候，他们两人都豪气冲天，心比天高，甚至把对方当成了潜在的对手：若四海鼎沸，豪杰并起，我与足下在中原逐鹿，希望你能退避三舍！

两人相比，刘琨更具文艺青年的气质，祖逖则更为勇武。由于当时的西晋官场普遍重文轻武，注重所谓的文采风流，因此祖逖早年的仕途不是很顺利，后来见官场黑幕见得多了，性格刚烈的他干脆以母丧为由，辞官不出。

公元311年，洛阳陷落，中原大乱，大批北方士族相继南下，到南方去避难，这就是所谓的"衣冠南渡"。

祖逖也是南渡队伍中的一员，他变卖了家产，带着数百户宗族亲党，辗转来到了长江南岸的京口（今江苏镇江）。

由于祖逖出身大族，名声也不错，之前又当过官，因此到了江南后，琅琊王司马睿也给他封了个官职——军谘祭酒。

军谘祭酒大约相当于现在的军事参谋，所谓参谋不带长，放屁也不响，可见这个职务只是个闲职，并没有什么实权。

可是，闲职并不代表只能闲着。

嫉恶如仇的侠客，一旦路见不平，总是要拔刀相助；胸怀大志的祖逖，眼见山河破碎，当然也不会袖手旁观。

公元313年，祖逖给司马睿上书，自告奋勇，请求率军北伐。

司马睿性格软弱，常年肾虚，要他主动出击，就相当于要麋鹿去主动攻击老虎一样——根本是想都不敢想。

可是祖逖的言辞如此慷慨激昂，他也不大好直接拒绝，便想了个和稀泥的办法。

一方面，他对祖逖大加赞赏，还加封其为奋威将军、豫州刺史——其实这根本就是个空头支票，豫州根本就不在他控制下；另一方面，他只拨给祖逖一千人的粮食，三千匹布，至于士兵和兵器，则全都没有，对不起，你自己去想办法吧。

很显然，他的目的是要祖逖知难而退。

然而，他错了。

祖逖认准的事，绝不会回头。

即使没有路，他也要杀出一条血路！

即使不可能，他也要让它变成可能！

他带着当初跟随自己南下的百余户私家部曲，毅然渡江，踏上了北伐的征途。

在江中，祖逖一不小心又创造了另一个著名的成语：击楫中流。

看着奔腾不息的江水，祖逖的心也和江水一样波澜起伏，他情不自禁地用船桨猛击水面，发出了豪迈的誓言：祖逖不能清中原而复济者，有如大江！——我祖逖如果不能扫清中原光复成功，就像大江一样有去无回！

不复中原非好汉，不破胡虏誓不还！

渡江后，祖逖率部驻扎在淮阴（今江苏淮安），打造兵器，招募部众，组织起了一支两千余人的武装，随后继续北进，挺进中原。

此时中原的形势非常复杂。

由于多年的战乱，中原一带出现了大量的坞堡，这些坞堡大多由地方豪强和流民领袖为自保而建，他们各自为战，也常互相攻伐。

他们有的心向晋室，有的则投靠"胡人"，有的则像墙头草一样在两边摇摆。

对这些坞主，祖逖区别对待，有的打，有的拉，有的加以收编，实力大大增强。

经过几年的不懈努力，他终于占领了以谯城（今安徽亳州）为中心的黄河以南的大片土地，在中原站稳了脚跟。

无名的名将

除了祖逖以外，此时在北方忠于晋朝的抵抗势力值得一提的还有两个人。

一个是厌次（今山东惠民）的邵续。

邵续之前在西晋曾经担任过县令，见天下大乱，便回到家乡拉起了一支队伍，被王浚表奏为乐陵太守，他以厌次为根据地，招集各地流民，兵力像滚雪球一样越滚越大。

后来王浚被石勒攻灭，邵续孤立无援，不得已只得假意归顺了石勒。

他的儿子此前在王浚军中，如今为石勒所获，被石勒任命为督护，作为人质。

不久，蓟城的段匹磾写信劝邵续效忠江南的琅琊王司马睿。

邵续毫不犹豫就同意了。

有人劝谏他说：这样您的儿子就危险了啊。

邵续却不为所动，他的话像钢铁一般坚硬：我一心为国，岂可为了一个儿子而当叛臣！

随即他毅然宣布与石勒绝交。

他当然知道石勒一定不会放过自己，便一面加紧修筑城池，加固工事，一面向段匹磾求援。

段匹磾派其弟段文鸯率军增援。

不久，石勒果然杀了邵续的儿子，亲率大军来攻打厌次。

但邵续早有准备，又有段文鸯相助，石勒见无机可乘，只得退兵。

之后，邵续被司马睿封为平北将军、冀州刺史。

另一个是荥阳（今河南荥阳）的李矩。

李矩本是平阳（今山西临汾）人，平阳被匈奴人攻陷后，他带着乡人流亡到了河南，由于他威信素著，故被乡人推为坞主，先后驻于荥阳、新郑（今河南新郑）等地，洛阳陷落后，他被原西晋太尉荀藩任命为荥阳太守。

当时兵荒马乱，百姓饥馑，李矩尽心为他们解难，因此很得人心，远近各地的人多依附于他。

很快，他的人马越来越多，实力越来越强。

汉主刘聪对此当然不可能坐视不管。

公元317年2月，刘聪派自己的堂弟刘畅率步骑3万进攻荥阳。

因汉军来得太过突然，李矩根本来不及做任何战前准备——当他得知消息的时候，敌军距离他只有7里了！

7里地，就是挂着拐的小脚老太半小时也能走到了，何况对方还是骑兵！

怎么办？

危急时刻，李矩急中生智，遣使向刘畅诈降。

他把精锐部队全都隐藏起来，在营中只留下一些老弱病残，并邀请刘畅检阅。

一进李矩的军营，刘畅感觉像是进了福利院。

因为他发现，李矩的部队素质实在是太差了——不是老掉牙的老头儿，就是流口水的智障人士，不是站不稳的病人，就是缺条腿的残废……

刘畅彻底放心了，这样的军队，打扫卫生都有问题，哪能打什么仗！

于是他不再防备，在自己的大营中大宴诸将，喝得酩酊大醉。

李矩得知后大喜，便打算在夜里发动偷袭。

然而，他的部下见敌军人数众多，多有畏敌之色。

李矩派部将郭诵到附近的子产（春秋时郑国著名贤相）祠祈祷，随后让祠中的巫师对大家说：子产有言，到时他会派神兵相助，此战必胜。

将士们士气大振，信心大增。

当天夜里，郭诵率数千名敢死队突袭敌营，匈奴人猝不及防，混乱中当场被斩首千余人，其余人都四散奔逃。

之前另一名晋将郭默听说李矩被攻，派人来救，此时正好也到了李矩那里。

当下两军合兵一处，连夜追击汉军，大获全胜。

战后，在打扫战场时，李矩又有了意外收获——他在刘畅的军营中发现了一封刘聪的密信。

原来，汉国洛阳守将赵固与其长史周振不和，周振暗中向刘聪告发赵固图谋不轨，刘聪因此给刘畅密旨，让他在战胜李矩后，到洛阳将赵固处死。

李矩把这封信交给了赵固。

一怒之下，赵固杀死了周振，率军向李矩投降。

李矩仍然让他据守洛阳。

时隔6年之后，古都洛阳再次回到了晋朝的手中！

刘聪闻讯大惊，连忙派其子刘粲率10万大军，前去收复洛阳。

刘粲率军驻于黄河北岸的孟津渡口（今河南孟津）。

见敌军势大，赵固不敢应战，慌忙退出洛阳，同时向李矩求救。

李矩立即派部将郭诵、耿稚等人率军救援。

耿稚在夜间偷渡黄河，突袭汉营。

其实之前刘粲的部下也有人提醒刘粲，让他加强防备，但刘粲却不以为然地说：他们听说赵固败北，自保还来不及，怎么可能还敢来送死呢？

没想到当天半夜，耿稚等人就率军杀到了。

夜已深，汉军睡得正深，很多人从此再也没有醒来——在睡梦中被晋军杀死。

而更多的人则被喊杀声、喧哗声、惨叫声吵醒，迷迷糊糊睁开双眼，恍恍惚惚迈开双腿，慌慌张张向外逃窜，但此时的他们睡眼惺忪，就像刚出浴的杨贵妃一样娇柔无力，哪里能跑得了多快！

晋军如虎入羊群一般四处追杀。

此役晋军大胜，不仅杀敌数万，还占领了汉军大营，获其军械物资不可胜数。

不过刘粲毕竟不是省油的灯。

天亮后，见耿稚军人数不多，像小强一样顽强的他心有不甘，又收集残部，率军反扑。

但耿稚十分骁勇，刘粲大军连续猛攻20多天，依然毫无进展。

李矩也亲自从荥阳率军相救。

刘粲则沿河布防，严阵以待。

两军就这样相持多日。

最后耿稚把所获的物资全部烧毁，率军突围而出，退回了荥阳。

这气壮山河的一战，让李矩和他的部下从平凡变成了不凡，从常人变成了战神，从默默无名变成了鼎鼎大名，从微不足道变成了威震天下！

远在江南的司马睿听说后，也遣使加封李矩为安西将军、都督河南三郡诸军事，晋爵修武县侯。

此时的司马睿已经今非昔比——他现在的身份不再是西晋的琅琊王，而是东晋的开国皇帝了。

公元317年初，长安失守、晋愍帝司马邺出降的消息传到了建康，司马睿在群臣的拥戴下登基，大赦天下，设置百官，不过当时并未称帝，只称晋王。

公元318年3月，司马睿正式即皇帝位，是为晋元帝。

东晋就此建立。

此时国内的形势是这样的：

南方是东晋；

北方大部是匈奴汉国的地盘，只有祖逖、李矩、邵续等人像汪洋中的几条小船一样艰难地守护着东晋的几块飞地；

西南的巴蜀一带则属于氐人流民李雄建立的成汉。

李雄的祖上本来是生活在巴西郡（今四川阆中）一带的氐人，三国时期迁到了略阳（今甘肃秦安），为与其他氐人相区别，故又称巴氐。

西晋末年，由于陇西一带连年灾荒，李雄的父亲李特带领略阳、天水等六郡的百姓流亡到了四川，趁着天下大乱起兵造反，后李特战死，其弟李流接管余众，李流病死后，李雄继立，不久攻占成都，称成都王（之前我们在刘渊称汉王时曾提到过）。

公元306年，李雄自立为帝，国号成（后改名汉），史称成汉。

而在西北，凉州（治所姑臧，今甘肃武威）刺史张寔尽管名义上依然奉晋朝为正朔，但事实上却是父死子继，拥兵一方，俨然成了一个独立王国。

张寔的父亲张轨出身于西北大族，原先在西晋中央政府担任散骑常侍。

公元301年，"八王之乱"正处于高潮时期，为了远离风暴中心，他主动请求外放凉州。

不久，他如愿以偿地被任命为护羌校尉、凉州刺史，从此开始了张氏在凉州长达 70 余年的统治。

在凉州，张轨外平叛乱，内修文治，把凉州治理得井然有序，井井有条。

他对晋室也非常忠心，关键时刻曾多次派兵勤王。

公元 314 年，张轨因病去世，其子张寔被部下拥立继任，当时在位的晋愍帝司马邺对地处偏远的凉州根本无暇顾及，便顺水推舟，封张寔为都督凉州诸军事、凉州刺史，领西平公，让他继续统领凉州。

3 年后，长安失陷，西晋正式灭亡，江南的司马睿建立东晋，改元建武。

但张寔却没有与时俱进，依然沿用晋愍帝的年号建兴。

据说之前在长安曾流传有这么一首民谣：秦川中，血没腕，唯有凉州倚柱观——秦地血流成河没到手腕，唯有凉州袖手旁观，平安无事。

现在这个民谣得到了确切的验证。

关中一带经过多年的战乱，百姓死亡大半，而凉州在张氏的治理下，却一直安然无恙。

在那个混乱的年代，没事就是本事，太平就是水平，稳定就是搞定，因此张氏家族理所当然地得到了凉州广大百姓的拥护。

张寔的儿子张骏后来改称凉王，标志着凉州正式独立，史称前凉。

但也有很多学者认为，张寔不奉东晋年号，其实意味着当时的凉州已是一个割据政权。

我觉得，可以把东晋看作总公司，凉州看作一家子公司，如果这个子公司的人事、财政、业务都和总公司没有任何关系，自筹资金，自负盈亏，自主经营，那么咱们完全可以把这家子公司看作一家独立的公司——即使它依然用总公司的牌号，那充其量也不过是挂靠而已。

假如这种说法成立的话，现在的中国境内可以算作四国并立：江南的东晋、华北的匈奴汉国、西南的成汉、西北的前凉——汉国（前赵）、成汉、前凉都是十六国之一。

这 4 国中间，地盘最大、实力最强、最有希望统一全国的，毫无疑问是刘聪治下的匈奴汉国。

然而，牌好不一定就能赢，希望不一定就是现实。

现实是，汉国在刘聪手上达到了鼎盛，也在他的手上迅速走向了衰落！

第六章　国丈引发的分裂

锁谏

刘聪这个人，能力当然是有的，可是他也有个最大的毛病——好色。

这一点在他刚当上皇帝的时候就表现出来了。

刘渊的皇后也就是刘聪的后母单太后，是个顶级美女，史称其"姿色绝丽"。刘渊死的时候，单氏年纪尚轻，风韵犹存，刘聪对其美色垂涎已久，因而他刚一继位，就将单氏收为己有。

事实上，他之所以会立刘乂为皇太弟，与单氏也不无关系——因为刘乂是单氏的亲生儿子。

刘乂对四哥和母亲的这种乱伦行为极为不齿，每次看见刘聪就仿佛听见有人在指着他的鼻子骂一样让他非常难受，但他又不敢对刘聪怎么样，只好把气撒在母亲身上，不仅经常对单氏冷眼相待冷若冰霜，嘴里还老是冷嘲热讽冷言冷语。

单氏羞愧难当，没过多长时间居然就香消玉殒了。

刘聪对刘乂的这种行为自然十分不满，只是由于自己当国时间还不长，不想引起变乱，才没有把他废掉。

随后的一段时间，刘聪把主要的精力放在了国家大事上。

那几年，在他的指挥下，汉军捷报频传，所向披靡，攻下了西晋都城，俘虏了西晋皇帝，席卷了整个北方大地。

这巨大的成绩不免让他感觉到有些飘飘然。

他觉得该是自己享受胜利果实的时候了。

恰好就在此时，刘聪的皇后呼延氏去世了。

呼延家与刘家世代通婚，家族势力十分庞大，因此呼延氏活着的时候，刘聪尚不敢太放肆，她一死，他就成了脱缰的野马，开始为所欲为了。

在呼延皇后死的当月，他就一口气封了两个昭仪、一个贵妃、两位夫人。

不久，听说太保刘殷的两个女儿才貌双全，他又动了心，想把这对姐妹花纳入后宫。

没想到不知趣的皇太弟刘乂又站出来阻止，说这样不行，自古同姓不能结婚。

刘聪很不开心，脸色铁青。

美女不爽，肯定会有追求者对她嘘寒问暖；皇帝不悦，自然更不会缺乏马屁精来为其排忧解难。

太宰刘延年、太傅刘景都说：虽然刘殷也姓刘，可陛下您跟他根本就不是一个族源，娶她女儿哪会有什么问题？

刘聪大喜，马上到刘殷家里去考察，这一考察，居然又有了新收获——他又看中了刘殷的4个孙女！

于是刘殷家的女人几乎被刘聪来了个一锅端——刘殷的两个女儿刘英和刘娥被他封为左右贵嫔，4个孙女则封为贵人。

姑侄6人共侍一夫，父子两代同成国丈，堪称千古奇闻。

刘聪对这6位姓刘的后妃十分宠爱，从此他几乎成了宅男，很少出宫，天天与她们在宫内花天酒地，颠鸾倒凤。

不知道是不是纵欲过度让他提前进入了更年期，之后他变得越来越暴虐。

左都水使者（负责治水的官员）刘摅（shū）有一次送鱼、蟹等水产品稍微迟了几分钟，刘聪立即大怒，将其斩首；

将作大匠（主管工程建设的官员）靳陵因为宫殿没能及时完工也被刘聪砍了头……

眼看着曾经英明的皇帝越来越昏庸，仿佛自由落体般快速堕落，朝中那些正直的官员看不过去了，纷纷开始进谏。

廷尉陈元达就是其中最典型的一位。

他是汉国元老，为人正派，性格耿直，刘渊在位的时候就对他非常器重。

公元313年，刘聪立贵嫔刘娥为皇后，和现在很多土豪一样，他想送一套漂亮的大房子给自己心爱的女人，便打算大兴土木，在后宫专门修一座豪华宫殿给刘娥居住。

陈元达听说这事后，直接闯到了刘聪的后花园，对正在园中玩耍的刘聪哇啦哇啦说了一大通大道理，大意：如今天下未定，不应如此浪费。重要的事情说3遍。如今天下未定，不应如此浪费。如今天下未定，不应如此浪费。如今……

没等他说完，刘聪就火了：你这个老家伙烦人能力够强的啊！朕身为天子，造一个房子，居然还要你这样的鼠辈来指手画脚？

他当即命令身边的卫士，把陈元达给拖出去，斩了。

　　卫士们马上一拥而上，却发现根本就拉不动。

　　原来陈元达是带了一条铁链和一把锁来的，居然把自己和一棵大树锁在了一起。

　　此时他早已把生死置之度外，一边死命抱着大树，一边大声说：臣所说的，乃是社稷之计，陛下却要杀臣。若死者有知，臣一定要到上天和先帝那里去控诉陛下！……

　　刘聪气得鼻子都歪了，眼睛都绿了，声音都抖了：打，打，打死他！把，把，把他的全家都斩首！

　　眼看场面即将不可收拾，一封信的到来改变了这一切。

　　信是皇后刘娥写的。

　　此时，她正在宫内休息，花园内的喧哗把她惊醒了，得知事情的原委后，她急忙手书一封，大意是说，陛下为了给她营建宫殿而杀忠臣，将使天下人都怪罪于她。她实在没有脸面再伺候陛下，请赐她一死。

　　这封信虽然字数不多，却力达万钧，把刘聪这列脱轨的火车重新拉回了正确的轨道。

　　刘聪的头脑一下子就清醒了，态度猛然转变了一百八十度，说话的口气也从秋风扫落叶一般的无情变成了春风般的温暖：朕近日身体不佳，所以有时难以控制自己的情绪。陈元达是忠臣啊，朕对自己的行为深感惭愧。

　　他让人把陈元达带到自己的面前，把刘后的信给他看：外辅如陈公，内辅如皇后，朕还有什么可担心的呢？

　　接着他又笑着说：本来应该是你害怕朕才对，怎么现在反倒是朕怕你了啊？

　　这就是历史上著名的"锁谏"。

　　后来初唐画家阎立本曾以此事为蓝本创作了一幅《锁谏图》；

　　宋代诗人刘克庄也写了一首同名诗：

　　说言直触大单于，赖有阏氏上谏书。若把汉唐宫苑比，玉环飞燕总输渠。

　　刘克庄对刘氏的赞美，当然不是因为他们都姓刘——500年前是一家，而是因为刘氏确实是一个深明大义的贤后，她的事迹后来被写入《晋书·列女传》，永垂史册。

　　可惜的是，红颜多薄命，好人不长寿，刘氏在被立为皇后之后不到一年就死了。

汉宫之变

　　缺少了刘后的监督，刘聪的私生活更加混乱。

　　所有王公大臣的女儿，只要稍有姿色几乎都被他搜罗进了后宫。

一时间，宫内美女如云，春色满园，他成了飞在花丛中的一只小蜜蜂，成天沉浸在温柔乡中不可自拔。

花多了要争艳，女人多了要争宠，现在皇后之位又正好是空缺，因此好几个宠妃都争着吵着哭着闹着想做皇后。

到底让谁来当呢？

刘聪很烦恼。

毕竟，哪一个都是心头肉，哪一个都怠慢不得。

世上无难事，只怕有心人，刘聪绞尽脑汁，终于想出了办法。

他一下子就立了3个皇后——中护军靳准的两个女儿靳月光和靳月华分别被封为上皇后和右皇后，贵妃刘氏则为左皇后。

除此以外，后宫中佩戴皇后玺授的还有7位——就像现在有些所谓主任科员的名字后面往往有个说明"享受正科级待遇"一样，这7位虽然没有皇后的封号，但享受皇后同等的待遇。

光皇后级别的就有这么多，可想而知，他后宫的妃子数量有多么庞大！

但人的精力是有限的。

沉迷于房事，自然无心于国事；执着于裙下，自然无意于天下。

刘聪很少出宫，上朝的次数比上坟的次数都要少，一般的日常事务他都交给儿子刘粲处理，重大事项则通过王沈、郭猗等几个亲信宦官向他汇报。

王沈等人趁机借此掌握朝纲，很多事情他们都不跟刘聪讲，而是根据自己的好恶擅自处置。

这样一来，他们自然权倾天下。

跟他们关系不好的，功劳再大也不能升官；跟他们关系好的，即使是个白痴也能平步青云。汉国的朝廷内外一片乌烟瘴气。

不过，任何时代都不缺乏忠臣。

少府陈休、尚书王琰等人对这些宦官的胡作非为十分不满，经常联合起来和他们对着干。

但和深得皇帝信任的王沈等人作对，无疑相当于螳臂当车、稻草挡山洪——根本就是自不量力！

公元316年2月，很久没上朝的刘聪突然出现在了朝堂，下令拘捕陈休等7位大臣。

太宰刘易（刘聪次子）、大将军刘敷（刘聪第五子）、御史大夫陈元达等人纷纷上表进谏，请皇帝惩治王沈等人，释放七大臣。

刘聪毫不为所动，只是笑着说：我这两个儿子受了陈元达的影响，都变傻了。

为了旗帜鲜明地表明自己的态度，他非但没有对王沈等人做任何处罚，反而将他们加封为列侯。

素来以忠直著称的刘易当然不甘心，又继续上疏为七大臣申冤。

这下终于彻底惹恼了刘聪，他当着刘易的面，将其奏疏撕得粉碎。

七大臣不久即被杀害。

刘易彻底失望了。

仅仅一个月后，他就忧愤而死。

七大臣和刘易的死对陈元达打击极大，他知道，就像葡萄酒无法变回葡萄一样，现在的刘聪再也无法变回原来那个贤明的刘聪了，一切都已经无法挽回。

他只能无奈地恸哭：老臣我既然已经不能进言了，那活着还有什么意义呢？

随后他在自己家里自尽身亡。

忠臣义士纷纷凋零，王沈等小人从此更加猖狂。

而皇帝刘聪也愈加醉生梦死，荒淫无度，身体状况变得越来越差。

这样一来，继承人的问题自然也越来越受人关注。

刘聪当初继位的时候，曾经立刘乂为皇太弟，但这显然并不完全是他的本意。

毕竟，舐犊之情，人皆有之，他当然也不例外。

为培养他的长子刘粲，他可谓煞费苦心，不仅多次让刘粲率军出征，以培植其班底、增长其威望，后来还任命其为相国，总领百官。

与此同时，他对刘乂却是越来越冷淡，越来越不待见。

刘乂这个太弟仿佛成了泰迪，整日无所事事，无所适从。

总而言之，刘粲有权有势，刘乂有名无实；刘粲风光无限，刘乂活动受限；刘粲威风八面，刘乂以泪洗面……

两相对比，可谓是冰火两重天。

任何人都看得出来，刘乂的皇太弟身份已经是岌岌可危。

他的亲信崔玮、许遐劝他先下手为强，发动政变，囚禁刘聪，杀掉刘粲，提前夺取帝位。

刘乂不敢，没有同意。

然而没过多久，此事就被人告发了。

刘聪立即将崔玮等人斩首，同时命刘粲派兵封锁东宫，将刘乂软禁，不准任何人出入。

看起来，刘粲的接班人地位似乎已经是板上钉钉了。

但刘聪不知怎么回事，接下来仿佛忘了这件事一样，很长一段时间都没什么行动。

刘粲焦急万分，却毫无办法。

有人给他出了个主意。

此人正是靳准，当朝国丈，准确地说是首席国丈——虽然刘聪有好几个皇后，但靳准的女儿是其中最得宠的。

靳准这个人八面玲珑，善于见风使舵，早就把宝压在了刘粲身上，对刘粲百般逢迎，被刘粲视为心腹，与王沈等宦官关系也相当不错。

他对刘粲说：将欲取之，必先予之。刘义喜欢交往宾客，咱们不如先撤掉对刘义的监视，让外人自由出入。然后咱们再从那些和刘粲来往的人那里入手，将其严刑拷问，弄出一份刘义谋反的供词。皇帝岂有不信之理？

刘粲依计而行。

此后，刘义算是获得了有限的自由，虽然还是不能出门，但可以找人聊聊天，吹吹牛，打打牌，喝喝酒，日子稍微好过了一点。

公元316年9月，刘聪在宫中宴请群臣，突然想起了弟弟刘义，便派人将他召来。

刘义年纪轻轻，却已是须发皆白，满脸憔悴，看上去十分可怜，因此刘聪忍不住也动了恻隐之心，不由得潸然泪下。

兄弟俩先是抱头痛哭，后来又把酒言欢，重归于好。

这当然是刘粲不愿意看到的。

他决心尽早除掉刘义，以绝后患。

经过和靳准等人的一番密谋，方案很快就定了下来。

刘粲让人对刘义说：刚收到皇帝密诏，说京师将有变乱发生，要我们都穿上甲胄，以防万一。

刘义哪敢不听，马上让东宫将士全都穿上了战袍。

随后刘粲让靳准、王沈等人向刘聪告发刘义图谋不轨，说他们都已武装好了。

刘聪大惊，立即派人去暗访，发现果然如此。

证据确凿，由不得刘聪不信。

他命令刘粲马上率军包围东宫。

刘粲让靳准把和刘义有过来往的宾客全都抓捕了起来，之后对他们施以种种酷刑。

很快就有人受不了了，违心承认与刘义合谋造反。

这样一来，刘义的皇太弟之位当然就保不住了。

他被废为北部王，不久又被刘粲派人杀害。

刘粲则顺理成章地被封为皇太子，同时兼任相国、大单于，继续执掌朝政。

又过了一年多后，纵欲过度的刘聪终于一病不起——一头牛耕千亩地，不累死才怪。

他自知不久于人世，考虑到长安的刘曜（他在西晋灭亡后一直驻守在关中）、襄国的石勒两位实力派人物在外手握重兵，可能会威胁到儿子刘粲的统治，便撑着病体下诏（当然也可能是刘粲或靳准矫诏），让刘曜、石勒两人入朝辅政。

刘曜、石勒都是久经考验的老狐狸，当然都不愿离开自己的根据地，都坚决推辞。

无奈，刘聪只得承认现状，加封刘曜为丞相、雍州牧，石勒为大将军、幽冀二州牧。

公元318年7月19日，刘聪在平阳去世，死后被追谥为昭武皇帝。

太子刘粲终于如愿以偿地登上了帝位。

长江后浪推前浪，一代更比一代浪。

比起父亲，刘粲的荒淫程度有过之而无不及。

刘聪留下的那几个年轻的皇太后，他照单全收，天天与她们在宫内乱伦。

两耳不闻窗外事，一心只揣女人花。

对于朝政，他根本就没有精力过问，便全权委托给了他最信任的靳准。

靳准是个典型的野心家，为了权力，他不择手段，不惜代价，无所不用其极。

在他看来，舍不得孩子套不住狼，舍不得女儿得不了天下。

他因自己的女儿做了刘聪的皇后而发迹，现在又因女儿继续得到刘粲的宠幸而更受重用。

刘粲即位后，靳准先是被封为司空，不久又被加封为大将军、录尚书事。

他利用女儿给刘粲吹枕边风，挑唆头脑简单的刘粲杀掉了太宰刘景、大司马刘骥等一帮宗室重臣，从此一手遮天，彻底把持了汉国的军政大权。

不过，靳准想得到的显然远不止这些。

公元318年8月，他突然发动政变，率军闯入皇宫，杀掉了皇帝刘粲。

一场针对皇族的大屠杀随即展开，平阳的刘氏族人不分男女老幼全部被处死，就连刚入土的刘聪也未能幸免，他的尸体被从地下挖出，斩为两段。

之后，靳准自立为汉天王，设置百官。

两个赵国

很快，这一爆炸性的消息就传到了长安。

作为汉国宗族大将，刘曜当然不可能对此袖手旁观。

他马上点起兵马，率军杀向平阳。

走到半路，他碰到了从平阳逃出的汉国太保呼延晏，这才知道刘氏宗族包括自己的母亲和哥哥在内已被靳准屠戮殆尽。

在呼延晏等人的拥戴下，刘曜在行军途中登基，成为汉国的第五任皇帝。

刘曜是汉国创始人刘渊的堂侄，幼年丧父，由刘渊抚养长大，算得上是刘渊的半个儿子。

8岁的时候，有一次他跟随刘渊去山上打猎，没想到天气突变，一声巨雷突然在他们头上炸响，很多人都吓得扑倒在地，而小刘曜却依然谈笑自若，毫不在意，因此刘渊忍不住对他赞叹不已：这孩子真是我家的千里马啊！

成年后的刘曜文武全才，琴棋书画无所不能，十八般武艺样样精通，箭术尤其精湛，史载他竟然可以射穿一寸厚的铁板——这简直令人难以置信，要知道即使是现在大名鼎鼎的AK47自动步枪的穿甲能力也只有8毫米！

更让人难以置信的是他的长相。

他身高9尺3寸，折算成现在的尺寸大约为2.25米（仅比姚明矮1厘米），可惜那时候篮球还没发明，否则凭他超人的身高和矫健的身手绝对是NBA的超一流明星。

最奇特的是，他生下来眉毛就是白的，仿佛传说中的白眉大侠。

自刘渊起兵以来，刘曜一直被委以重任，四处南征北战，打洛阳，攻晋阳，克长安，为汉国的建立和发展立下了赫赫战功。

如今匈奴刘家人口凋零，无论血统还是威望，无论是能力还是资历，刘曜的继位都可谓是实至名归，无可挑剔。

尽管意外地坐上了皇帝的宝座，但刘曜的头脑还是很清醒的，他知道现在还远没到大功告成的时候，当务之急是要尽快平定靳准之乱。

在草草举行了一个登基仪式后，他就继续马不停蹄向平阳进发。

然而，还没等他赶到平阳，石勒已经先到了。

这几年，石勒雄踞河北，兵强马壮，听到靳准谋逆的消息，他立刻敏锐地意识到自己的机会来了。

没有一秒钟的犹豫，他就决定马上发兵勤王。

是的，在这个时候率军去平阳平乱，既能彰显自己的忠心，增加自己的声望，又有机会兼并平阳附近的地盘，扩充自己的实力，有百利而无一害，何乐而不为？

他立即率精兵5万出发，日夜兼程，很快就来到了平阳郊外。

眼看石勒来势汹汹，靳准不敢怠慢，慌忙派兵迎击。

然而，论钻营，他也许算得上是大师，论打仗，石勒才是大神。

面对靳准的挑战，石勒先是坚守不出，直到靳准所部锐气丧尽后才突然发力，大军尽出，很快就大获全胜，攻下了平阳的外城。

这下子靳准再也沉不住气了，只好派使者向石勒请和。

石勒把使者送到了刘曜那里——是否要和叛徒讲和，还是让刘家的人来决定吧。

见到靳准的使者，刘曜灵机一动，心生一计。

他对使者非常客气，好酒好菜好礼好话，一样都不少，还言之凿凿地说：皇帝无道，靳准的做法不但无过，反而有功，要不我怎么能当上皇帝呢。你回去劝说靳准投诚，我不但不会治他的罪，还会让他做相国，委以朝政。

使者连忙回去向靳准汇报。

靳准也是玩阴谋出身的人精，对刘曜的用意心知肚明。

这种话要靠得住，除非骡子能生育！

他当然不会上当，对此嗤之以鼻。

然而，不怕神一样的对手，就怕猪一样的队友。

靳准的两个堂弟靳明、靳康就是这样的蠢猪，他们居然对刘曜说的话深信不疑，两人联手发动兵变，杀掉了大哥靳准，随后派人给刘曜送去传国玉玺和靳准的人头，表示愿意投降。

得知这个消息，石勒不由得大怒。

自己辛辛苦苦养大的猪却跑到了别人家的猪圈，这算个什么事！

于是他立即下令全军出动，对平阳内城发动猛攻。

靳明、靳康等人无法抵抗也无心抵抗，慌忙带着家人仓皇西逃，投奔了刘曜。

他们满怀着希望而来，没想到迎接他们的，却是刘曜冷冰冰的面孔和刽子手冷冰冰的大刀！

靳明、靳康以及靳氏满门全部被刘曜斩首。

同一时间，石勒顺利攻入了汉国都城平阳，他把刘聪营建的宫室全部焚毁，随后留下部分兵将驻守，自己则率军撤回了襄国。

随后石勒遣使向新皇帝刘曜告捷。

刘曜下旨加封石勒为太宰、大将军，晋爵赵王。

使者带着圣旨开开心心地回去复命。

但正如宇宙总是充满了黑洞一样，历史总是充满了变故。

一个变故的发生彻底改变了此后的历史进程。

使者前脚刚走，就有人对刘曜说：石勒派使者来，名为请功，其实是为了窥探您的实力。等这个使者回去后，肯定就会发兵攻打您。

刘曜当时无论地盘还是兵力都不如石勒，听了这话心里顿时就慌了。

也许是生怕自己的底细真的泄露出去，他马上派兵追回了石勒的使者，不仅收回了成命，还杀死了使者。

刘曜的这一做法终于彻底激怒了石勒，他再也按捺不住了，愤愤不平地对下属说：他们刘家的基业，可以说都是我创下的。现在居然反过来算计我！什么赵王、赵帝，我自己就能做，哪里用得着通过他刘曜！

石勒决定和刘曜分道扬镳，正式决裂。

与此同时，回到关中后的刘曜宣布定都长安，改国号为"赵"，史称前赵。

和刘渊不同，他是个极端的匈奴民族主义者，认为自己是堂堂正正的冒顿单于之后，根本不屑于借汉朝的壳上市，因此他才会一上台就立即修改国号，与汉人建立的汉朝彻底撇清关系。

之所以起名叫赵，据说是因为刘曜之前曾被封为中山王，而中山属于赵地。

公元 319 年 11 月，石勒也在部属的拥戴下称王，定都襄国，国号同样是赵，史称后赵。

从此，北方大地上出现了两个赵国，前赵的地盘主要在关陇一带，后赵则囊括了洛阳以东的大部分地区。

不过，此后的五六年间，两赵之间并没有发生任何战事，甚至连牙齿误咬舌头的误伤也没发生。

这当然不是说他们两家遵循和平共处五项原则签订了互不侵犯友好条约，而是因为他们家家有本难念的经，各有各的麻烦，都要先稳定内部。

第七章　两赵争雄

传奇皇后羊献容

先看刘曜。

应该说，刚当上皇帝的时候，刘曜是颇为志得意满的。

这从他与皇后羊献容的一段对话中可以看出来。

羊献容的经历极为传奇，她不仅是史上被废立次数最多的皇后，还是史上唯一做过两国皇后的女子。

出身于大族泰山羊氏的她，在贾南风被废后成为晋惠帝司马衷的第二任皇后，西晋末年的动乱中她先后被废立了五次，汉军攻陷洛阳后，她被当时的汉军主帅刘曜看中，纳为妻室，非常宠爱。

现在她已经是第六次戴上后冠了。

刘曜得意扬扬地问她：吾何如司马家儿——我和司马家那小子比怎么样？

这个问题其实很没水平，主要是选的参照物司马衷太低端了——明明是一个超级美女，不和奥黛丽·赫本比，却偏偏要和凤姐比；明明是一台超级跑车，不和法拉利兰博基尼比，却偏偏要和拖拉机比……

说实在的，我觉得这有点自降身份。

而羊献容的回答却很有水平：那个人怎么能和您相提并论？陛下您是开基圣主，他是亡国蠢材，贵为帝王，连自己的老婆孩子都庇护不了，我在当时真想一死了之。本来我以为全世界的男人都是那个熊样，自从做了您的妻子，才发现天下是真有大丈夫的。

听了这样的话，刘曜自然是心花怒放，本来就高大伟岸的形象，自我感觉顿时更高大更伟岸了。

不过，虽然高兴，刘曜并没有失去理性，他清楚地知道，自己这个皇帝面临的局面其实非常严峻，不仅外有强敌，内部也很不安稳。

作为外来户，他在关中的根基并不太深，而关陇一带的土著居民，尤其是西面的羌、氐、巴等少数民族向来以民风彪悍而闻名，其关系之复杂、矛盾之尖锐堪比当今的中东地区，从东汉到西晋的数百年间，3 年一小乱，5 年一大乱，10 年一暴乱，几乎就没消停过。

在他登上帝位的当年，扶风（今陕西兴平）一带就有人造反，刘曜亲自出马，好不容易才搞定。

第二年又爆发了巴人酋长句渠知领导的大叛乱，当时羌、氐、巴、羯等响应者达 30 余万，关中大乱，刘曜采纳部下建议，剿抚并用，费了九牛二虎之力，才总算将其解决。

陇上壮士有陈安

之后，刘曜又把枪口对准了西部边陲的两股割据势力——仇池的杨难敌和秦州（今甘肃天水）的陈安。

杨氏世代为当地氐人的首领，自东汉末年以来，他们趁着中原王朝衰弱无暇他顾的机会，以地势险要的仇池山（位于今甘肃西和）为中心向外扩张，到杨难敌的父亲杨茂搜时，杨氏已经占领了陇南、川北的多个郡县，自立称王，建立仇池国，都城设在洛谷城（今甘肃陇南）。

公元 322 年 2 月，刘曜亲自率军征讨杨难敌，连战连胜，势如破竹。

杨难敌难以匹敌，被迫退保仇池山。

看起来，仇池国的生命已经进入了倒计时。

然而，天有不测风云，人有不测疾病，前赵军中突然流行起了疫病，连刘曜自己也没能幸免，病倒了。

这样一来，仗当然没法打下去了。

刘曜不得不和杨难敌谈和。

死里逃生的杨难敌仿佛一个以前被诊断为癌症晚期现在又确定是误诊的病人，开心还来不及呢，自然愿意遣使称藩。

于是刘曜赏了他一大堆官衔，随后收兵回长安。

比起并不难敌的杨难敌，陈安的野心更大，也更难对付。

此人本是西晋末年镇守关中的南阳王司马模帐下的都尉，他不仅骁勇善战，而且极讲义气，与士卒同甘共苦，为朋友两肋插刀，很得人心。

在司马模被匈奴汉国攻灭后，陈安到秦州投奔了司马模的儿子司马保，不久因与司马保的部将不和，陈安宣布脱离司马保，投靠了刘曜。

公元 320 年，司马保为部下所杀，陈安乘机率部攻取了秦州，从此割据一方，名义上虽然臣服于前赵，但实际上却是个不折不扣的独立王国——就像空调遥控器发出的指令指挥不动电视机一样，刘曜发出的指令根本指挥不动陈安。

这次，听说刘曜打败了杨难敌，陈安也沉不住气了，主动遣使请求朝见。

此时刘曜正病重卧床，便以身体不方便为由婉言谢绝。

这让陈安对形势有了误判，他认为刘曜已经死到临头，自己正好可以借机浑水摸鱼，乱中取利。

他立即发兵阻截落在刘曜大军之后的前赵辎重部队，抢得了大量的军需物资，吃的，穿的，用的，骑的，射的，砍的，梳头的，洗脸的，擦屁股的，应有尽有。

钱粮在手，打仗不愁。

他自称大将军、凉王，大肆招兵买马，大肆攻城略地，陇西各地的氐、羌也纷纷响应，很快他就有了兵马 10 余万。

陈安的势力就如气球一样迅速膨胀。

然而，气球这东西毕竟是空的，吹起来不难，弄破掉也很容易，稍用点力一捏就行；陈安的军队毕竟是仓促组建的，看起来貌似强大，实际上却大多是乌合之众，战斗力很渣。

公元 323 年 7 月，身体痊愈后的刘曜再次率军西征，很快就击败了陈安的主力，并将其围困在了陇城（今甘肃张家川），同时分遣诸将攻打陇西各地。

陈安不想坐以待毙，决心拼死一搏。

他留下部将守城，自己则亲率精锐突围而出，想引上邽（今甘肃天水）或平襄（今甘肃通渭）的部下来救陇城。

不料行至中途，他又得到了平襄已失、上邽被围的消息，无家可归的他只好往山区逃窜。

刘曜则派部将平先紧紧追赶。

陈安且战且退，他悍勇异常，左手挥七尺大刀，右手执丈八蛇矛，刀矛乱舞，每次都能杀死五六人。

平先也是一员猛将，他毫不畏惧，与陈安厮杀在了一起。

不知是什么原因，陈安此时的表现就如1998年世界杯决赛时的罗纳尔多一样大失水准。

刚才的老虎突然变成了病猫，曾经的鳄鱼一下子缩水成了壁虎——仅仅 3 个回合，他手中的长矛就被平先夺走了！

陈安不敢再战，慌忙拨转马头，仓皇逃窜。

此时天色已黑，又下着大雨，陈安弃马步行，与几个随从躲在了山洞中，前赵军遍寻不着，只好作罢。

第二天，天气放晴，前赵军在山上再次展开了地毯式搜索，最后终于循着地上的足迹找到了陈安，将其斩首。

由于陈安平时对百姓不错，他虽然死了，却依然活在陇西人的心中，他们专门作了一首《陇上歌》来怀念他：

陇上壮士有陈安，躯干虽小腹中宽，爱养将士同心肝。骢骢父马铁锻鞍，七尺大刀奋如湍，丈八蛇矛左右盘，十荡十决无当前。白骑俱出如云浮追者千万骑悠悠。战始三交失蛇矛，弃我骢骢窜岩幽，天降大雨追者休为我外援而悬头。西流之水东流河，一去不还奈子何！阿呼呜呼奈子呼，呜呼阿呼奈子何！

后来这首诗被收入《乐府诗集》，一直传唱至今。

不得不说，诗写得确实不错，不过，对于陈安在战场上的表现，我却只能用两个字来形容：呵呵。

平定陈安后，刘曜又集结大军，乘胜西进。

前赵军号称兵力达 28 万，在黄河边列营，长达百余里，金鼓之声震天动地，刀枪如林铺天盖地。

按照史书的记载就是：自古军旅之盛未有斯比——其军势之盛自古以来从未有过。

刘曜扬言要渡过黄河，直取凉州。

此时前凉当政的是张寔之弟张茂（张寔已于公元 320 年被部下刺杀），听说刘曜大军声势浩大，规模空前，他大为震恐。

前赵将领们纷纷请求渡河攻击。

但刘曜的头脑却异常冷静：我军人数虽多，却久战疲惫，且很多都是新归附的氐、羌之众，不可大用。我觉得我们还是按兵不动，用声势来震慑敌军。我可以保证，10 天内，张茂一定会向我们送上降表，大家拭目以待吧。

果然不出他所料，迫于前赵军的声威，很快张茂就派来了使者，并送上了大量的牛、羊、马和各种珍宝，表示愿意夹着尾巴做前赵的小弟，向前赵纳贡称藩。

既然目标已经顺利达成，刘曜自然也乐得借坡下驴、见好就收，当即封张茂为大司马、凉州牧、凉王，率军班师回朝。

至此，刘曜终于基本解决了前赵内部和周边的各种不安定因素，为将来与后赵的决战创造了较为有利的条件。

除此以外，刘曜在内政上也颇有建树。

他重视教育，开办了太学，以天下名儒为师，大力倡导儒家文化，同时他也虚心纳谏，接受大臣们的建议，停止了建造宫室的工程，将节省下来的资金用于民生。

在他的治理下，关中地区的百姓终于过上了久违的太平日子。

应该说，自从登基以来，刘曜干得非常不错，甚至颇有明君之相。

可惜的是，他遇到的对手是石勒。

勇冠三军段文鸯

如果说这几年刘曜的表现可谓优秀，那么石勒的表现则堪称完美；如果说刘曜的表现是一流，那么石勒的表现就是超一流！

和刘曜如出一辙，后赵建立后，石勒首先做的也是搞定内部。

和刘曜不同的是，他主要的敌手是那些忠于晋朝的武装，如黄河以北的邵续、黄河以南的祖逖、李矩等。

石勒首先对离他最近的邵续下手。

前面说过，邵续的地盘主要在厌次（今山东惠民）一带，他本身的实力其实并不是特别强，之所以能在乱世中雄踞一方，主要靠的是段匹磾兄弟的支持。

但现在的形势已经跟之前完全不一样了。

自从害死大名鼎鼎的刘琨后，段匹磾大失人心，手下部众纷纷逃亡，他的死敌段末杯又乘机攻打他，他难以抵挡，只好放弃蓟城，和其弟段文鸯一起带着残部南逃到了厌次，投奔邵续。

然而段末杯依然不依不饶，竟然一直追到了厌次。

段匹磾退无可退，忍无可忍，便向邵续借兵，随后带着邵续麾下的主力发动反击，一举击败了段末杯，随后又乘胜追击，想要收复蓟城。

二段相争，石勒得利。

就像优秀的射手绝不会丢掉打空门的机会，老谋深算的石勒也绝不会白白放过后防空虚的厌次城。

石勒派石虎率军长驱直入，很快就包围了厌次。

石虎很卑鄙，他没有直接攻城，而是在城外大肆抢掠。

就像母亲看到自己的孩子落水，不管会不会游泳都会本能地去救一样，向来爱民如子的邵续看到城外的居民受苦受难，根本就没考虑自身的安危就马上率部出击，一心想要救百姓于水火之中。

但这正中石虎下怀。

邵续刚一出城，就中了后赵军的埋伏，全军覆没，他本人也成了石虎的阶下囚。

而段匹磾听说厌次被围，急忙回军来救，死战一场后终于突破了石虎的包围，冲入城内，与邵续的儿子等人一起死守孤城。

有味的歌曲肯定要单曲循环，有用的办法当然要一用再用。

石虎故技重演，依然不攻城，只是抢掠城外的百姓。

果然又奏效了。

这次忍不住的是段文鸯，他对段匹磾说：我们段氏向来以忠勇著称，所以百姓才信任我们。如果眼睁睁看着百姓遭难而不去相救，那以后谁还会再为我们效力呢？

随后，他不顾段匹磾的再三劝阻，带着数十名敢死队出城，以法拉利撞集卡之势，悲壮地冲入了后赵大军阵中。

段文鸯的神勇不止世上罕见，也是史上罕见，他大槊翻飞，势不可当，所到之处如入无人之境，从早上一直到傍晚，他依然越战越勇，杀敌无数。

可惜的是，尽管他的战力似乎是无限的，但胯下战马的体力却是有限的——在连续奔跑了整整一天之后，他的战马终于承受不住了，扑通一声摔倒在地。

石虎对勇冠三军的段文鸯深感佩服，看到这一幕，连忙对他喊话：大哥，你我都是夷狄，都是一家人，不要再打了，"胡人"何苦难为"胡人"！你又不是晋人，何苦为晋人卖命呢？快放下武器吧！

然而段文鸯却根本不领他的情，怒骂道：你是寇贼，谁跟你是一家人！我与你势不两立，宁死也不会向你屈服！

他依然没有放弃。

马倒了，他就下马步战；槊断了，他就用短刀代替……

最后石虎命人四面合围，付出了巨大的代价，才把段文鸯擒住。

失去了猛将段文鸯，厌次城中士气更加低迷。

不久，城内出了叛徒，献城投降，段匹磾被俘。

之后由于始终不肯臣服后赵，他和段文鸯、邵续等人都被石勒下令杀害。

自此，幽、冀、并三州土地俱为石勒所有。

第八章　酒驾导致的亡国

祖逖经营中原

接下来，石勒开始向黄河以南扩张，在那里，他碰上了一个强劲的对手——东晋豫州刺史祖逖。

当时陈留（今河南开封）一带有一支地方武装，首领叫陈川，此人因与祖逖产生矛盾而投降了后赵，祖逖率军攻打他，陈川抵挡不住，连忙向后赵求救。

石勒派石虎率军5万来救，没想到却中了祖逖军的埋伏，石虎大败，带着陈川逃回了襄国，留下大将桃豹（石勒起家时的十八骑之一）与祖逖军在陈川所筑的城池相持。

同一个城池，后赵军占据西门，祖逖军则控制了东门，谁也吃不掉谁。

时间一长，两军的粮食供应都出现了问题。

祖逖让部下用布袋装上沙土伪装成粮食，源源不断地往城里运，同时又让挑夫挑着少量真的粮食，故意假装累了，在临近后赵军营的路边休息。

后赵军早就饿得前胸贴后背了，看到粮食就像色狼看见衣衫不整的美女一样，当然把持不住，马上就带着武器一哄而上抢走了这些粮食，总算每人都喝上了一碗稀粥。

然而，他们嘴里喝着粥，心里却犯着愁：对方粮食充足，自己却饿着肚子，这仗还怎么打下去？

后赵军顿时士气低落，兵无斗志。

好不容易他们盼星星盼月亮盼来了后方运军粮来的消息，没想到居然又被祖逖派人在半途劫走。

这下后赵军终于彻底绝望了，趁着夜色，不战而逃。

祖逖则乘势进逼，又攻占了后赵不少地盘。

除了打仗，祖逖还擅长搞统一战线，在他耐心细致的思想政治工作下，中原大量的坞主都归顺了他。

这些人中有不少之前为了自保曾被迫投靠后赵，有的甚至还在襄国押有人质。祖逖不仅听任他们同时臣属于后赵和自己，还时不时地派兵假装骚扰他们，以免后赵军生疑，影响人质安全。

这些坞主对祖逖自然十分感激，后赵军有一点风吹草动，他们都会第一时间向祖逖报告。

正所谓知彼知己，百战不殆，这样一来，祖逖在和后赵军的交手中连连获胜自然也在情理之中了。

就像步枪奈何不了坦克一样，石勒根本奈何不了祖逖。

硬的不行只好来软的。

他命人到祖逖的老家范阳遒县（今河北定兴）修复了祖逖祖父和父亲的陵墓，还派专人看护，同时给祖逖写信，要求互通使节并开通边境贸易。

祖逖没有回信，却放开了和后赵之间的贸易。

一般来说，汉人和"胡人"做生意总是赚多赔少的，祖逖自然获利颇丰。

后来祖逖部下有人叛逃到了后赵，石勒毫不犹豫就杀了他，将首级送给了祖逖。祖逖也投桃报李，之后对后赵的叛臣也都拒而不纳。

就这样，两人算是默许了双方的停战状态，中原大地终于出现了久违的和平。

祖逖在内政上也很在行，他大力劝课农桑，恢复生产，自己则一切务求节俭，与百姓同甘共苦。

在他的治理下，饱经劫难的中原百姓总算过上了难得的安稳日子。

他的所作所为也让他深受百姓爱戴。

据说在一次宴席上，当地的父老们都流着泪对他说：我们都是快要入土的人了，没想到还能遇到您这样的父母官，死也无憾了！

然而，在中国古代，得民心的往往不得皇帝的心，比如宋朝的岳飞，比如现在的祖逖。

东晋皇帝司马睿对拥兵在外的祖逖十分猜忌，为了牵制祖逖，他特意任命自己的亲信戴渊为都督司豫等6州诸军事，驻于合肥，作为祖逖的上级。

祖逖很郁闷。

自己在战场上拼死拼活，到头来反不如一直在京城优哉游哉的戴渊！

献身的不如献媚的，有功的不如有宠的，这让他心里怎么能平衡？

更重要的是，戴渊虽有一定名望，但缺乏见识，让这样一个人来领导自己，自己以后还怎么干事？

而让他担心的还不止这些。

当时的东晋朝廷内部矛盾激烈，拥兵上游的荆州刺史王敦正密谋篡权，一场内乱似乎已不可避免，在这样的情况下，自己的北伐大业怎么可能实现？

祖逖忧愤不已，不久就得了重病。

尽管如此，他依然没有停止努力，在病中他命人修建了虎牢城（今河南荥阳汜水镇），作为下一步进取的基地。

公元 321 年 9 月，祖逖抱憾离开了人世，时年 56 岁。

也许祖逖的北伐不像刘裕那样"气吞万里如虎"，也没有岳飞"直捣黄龙"的气势，更没能像朱元璋那样一统中华，但他在几乎没有得到后方支持的情况下，白手起家，孤军深入，收复了黄河以南的大片失地，让石勒不敢窥兵河南，这完全称得上是创造了奇迹！

如果说把朱元璋的北伐比作带领巴萨夺得冠军杯，把刘裕的北伐比作带领曼联横扫多支强队，那么祖逖的这次北伐可以看成是带领一支地方业余球队打入冠军杯决赛，难度系数更高，更为不易！

在国土沦丧、中原陆沉的危急时刻，祖逖拔剑扬眉，挺身而出，虽然未能力挽狂澜，但他那击楫中流的慷慨、知难而进的精神，依然永远值得我们尊敬！

李矩英雄末路

祖逖死后，中原百姓如丧考妣，纷纷为他立祠纪念。

东晋朝廷则任命其弟祖约为新任豫州刺史，统领他的部众。

然而，祖约和他哥哥相比就像砂石比钻石——差距实在是太大了。

他上任不久，就搞得上下离心，民怨沸腾。

石勒自然不会放过这样的机会，立即出兵攻略河南。

祖约哪里抵挡得住，在不到一年的时间内，这个顶级败家圣手就把祖逖呕心沥血收复的土地全部丢光了，带着残部退到了淮河南岸的寿春（今安徽寿县）。

祖逖多年来的努力，就这样前功尽弃，付诸东流！

之后，石勒又派石虎平定了自西晋末年以来一直割据青州（治所今山东青州）的原王弥部将曹嶷。

这样一来，石勒在中原的对手只剩下了荥阳的晋司州刺史李矩！

自公元 324 年起，石勒屡次派堂侄石生等人率军攻打李矩。

此时李矩面临的形势非常严峻，他的实力和庞大的后赵帝国相比根本不是一个数量级，他根本就输不起，就像一个只有 10 块钱资本的穷人和一个亿万富翁赌博，即使你赢了 100 次，对方依然不伤元气，但你只要输一次，你就会彻底完蛋！

事实也是这样，李矩虽然也打了几次胜仗，但局面却毫无改观。

公元 525 年 5 月，他在和后赵大将石生（石勒的族侄）的交战中失利，粮草又即将耗尽，陷入了困境。

在部属的建议下，李矩决定采用驱虎吞狼之计，向前赵的刘曜求援。

刘曜欣然答应。

此时前赵的内部已经巩固，刘曜的工作重心也开始转移到对外扩张上来了。

真是想睡觉有人送枕头，想打仗有人送理由，这不正是他名正言顺染指关东的好机会吗？

而不久前上郡之战的胜利更加强了他的信心。

两个月前，原本附于后赵的北羌王盆句除宣布归顺前赵，石勒大怒，派大将石佗在上郡（今陕西榆林）袭击盆句除的部落，大肆抢掠一番后准备返回国内。刘曜得到消息后，马上派自己的堂弟刘岳率军追击石佗，斩杀石佗和后赵军六千余人，大获全胜。

两赵之间的第一次交手，就这样以前赵的完胜而告终。

这次，刘曜又再次派出了上次的功臣刘岳，让他领军东征，攻打石生。

石生根本没想到前赵会出兵，一时猝不及防，很快被前赵军击败，退守洛阳以北的金墉城。

刘岳将金墉城团团围住，准备会同李矩的部队，将石生彻底消灭。

石勒连忙派石虎率四万精锐救援石生，刘岳则率部阻击，一场大战后，前赵军败下阵来，刘岳本人也受了伤，在撤退过程中还被石虎军包围在了洛河西面的石梁城。

之前的猎人竟然一下子变成了别人的猎物。刘岳对这个巨大的转变完全没有任何准备，由于缺粮，他只得杀了战马充饥，固守待援。

援军很快就来了。

刘曜亲自出马，率军救援刘岳。

石虎派部将石聪阻击，被前赵军前锋击败。

因天色已晚，刘曜没有继续进军，而是在洛阳城西的一座废弃的庄园里驻扎下来，准备在那里休整一晚后，第二天与刘岳内外呼应，将石虎军彻底击溃！

然而，命运却给他开了个天大的玩笑。

当天夜里，刘曜的军营里突然发生夜惊，全军崩溃。

夜惊也称营啸、炸营，据说是因为在战争中由于士兵们精神高度紧张，本就处在崩溃的边缘，一旦有人瞬间出现精神崩溃，很容易形成连锁反应，最后往往导致全军失去战斗力。

　　夜惊虽然在历史上偶有发生，但并不常见，为什么刘曜偏偏在关键的决战前碰上了这样小概率的事？

　　唯一能解释的也许只有一点，那就是此次驻军的地点实在是不够吉利——这个废弃的庄园正是当初西晋大富豪石崇所建的金谷园，25 年前，大美女绿珠就是在此地坠楼而死的！

　　发生夜惊后，刘曜好不容易才收拾溃兵，退到了距洛阳百里外的渑池（今河南渑池），打算在此重整旗鼓，休整一天后再继续进军。

　　没想到当天晚上不可思议的事情再次发生了——军中再次无故发生夜惊，刘曜军再次崩溃了。

　　这次真是一溃千里，刘曜完全无法阻止，最后只得退回了长安。

　　如果有球队在足球场上占尽优势的情况下连续两次莫名其妙地踢进乌龙球，导致自己败北，我们肯定会说那是假球——一定有球员被对手收买了。

　　这次刘曜在战场上占尽优势的情况下连续两次莫名其妙发生夜惊自己崩溃，导致他败北，我们却只能说他运气实在太衰了——一定是上帝被对手收买了。

　　刘曜的撤退彻底断送了刘岳。

　　他已经无力突围——战马都杀了，也无法坚持——粮草已断绝。

　　很快，石虎就攻克石梁城，将 9000 名前赵俘虏悉数坑杀。

　　而前赵军的失败也把李矩推向了绝境。

　　见后赵军势大，李矩的部下也纷纷失去了信心，投降后赵的不在少数。

　　李矩也知道自己已经无法翻盘，只得率余部南下，打算投归东晋朝廷，途中部下纷纷逃亡，最后只剩下百余人。

　　有心杀贼，无力回天；

　　多年努力，依旧徒劳。

　　他已经竭尽全力，却依然无法阻挡乱世的逆潮；

　　他已经费尽心思，却依然只能被逼到退无可退。

　　谁知道希望到底在何处？

　　谁知道这个世界已沦落为何物？

　　他找不到答案。

　　他陷入了绝望。

　　他的心死了。

　　心已死，要这身皮囊又有何用？

　　行至鲁阳（今河南鲁山）时，李矩坠马而亡。

洛阳大对决

此战之后，函谷关以东广袤的中原大地尽归后赵所有。

相比之下，前赵则损兵折将、元气大伤，但顽强的刘曜并不服输，他认为自己只是败给了运气，在国内养精蓄锐，厉兵秣马，时刻准备着与后赵再次决战！

上天并没有让他等太久。

公元 328 年 7 月，石虎率 4 万大军攻击前赵的河东地区，一路势如破竹，兵锋直指蒲坂（今山西永济）。

蒲坂是黄河上的重要渡口，对岸就是前赵的核心领土关中地区，地理位置至关重要。

蒲坂若失，关中就将直接暴露在后赵的铁蹄面前！

刘曜当然不会对此置之不理。

他立即集结部队，带着复仇的怒火，带着十余万大军，以迅雷不及掩耳之势渡过黄河，向石虎军发起猛攻。

再威猛的男人，也有不应期；再凶悍的将领，也有胆怯时。

见刘曜来势汹汹，向来天不怕地不怕的石虎居然害怕了，没敢迎战就慌忙率军撤退。

刘曜在后面紧追不舍，终于在高候（今山西闻喜）追上了石虎军。

一方将士用命，一方只想逃命，胜负自然没有悬念。

一场大战下来，后赵军大败，伏尸二百多里，损失的辎重不可胜数，大将石瞻（石虎的养子，原名冉瞻，其子就是后来大名鼎鼎的冉闵）阵亡。

石虎侥幸逃脱，一口气逃到了千里之外的朝歌（今河南淇县）才敢停下来喘气。

这场痛快淋漓的大胜并没有让雄心勃勃的刘曜满足，他乘胜南下，进军洛阳，把后赵司州刺史石生围困在了金墉城，同时分遣诸将攻打后赵的河内（今河南沁阳）、汲郡（今河南卫辉）等地。

迫于前赵军的声势，河南多地的后赵守将纷纷投降。

一时间，后赵举国震动，人心惶惶。

见事态严重，已经 55 岁的石勒决定亲自出马，救援洛阳。

但右长史程遐等一帮大臣却纷纷反对：大王不可轻动，万一有个好歹可怎么办啊？

石勒火了，厉声呵斥他们退下。

家贫思贤妻，国难思良相。

在这个关键的时刻，他忍不住想起了当年那个算无遗策的张宾，忍不住发出了这样的叹息：右侯舍我而去，让我和这些人共谋大事，何其残酷！

张宾已经去世6年了。

后赵建立后，石勒任命张宾为大执法，总管朝政。

张宾也尽心尽力辅佐他，鞠躬尽瘁，废寝忘食，在选拔人才和恢复生产上做了大量工作。

可惜的是，在后赵建立仅仅3年后，张宾就因积劳成疾，过早地离开了这个世界。

在张宾的葬礼上，石勒泪流不止，动情地说：上天难道不想让我成大事吗，为什么这么早就夺去了右侯的生命呢？

是啊，宾今不幸离人世，国有疑难可问谁？

石勒的大脑皮层开始进入搜索模式，在经历了无数次的扫描后，他终于锁定了一个人——前记室参军徐光。

徐光这人很有才，也很有个性。

有一次石勒有事专门召见他，他居然喝醉了没来，惹得石勒火冒三丈，将其贬为负责站岗的牙门。

后来石勒出门，正碰上徐光，这家伙居然怀恨在心，眼睛朝天，看也不看石勒。

石勒不由得大怒：你对我冷眉冷眼，我让你彻底傻眼！

他马上下令把徐光及其妻儿都关进了监狱。

现在石勒自然顾不上这些过节了，当即赦免了徐光，把他召来，询问对策：刘曜乘高候大胜之势，围攻洛阳，一旦洛阳失守，刘曜必然会席卷河北，大事去矣。我想亲自领兵去救洛阳，程遐等人却极力反对，先生你觉得怎么样？

徐光的见解和石勒不谋而合，他分析说：刘曜在高候一战后，如果乘胜进军襄国，那么我们就危险了，可是他却南下攻打洛阳，从这一点就能看出他的所作所为并不高明。如今他顿兵于坚城之下，百日不克，早已师劳兵疲，如果大王你此时御驾亲征，绝无不胜之理。平定天下，在此一举！

徐光的这席话扫清了石勒心底的疑云。

他马上发布命令，再有劝阻自己亲征者一律斩首。

公元328年11月，石勒亲率大军从襄国出发，与各地赶来的将领石堪（本姓田，石勒养子）、石聪、桃豹等人在荥阳（今河南荥阳）会合，浩浩荡荡，杀向洛阳。

一路上，除了不停地行军，石勒一直在不停地计算不停地思考。

出荥阳后，他向徐光说出了他多日来的研究成果：对刘曜来说，驻守虎牢，是上策；在洛河阻截，是中策；如果他坐守洛阳，那么就必然为我所擒！

虎牢，是史上著名的险关，是《三国演义》中三英战吕布之处，也是后来唐朝初年秦王李世民大战窦建德的地方。

在畅通无阻地通过虎牢后，石勒长舒了一口气，用手拍着自己的额头兴奋地说：这真是天意啊！

之后他命部队衔枚疾进，从小路迅速向洛阳进发。

再看刘曜。

他最近比较烦，比较烦，比较烦。

金墉城虽然不大，但极其坚固，刘曜每天都督率前赵大军四面围攻，却始终毫无进展。

时间一天天地过去。

草枯了，雪下了，秋水变成了寒冰，秋裤换成了棉裤，转眼3个多月一晃而过，金墉城却依然牢牢地掌握在石生这个钉子户的手里。

看起来唾手可得，却无论如何努力都够不着。

这怎能不让刘曜心烦意乱？

何以解忧，唯有杜康。

他一直以来都喜欢喝酒，最近战事不顺，更是天天酒不离口，杯不离手，严重违反了领导干部中午不能喝酒的禁令。

有人劝谏他少喝：美酒虽好，可不要贪杯哦。

刘曜一下子就火了。

本来攻不下城心里就烦，现在喝个酒还要来烦。

要解决石生这个烦人的东西也许有点难，但是要解决你这个烦人的家伙可一点也不难。

他立即将那人斩首。

此后再也没人敢劝谏了，刘曜喝酒也愈发没有节制。

葡萄美酒夜光杯，喝了一杯又一杯……

酒喝多了，难免要误事。

对后赵可能派来的援军，他居然没怎么放在心上。

直到听说后赵援军已经过了黄河，他才开始想到要派人据守虎牢关，但根本没来得及实行——因为此时前赵巡逻军在洛河（黄河支流，流经洛阳周边）边抓到了一个后赵士兵，表明后赵军已经逼近了洛河！

这下刘曜紧张起来了，亲自审问：大胡（在匈奴人的眼里，羯人才是真正的"胡人"）自己来了吗？来了多少人？

这个后赵士兵回答：我家大王亲来，军势极盛！

刘曜大惊。

要知道，自从后赵建国以来，石勒已经近 10 年没出现在战场上了，此次石勒亲自出征，必然是倾国之兵！

仿佛被人猛抽了一巴掌，他的酒一下子就醒了，随后他立即下令撤掉对金墉城的包围，列阵迎敌。

与此同时，石勒的大军已经顺利渡过了洛河，在洛阳郊外远远看见了绵延十余里的前赵军。

发现对手采用的是他眼里的下策，石勒就像猜中了考题的考生一样自感觉胜券在握，当即用不容置疑的口气对左右说：你们可以祝贺我了！

随后石勒命石虎率军 3 万攻击前赵中军，石堪、石聪各率精骑八千直取前赵前锋，自己也披坚执锐，亲自上阵。

同为百战老将，刘曜自然毫不示弱，也亲自出马迎敌。

就和诗仙李白写诗前总要饮很多酒才有感觉一样，自诩为战神的刘曜每次在战前总要喝两杯才有干劲，小战小喝，大战大喝，不战……也喝。

这次当然更不例外，他一口气连喝了几斗（当时的一斗大约相当于现在的 2045 毫升），才提枪上马。

没想到他之前常骑的红马不知怎么回事，竟然像中了邪一样，死活都不肯挪步。

无奈刘曜只得换了一匹马。

临阵换马，让他有了一丝不祥的预感，心也莫名其妙地慌了起来，然而那个时候没有速效救心丸，于是他只好又喝了一斗多的酒。

虽然当时的酒度数不高，但刘曜这次确实喝得多了点——如果那时对刘曜进行呼气测试的话，估计酒精浓度应该是达到醉酒驾驶的标准了。

刘曜刚一出阵，就遇到了后赵猛将石堪。

石堪麾下的八千精骑都是精锐中的精锐，勇猛异常，而前赵军人数虽多，但在此前旷日持久的攻城战中早已耗尽了体力，疲惫不堪，士气低落，一时有些抵挡不住石堪的冲击。

眼看形势不利，刘曜不得不下令部队稍作后退以避其锋芒，打算退到有利地形，稳住阵脚再伺机反击。

但经验丰富的石堪却抓住前赵军后撤的机会，率军猛打猛冲，根本不让对方有任何调整的机会。

此时的前赵军的形势，仿佛是一辆挂着倒挡的汽车，车头又被另一辆挂前进挡且油门踩到底的车死命顶着，自然只能越退越快，根本就停不下来。

就这样，前赵军一退就不可收拾，原本刘曜预想中的主动撤退竟然变成了彻底崩盘！

刘曜竭力制止，但却根本无济于事——兵败如山倒，哪里止得了？

无奈，他只好被败兵裹挟着一起往后跑。

他根本不敢相信自己这么容易就败了，大脑一片空白。

于是，他干脆闭上了眼睛，什么也不愿想，什么也不去想，任酒精麻痹着他的神经，任北风吹拂着他的头发，任身体随着马的步伐起起伏伏……

猛然间，他突然感到眼冒金星，浑身疼痛。

他这才发现自己居然已经从马上摔了下来！

问题出在他这匹新换的马上。

刘曜这人身高两米多，又极其强壮，对一般的马来说，这样的负重绝对算得上是超载了。

超载的车容易失控，超载的马当然也是这样——这匹马在奔跑中不胜脚力，一个踉跄跌倒在地，把刘曜给掀翻了。

后赵军立即一拥而上。

刘曜拼死抵抗，在受伤十多处后终于力竭被擒。

当然，从某种程度上来说，刘曜落得这样的下场也不算太冤。

回到战场。

见皇帝成了俘虏，前赵军顿时彻底失去了斗志，全军崩溃。

石勒纵兵追击，斩首 5 万级，大获全胜。

刘曜被五花大绑，送到了石勒那里。

自从 17 年前并肩作战攻破洛阳以来，两人终于再次见面了。

只不过，现在他们的身份已是天壤之别——一个是天下主宰，一个只能等着被宰。

望着这个多年前的战友，刘曜忍着伤痛说出了这么一句话：石王，忆重门之盟不？——石王，还记得重门之盟吗？

重门，位于今河南辉县，重门之盟的具体内容由于史料的缺失，我们已经无法得知。

但可以想象，那应该是两人携手作战时立下的誓言，估计是以后如果互为对手，互不伤害对方的生命之类的吧。

石勒没有回答。

过了很久，他才让徐光给刘曜带话说：今日之事，天使其然，复云何邪！——今天的事，都是天意，还说那个干什么呢？

显然，对石勒这样的人来说，誓言只是失言，所谓的重门之盟，他是肯定不打算再认账了。

之后，刘曜被作为战利品，载上马车带往襄国，由于他伤势严重，石勒专门为他在车上配备了一名御医悉心照料。

到襄国后，刘曜被安置在一处高档住宅，除了好酒好菜伺候、好言好语关心，石勒还非常贴心地为他提供了多名美女，以照顾其生活起居。

不过，革命不是请客吃饭，石勒不是爱心大使，他这么厚待刘曜当然是有他的目的的。

很快，石勒就给刘曜拿来了纸和笔，让他写信给留守长安的太子刘熙（刘曜第三子，羊献容所生）劝降。

刘曜不假思索提笔就写：你要尽力保住社稷，千万不要以我为念！

他当然清楚这么做的后果——必死无疑，但他更清楚不这么做的后果——不仅依然难逃一死（前赵灭亡了他也就没有任何利用价值了），而且一世英名尽毁。

既然都是死，为什么不选择死得更壮烈的那种呢？

石勒成全了他，不久就将其杀害。

可惜刘曜的儿子实在是太不争气，得知父亲被擒的消息后，前赵太子刘熙吓坏了，还没见到后赵军的人影，就慌忙放弃了长安，西逃到了秦州（今甘肃天水）。

后赵大将石生兵不血刃，率部进占关中。

几个月后，也许是觉得秦州的条件实在是太艰苦了，刘熙又派出还乡团反攻长安，石勒派石虎率军西征，很快就击败前赵军，随后乘胜前进，攻占秦州，擒杀刘熙。

立国26年的匈奴汉赵政权正式寿终正寝。

之后，迫于后赵的军事压力，凉州的张骏（此时张茂已死，侄子张骏继任）也遣使纳贡称藩。

至此，后赵基本统一了中国北方。

第九章　后赵风云

石勒的皇帝生涯

公元 330 年 2 月，在群臣的拥戴下，石勒改称大赵天王，不久又正式称帝。

从奴隶到皇帝，从至贱无比到至高无上，如此传奇的人生经历，不仅前无古人，而且肯定也是后无来者；不仅在中国历史上是绝无仅有的，在世界范围内也是独一无二！

石勒也颇有些志得意满。

于是就有了下面这段著名的对话。

在一次接待外国使臣的酒席上，他问中书令徐光：我可以和自古以来的哪一位君主相比？

蹲过一次大狱后的徐光早已没有了之前的棱角，他连忙回答：陛下的英明神武超过了汉高祖刘邦和魏武帝曹操，自从三皇五帝以来没人能和您比。

石勒却微微一笑：你的话过了，人岂能没有自知之明。我要是遇上汉高祖，当北面而事之，与韩信、彭越并肩；若遇到光武帝刘秀，当与之并驱于中原，未知鹿死谁手！大丈夫行事当光明磊落，如日月之光一样皎白明亮，绝不能像曹操、司马懿父子那样，靠欺负孤儿寡妇以奸计取天下！

石勒对自己的评价是否准确，我们不得而知，但毫无疑问，他在皇帝的位子上干得相当出色，军事上的才能自不必说，内政上他也颇有建树。

在经济方面，他遣使巡行州郡，劝课农桑，在他当政的 10 余年间，饱经战乱摧残的北方经济逐步得到了恢复。

在法律方面，后赵刚建立的时候，他就命法曹令史贯志编制《辛亥制度》，以纠正之前律令繁冗的弊病。

在教育方面，他很早就设立了太学，后来又创办了 10 余所小学，他自己也经常亲临各所学校，考察学生的学业，对品学兼优者予以赏赐。

为了有效选拔人才，石勒命百官和各州郡每年都要举荐秀才、至孝、廉清、贤良、直言、武勇之士各一人，还首创了通过考试经书来厘定秀才、孝廉的制度。

后来他又在州郡设立学官，每郡都设置博士祭酒两人，学生150人，经过3次考试后才准许入仕。

石勒虽然是个大字不识一个的文盲，却也非常好学，经常让儒生读书给他听，尤其爱听史书。

不过，他不是听故事，是把那些历史上发生的事当成类似MBA的案例题来分析的。

有一次听人讲《汉书》，当听到"郦食其劝刘邦立六国之后为王"时，他大吃一惊：这个法子可是要坏事的啊！那后来刘邦怎么还能得到天下呢？

接下来听到"由于张良劝阻，这一政策没有实行时"时，他才松了一口气：怪不得呢，这才对嘛。

石勒还非常善于纳谏。

有一次他外出打猎，主簿程琅劝谏他不要去，并举了三国时孙策遇刺的例子。

石勒不听，没想到这次真的出了事，他骑的马撞树而死，人也几乎丧命，回来后他立刻对程琅大加赏赐，加封其为关内侯，还亲自向他道歉：不用忠臣之言，吾之过也。

有了程琅这个表率，其他大臣也都纷纷进谏，按照史书的说法就是自此之后"朝臣谒见，忠言竞进矣"。

不仅如此，在视察各州郡的时候，石勒还让各地的地方官诏告臣民：诸所欲言，靡有隐讳，使知区区之朝虚渴谠言也——有什么要说的，千万不要隐讳不说，要知道朝廷非常渴望直言啊。

总而言之，晚年的石勒颇有明君的气象。

不过，每一块玉都有瑕疵，除非不是天然的；每一个人都有缺点，除非不是真实的。

石勒当然也有他的问题。

我个人觉得，他最大的失误是他极力推行的大羯人主义民族政策。

当时的后赵帝国，实行胡汉分治，即以汉官管理汉人百姓，另置大单于管理"胡人"，还设专人处理"胡人"的诉讼事务。

出身于"胡人"，且是"胡人"中地位最低的羯人，石勒自幼就饱受白眼，深受歧视，如今咸鱼翻身成了一国之君，我的地盘我做主，当然要大力抬高羯人的地位。

他要求称羯人为国人——国家的主人，并且严禁说"胡"这个字，凡是带有"胡"

字的东西全都改名,比如胡饼改成麻饼,胡豆(蚕豆)改成国豆,胡瓜改成黄瓜……

毫无疑问,作为国人的羯人在后赵的地位肯定是最高的;其次是六夷,也就是其他各少数民族;汉人(其实当时应该叫晋人)自然就是最末一等。

由于当时"胡人"的地位远远高于汉人,欺压汉人的现象相当普遍,石勒不得不发出了"不得侮易衣冠华族"的指示。

不过这一指示仍然是大有问题的,衣冠华族不能侮易,难道平民小户就得任"胡人"欺辱?

而事实上,当时的汉人,即使贵为高级官员,遇到羯人,依然是如同羊遇到狼——除了被蹂躏,别无选择。

参军樊坦的遭遇就很说明问题。

话说樊坦因为工作表现不错而受到石勒的提拔,这种情况按照惯例是要入宫向皇帝谢恩的。

但石勒看到樊坦的时候却大吃了一惊。

只见樊坦鞋儿破,帽儿破,身上的衣服破,那形象跟乞丐比,手里只缺了个破碗。

石勒不解地问:樊参军,你怎么穷到这样的地步了?

樊坦性情耿直,忍不住脱口而出:刚才路上遇到羯贼抢劫,资财都被抢光了!

话刚出口,他就意识到自己犯了个大错误——"胡"字都不能说,"羯"字当然更不能说了,更何况还是羯贼!

他顿时大为恐慌,只好拼命叩头如捣蒜,很快额头就肿起了72个包。

好在石勒那天心情特别好,居然毫不在意地说:羯贼竟然这样残暴啊!那让我来偿还你吧。

樊坦哪里敢接受,依然长跪在那里不起来。

最后石勒拍着胸脯表态说:我的规定只是针对一般人的,你们老书生不在此列,放心吧。

樊坦这才敢起身,随后石勒赐给他钱300万,让他置办车马衣服。

有人说这件事反映了石勒的宽容,我估计这些人不是脑残就是受虐狂——被强盗抢掠一空,忍不住骂了句而没被强盗头子杀掉,就应该对强盗头子感恩戴德?

我个人认为,这件事其实充分说明了石勒对羯人的极度纵容——在大街上肆意抢劫汉族官员,却可以不受任何追究,这不是纵容是什么?

除了樊坦,史书上还记载了另一个经常被某些人用来证明石勒宽容的故事。

据说有一次有个胡人喝醉酒误闯进了宫门,惹得石勒大发雷霆,厉声叱问负责宫门守卫的小队长冯翥(zhù):刚才进门的是什么人?你为什么不阻拦?

惊慌之下冯翥忘了忌讳,连忙回答说:刚才有个"胡人"骑马冲进来,我大声呵斥他,可是他根本不听。

但说完他就意识到自己犯了禁——说了"胡"字，连忙跪下赔罪，冷汗不停地流，两腿不停地抖。

看到他这副窘相，石勒忍不住笑了："胡人"就是这样难说话啊。

随后摆摆手赦免了冯翥。

从这两个故事来看，显然石勒当时禁"胡"的命令执行得是极其严格的，一旦违反就是死罪。要不然樊坦和冯翥在犯禁后也不会这么害怕了——有人甚至说这是中国历史上最早的文字狱。

由此也可以看出，在当时的后赵，羯人高高在上，汉人地位低下，羯人对汉人想骂就骂，想打就打，想抢就抢；而汉人对羯人不要说还手了，连骂都不能；不要说骂了，连说个"胡"字都不能，只能逆来顺受，被骂应该，被打本该，被抢活该！

毫不夸张地说，后来羯人之所以被汉人几乎灭族，很大程度上是因为石勒的这种极端纵容羯人的民族政策——既然羯人不把汉人当人看，汉人报复的时候自然也不把羯人当人看！

当然，胡汉之间虽然早已矛盾重重，但此时还只不过是地下默默流淌的暗河，要等 20 年之后，它才会从泉眼里喷涌而出，以雷霆万钧之势，将石勒苦心构建的后赵帝国和羯人彻底终结！

不过，石勒当然看不到 20 年后的事情，现在他最关心的是继承人的问题。

他有 4 个儿子，长子石兴早死，次子石弘为现任太子，三子石宏担任大单于、都督中外诸军事、秦王，是名义上的最高军事统帅，四子石恢则被封为辅国将军、南阳王。

石弘，字大雅，和文盲老爸不一样，他从小就受到了良好的教育，性情儒雅，喜好读书，不过石勒觉得这孩子太偏文了，便派专人教他兵书和武功，然而石弘对这些根本不感兴趣，成年后的他依然是一个文弱书生，成天和一帮读书人在一起吟诗作赋。

这样一个人，能否担当一国之君的重任？

石勒心里很是担忧，对中书令徐光说：大雅这个人似乎过于安静，不像是将门之后。

徐光回答说：汉高祖以马上取天下，汉文帝以清静无为而守天下，圣人之后，必然是不好杀的，此乃天道。

石勒最崇拜的就是汉高祖，听了这句话非常满意。

但徐光却依然有顾虑，他顾虑的是桀骜不驯的中山王石虎——石虎身兼太尉、尚书令两大要职，军政一肩挑，权力极大。

见此刻石勒心情颇佳，他乘机说：太子仁孝，而中山王雄暴多诈，我觉得应逐步削夺其威权，让太子多参与朝政。

石勒沉默不语，未置可否。

和徐光一样想法的还有尚书右仆射程遐，程遐的另一个身份是石弘的亲舅舅。

他和石虎很早就有了过节。

自后赵建立以来，石虎本来一直坐镇邺城，不过后来程遐趁石勒在邺城修建宫室的时候，劝说他把石虎调走，让世子石弘来镇守邺城这个河北重镇。

石勒依言而行。

石虎当然不愿意离开自己经营多年的老巢，自此对程遐恨之入骨。

常言道：君子报仇，十年不晚。

石虎不是君子，他喜欢马上就报复。

他派自己的手下几十人伪装成强盗，在某个月黑风高的晚上闯入程遐的府邸，奸其妻女，抢其财物，随后大摇大摆扬长而去。

程遐当然猜得到这事十有八九是石虎干的——这种下三滥的事，除了胆大无极限、手段无底线的石虎，还有谁干得出来？

但由于缺乏明确的证据，他只能吃了这个哑巴亏。

不过，这也让他清楚地认识到，他和石虎两个人就像阳光和暴雨一样根本不能共存，不把石虎踩倒在地，他就必然死无葬身之地！

之后，凭借自己小舅子的身份，程遐一有机会就在石勒面前说石虎的坏话。

然而，石虎毕竟是石勒的本家侄子，因此石勒并未听他的，而是继续重用石虎。

眼见石勒的年纪越来越大，身体越来越差，程遐的危机感也越来越强烈。

这次，程遐又找到了石勒：中山王勇武过人，威震内外，而且他除了陛下外，谁也不服。陛下健在的时候，他当然没有二心，但将来少主继位后就难说了。应早日除掉他，以绝后患。

但石勒却对此很是不以为然：如今天下未定，太子年纪尚轻，需要中山王这样的人辅佐。中山王是我的骨肉至亲，何至于像你说的那样！你不会是怕有了中山王，将来你作为帝舅，就不能独掌大权了吧。放心吧，我到时会让你参与辅政的。

程遐急得眼泪都掉下来了：我一心为公，陛下却以为是私怨，我真是无比冤哪。中山王过去的确有些战功，但他做事不地道，待人不厚道，下手不人道，将来必然会作乱。这样的人就像吗啡，起初的确是解除病痛的良药，但如果不及时停止使用，它就会成为致命的毒物。陛下若不尽快除掉中山王，我恐怕社稷会……

石勒不耐烦地打断了他：别说了！

无奈，程遐只得悻悻而退，随后找到了徐光，让他继续做石勒的工作。

　　相比程遐，徐光更有策略些，他找了个机会，旁敲侧击地说有一次在东宫宴席上，石虎对太子很不礼貌，然后又总结说：此心腹重疾也，请陛下图之。

　　石勒听了虽然没有表态，但此后却开始让太子石弘和中常侍严震参与省察尚书所奏事宜，而这些本来都是石虎这个尚书令的管辖范围。

　　很显然，石勒对石虎也是多少有点戒心的。

　　但他却不忍像程遐、徐光所说的那样杀掉石虎，这一方面是因为亲情，另一方面也是考虑到当时天下尚未统一，边境尚不太平，而石弘缺乏军事经验，万一国家有事，离不开石虎这样身经百战的将才。

　　因此，石勒对石虎的态度是笼络为主，敲打为辅。

　　有一次他突然造访石虎的宅邸，石虎毫无准备，以为发生了什么大事，没想到石勒却只是和他聊起了家常，还体贴地说：你这房子不大啊。如今国家正在兴建邺宫，民力不能多处使用，以后我一定会为你造一座豪华王府的。你现在可别因为宅子太小而闷闷不乐啊。

　　石虎赶紧跪下道谢。

　　石勒却意味深长地说：朕与你共有天下，何所谢也！

　　他的意思非常清楚，在后赵这个"家族企业"里，你石虎作为家族成员，不纯粹是打工的，我会给你一定比例的股份的。

　　然而，石勒错了。

　　石虎要的根本不只这些。

　　早在石勒刚称帝时，他就有了图谋不轨的意图。

　　当时石虎虽然被任命为太尉、尚书令，但他最看重的大单于一职却被授给了石勒的第三子秦王石宏。

　　石虎极为不满，私下对儿子石邃说：主上自从建都襄国以来，一直坐享其成，全靠我在为他冲锋陷阵。20年来，我南擒刘岳，北败鲜卑，东平齐鲁，西定关中，拿下13州，这才成就了他的大业。照理大单于非我莫属，没想到却给了那个黄口小儿。一想到这里我就寝食难安！

　　接着他又说了句狠话：等到主上驾崩后，我不能给他留种了！

　　他是这么说的，也是这么做的。

　　公元333年6月，石勒得了重病，诏石虎和太子石弘、中常侍严震一同入宫侍疾。

　　石虎立刻矫诏控制了禁宫，隔绝石弘、严震与外界朝臣的联系，石勒病情如何，宫外无人得知。

　　随后他又假传诏令，征召在外就藩的秦王石宏和彭城王石堪（石勒养子）回京。

　　他还让时任冀州刺史的儿子石邃率军三千，以防治蝗灾为名，在襄国近郊游弋，随时准备进入首都控制局势。

此时石勒已经进入弥留之际，昏迷不醒，意识模糊。

这天他突然回光返照，睁开了眼睛，看见了病床边的秦王石宏。

他惊讶地说：你怎么来了啊？我之所以让你镇守藩镇，正是为了防备今日这种情况。到底你是自己来的，还是有人叫你来的？谁叫你来的，我一定要杀了他！

石虎慌忙代石宏回答：是秦王想你了，主动回来的，我现在就让他回去。

几天后，石勒又一次清醒过来，再次问起石宏，石虎搪塞他说：秦王早就回去了，如今已经在半路上了。

此时石勒已经无力去追究此事的真假了。

他的人生之路已走到了尽头。

公元 333 年 7 月 21 日，石勒在襄国去世，享年 60 岁。

作为中国历史上出身最低的皇帝，石勒的一生充满了传奇，也充满了矛盾，充满了争议。

他目不识丁，却精于谋算；

他没学过兵法，却用兵如神；

他号称军无私掠，却经常屠戮士民；

他是西晋末年的破坏者，却是后赵初年的建设者；

他让羯人在他统治下进入了天堂，却让羯人在他死后不久就踏入了地狱；

他被某些人称颂为爱民如子的名君，却被另一些人定义为杀人不眨眼的恶魔……

是非成败转头空

当然，无论如何，石勒都称得上是一代人杰。

但如果他泉下有知的话，看到他死后发生的一切，他也许会被再气死一次。

据说石勒在临死前，曾留下了 3 条遗言：

第一，丧事从简，停灵 3 日即葬，葬后百官即除掉丧服，不要禁止婚娶、祭祀、饮酒、食肉，以常服装殓，墓内不陪葬任何金宝器玩；

第二，石弘和兄弟应互相扶持，以司马氏为戒；

第三，中山王石虎应深思周公、霍光之事，不要在后世留下口实。

但这种口头的东西对无法无天的石虎来说，就像没装摄像头的红绿灯对某些无良司机一样——根本没有任何约束力。

在石勒去世的当天，他就悍然发动了政变。

他把石弘劫持到殿前，当着他的面收捕了徐光和程遐，同时征召其子石邃率军入宫宿卫。

石弘吓坏了，哭着表示要让位给石虎。

石虎铁青着脸，像骂小孩一样怒斥他：先帝驾崩，自然应该是太子继位，臣怎么敢乱这个规矩！

然而石弘还是流着泪推让不止，石虎终于失去了耐心：你若是不堪重任，到时天下人自然会按规矩办事的，现在废什么话呢？

就这样，石弘在石虎的威逼下，如登上断头台一般战战兢兢地登上了皇位。

不久，程遐、徐光都被处死，石虎则出任丞相、魏王、大单于，加九锡，总领朝政，他的儿子们也尽皆封王。

自此，石虎大权独揽，一手遮天。

他视皇帝如无物，视太后如废物，视宫里的一切为囊中物，石勒当初宫中的美女、珍宝、车马也都被他悉数拿走。

在用人上，凡是石勒的旧臣全部改任闲职；凡是石虎本人的亲朋故旧全都身居要职。

石虎如此任性，石弘则早已认命。

他每天只是坐困宫中，除了垂泪对宫娥，就是举杯灌愁肠。

但石弘软弱，并不代表其他人也同样软弱；石弘能忍，并不代表其他人也都能忍。

首先发难的是皇太后刘氏和彭城王石堪。

刘氏是石勒的正妻，颇有胆略，曾参与了石勒创业过程中的许多决策，史载其"有吕后之风"，石堪更是战功赫赫的宿将，5年前在洛阳城外生擒前赵国主刘曜的就是他。

两人经过商议，决定由石堪偷偷溜出京城，征集军队攻打兖州，随后以兖州为基地，奉石勒唯一不在国都襄国的儿子南阳王石恢为盟主，再以太后诏书号令天下，出兵勤王。

但这次行动实在是太仓促了。

性急的石堪不等部队到齐就强攻兖州，结果很快就宣告失败，自己也被石虎的部下擒获，石虎将他像烤全羊一样活活烤死，刘太后也随之被杀，石恢则被征召回了襄国。

仅仅一个月后，另两名拥兵在外的大将——长安的石生和洛阳的石朗先后起兵，宣布讨伐石虎。

陇西氐族首领蒲洪也趁乱举起反旗，自称雍州刺史，脱离后赵统治。

石虎让世子石邃留守襄国，自己则亲率步骑七万西征，如热水浇雪坦克压蛋一般顺利攻克了洛阳，斩杀石朗。

但石生就没那么好对付了。

他联合了鲜卑人，以这些剽悍的鲜卑军为前锋，在潼关击败了远道而来的石虎军。

但狡猾的石虎很快就找到了解决之道。

他知道这些鲜卑人只不过是石生请来的临时工，有奶便是娘，忠诚度几乎为零，他只要肯多花钱就完全可以把这些鲜卑人挖过来，让他们反戈一击。

于是他用重金买通了鲜卑人，随后与鲜卑军内外夹击，大破石生。

失利后的石生只得放弃长安，逃到了鸡头山（今甘肃镇原），不久被部下杀死。

随后石虎派大将麻秋率军攻打蒲洪。

蒲洪颇有自知之明，知道自己的实力尚不足以和石虎相抗衡，便马上率部投降。

为了将功赎罪，他还给石虎提了个建议。

他说，关陇一带民风彪悍，山区的氐人、羌人造反频繁，应该把关陇豪强以及氐、羌等少数民族迁到关东（函谷关以东），这些山地民族离开了熟悉的环境到了华北平原，自然也就像鲨鱼离开了深水——根本搅不起多大的浪了，这样一来既一劳永逸地解决了西北的动乱，同时又可以补充关东因多年战乱而损失的人口，堪称两全其美之计。

石虎欣然接受，随即下令将西北的氐、羌部落共10多万户迁到中原。

之后，蒲洪被任命为龙骧将军、流民都督，统领关中氐人移民到了枋头（今河南浚县），羌人首领姚弋仲则被封为奋武将军、西羌大都督，率羌人部众搬迁到了滠头（今河北枣强）。

平定石生等人后，石虎的地位更是坚不可摧。

接下来，他又仿效汉末的曹操建起了魏台。

任何人都知道，他的下一步将会做什么。

石弘也不是傻子，便识相地向石虎表示愿意禅让皇位给他。

石虎却报以轻蔑的一笑：帝王大业，天下自有公议，你怎么能这样擅自做主呢？

很快，"公议"就出炉了——朝臣们纷纷上表，强烈要求丞相石虎接受禅让，早登大位。

但石虎却不同意：垃圾没用，就应该倒掉；石弘不成器，就应该废掉。有什么禅让不禅让的！

公元334年11月，石虎将石弘废为海阳王，幽禁起来，不久又把他和母亲程氏以及石勒的另两个儿子石宏、石恢全部杀掉。

可叹石勒一世英雄，几个儿子却如此脓包！

真是让人情何以堪！

天不可一年无雨，国不可一日无主。

接下来群臣自然要踊跃劝进，请求石虎登基称帝。

不过，石虎很有自知之明：皇帝是盛德之号，我乃是无德之人（这倒是实话），不敢当，就称赵天王吧。

一代更比一代暴

公元334年11月，40岁的石虎在襄国正式登上了天王位。

他的时代就此开始。

不知是因为天性还是从小就没人管教的缘故，石虎这个人浑身都充满了野性，向来以残忍嗜杀而闻名。

即使是对自己同床共枕的妻子，他也视若猪狗，毫无怜香惜玉之情——年轻时他曾连续杀死自己前后两任老婆，对别人当然更是如此。杀死一个人在他眼里比拍死一只蚊子还简单，每次攻城略地之后更是动辄屠城，落到他手上的俘虏基本没有活口。

举个例子。

公元323年，石虎奉命攻打割据青州（今山东青州）的原王弥部将曹嶷，得手后石虎大开杀戒，一下子就坑杀了曹嶷部众3万多人，还想把当地人全部杀光。

石勒委任的青州刺史刘征急了：石王让我当这个地方官是要管理百姓的，没有人让我在这管什么？我只能回去了！

石虎这才勉强留下了700多个活口。

他的凶残暴虐由此可见一斑。

这样一个人掌握了国家的最高权力，自然更是无法无天，为所欲为。

刚登上天王位，他就开始大修宫室，先是造了一座观雀台，没想到造到一半的时候楼居然塌了，他立刻将主管官员斩首，重修的时候他又把规模扩大了一倍。

公元335年9月，石虎下令把都城从襄国迁到邺城，多个大规模的建设工程也随即动工。

在邺城他建造了东、西二宫，在襄国则兴建了太武殿，均穷极奢华，规模宏大。

之后，他又在显阳殿后接连建了9座宫殿，在邺城四周建台观40余所，筑华林苑，扩建曹操当初所建的铜雀、金凤、冰井三台，还在洛阳和长安修造宫室……

之所以要造这么多房子，最重要的原因是因为石虎的后宫规模实在是太庞大了，史载其中仅"佩戴珠玉、穿着绫罗绸缎"的高级别后妃就有一万多人！

不过，肉吃太多容易反胃，美女太多容易腻味，为寻求新的刺激，石虎首创了一个新花样——制服诱惑。

护士装、空姐装、女仆装、学生装这些他都没见过——那个时候没这些玩意儿，又没有岛国片子可供借鉴，当然玩不了，所以他玩得最多的是他最熟悉的武装打扮。

他让这些后宫女子全都穿上了甲胄，经常教她们骑马射箭，还在其中挑选了1000名美女，成立了史上首支女子仪仗队。每次石虎出巡的时候，都让她们骑着高头大马，或手执羽仪，或吹奏鼓乐，英姿飒爽，神采飞扬，按照现在的说法就是，那是一道亮丽的风景线！

除了这些，石虎还特别爱玩角色扮演。

按照"女人穿男装是拉风，男人穿女装是羊癫疯"的原则，外面男的有什么职业，他就在宫里安排那些美女干同样的事。

在宫里，他仿照外廷设置了女官，将其分成18个等级——后来又增至24等，甚至还有女太史，专门为石虎观测天象。

总而言之，他的妇女工作搞得有声有色，花样迭出，高潮迭起。

由于在妇女工作上倾注了太多精力，石虎自然就没时间关注朝政，便把政事全部委托给了太子石邃。

石邃是石虎的长子。

他作战勇猛，颇有其父之风，在与前赵作战时立有不少战功，石虎夺权的过程中他也出了很大的力气，因此石虎对他颇为喜欢。

但在掌握权力之后，他的表现却让人不寒而栗，毛骨悚然。

比起父亲，不管是在残暴上还是在荒淫上，他的表现都完全称得上是"青出于蓝而胜于蓝，冰出于水而寒于水"。

如果说石虎的表现犹如禽兽，那石邃就是禽兽不如！

石邃经常夜不归宿，有时跑到野外游荡，看到房子就从烟囱上爬进屋里捣乱，有时跑到东宫臣属家里，奸淫其妻妾。

毫无疑问，石邃这样毫无人性的货色，对家人当然也不会有什么感情。

由于两个弟弟河间王石宣（石虎次子）和乐安王石韬（石虎第五子）都受到石虎的宠爱，石邃对他们非常忌恨。

对父亲石虎，石邃也越来越憎恶。

　　也许是因为酒色过度，石虎的性格越来越喜怒无常。石邃向他汇报的时候，经常无端遭到他的责骂甚至殴打。

　　石邃哪里忍受得了这样的屈辱，他气呼呼地对中庶子（太子侍从官）李颜等人说：皇帝太难伺候了，我想干冒顿那样的事，你们能跟我一起干吗？——当年匈奴的冒顿是杀了自己的父亲才当上单于的。

　　听了这样大逆不道的话，李颜等人吓得全都跪倒在地不敢吭声。

　　鱼香肉丝里没鱼，石邃脑子里没脑。

　　大概是以为不反对就是默认，石邃居然当真了，他开始称病不理政事，还带着一大帮手下到李颜家里喝酒，喝到一半，醉醺醺的他忽然对在座的众人说：我现在要到冀州杀了石宣，大家都得去，敢不从者斩！

　　不过，一出门，那些人就纷纷往脚底抹油，四处逃散。

　　仅走了数里路，几百人的队伍就只剩下石邃和李颜两个人在那大眼瞪小眼了。

　　李颜叩头苦谏，石邃也只好悻悻而归。

　　这事很快被石邃的生母郑樱桃知道了，她吓坏了，偷偷派人去责问儿子。

　　石邃心情正坏，正想找人出气呢，当即手起刀落，将来人杀死。

　　杀了母亲手下的人，也许对石邃来说还不是太大的问题，可是伤了石虎的人，事情就没那么简单了。

　　听说太子生了病，石虎也挺关心，特意派身边的亲信女官前来探视。

　　没想到石邃像得了狂犬病的疯狗一样逢人就咬，竟然又把这个女官给砍伤了。

　　石虎大怒，立即下令拘捕李颜等东宫官员，亲自加以讯问。

　　这些人不敢隐瞒，马上把石邃的所作所为全部和盘托出。

　　随后石虎将李颜等东宫臣属30余人全部斩首，同时把石邃幽禁起来。

　　过了一段时间，石虎的气渐渐消了，便赦免了石邃，还专门在宫里召见他。

　　没想到石邃连一句谢罪的话都没说，很快就转身离去。

　　石虎连忙派人追上石邃，质问他说：太子既然入了宫，就应该去拜见皇后，怎么可以就这样走了？

　　然而石邃根本不理，头也不回就走了。

　　这下终于彻底惹恼了石虎！

　　他马上宣旨将石邃废为庶人，当天晚上又把他及其妻子儿女26人全部杀死，改立次子石宣为新任太子。

　　这一年是公元337年。

　　就在当年的年底，石虎在邺城接见了一个来自东北的使臣。

使臣是鲜卑慕容部首领慕容皝派来的，和他一起来的，还有一封慕容皝的亲笔信。

　　慕容皝在信中说，他已经自立为燕王，同时愿意向后赵称藩，希望能与后赵共同出兵，共灭段部鲜卑。

　　石虎早就有意吞并辽西，当即一口答应。

　　这也开启了慕容鲜卑入主中原的序幕。

第十章　慕容部崛起辽西

三英战慕容

慕容部是东部鲜卑中的一支（另两支是宇文部和段部），自三国时期开始迁入辽西，当时的首领莫护跋因协助司马懿征讨辽东公孙渊有功，被封为率义王；莫护跋之子慕容木延继任后，则因跟着曹魏幽州刺史毌丘俭讨伐高句丽，获封大都督；到了莫护跋的孙子慕容涉归这一代，又被朝廷封为鲜卑单于。

由此可以看出，慕容部的历任首领大多执行的是亲汉人中央政府的路线，因此在鲜卑诸部中，慕容部相对来说是汉化最早的。

"慕容"这个姓氏的由来，据说是莫护跋有一次出差到了河北，看到当地人喜欢戴一种步摇冠，走起路来一步一摇颇为好看，非常喜欢，回去后便也经常戴，步摇冠也因此在部落里流行开来，其他的部落便称他们为"步摇"。

后来因为鲜卑人的汉语发音普遍都不太标准，加上又多次经过某些"专"家的低水平翻译，"步摇"这两个字传来传去就逐渐讹传成了"慕容"。

不过，现在史学界也有人认为这种说法并不可靠，"慕容"应该是该部落早期某个酋长的名字，后人因以为氏。

慕容部真正走上发展快车道是从慕容涉归的儿子慕容廆（wěi）统治时开始的。

慕容廆不仅长得高大英俊，玉树临风，而且从小就展露了非凡的才能，据说童年时他曾随父亲见过西晋名臣张华，张华对他非常看好，说他将来必为"命世之器，匡难济时者"。

和包括云淡心远在内的很多杰出人物一样，慕容廆的成长经历也不是一帆风顺的。

公元283年，他15岁的时候，其父慕容涉归去世了，他的叔叔慕容耐趁机夺取了单于之位，还想谋杀他。

他被迫逃亡在外达两年之久，直到慕容耐被部众所杀，才得以回国继位。

胸怀大志的慕容廆一上台，就把目标对准了与自己相邻的宇文部——其父涉归当初曾吃过宇文部的大亏，他想为父报仇。

由于当时慕容部的实力要弱于宇文部，慕容廆便向西晋政府上表，请求派兵支持，但晋武帝司马炎却没有同意。

慕容廆年轻气盛，初生牛犊不怕虎，鲁班门前弄大斧，一怒之下竟然不去打宇文部了，反而率军多次入侵西晋边境。

但那个时候的西晋正处于全盛期，慕容廆根本占不了便宜，只能屡屡受挫，一败再败。

这个世界上，有人会在失败后丧失信心，有人则会从失败中吸取教训。

慕容廆无疑是后一种人。

经过不断的总结和反思，他终于摆正了自己的位置，认清了面临的形势，找到了正确的方向，为自己定下了"韬光养晦，埋头发展"的战略方针。

很多时候，只要方向对了，风就顺了，路就好走了，一切就都容易了。

慕容廆接下来的日子几乎可以用"一帆风顺"来形容。

他先是来了个一百八十度的大转弯，彻底改变了与西晋对抗的错误做法，遣使向晋武帝请降。

晋武帝对他的态度很满意，下诏封他为鲜卑都督。

为了营造和平的外部环境，对自己周边的两个对手宇文部和段部，慕容廆也努力跟他们搞好关系，他刻意放低了姿态，经常卑辞厚礼，送钱送物，还娶了段部首领段阶之女为妻。

公元294年，慕容廆率部迁居大棘城（今辽宁义县西北），在这里，他模仿汉人建立了很多制度，并且大力发展农业，生产方式开始从游牧逐渐向农耕过渡。

经过多年的努力，慕容部开始日渐兴旺，而与此同时，强大的晋王朝却因八王之乱而日渐分崩离析。

正所谓甲之蜜糖，乙之砒霜；甲之痛苦，乙之幸福。

西晋的衰落却给慕容部的发展带来了千载难逢的机会。

公元309年，关内的混乱也波及了辽东郡（治所今辽宁辽阳）。

当地鲜卑人素连、木津聚众起兵，率部攻陷郡县，大肆烧杀抢掠，辽东百姓流离失所，很多人逃亡到了临近的慕容部。

慕容廆的庶长子慕容翰向父亲进言说：自古以来，有为之君成大业都是靠尊奉天子和顺应民望。现在素连等人在辽东已经作乱多时，朝廷对他们无能为力，如果我们兴兵征讨他们，上能兴复辽东，下可并吞二部。既能向朝廷彰显我们的忠义，又能让我国得到私利，这是我们不可多得的好机会啊。

慕容廆闻言大喜：没想到你一个孩子竟然有这样的眼光！

随后他依计而行，以慕容翰为前锋，率军攻打素连、木津，很快就平定了叛乱，把二人斩首，将其部众悉数吞并。

更难能可贵的是，他还把被素连等人掳掠的 3000 多户汉族百姓，以及之前归附自己的人口，全部交还给了晋朝辽东太守。

这让他赢得了辽东百姓的人心，人们纷纷传唱：安定生活靠谁给？全靠都督慕容廆……

这更让他赢得了晋廷的信任。

晋愍帝司马邺继位后，专门遣使封慕容廆为镇军将军、昌黎、辽东二国公。

此时，由于洛阳沦陷，中原大乱，众多的中原士人除了南渡江东以外，也有很多人北上到了相对安定的幽燕地区。

当时的幽州刺史王浚是个超级自大狂，除了他自己，谁都看不起，即使闲得数蚂蚁，依然对人爱搭不理。

这些士人到了幽州后得到的不是鄙视就是忽视，不是白眼就是冷眼，自尊心大为受伤，故而又纷纷离开了他。

当然，故乡已经回不去了，他们只能选择继续北上。

从幽州往北不远，就是位于辽西令支（今河北迁安）的鲜卑段部和位于棘城的慕容部。

段部的首领大都是大老粗，只喜欢打打杀杀，勇武有余，见识全无，在他们看来，这些手无缚鸡之力的读书人甚至还不如一只母羊有价值；相比之下，慕容廆向来对汉族士人求贤若渴，礼遇有加，自然也就成了他们唯一的去处。

慕容廆的爱才是出了名的。

名士裴嶷就是个例子。

裴嶷出身于西晋大族河东裴氏，曾在西晋朝廷担任中书侍郎、给事黄门郎等要职，后因避乱而到了辽东，投奔他的哥哥——时任玄菟（今辽宁沈阳）太守的裴武，不久裴武因病去世，他便和侄子裴开一起护送其灵柩返回老家。

在路过棘城时，慕容廆对他极其敬重，不仅盛情款待，临行时还赠以厚礼，并亲自送到城外。

这一切让裴嶷这个落魄士人非常感动。

走到辽西的时候，由于战乱道路不通，无法继续南下，两人犯了难。

何去何从？

稍加考虑后，裴嶷决定掉头回去投奔慕容廆。

裴开很不解：家在南方，为什么要北上呢？何况，就算我们不得不寄人篱下，段氏的实力也比慕容氏强啊。

裴嶷解释说：中原丧乱，现在我们去无疑是自投虎口。看来我们只能留在关外了，在这个乱世，择人是最重要的。段氏那几个首领，目光短浅，又不能善待国士，跟着他们哪有什么前途可言！慕容廆就不同了，他修行仁义，有霸王之志，加之国丰民安，我们在他那里，上可以立功名，下可以庇宗族，你又何必再犹疑呢？

裴开被说动了，两人于是拨转马头，回到了棘城。

裴嶷的到来让慕容廆喜出望外，他当即任命裴嶷为长史，军国大事都与其商量。

裴嶷之前就在士人中享有很高的声望，他这次主动归附无疑相当于为慕容廆做了一次极佳的名人代言。

慕容廆尊重人才的名声很快就传遍了长城内外。

梧高凤必至，花香蝶自来，有了裴嶷这个榜样，其他众多士人也都争先恐后地来到了棘城。

慕容廆自然是来者不拒，还在境内设置了多个侨郡来安排这些流亡的士民。

一时间，慕容廆的帐下人才鼎盛，灿若繁星，著名的就有裴嶷、鲁昌、阳耽、封奕、皇甫真等20多人，这些人以及他们的后代都成了日后前燕帝国的栋梁之材。

慕容廆对他们量才录用，用其所长，避其所短，有谋略的做谋士，有文才的掌枢密，有操守的理财政，逻辑强的管司法，口才好的干外交，学问高的则担任祭酒，负责教育下一代……

总之，他给每一个前来投奔的士人都搭建了一个让他们充分施展才能的平台，真正做到了人尽其才，才尽其用。

公元317年西晋灭亡后，在谋士们的建议下，慕容廆又继续尊奉江东的司马睿，还专门遣使渡海去江东劝进。

作为回报，司马睿又加封他为龙骧将军、大单于、昌黎公。

在众多汉族十人的鼎力帮助下，慕容廆把国内治理得欣欣向荣，实力蒸蒸日上。

然而，丑小鸭突然变成白天鹅，肯定会引来鸭群里其他鸭子的妒忌；原先在鲜卑诸部中最弱小的慕容部突然变得如此强大，当然也会引起周边国家的不安。

除了段部、宇文部、高句丽等邻国，西晋朝廷任命的平州刺史崔毖对慕容廆也极为不爽。

平州下辖辽东（今辽宁辽阳）、昌黎（今辽宁义县）、玄菟（今辽宁沈阳）、乐浪（今朝鲜平壤）、带方（今朝鲜黄海北道）等5郡，因此崔毖可以说是晋朝在整个东北地区的最高行政长官。

当然，这只是名义上的，就像西装口袋一样象征意义多于实际意义，事实上，这五郡的很多地盘都被鲜卑各部和高句丽所占，他真正能有效控制的地方不过是辽东一地而已。

崔毖出身于河北大族清河崔氏，是曹魏名臣崔琰的曾孙，王浚的小舅子。

和王浚一样，他也是个有野心的人，一心想在乱世割据一方，便打出旗号大力延揽流亡士人。

他本以为凭自己高贵的身份，尊荣的职务，那些士人们应该对自己趋之若鹜才对，没想到人才居然全都跑到慕容廆那里去了。

这让崔毖非常忌恨——难道自己一个浑身贵族范的中原名门，竟不如一个满身羊膻味的少数民族！

于是他暗中联络了段部、宇文部和高句丽，撺掇他们一起去攻打慕容廆，约定事成后共同瓜分慕容部的地盘。

公元 319 年年底，3 国同时出兵，在棘城郊外会合，声势极为浩大。

尽管形势异常严峻，但慕容廆却依然镇定自若，胸有成竹：这些人不过是受了崔毖的挑唆，为了各自的私利而来，3 方各不相属，矛盾重重，没什么好怕的。如今他们刚到，士气正盛，我们应坚守城池，时间长了，他们之间必然会互相猜忌，人心离散。

他一面闭门死守，一面派使者不断地给宇文部送去各种好吃的好喝的。

宇文部的首领宇文吸毒官——对不起，是宇文悉独官，虽然对慕容廆的举动觉得很奇怪，但考虑到不拿白不拿，他还是毫不客气地笑纳了——这家伙如果生活在现在这个社会，肯定是个腐败分子。

很快这个消息就传到了段部和高句丽那里。

两国首领都怀疑宇文部和慕容廆之间有勾结——要是他们联手对付自己，可就麻烦了！

他们越想越怕，干脆都退兵回去了。

这样一来，3 国联军只剩下了宇文部一家。

但宇文部的实力也是 3 家之中最强的——宇文悉独官这次几乎是倾国而来，带来的人马有数十万之多！

因此宇文悉独官依然底气十足：他们两国回去了，我正好可以独自兼并慕容氏！

他率部进逼，在城下连营 30 里，看上去几乎一眼望不到头。

考虑到敌军人多，慕容廆便派人去徒河（今辽宁锦州）征召在那里驻守的长子慕容翰，让他速来与自己会合。

但慕容翰却不赞成这样做，派使者向父亲说明了自己的想法：敌众我寡，只能智取，不可力敌。我请求在外作为奇兵，伺机攻击，到时我们里应外合，定能取胜。如果让我进入城内，反而让敌军可以毫无顾忌地攻城，这不是破敌之策啊。

事实很快就证明了慕容翰的判断。

宇文悉独官对不在棘城且骁勇善战的慕容翰颇为忌讳，总担心他会在背后捅刀子，便分兵去打徒河。

然而这支部队的动向早已被慕容翰所掌握，他一面在途中设下了埋伏，一面派人前去迎接宇文军，谎称自己是段部鲜卑的使者，段部的军队已经到了徒河，正等着和宇文军一起去打慕容翰。

听说来了段部的帮手，这支宇文军自然很开心，便立即在所谓"段部使者"的精准导航下痛痛快快地走进了慕容翰所布下的包围圈，痛痛快快地全军覆没。

随后慕容翰乘胜向棘城进发，同时遣人告诉父亲。

慕容廆当即下令以三子慕容皝率精锐骑兵为前锋，自己亲率大军继之，打开城门，向城外的宇文军猛扑过去。

宇文悉独官很意外，情不自禁地抬头看了下天空：今天的太阳是不是从西边出来了啊？癫蛤蟆是不是都长出翅膀飞起来了啊？要不，慕容廆这个缩头乌龟，这会儿怎么突然雄起了呢？这，这，这不科学啊！

他完全没有料到对方会在此时发动进攻，因此毫无防备，但在那种紧急的情形下当然也来不及思考什么了，只得带着一片空白的头脑，梦游一般地仓促领兵出去迎战。

他刚刚出营，还没和敌军交上手，慕容翰就已经从后边杀到，一把大火将宇文军的营帐和辎重全部烧掉。

看见后院起火，宇文军顿时军心大乱，斗志全失。

在慕容翰和慕容皝等人内外夹击下，宇文军很快就溃不成军，一败涂地，数十万人马大多成了俘虏，宇文悉独官仅以身免。

这一战的胜利让慕容廆的威名传遍了辽东大地。

高句丽、段部、宇文部都遣使向慕容廆求和。

始作俑者崔毖更是心虚无比，不过他还以为慕容廆对自己的阴谋并不知情，便假惺惺地派侄子崔焘前去慕容部祝贺。

没想到在慕容廆面前，崔焘正好碰上了三国的使者，三国使者都把责任推到了崔毖的身上，让崔焘好不尴尬。

慕容廆把崔焘带到了城外的战场上，指着堆积如山的尸体，厉声对崔焘说：你叔叔教三国来灭我，现在却又假意来祝贺我？当了婊子还想立牌坊，干了坏事还想不负责，这世上哪有这么好的事！

崔焘吓得魂飞魄散，连忙跪下求饶。

慕容廆让他给崔毖带话：降是上策，走为下策。

崔毖毫不犹豫地选择了下策，带着数十骑投奔了高句丽。

慕容廆则乘机进军，吞并了崔毖的部队，占领了其所管辖的辽东全境。

战后，为让东晋朝廷承认自己对辽东的统治权，慕容廆专门派裴嶷出使建康。

在海上漂流了 3 个多月后，裴嶷终于到达了建康，见到了晋元帝司马睿。

就像在某些台湾人的眼里，大陆人穷得根本吃不起茶叶蛋一样，在晋人的心目中，僻处塞外的慕容鲜卑似乎还是生活在石器时代的茹毛饮血的野蛮人。

为了改变这个根深蒂固的偏见，裴嶷不遗余力地在东晋朝臣中奔走，反复宣扬慕容廆的品貌才干和对晋室的忠义，让司马睿和大臣们对慕容部的看法大为改观。

经过一段时间的努力，裴嶷像《三国演义》中赤壁之战前出使东吴的诸葛亮一样，凭借其出众的口才圆满完成了自己的任务，打算返回棘城。

司马睿对他非常欣赏，很想收为己用，便竭力挽留他：爱卿你本是中朝名臣，就留在我这里吧。朕再另下一道旨意，让龙骧将军（即慕容廆）把你的家属送来。

裴嶷却婉言谢绝了：陛下如此厚爱，对臣个人来说自然是万分荣幸的。只是如今中原沦陷，虽名臣宿将，莫能雪耻，唯有慕容将军尽忠王室，志除凶逆，所以才让臣不远万里前来归附。如果臣来而不返，他必然会以为朝廷因其偏远而抛弃他，这难免会伤了他的忠义之心，臣不能因私废公啊。

这番话说得既有理有据又有情有义，让人根本就无法反驳。

无奈司马睿只得苦笑着说：你说得对。

裴嶷这才得以回到了棘城，和他一起回来的，还有司马睿的圣旨——慕容廆被封为安北将军、平州刺史，不久又加封为使持节、车骑将军、平州牧、都督幽州东夷诸军事，晋爵辽东郡公；几年后又被加封为侍中。

人怕出名猪怕壮，慕容部的快速崛起也引起了后赵国主石勒的注意。

他派人出使辽东，向慕容廆递出了橄榄枝。

慕容廆不仅严词拒绝，还将其使者送到了建康。

石勒不由得大怒——既然你慕容廆给脸不要脸，那就别怪我不客气！

不过考虑到辽东偏远，加上当时他的主要对手还是西边的刘曜，所以他并没有直接出兵，而是派人联络宇文鲜卑首领宇文乞得龟（宇文悉独官之子），让他去攻打慕容廆。

宇文乞得龟和他爹有两个共同点，一是都很乐于助人，喜欢给人当枪使，二是战斗力都很渣。

他毫不犹豫就出兵了，也毫不费力就失败了，败得很惨——被慕容廆的儿子慕容皝（huàng）、慕容仁等人率军打得落花流水，连国都一度都丢了。

经此一役，宇文部元气大伤，慕容廆也彻底奠定了自己在东北亚的霸主地位。

接下来，雄心勃勃的慕容廆又有了新的追求。

公元331年，他写信给东晋太尉陶侃，请求由他率军攻打后赵，与自己南北夹击，共取中原，言辞极为慷慨。

不过，这完全就不切实际——慕容部和后赵之间隔着段部鲜卑，根本就不接壤；

而东晋之前刚经历了苏峻之乱，自顾不暇，当然更是无力北伐。

很显然，这就和某些男人在求爱前总是要信誓旦旦地说一些不着边际的漂亮话一样——丝毫当不得真，后面的才是他的重点。

慕容廆授意他的下属联名给陶侃上书，说慕容廆的职位有点低，"不足以震华夷"，要求晋廷封慕容廆为燕王。

陶侃也是个老狐狸，对慕容廆的用意心知肚明，他祭出的应对策略是在官场上屡试不爽的拖字诀。

他在回信中，先是把慕容廆给大大地表扬了一番，随后说老慕啊，你先不要着急，我已经把你的上书上报给了皇帝，等他决定后我肯定会第一时间通知你。

就和招聘单位对应聘者说"录用了我一定会通知你"一样，这个通知自然是遥遥无期。

慕容皝踏冰渡海

公元 333 年 5 月，慕容廆去世，享年 65 岁。

继承他职位的是 37 岁的慕容皝。

慕容皝是慕容廆的正妻段氏所生，虽然在兄弟中仅排行第三，却是嫡长子，根正苗红，因此很早就被立为世子。

和父亲一样，慕容皝也是个玉树临风的大帅哥。

他不仅雄健刚毅，而且和父亲相比，他自幼受到了更好的教育，经学造诣也颇高，可谓文武双全，这些年他在父亲的指挥下东征西讨，建了不少功勋。

但正所谓强中更有强中手，在英杰辈出的慕容家族中，有一个人的表现似乎比他更耀眼——他的庶兄慕容翰。

慕容翰不仅能征惯战，而且很得人心，在军中的威望极高。

一山不容二虎，慕容皝在上位后对他极为忌惮，经常给他脸色看，经常给他小鞋穿。

慕容翰知道自己不容于这个弟弟，不由得长叹道：我受到先父的信任，不敢不尽力，却被人认为是雄才难制，我怎能坐以待祸！

要避祸，只有两个选择：要么造反，要么逃亡。

他此时正镇守辽东首府襄平，手握重兵，以他的才干和威信，放手一搏，举兵造反，未必没有成功的可能。

但这不是他的风格。

他的字典里根本没有"造反"这两个字，就像某些人的脑海里根本没有"廉耻"两个字一样。

他不愿兄弟阋墙，他宁可远走他乡！

最终他带着儿子逃亡到了鲜卑段部。

此时段部的首领是段疾陆眷的孙子段辽，他对声威卓著的慕容翰非常看重，非常敬重，非常倚重，将他视为知己。

慕容翰的出走在慕容部内部造成了很大的影响。

慕容皝的同母弟慕容仁和慕容昭也感受到了危机。

慕容仁自从公元321年起一直驻守辽东南部的重镇平郭（今辽宁盖州），多次击败宇文部和高句丽的攻击，在当地根基很深，威名颇盛。

慕容昭时任广武将军，慕容廆在世时也很受宠爱。

借着回棘城奔丧的机会，慕容仁对慕容昭说：我们当年对老三多有无礼之处，我看他为人严苛，心眼比针眼还小，咱们以后恐怕没有好果子吃。

慕容昭早就有了自己的打算：咱们也是嫡子，照理国家也有我们的份。干脆咱们反了吧，你在辽东向来得军心，我在内部暂时也没受到怀疑，你回去后就偷偷起兵，我在这边相机行事，里应外合，除掉慕容皝并不是什么难事。到时咱们以辽河为界，平分国土，岂不痛快！

慕容仁对他的提议深表赞同：是啊，像老大（慕容翰）那样偷生异域，实在不值得效仿。我们又不是通缉犯，躲躲藏藏干什么？遇见不平一声吼，该造反时就造反，世上哪有什么好坏忠奸之分，只有成事和不成事之分。男子汉做事，不成功，便成仁（可惜他名字里就有仁），没什么可犹豫的！

他马上起身返回平郭，随后集结所部，杀向辽西。

没想到在棘城的慕容昭做事不密，这事很快就被人告发到了慕容皝那里。

起先慕容皝对此还有点半信半疑，便派使者去平郭查验。

使者走到半途，正好碰到了慕容仁的部队。

慕容仁知道自己的阴谋已经败露，便杀了使者，率军退回了平郭。

消息传来，慕容皝大为震惊，便立即下令将慕容昭赐死，同时派慕容幼、慕容稚、慕容军（3人都是慕容皝的庶弟）等人率军前去讨伐慕容仁。

在身经百战的慕容仁面前，慕容幼、慕容稚等人的表现真是人如其名——实在是太幼稚了，根本就不堪一击，最终全军覆没，慕容幼、慕容稚、慕容军3兄弟都被俘虏，归降了慕容仁。

此战之后，慕容仁军气势大盛，辽东各地守将或逃或降，很快他就占领了包括襄平在内的辽东全境。

刚继位不久的慕容皝内外交困，焦头烂额。

屋漏偏逢连夜雨，段部鲜卑也来趁火打劫。

公元334年2月，段辽派其弟段兰和慕容翰两人率军北上，攻打慕容部所属的柳城（今辽宁凌源），遭到了柳城守将的顽强抵抗，不得不退兵。

段辽大怒，对段兰大发雷霆。

段兰卷土重来，攻势自然更为猛烈。

一时间柳城岌岌可危，守将急忙向慕容皝求援。

柳城是棘城的门户，不容有失。

慕容皝派其弟慕容汗和司马封奕率军前去救援，临走时他再三叮嘱慕容汗，说敌军锐气正盛，千万不要轻率冒进，一定要等大部队都到了列好阵才能与敌人交战。

慕容汗年轻气盛，根本就没把慕容皝的话当一回事。

求胜心切的他不顾封奕的再三劝阻，率1000多骑兵为前锋，直扑柳城。

然而现实狠狠地给他上了一课，他在途中正好遇到了段兰的主力，被打得大败，幸亏封奕带着后续部队赶到，整阵力战，才没有全军覆没。

段兰打算乘胜进军，直捣慕容部的国都棘城。

慕容翰连忙劝阻：作为将领，最忌冒进。何况我们击败的只是一支偏师，并非敌军主力。慕容皝狡诈多谋，很可能会率主力在前面设下埋伏，我军孤军深入，会很危险……

段兰当即打断了他的话：你是怕我灭亡你的故国吧。放心，如果灭了慕容皝，我肯定会拥立慕容仁继位，不会让你们慕容氏的宗庙绝祀的。

这番话准确无误地说中了慕容翰的所思所想。

是的，他虽然被迫离开了慕容部，但从来没有忘记过自己的故国。

多少个没人的夜晚，他都曾流下了思乡的泪水；多少个难眠的凌晨，他都在心中默默吟唱：河山只在我梦萦，祖国已多日未亲近，可是不管怎样也改变不了，我的慕容心……

但是在这个时候，当着段兰的面，他当然不可能承认。

他只能装出一副被无端冤枉后愤愤不平的样子，厉声对段兰说道：你这话是什么意思？我从投身你们段部的时候开始，就和慕容部没有了任何关系。它的存亡，与我何干！我所说的都是为了贵国的大局考虑，你却说出这样的话！

随后他马上命令自己所部撤军。

缺少了慕容翰这个向导，段兰也不敢单独深入敌境，只好悻悻地跟着退兵。

慕容皝这才逃过了一劫。

段部退走后，他终于得以腾出手来，全力对付慕容仁。

公元334年11月，慕容皝亲率大军东征，很快就克复了襄平、新昌（今辽宁鞍山）等辽东北部各郡县。

辽东南部是慕容仁的老巢，根基深厚，防备严密，慕容皝一时也没什么好办法。

114

接下来的一年多时间，战局陷入了僵持。

转机出现在公元 336 年正月。

司马高诩对慕容皝说：慕容仁这个分裂主义分子可谓人神共愤，此前辽东湾的海水从不结冰。但自从慕容仁反叛以来，海水已经连续 3 年结冰，这大概是上天指示我们从冰上跨海去袭击他吧。

慕容皝闻言大喜，有一种便秘了很久突然通畅的感觉：此计甚妙！慕容仁专门防备我们从陆路进攻，一定不会想到我们会走这条路！

可是大臣们却对此多持反对意见——万一海上哪个地方结得不太严实，承受不住，咔嚓一声，裂开一块，那我们岂不是都要去海底喂鱼！不行，这实在是太冒险了。

反对无效。

慕容皝早已下定了决心，他先是对大臣们说：昔日汉光武帝刘秀就是踏冰过滹沱河才成就大业的。难道我就不能这么做？

接着他又斩钉截铁地亮明了自己的态度：人活着，就该冒险！安稳？那是给死人留的。我意已决，敢阻拦者斩首！

他亲率三军从昌黎郡东面（今辽宁锦州一带）出发，顶着凛冽的寒风，忍着刺骨的寒冷，在冰面上行走了 300 多里，穿过了辽东湾，在历林口（今辽宁营口）登陆，随后舍弃辎重，倍道兼行，以最快的速度向平郭挺进。

这一切可谓神不知鬼不觉，慕容仁当然更是做梦也没有想到慕容皝会来这么一手。

等他接到侦察兵报告的时候，慕容皝的大军距离平郭只有 7 里了！

慕容仁闻讯大惊——此时，他的部队主力大多在北面的陆路边境布防，平郭城里的兵马并不多。

这可如何是好？

但时间已经不容许他再做任何思考了，无奈，他只得硬着头皮，强打着精神，怀着侥幸心理，狼狈率军应战。

然而，几乎所有人都知道，和人多势众的慕容皝相比，他不仅实力不如，而且准备不足，就和兔子搏狮子一样毫无胜算。

两军还未交手，之前投靠他的弟弟慕容军就率部在阵前倒戈，投降了慕容皝。

这让慕容仁的军队本已十分低落的士气一下子降到了负值，慕容皝乘机纵兵猛攻，很快就把慕容仁所部打得全军崩溃，四散奔逃。

见势不妙，慕容仁拨转马头想要逃跑。

但哪里还逃得了？

其帐下部属纷纷反叛，将其擒住，作为自己的投名状，送给了慕容皝。

对这个一母同胞的兄弟，慕容皝心情复杂，他先是将其手下叛变的部属悉数斩杀，算是为慕容仁出了口气，然后又把他赐死。

时隔两年多后，慕容皝终于再次统一了慕容部。

现在，再也没有人能挑战他的权威了。

和其父一样，他也开始有了称王之心；

但和其父不一样的是，他更加敢作敢为，根本就不需要东晋朝廷的任命。

公元337年9月，慕容皝在棘城自立为燕王，设置百官，十六国之一的前燕政权自此建立。

冉闵、慕容恪双雄初会

鉴于这几年段辽曾多次率军侵犯自己的边境，为了彻底解决这个心腹大患，慕容皝在称王后不久就派人出使后赵，表示自己愿意向其称藩，请求后赵出兵，与他共讨段辽。

石虎早就有意向东北扩张，因此欣然答应，并与慕容皝约定了出师日期。

公元338年正月，石虎命大将桃豹等人率水军10万，从漂渝津(今天津东)出发；支雄、姚弋仲率步骑7万为前锋，自己亲统大军为后继，水陆并进，讨伐段辽。

桃豹、支雄都是后赵宿将，石勒起家时的"十八骑"之一；姚弋仲是羌人首领，名高望重，能力也不可小觑；而石虎更是御驾亲征，由此可见，他对此次战事的重视程度。

几乎就在同一时间，慕容皝也率部南下，攻入了段部鲜卑的北线国境，在其国都令支（今河北迁安）以北诸城大肆劫掠。

一时间，段辽成了被南北两大势力夹击的夹心饼干，处境极为艰难。

先对付慕容皝还是石虎？

段辽犯了难。

段兰提议先去打慕容皝。

慕容翰连忙劝阻：我们兵力有限，南面的赵军来势凶猛，我们必须全力抵御，不应该再与慕容皝多纠缠……

没等他说完，段兰的脸立刻拉了下来：这个世界上有人姓段，有人姓慕容，但谁也不姓傻！你不要再糊弄我了。上次我就是误听了你的话，没能灭了慕容皝，才有了今日之患。这次我无论如何也不会再上你的当了！

他立即点起兵马向北杀去，没想到却中了慕容皝的埋伏，伤亡大半，大败而回。

之后慕容皝见好就收，掳掠了5000余户民众以及数以万计的畜产返回了棘城。

显然，他的如意算盘是，后赵地处中原，对辽西鞭长莫及，在攻下令支、灭掉段部回军后，很难对段部的旧地实行有效的控制，到时他可以轻松夺取后赵的胜利果实。

而就在北线慕容皝退军的同时，南线的石虎大军也在高歌猛进，先后攻下了蓟城（今天津蓟县）、上谷（今河北怀来）、渔阳（今北京密云）、代郡（今河北蔚县）等40余座城池，其前锋距离令支只有百余里！

见此情景，段辽知道自己大势已去，便拉着慕容翰的手，哭泣着说：不用卿言，自取败亡。这是我咎由自取，怨不了别人，只是连累你失去了安身之处，深感惭愧。

慕容翰只有苦笑。

之后，段辽带着妻子宗族和千余户部众，放弃令支，逃进了密云山中；而慕容翰则北上投奔了宇文部。

石虎因此得以兵不血刃就进入了令支城，随后派大将麻秋等人率两万轻骑兵前去追袭段辽，抓获了其母亲和妻子。

段辽和少数亲随躲入了深山之中。

战事的顺利让石虎的自信心极度膨胀，他决心乘胜继续进军，攻打前燕，占领辽东。

此前慕容皝曾与石虎约定，自己会亲率部众，会同后赵军一起攻打令支。

现在石虎到了令支，却根本就没发现慕容皝的身影，一打听才知道，慕容皝居然把令支以北全部抢掠一空了。

这正好给了石虎出兵的理由。

他当即决定以慕容皝违约为借口，宣布讨伐前燕。

公元338年5月，石虎亲率数十万大军，从令支出发，浩浩荡荡杀向棘城，同时沿途四处遣使招降。

为后赵军的声势所震慑，很快前燕就有36个城池望风而降。

随着后赵大军的步步逼近，棘城内部人心大乱。

显然，无论是兵力还是国力，后赵都占有压倒性的优势。

众寡悬殊，强弱分明，就连一向无所畏惧的慕容皝也开始感到心里没底，一度甚至想要放弃棘城以避敌锋芒。

危难之际，大将慕舆根挺身而出，劝谏他说：大王一旦离开棘城，赵人的气势就更盛了，而且如果让他们占有了我们的土地和国民，兵强粮足，我们要想再打回来，谈何容易？不如固守坚城，伺机出击。万一真的守不下去，再走也来得及。千万不能现在就放弃棘城，这不是避敌锋芒，这是自取灭亡！

但慕容皝还在犹豫。

玄菟太守刘佩主动请缨：如今形势已万分危急，臣请出城击之，即使不能大胜，也能安定人心！

他率数百精锐骑兵出城，以迅雷不及掩耳之势突袭后赵军。

后赵军根本想不到对方居然敢摸老虎屁股，一时猝不及防，被打蒙了，刘佩所向披靡，颇有斩获。

这一战的胜利，仿佛茫茫沙漠中突然出现的一湾清泉，仿佛寒冷冬日中突然升起的一轮暖阳，让城内的军民感受到了些许生机，些许温暖。

趁此机会，国相封奕、内史高诩等谋臣也对慕容皝说：后赵军人数虽多，但分属多个部族，矛盾重重，时间长了，他们内部必然会产生变乱。我们只需坚守等待即可。

慕容皝这才下定了决心。

当然，世界总是丰富多彩的，正如动物界既有猛虎也有山羊一样，棘城内既有慕舆根、刘佩等勇士，也有一些被吓破胆的孬种。

有人劝慕容皝投降后赵，慕容皝掷地有声地说道：孤方取天下，何乃降人乎！——我正要夺取天下，怎么可能投降别人！

他的坚决态度大大鼓舞了士气。

城内军民在慕舆根等将领的指挥下，万众一心，众志成城，挡住了后赵军一波又一波的攻势。转眼十几天过去了。

棘城依然毫发无伤，牢牢地掌握在慕容皝的手里；

后赵军依然毫无进展，疯狂的进攻换来的只是自己满地的尸体。

这天凌晨，封奕预料中的情况真的发生了。

后赵军居然解除了对棘城的包围，主动撤退了！

后赵军之所以退兵的原因，史书上并未记载，不过细想一下，却很容易理解。

数十万大军深入敌境，每天消耗的粮草是惊人的，后勤保障是个极大的难题。而石虎的这次行动是到了令支后才临时决定的，事先并没有经过精心的准备，这个时候很可能军粮已尽，他不得不退兵。

当然，这只是我的个人猜测，信不信由你。

但无论如何，后赵军确实是不战而逃了。

慕容皝在城楼上惊喜地看到了城外发生的一切，善抓战机的他当然不会让后赵军就这样白白走了。

他决定派人前去追袭。

主将的人选，他出人意料地选择了18岁的慕容恪。

慕容恪是慕容皝的第四子，由于他的母亲高氏不被宠爱，子以母贱，加上他为人又比较低调内敛，故幼年时他并不受慕容皝的待见。

不过，是钻石总会发光的，是桂花总会芬芳的，慕容恪15岁的时候，在一次偶然接触中，慕容皝发现他言谈不俗，分析问题每每直指要害，不由得大为惊奇。

慕容皝这才对他刮目相看，此后便经常让他领兵跟随自己作战。

这次慕容恪的表现果然没让他的父亲失望。

他率领2000骑兵追击后赵军，竟一下子就把庞大的后赵军团冲击得溃不成军。

当时正值清晨，天光尚未大亮，能见度不高，疲惫不堪的后赵军在慌乱和朦胧之中根本不知道对方来了多少人，居然全都弃甲而逃，乱作一团。

慕容恪趁势掩杀，斩首3万余级，凯旋而归。

而后赵军大多损失惨重，唯有游击将军石闵所部依然全军而退，阵容齐整。

石闵是石虎的养孙，其父石瞻，本姓冉，魏郡内黄（今河南内黄）人，本来是河南乞活军首领陈午麾下的一员骁将，12岁时就以勇冠三军而闻名，后在与石勒作战时被俘，石勒对他极为欣赏，授意石虎将其收为养子。

之后石瞻成为石虎手下的一员大将，曾多次率军攻打东晋，战果累累，因功被封为左积射将军、西华侯，公元328年在与前赵作战时不幸阵亡。

石虎对石闵这个烈士的后代非常关照，将其视为自己的亲孙子。

长大后的石闵身高8尺，勇力绝伦，刚猛果决，这次他首次参战就一鸣惊人，让石虎对他更为重视。

这一战是石闵和慕容恪两位盖世名将的成名之战，也是他们的第一次交手，两人都是初出茅庐，但表现都堪称出色。

不过，这并不是他们的最后一次交手，14年后他们还将会有一次更激烈更大规模的对抗。

燕赵棘城之战后不久，两国之间又发生了第二次战事。

这次的导火索还是段辽。

公元338年12月，在密云山中过了大半年野人生活的段辽终于忍受不住冬季的寒冷，遣使向后赵投降，并请求派兵接应。

石虎派大将麻秋率军3万前去迎降。

没想到此时段辽却又改变了主意，转而降了慕容皝，并把后赵军的动向全都告诉了他。

慕容皝派慕容恪率军七千埋伏在距离密云山数十里的三藏口（今河北承德），再次大败后赵军，麻秋本人弃马而逃，靠徒步钻入山中才侥幸逃脱。

慕容翰

连续两次战胜中原霸主后赵，慕容皝如今可谓春风得意。

作战顺利，做事顺手，做梦顺意，做爱顺心，生命中的一切都感觉那么美好。

对于曾经的死敌段辽，他起初尚以礼相待，但明眼人都知道，依照慕容皝的个性，拉手只是暂时的，下毒手才是必然的——果然，仅仅几个月后他就以谋反罪将段辽处死。

称雄辽西数十年的段部鲜卑就此彻底灰飞烟灭。

接下来，雄心勃勃的慕容皝又把矛头对准了另一个老对手宇文部，但却苦于不了解宇文部的内部情况，一时未敢轻举妄动。

他像流水寻找岩石缝隙一样仔细地寻找着一切可能的线索。

突然，他想起了一个人——身在宇文部的兄长慕容翰。

于是，他派使者伪装成去宇文部经商的商人，偷偷打探慕容翰的情况。

慕容翰的境况非常悲惨，与当初在段部被奉为上宾相比完全是天壤之别。

宇文部此时的首领是宇文逸豆归，此人心胸比指缝还窄，肚量比芝麻还小，对来自敌国且威名远扬的慕容翰非常不放心，生怕他会做出对自己不利的举动，因此不仅没有加以重用，还派人严密监视，打算一旦发现他有什么可疑行为就干掉他。

为了自保，慕容翰不得不使出了之前很多人都用过的招数——装疯。

装疯这个东西说起来不难，难的是装得逼真，装得让人相信；装一天不难，难的是天天装，时时装，多年如一日地装。

这不仅是意志活，更是个技术活；不仅要不顾身体，不要脸皮，更重要的是要不露破绽。

慕容翰做到了。

如果装疯界也有奥斯卡评选的话，我觉得他至少应该能获得影帝的提名。

他有时终日酣饮烂醉如泥，有时披散着头发大呼小叫，有时跪在地上向人们乞讨，有时躺在地上大小便弄得浑身臭不可闻，有时用手蘸着排泄物粪笔疾书，发粪涂墙……

开始的时候，宇文逸豆归对此还有些怀疑，但时间长了，尤其是多次看到慕容翰泡在粪堆里比泡在美女堆里还享受的样子，他也就逐渐相信了——得了精神病，看起来就是精神啊。显然，这家伙受不了刺激，是真的疯了。

此后，他对慕容翰慢慢放松了监视。

慕容翰得以来去自由，便借着乞讨的机会，把宇文部国内的山川形势全都考察了一遍，默记于心。

就在他一边痛苦地装疯一边苦苦地思考脱身之策的时候，慕容皝的使者来了。

见了使者后，慕容翰一言不发，只是微微点头，同时用手轻轻拍了拍自己的胸口。

使者不明所以，只好回去后慕容皝汇报。

知兄莫如弟，慕容皝一下子就明白了慕容翰的用意：看来他是想回来了。

不过，前燕和宇文部是势不两立的敌国，要让慕容翰回国，外交手段是不行的，只能采取非常手段。

为此，慕容皝专门为慕容翰制作了称手的弓箭——慕容翰膂力过人，射术精湛，他常使的是拉力达三石多的特制硬弓，箭也比普通的要长大很多。

使者把弓箭埋在路边，并将其方位偷偷告诉了慕容翰。

公元 340 年 2 月，经过精心策划后，慕容翰寻机盗得宇文逸豆归的名马，再从路边取出了自己的弓箭，随后策马扬鞭，奔向故国。

宇文逸豆归得知后大惊，连忙派百余骁勇骑兵前去追赶。

眼看追兵逼近，慕容翰厉声喝道：我既然上了马，就不可能再回去了。之前我只是假装疯癫而已，其实我武功犹在，你们不要逼我！

然而追兵们依仗人多，根本不听他的话，依然继续逼近。

慕容翰知道自己不露一手是不行了，便对着为首的那位将领说道：我在贵国住了很长时间，对贵国人民多少有点感情，所以不忍心杀你。这样吧，你在离我一百步的地方把你的刀插在地上，我如果一箭射不中刀环，立马束手就擒，不过，如果我射中了，你们就请回，不要再来送死了！

这名将领将信将疑地解下佩刀，退后百步，把它插于地上。

慕容翰瞄都不瞄，随手就是一箭。

没等大家看清怎么回事，箭已经以雷霆万钧之势射中了刀环。

追兵们都看傻了，好半天才明白过来，随后一哄而散，再也不敢追赶。

慕容翰这才得以安然回到了阔别七年之久的故国。

岁月是把杀猪刀，刀刀催人变老；时光是个魔术师，时时充满变数。

如今的形势和 7 年前已经完全不同了。

慕容翰早已不是 7 年前那个手握重兵的慕容翰，慕容皝更不是 7 年前那个初登大位的慕容皝。

现在他在慕容部的地位，已经比原子核在原子中的地位还稳定，对流亡归来的大哥慕容翰当然也就没有之前那么顾忌，加上以后要对付宇文部这个劲敌，还需要慕容翰的帮助，便摆出一副欢迎的姿态，对其热情有加，礼遇甚厚。

慕容翰深受感动。

两人尽弃前嫌，重归于好。

除了慕容翰的归来，这段时间令慕容皝开心的事还有很多。

公元 341 年 2 月，他派去出使建康的使臣不辱使命地回来了，为他带来了晋成帝的诏书，他被正式册封为使持节、侍中、大将军、都督河北诸军事、大单于、燕王，这意味着他在自立为王 3 年多后，终于得到了东晋政府的承认。

第二年，他命人在柳城以北择地新建的都城竣工了，望己成龙的慕容皝特意将其命名为龙城（今辽宁朝阳），随后迁都于此。

龙城的条件比起旧都棘城自然要好很多，但志向高远的慕容皝知道目前还不是享乐的时候，他的目标是入主中原，在这之前当然先要彻底解决自己后方的两个敌人——宇文部和高句丽。

先打哪一个呢？

慕容皝一时有些拿不准，便问慕容翰：君从宇文来，应知宇文事。对这个问题，你有什么高见？

慕容翰分析说：凭我对宇文部的了解，咱们现在去打他们，绝无不胜之理。但高句丽很可能会乘虚而入，骚扰我们后方。所以我认为应该先打高句丽，宇文逸豆归见识庸暗，性情保守，不过是自守之虏，一定不会去救他们。之后再打宇文部，便易如反掌了。二国既平，无后顾之忧，然后可图中原。

仿佛挡着自己视线的窗帘一下子被拉开了，慕容皝顿时感觉豁然开朗。

但接下来还有个问题。

从前燕通往高句丽有两条道路——北路平整宽阔，南路则不仅狭窄而且非常险要，甚至可以说根本就不是路，经常需要跋山涉水。

该走哪条路呢？

众将大都认为理所当然该走北路——是去打仗的，又不是追求刺激的驴友，走那么险的南路干什么？

慕容翰却力排众议：敌人以常情度之，必重兵防守北道。我认为咱们的主力部队应该走南路，出其不意，直取高句丽都城丸都（今吉林集安）。另以偏师出北路，以为疑兵。

慕容皝采纳了他的意见。

公元 542 年 10 月，慕容皝亲率精兵 4 万从南路出兵征讨高句丽。

被任命为先锋的，除了宿将慕容翰，还有一个英姿勃发的少年——慕容霸。

慕容霸是慕容皝的第五子，这时年仅 17 岁，他从小就聪慧过人，气度不凡，深得父亲喜爱，故而给他起了这么一个霸气十足的名字。

慕容霸没有辜负父亲的期望，13 岁时就开始率军冲锋陷阵，勇冠三军，这次又被委以重任。

不过这一战，慕容霸并没怎么发挥，因为胜利来得实在是太容易了。

慕容翰料事如神，高句丽王高钊的兵力部署和他预判的完全一样——在北路派了 5 万大军镇守，南路却只是象征性地布置了些老弱残兵。

这些人怎么可能是慕容翰和慕容霸的对手？

很快，前燕大军就将其击溃，随后乘虚而入，长驱直入，一举攻克了丸都。

高钊狼狈逃走，其母亲和妻子都被慕容皝俘获。

不过，慕容皝对这块贫瘠的土地并不感兴趣，他要的只是高钊的臣服。

为此，他使了一个阴招——派人掘开了高钊父亲的坟墓，将骨骸装车，连同其母亲和掳掠的 5 万百姓一起运回了前燕。

高钊被逼无奈，只好遣使进贡大量珍宝，向前燕称臣，这才要回了其父的尸体，但其母却依然被慕容皝扣留作为人质。

有的人是不打不相识，有的人是不打不识相，高钊显然是后一种。

这次被打残后，他就彻底老实了。

接下来自然轮到了宇文部。

公元 344 年正月，慕容皝又一次亲率大军踏上了征途，他以慕容翰为前锋将军，慕容恪、慕容霸、慕容军、慕舆根等兵分 3 路继之。

宇文逸豆归命大将涉夜干率军迎战，精锐尽出。

慕容皝得知消息后，连忙遣使告知在前面的慕容翰：涉夜干向来以勇猛而闻名，不可小觑，应稍微避让一下，切勿和他硬拼。

但慕容翰却不同意：逸豆归把国内的精兵几乎都给了涉夜干，而且涉夜干在其国民中被誉为战神，只要杀了他，整个宇文部就不战自溃了。我对涉夜干非常了解，此人虽然有些名气，但实际上却是和气球 样 全是吹出来的，根本就名不副实，并不难对付。我认为不宜避之。

他对慕容皝的命令置若罔闻，马上集中全部兵力向涉夜干所在的中军发起猛攻，自己则身先士卒，冲在了最前面。

涉夜干根本没想到燕军的攻势会如此凌厉，一时有些措手不及，但他仗着自己人多，还是逐步稳住了阵脚。

正在两军杀得难解难分之际，慕容霸率军赶到，与慕容翰合力夹击，一阵激战后，终于斩杀了涉夜干。

涉夜干这个旗帜性人物死了，宇文军顿时失去了主心骨，很快就溃不成军，落花流水。

随后燕军在慕容翰的指挥下乘胜追击，一鼓作气攻下了其都城，宇文逸豆归逃亡漠北并最终死在那里。

曾经兴盛一时的宇文部就此灭亡。

其余众一部分被慕容皝迁到辽西——南北朝北周的奠基者宇文泰就是其后人，另一部分则随逸豆归到了漠北，据说后来演变成了奚、契丹等民族。

此战之后，前燕吞并了宇文部的全部土地和资财，将领土拓展了1000余里，国力大大增强，成为无可争议的东北亚霸主。

但慕容翰却为此付出了惨重的代价——他在激战中被流矢射中，身受重伤，只得长期在家卧床养病。

经过一段时间的休养，他的病情终于好转了一些，便在院子里试着练习骑马。

没想到这一幕被人看到，告诉了慕容皝。

这顿时触动了慕容皝最敏感的神经——你不是病了吗，怎么还能骑马？难不成你是假意称病，暗中图谋不轨？

想到慕容翰在回归后的两次战役中都立下了头功，想到他在攻打宇文部时公然违背自己的命令，想到他说话时总是那副不容置疑的老大派头，想到一直盘旋在自己心头的"雄才难制"这几个字，慕容皝坐不住了。

他当即动了杀机，下令将慕容翰赐死。

面对慕容皝送来的毒酒，慕容翰仰天长叹道：我当初负罪出奔，罪不容诛，今日死也怪不了别人。只是如今羯贼跨据神州，中原未靖，我曾经发誓要为国家荡平海内，上成先王遗旨，下谢山海之责。现在看来这个志向是不能实现了，只能带着遗憾走了，奈何这就是命啊！

说完，他饮酒而死，饮恨而亡。

慕容翰的一生，是悲剧的一生。

心比天高却命比纸薄，才气不凡却时运不济，辗转鲜卑三部却始终无容身之地，可谓是360度全方位无死角的悲剧！

但慕容翰的一生，也是光辉的一生。

退三国，守辽东，降高丽，灭宇文，对慕容部的发展和壮大，他居功至伟！

他的所作所为，对得起他的兄弟，对得起他的祖国！

尽管一生坎坷，命途多舛，但我觉得，无论如何，慕容翰这个悲情英雄都值得敬重！

慕容翰死后4年多，慕容皝也走到了生命的尽头。

他死于一起交通事故。

公元348年9月，慕容皝在野外打猎时看见一只白兔，连忙拍马去追。

可能是速度过快转向过猛加上当时没有ESP，那马突然失控打滑，跌倒在地，由于没系安全带，他被惯性甩了出去，摔成了重伤，回宫后不久就死了，时年52岁。

慕容皝如今的名气并不大，他的知名度仿佛更多的是来源于他那几个星光熠熠的儿子们：

慕容俊（前燕景昭帝），慕容恪（号称十六国第一名将），慕容垂（原名慕容霸，十六国之一的后燕开国皇帝），慕容德（十六国之一的南燕开国皇帝）……

不过，我个人认为，慕容皝其实是慕容部得以迅速崛起的关键人物。

他在位的 15 年称得上是大有作为。

这些年中，他曾经顺风顺水、高歌猛进，也曾多次遇到惊涛骇浪甚至灭顶之灾，但每次他都能凭借超人的胆识、过人的智慧、强人的意志、用人的能力以及各种阴险狠辣无所不用其极的手段，力挽狂澜，转危为安。

这些年中，他内平叛乱，外抗强敌，一统东部鲜卑诸部，慕容部在他的手里就像初升旭日一样冲破了重重阻力，冉冉向上，势不可当。

遗憾的是，就在这轮红日即将光芒四射、照耀整个中原大地的时候，他的生命却突然急刹，戛然而止。

我相信，如果能多活几年，他必然能亲手实现自己入主中原的夙愿，这就和一加一等于二一样，完全是确定无疑的。

因为，在他死的时候，后赵国主石虎的生命也进入了倒计时，后赵政权也即将彻底分崩离析。

第十一章　所谓《杀胡令》的前前后后

纸上谈兵

让我们来看看石虎这些年都做了些什么。

时钟拨回到公元 338 年。

棘城一战阴沟翻船，败在了实力远不及自己的前燕手里，心高气傲的石虎当然不会甘心。

回国后不久，他就下令在青州(今山东青州)一带修建战船，准备渡海进攻前燕。

然而就在此时，从南线传来消息，说东晋在长江北岸的邾城（今湖北黄冈）派驻了重兵，准备以此为基地北伐。

石虎本来就憋了一肚子气，正没地方出气呢。现在欠揍的东晋主动把头凑过来，那当然没有不打的道理。

他立即命老将夔安督石鉴（石虎第三子）、石闵、李农等五将率军 5 万南侵。

后赵军队虽然刚刚败于前燕，但用来对付东晋却是相当于用千兆宽带来浏览网页——完全是绰绰有余。

石闵首开纪录，在沔阴（今湖北随县）大败晋军，斩晋将蔡怀；

夔安、李农等人也不甘示弱，连下沔南（今湖北襄阳）、义阳（今河南信阳）等地，接着又乘胜攻陷邾城，晋军几乎全军覆没。

之后，后赵军在汉水东岸大肆抢掠一番后，挟持了当地居民 7000 多户返回国内。

纵观整个过程，这简直不能叫打仗，比打游戏还轻松，进出对方国境比进出菜场还方便！

但石虎对此并不满足，他的目标很大，他要的是：南灭东晋，东平前燕，西伐凉州，统一整个中国！

为此，他下令全国总动员，境内各地按照每户 5 个男丁的征 3 人、3 个男丁征两人的比例大量征兵，同时由于缺马，他还收缴了民间所有马匹，规定有私藏不报者腰斩，一下子从百姓手里抢走了 4 万多匹马。

除此以外，石虎还征用了 17 万民工建造战船，史载这些人中多达三分之一被溺死或被虎狼吞噬！

不过，尽管准备工作搞得如此声势浩大，如此兴师动众，如此劳民伤财，但最终却只是高高举起，轻轻放下，摆了个造型而已，并未真正付诸行动。

这是为什么呢？

按照史书的记载，原因是这样的：

这年正月，石虎在全国范围内集结了百余万军队，准备征讨三方。

出兵之前，他在太武殿宴请群臣，却发现在大殿南面聚集了大量白雁。

石虎命卫士们把这些烦人的白雁射死。

可是，不知道是因为这些卫士都是动物保护主义者还是这些白雁都会凌波微步，反正几百名卫士射了几个时辰，却一只也没有射中。

石虎感到非常扫兴。

太史令赵揽乘机私下进谏说：陛下，白雁集殿廷，是不祥之兆，不宜对外用兵。

听了他的话，石虎便停止了谋划多时的征讨计划，只是举行了一次盛大的阅兵而已。

然而，历史不是童话，后人不是傻瓜。

我觉得，即使这一记载确有其事，事情也绝对没有这么简单。

当时的后赵在石虎的残暴统治下，各种社会矛盾已经十分尖锐。

由于石虎不仅大量征兵，同时还不断大兴土木，往往动辄征发数以十万计的民工，如此一来，民间自然极度缺乏劳动力，无数土地没人耕种，再加上水旱等自然灾害频发，后赵境内经常发生严重饥荒，百姓大多愁困不堪。

仓廪实而知礼节，腹中饿而思造反，饥民们被逼无奈，只得纷纷揭竿而起，各地的叛乱此起彼伏，时有发生。

在内部不稳的情况下，石虎自然多了很多顾忌，因此不敢轻易对外大规模用兵——否则的话，很可能像 300 年后隋炀帝三征高丽一样导致天下大乱。

当然，以上只是我的个人见解，信不信由你。

但不管出于什么原因，终其一生，石虎并未对东晋和前燕发起全面的军事行动，这是无可争辩的事实。

这自然是可以理解的，毕竟东晋地广人多，实力犹存，又被很多人视为正朔所在，尽管小打可以怡情，但大打却可能伤身；而前燕在慕容皝的领导下正处在上升期，咄咄逼人，非常难以对付。

不过，就像一个有强烈事业心的人往往不愿闲着，总想着要干点事一样，石虎作为一个有强烈野心的人，也不愿闲着，总想着和别国干一仗。

那么，该打谁呢？

当时中国境内 5 国并立，除了后赵、东晋、前燕以外，还有占据巴蜀的成汉和西北的前凉。其中成汉和后赵结盟，前燕、前凉则奉东晋为宗主国。

成汉是盟国，石虎当然不能对他动手，唯一的选择，只能是前凉。

但前凉也并非软柿子。

此时的前凉主张骏是前凉奠基人张轨的孙子。

自从公元 324 年继任凉州牧以来，他对内励精图治，对外则采取了灵活而务实的外交政策。

为了生存，他先后对前赵和后赵称臣，但同时却多次遣使冒险穿过敌占区出使建康，表示效忠东晋。

然而尽管奉东晋为正朔，他却一直沿用西晋愍帝司马邺的年号。

这一点很耐人寻味。

试想一下，如果一个人在明朝灭亡后宣布拥戴清朝，但私底下却依然沿用明朝的年号，那么这个人是不是真心忠于清朝，显然是该打个问号的。

正如鞋子穿着是否真的舒服，只有本人才知道一样，张骏内心是否真的忠于东晋，也只有他自己才清楚。

我们只晓得，他的这种策略实施得颇为成功，前凉在张骏统治的 20 多年时间里，一直十分安定，国势日渐增强。

公元 335 年，鉴于之前一直臣属于中原王朝的西域诸国对自己有些不敬，张骏派大将杨宣率部穿越茫茫戈壁，进军西域。

在前凉军的威慑下，鄯善（今新疆若羌）王和焉耆（今新疆焉耆）王先后望风归降，龟兹（今新疆库车）王倚城顽抗，被杨宣攻克。

于是西域大震，诸国纷纷遣使到姑臧进贡。

之后张骏在西域设戊己校尉营、西域都护营、玉门大护军营，驻兵屯田戍守。以杨宣为西胡校尉，总领三营将士，统管西域各国。

值得一提的是，张骏还是把郡县制推行到西域的第一人。

由于当时高昌城（今新疆吐鲁番）的屯田将士很多，附近又有大批从关内涌来的难民，张骏便在此地按照汉人的制度设立了高昌郡，郡置郡守，县设县令，乡有啬夫，里有里正。

这是西域推行郡县制的开端，它表明西域的政治管理体制与中原地区开始趋于一致。

公元 345 年，张骏正式自立为假凉王（代理凉王），同时把境内分为凉州（治所今甘肃武威）、河州（治所今甘肃临夏）、沙州（治所今甘肃敦煌）3 州，其中沙州包括敦煌等 3 郡和西域都护 3 营，直接管辖西域。

这一时期的前凉达到了极盛，史载其领土"南至河湟（今青海），东至秦陇（今陕西甘肃交界），西迄葱岭（今新疆帕米尔高原），北暨屠延（今内蒙古额济纳旗）"，包括今甘肃、新疆大部以及青海、宁夏、内蒙古一部，是当之无愧的西北霸主。

面对如此强势的张骏，性情强悍但从不蛮干的石虎当然不会草率行动。

他像猎手一样密切关注着前凉这个猎物的动向，耐心地等待着出击的机会。

公元 346 年 5 月，机会终于出现了——张骏因病去世，年仅 20 岁的世子张重华继位。

眼见挡在前进道路上的拦路石一下子灰飞烟灭，天堑变通途，石虎不由得欣喜若狂，他一刻也没有耽搁，立即派大将麻秋等人率军攻打前凉。

起初后赵军的进展颇为顺利，连战连捷，很快就攻下武街（今甘肃临洮）、金城（今甘肃兰州）等地，兵锋直指前凉国都姑臧（今甘肃武威）。

前凉主张重华大惊，连忙把国内几乎全部军队都交给了老将裴恒，让他前去抵挡。

老成持重的裴恒屯兵于广武（今甘肃永登），与后赵军相持。

时间一天天地过去。

裴恒和麻秋仿佛在玩"我们都是木头人"游戏，两人都秉承"不许说话不许动"的原则，停留在原地，毫无行动。

张重华心急如焚。

毕竟前凉的国力不如后赵，这样再拖下去，万一后赵继续增兵，自己可怎么办？

司马张耽看出了他的心思，便向他进谏说：国之存亡在兵，兵之胜败在将。当初燕国任用乐毅，几乎克平了整个齐国，等到任用骑劫，七十城之地全部丧失。如今议者多推宿旧，未必妙尽精才。但明王之举，举无常人，才之所能，则授以大事。韩信之举，非旧名也；穰苴之信，非旧将也；魏延之用，非旧德也；赵括之进，非旧勋也……啊，不好意思，刚才说错了，更正一下，不是赵括，是吕蒙……

张重华打断了他：我明白你的意思，你是要我任用新人。时间紧迫，别绕弯子了，快说吧，这人到底是谁？

饶是已经他有了足够的心理准备，张耽推荐的人还是让他惊得眼珠子都要掉出来了。

主簿谢艾！

谢艾这个人之前名不见经传，以往担任的又只是文职（主簿是各级主官属下掌管文书的佐吏），根本没有任何打仗的经验。

让这样一个玩笔杆子的去掌握枪杆子，无异于让卖茶叶蛋的去做导弹，让修电视机的去开航天飞机，实在是太不靠谱了！

但张重华此时已经没有别的选择了，只能病急乱投医了，只能把希望寄托在谢艾身上了。

他能做的，不过是在心里祈祷：但愿谢艾是韩信再世，而不是赵括重生。

之后他召见了谢艾。

谢艾的口气很大，说只要给他7000兵马，他就能打败麻秋。

可是就连这样的要求，张重华也无法满足，只给他打了个七折——由于此前前凉的主力都已经派出去了，张重华现在砸锅卖铁才勉强给谢艾拼凑了5000人。

谢艾率军抵达前线的夜晚，两只枭（一种类似猫头鹰的鸟）一直在军营中叫个不停。

当时一般认为枭是种恶鸟，不吉。

古人大多迷信，士兵们都觉得这不是个好兆头，一时间颇有些人心惶惶。

但谢艾对此却另有一番解释，他用斩钉截铁的口气对大家说：六博（古代的一种棋类游戏）时得枭者胜，枭鸣，乃克敌之兆也。

他信心十足的话语，如暖阳化雪一样化解了士兵们的疑虑，军中的士气也重新高涨起来。

随后，谢艾立即率军向后赵军发起猛攻。

此时后赵军与裴恒等人相持已久，双方像重量相等的两个砝码悬在天平的两端，让战场处在了微妙的平衡状态。

谢艾的突然出现打破了双方的均势，胜利的天平迅速向前凉这边倾斜。

这一战，谢艾大获全胜，斩首5000多级。

后赵军仓皇退走，危机就此解除。

谢艾在关键时刻力挽狂澜，立下大功，张重华自然要对他加官晋爵，便加封他为福禄伯。

不料这却引起了很多大臣的妒忌，纷纷诋毁他。

谢艾这个人，要说打仗，他是个不折不扣的天才，朝中任何人都不是他的对手；但要说到争权夺利，他却是个如假包换的庸才，不是朝中任何人的对手。

很快，谢艾就被排挤出了朝廷的权力核心，出任酒泉太守，去边远地区发光发热了。

没想到第二年，后赵军又卷土重来——石虎给麻秋增兵数万，让他将功赎罪，再次率部进攻前凉。

这回后赵军的气势更盛，前凉大震，望风归附的多达两万人。

大臣们都吓破了胆，没人敢出战。

没办法，张重华只好再次派出了谢艾——谢艾的命运就像个夜壶，平时只能在角落里沾灰尘，需要的时候才会拿出来用。

好在谢艾对此并不计较，他又一次临危受命，领兵 3 万迎战麻秋。

两军在黄河边相遇。

谢艾坐着敞篷小车，戴着白色小帽，鸣鼓而行，看上去不像是来打仗的，倒像是郊游的。

麻秋见了不由得大怒：谢艾一个年轻书生，竟敢如此轻视我！

他的怒气是有底气的，这次他手上有一支撒手锏——3000 名黑矟龙骧军。

这支部队是后赵精锐中的精锐，每个人都是身高一米八、体重一百八、战力一敌八的猛男，不仅全都是铁甲骑兵而且都装备有当时的尖端武器——骑兵专用马矟。

随着麻秋一声令下，3000 名黑矟龙骧军顿时如潮水般扑向前凉军，黑矟如云、驰骋如风，来势汹汹。

谢艾周围的人都慌了，纷纷劝他改乘战马，以便于行动。

谢艾这人外表虽然柔弱，但却有颗天生的强大心脏，越是危急时刻，他越是镇定自若。他不仅没有上马，还下车坐到了胡床（古时的一种轻便坐具）上，指挥若定，谈笑风生，仿佛不是在刀光剑影的战场，而是在艳光情影的欢场。

看见谢艾这样奇怪的表现，后赵军反而起了疑心——这家伙不是有病，就是有诈！

他们开始踌躇起来，不敢向前。

正在这时，他们猛然发现自己身后杀声震天——原来，谢艾派部将抄小路绕到了后赵军的背后，发动了突袭！

后赵军腹背受敌，顿时乱作一团。

谢艾乘机指挥前凉军顺势猛攻，大败麻秋，歼敌一万多人。

之后，石虎又两次派兵攻打前凉重镇枹罕（今甘肃临夏），但都被谢艾击退，损失惨重。

这下，石虎彻底死心了。

他长叹道：吾以偏师定九州，今以九州之力困于枹罕，彼有人焉，未可图也。——我当年曾以偏师平定九州，如今却举九州之力都拿不下枹罕，看来对方有人才，不可图谋啊。

更让石虎心里不爽的是，就在他兵败凉州的同一年，南方的东晋却大有斩获，灭掉了割据巴蜀的成汉。

建下这一奇功的是时年 36 岁的东晋荆州刺史桓温。

桓温出身于官宦世家，据说是东汉大儒桓荣之后，其父桓彝是东晋初年的名士，著名的"江左八达"（不知道的请百度）之一，后来出任宣城（今安徽宣城）内史。

公元 328 年，东晋大将苏峻发动叛乱，桓彝坚守城池，与叛军死战，不幸因部下江播的出卖而城陷被害。

桓彝死的时候，桓温年仅 15 岁，他枕戈泣血，发誓要为父亲报仇。

不过由于江播防备严密，他一直没找到机会。

3 年后，江播去世，桓温伪装成前来吊丧的宾客，混入灵堂，当场手刃江播的 3 个儿子，将本来一个人的丧事变成了一家 4 口的集体丧事，算是为江家省了不少丧葬费。

由于那时没有"依法治国"的概念，而是提倡"以孝治天下"，因此制造这起灭门惨案的凶手桓温不仅没受到任何惩处，反而成了孝子的典型，备受称赞，声名大噪，甚至还获评当年"感动东晋"10 大人物之首。

加上他长得姿貌魁伟，雄毅绝伦，颜值甚高，一时间，桓温成了整个东晋国内无数少女心中的偶像，成了当时的国民老公，被尊称为"温神"——无论他走到哪里，都能听到女孩们的尖叫声：温神，温神，温神……

最终晋明帝的长女南康长公主凭借皇家优势，挫败众多名媛靓女，抱得美男归，如愿以偿地嫁给了桓温。

在成为驸马后，桓温的仕途自然是一路畅通，历任琅琊太守、徐州刺史等要职。

公元 345 年，他又被任命为安西将军、荆州（治所今湖北江陵）刺史。

不过，尽管可以靠脸吃饭，但桓温却偏偏要凭实力。

他的志向很大，用他自己后来的话说就是：既不能流芳百世，亦不足复遗臭万载耶——不能流芳百世，也要遗臭万年！

荆州是东晋西部要地，战略地位举足轻重，有了这么一个平台，桓温如同雄鹰出笼，蛟龙入海，开始大显身手。

占据巴蜀已经 40 多年的成汉成了他的第一个目标。

公元 346 年 11 月，桓温上表要求讨伐成汉，随后不等朝廷批准就率军出发了。

蜀地险要，易守难攻，加之桓温手下不过是一州的兵马，东晋朝中对他的此次行动大多不看好，只有桓温的好友刘惔对前景充满信心。

他的理由很简单，桓温这个人善于观察，精于计算，慎于选择，敢于行动，在赌博的时候如果没有必胜的把握，绝不贸然出手。

事实也的确如此，桓温之所以敢这么做，就是因为他看到了此时的成汉国主李势荒淫无道，不得人心，而且他自恃险远，不修战备，实在是不难对付。

果然，桓温的军队一路上势如破竹，很快就逼近了成汉都城成都（今四川成都）。

李势只得硬着头皮集结全部兵力，在成都城外与桓温决战。

晋军初战不利，谨慎的桓温想要暂时退兵，避敌锋芒，来日再战。

没想到传令兵却误击了进军的鼓号，参军袁乔趁势拔剑督战，晋军军心大振，奋力死战，大破成汉军，随后乘胜攻入成都。

见大势已去，李势只得自缚请降。

成汉就此灭亡。

此时距桓温出兵还不到 4 个月的时间！

这是东晋建立 30 年来前所未有的成就！

之前的东晋总是丧师失地，这次却是开疆拓地；之前的东晋总是人见人欺，这次终于扬眉吐气！

这一切，都是因为有了桓温。

平凡的戒指因为有了钻石而璀璨，暗淡的夜空因为有了月亮而夺目，孱弱的东晋因为桓温的横空出世而重新雄起！

禽兽家族

比起再次焕发生机的东晋，曾经无比强大的后赵这些年却显得江河日下。

自从石虎上台以来，虽然屡屡对外用兵，但无论是对前燕还是前凉，都少有胜绩，有时甚至望风而溃，战斗力很渣，与当初石勒横扫北方时相比，感觉简直就是蟒蛇变蚯蚓——根本不是一个档次！

之所以会这样，我觉得很重要的一个原因是，如今的后赵军人数虽多，但凝聚力却不强，尤其是各民族之间矛盾重重，大量的汉人士兵并不愿意为羯人卖命——尽管他们不能选择出兵不出兵，但他们却可以选择出工不出力！

可以说，石虎统治下的后赵政权已经逐渐丧失了民意基础。

与刚即位时相比，近几年，石虎的暴虐程度可谓有增无减。

公元 345 年，他一次就征选了民女 3 万多人入宫——此时他已经年过五十，居然还有这么大的胃口！

有老当益壮的老爹做表率，年轻的太子石宣以及他的兄弟们当然要积极向他靠拢，因此也征发了上万名美女。

各郡县为了保质保量完成上面派下的任务，除了抢人之女，掠人之妹，甚至还经常要夺人之妻，杀人之夫，被杀和自杀的丈夫据说多达 3000 多个！

除了美色，石虎还有一个爱好——打猎。

晚年他身体发福，究竟有多胖史书上没讲，只知道他胖得没法再骑马了——他的体重已经远远超过了地球上任何一匹马的额定载重。

这还怎么打猎呢？

石虎有办法。

他让人制作了专门的猎车，每辆高达一丈八尺（约4.5米），每次打猎时都让20个壮汉抬着行走，石虎坐在座位上看到猎物在哪个方向，车子就转到哪个方向，完全不影响石虎在上面射箭的准确性。

为方便打猎，他还把中原大片土地都划为猎场，专门派御史管理，规定如果有人伤害其中的禽兽就要被处以极刑。

这些御史乘机凭借手中权力胡作非为，看中了哪家的女人或者财物，谁敢不给就把他们定为犯兽罪而处死。

除此以外，在在位的十几年中，石虎还一直在大兴土木，仅仅为了筑华林苑，他就一下子征发了16万人和10万辆车，日夜赶工，不管刮风下雨，无论酷暑寒冬，从不停息，百姓苦不堪言。

有一次遇上暴风雪，一下子就冻死了数万人。

有人劝谏他爱惜民力，不要这么急着赶工。

但在石虎的眼里，人命却是世界上最不值钱的东西，他忍不住大发雷霆：我就是要亲眼看到华林苑早日落成。即使早上建成了，我晚上就死，也死而无憾！

为了躲避石虎的暴政，荆州、扬州、徐州等地的百姓纷纷偷渡到东晋，人口大量减少。

石虎以管理不力为由连续诛杀了这些地区的50多个地方官，但效果却仿佛给低血压病人吃降压药——不但不起任何作用，反而让形势更加恶化，逃亡的人有增无减。

当然，再糟糕的时代也会有谏臣，就像再干旱的地方也会下雨一样。

金紫光禄大夫逯明就是其中最有名的一个。

逯明是后赵开国元勋、当年石勒起家的十八骑之一，对石虎的荒唐行为他实在是看不过去了，便向石虎直言进谏，结果却惹得石虎大怒，当场命卫士将其扑杀。

随后石虎又制定了禁止私论朝政的严苛法律，并大开告密之门，提倡下级告上级，奴仆告主人。

在这样的恐怖政策下，再也没人敢进谏了，再也没人敢对石虎的政策提出半点非议了。

后赵的朝堂彻底成了一言堂，每天围绕在石虎身边的都只剩下了一帮马屁精——石虎的意向就是他们的方向，石虎的要求就是他们的追求，石虎的想法就是他们的做法，石虎的表情就是他们的心情……

这一切让石虎的感觉极为良好。

公元 347 年，太子石宣奉命出巡，在送行大会上，看着石宣领着 18 万精兵浩浩荡荡从自己身边走过，石虎志得意满地说：我家父子如此，除非天崩地陷，还有什么可担心的！

然而，酒可以斟满，话不能说得太满。

很快，无情的现实就狠狠地打了石虎的脸，把他的大话变成了不折不扣的笑话！

因为，在石虎说这话之后不到一年，后赵宫廷内就相继发生了兄杀弟、父杀子的惨剧，而且不仅是杀，还是残酷至极的虐杀！

这一切都源于太子石宣和秦公石韬（石虎第五子）之间的矛盾。

石韬是石虎最喜欢的儿子——没有之一，因此在石宣被立为太子后，石韬也被石虎委以重任，任命为太尉，与石宣轮流值班处理朝政，无论是赏赐还是刑罚都可以自主决定，不用向石虎汇报。

总之，除了一个太子的名头，不管是权力还是待遇，石韬都可以和石宣平起平坐。

身为天王太子，却只能和一个天王爱子平分秋色，这让石宣的心里很不是滋味。

后来发生的一件事更增加了石宣对石韬的怨恨。

有一次，石宣不知做了件什么事惹毛了石虎，石虎在甩给他一副臭脸的同时还甩给他这么五个字：悔不立韬也——我真后悔没立石韬为太子！

也许石虎只不过是随口说说而已，但说者无心，听者有意，这句话对石宣来说无疑是莫大的警告。

他清楚地知道，只要有石韬在，他的太子之位就不会稳固；只要有石韬在，他的继位之路就不会顺利！

他对石韬越来越充满敌意。

通常，当一个人喜欢一个人的时候，在他眼里那个人不管什么都是好的，话多是阳光，话少是酷；当一个人讨厌一个人的时候，在他眼里那个人往往什么都是坏的，话多是啰唆，话少是呆……

现在石宣对石韬就是讨厌至极，自然就觉得石韬什么都是和自己对着干，什么都是冲着自己来。

公元 348 年 4 月，石韬在自己的太尉府里造了一座房梁长达 9 丈的大殿，起名叫宣光殿。

这本来也没什么，但石宣听说后却受不了了——老子名叫石宣，你给房子起名叫宣光，这不是咒我是什么？

于是他马上带着人气势汹汹地跑到石韬家里，把房梁截断，把工匠杀死，随后扬长而去。

石韬在石虎的纵容下早就骄横惯了，当然也不会让步。

石宣一走，他马上让人重新开工，还把房梁加长到十丈。

这下石宣更火了——既然你不把我这个太子放在眼睛里，那我就让你彻底消失在这个春天里！

他和几个亲信杨杯、牟成、赵生等人密谋，决定先刺杀石韬，然后再趁石虎前来吊唁的时候杀掉石虎，夺位称帝，一劳永逸！

几天后，石韬在邺城东南的东明观大宴僚属，晚上就住在了那里。

半夜，杨杯等人爬着梯子溜进了石韬的住处，把石韬杀死在睡梦之中。

石韬的死讯很快传到了石虎那里。

得知爱子身亡，石虎极其哀恸，竟然当场昏厥过去，良久方醒。

等醒过来后，石虎便想去石韬家里吊唁。

司空李农劝谏说：目前还不清楚是谁杀了秦公（即石韬），凶手尚在京师，大王不应随便外出。

石虎一听有理，便只是在太武殿中举哀，没有出门，逃过了石宣预谋中的暗杀。

随后，冷静下来的石虎开始调查石韬的死因。

很快，石宣就进入了石虎的视线。

除了石宣和石韬一直以来的不和，石宣在石韬死后的奇怪表现也加重了他的怀疑。

弟弟死了，石宣这个哥哥当然要去吊祭。

但他不仅没哭，还呵呵直乐，又让手下揭开盖在尸休上的白布，像欣赏自己亲手制作的艺术品一样仔细欣赏了石韬死后的惨状，随后大笑而去。

这个脑残的娃，估计是根本不知道有句成语叫"不打自招"。

石虎当即命人把石宣诓进宫，并将其软禁。

之后的事情比石虎想象的还要简单得多——没等审问石宣，事情的真相已经浮出了水面。

原来，杨杯、牟成、赵生三人在杀死石韬后，当晚都住在了杨杯家，任务完成后3个人像拿到了世界冠军一样兴奋，说起话来毫不顾忌，没完没了。

没想到隔墙有耳——他们的谈话都被住在他家的一个人听到了。

正是这个人出面告发了杨杯等人。

石虎连忙派人捉拿3人，结果杨杯、牟成都跑了，只抓到了赵生一个。

赵生倒是挺坦白，很快就一五一十把所有的一切都供了出来。

尽管已经有了一定的思想准备，但石虎还是大受刺激。

想不到自己立的太子居然是这么个东西，不仅杀了兄弟，居然还想害父亲！

之前的石邃是这样，现在的石宣也是这样！

他的兽性再一次爆发了——不，不是兽性，是禽兽不如！

虎毒不食子，但在石虎的眼里，屠刀面前人人平等，即使是亲生儿子，也毫不例外！

他下令把石宣囚禁在仓库中，用铁环穿透他的下巴，再用铁链将他像狗一样锁住，饭菜则盛放在木槽里让他像猪一样吃食，还拿来杀石韬的刀剑让他舔上面的血。

一段时间后，石虎觉得折磨得差不多了，决定把石宣处死。

石宣的家人当然也难逃一死。

他的妻子儿女9人全部被杀，其中他的小儿子才几岁大，平时很受石虎的宠爱，被杀前他大哭大叫，死死地抱住了石虎的大腿不肯松手。

石虎虽然有点同情，但最后还是狠了狠心，让卫士把他拉走杀掉了。

除此以外，东宫的所有下属都受到了株连——属官300人、宦官50人全都被车裂肢解，尸体均被弃于漳水，东宫卫士10万人则悉数被发配到凉州。

不过，石虎再怎么冷酷再怎么无情，但从生物学的角度来说，他并不是特殊材料做成的，他也是和常人一样的血肉之躯，穿少了也会冷，受伤了也会疼，这样惨烈的骨肉相残也会给他沉重的打击。

没过多久，他就病倒了，而且病得很重。

显然，确立新继承人的问题已经迫在眉睫。

石虎只得强撑着病体与几个亲信商议此事。

太尉张举认为，燕公石斌（石虎第六子）和彭城公石遵（石虎第九子）能力都不错，可在两人中选一个。

但戎昭将军张豺却提出了不同意见。

他说：鸡窝里飞不出金凤凰，贱母亲生不出贵儿子。陛下您前两次立的太子，其生母出身都不高（石邃生母郑氏和石宣生母杜氏都是家妓），因此两次都酿成了祸乱。前事不忘，后事之师，这次应该要选个母亲出身高贵的王子来继承大统。

他之所以要这么说，当然有他自己的用意。

原来，19年前，前赵主刘曜被俘后，张豺跟着石虎一起杀入了关中，俘获了刘曜年仅12岁的小女儿安定公主，见她长得漂亮，便将她献给了石虎，后来刘氏为石虎生了个儿子石世。因为这层关系，他和刘氏以及石世关系不错，故而他想拥立石世，自己好趁机专权。

他这番话果然奏效——没等张豺的话说完，石虎就表明了自己的态度：你不必再说下去，我已经知道该立谁了。

之后在立太子的朝会上，石虎对群臣说：我真想用三斛纯灰来清洗我肮脏的肚肠，为什么我老是会生出孽子——年龄一过20岁就想杀父亲！如今石世才10岁，等他20岁的时候，我已经老了。

也许，这才是石虎之所以选择石世的真正原因——他不想再立一个可能威胁到自己安全的成年儿子。

就这样，年幼的石世成了太子，刘氏则成为新的天王后。

过了段时间，石虎的身体似乎有所好转，可能是知道自己时日无多，本着过把瘾就死的原则，之前一直称天王的他决定在生命的最后时刻尝尝皇帝的滋味。

公元349年春，石虎正式称帝，大赦改元，百官都加封一级，诸子的爵位也由公变成了王。

但这次本是例行公事的大赦，却引起了一次大规模的动乱——之前被贬成凉州的东宫卫士在途中反了！

这些人都是卫士中的精锐，个个都能以一当十，被称为"高力"，他们无故获罪，心中本就感到十分不满，好在走到雍城（今陕西宝鸡）时听说了石虎称帝大赦天下的喜讯，众人都满怀希望，以为自己可以免罪回家了，没想到最后传来的消息却是他们不在赦免之列。

谈过恋爱的人或许都知道，最让人难以忍受的，不是直截了当地拒绝你，而是对你时冷时热，偶尔给你希望，但最终还是让你失望——这会让你感到自己受到了玩弄！

现在这些"高力"就产生了这种被玩弄的感觉，他们终于忍无可忍，便在首领梁犊的率领下揭竿而起。

由于没有兵器，他们只能用百姓的斧头装上木柄当武器，但这却丝毫不影响他们强悍的战斗力，很快他们就攻克了多个郡县，队伍也迅速扩大到了近10万人。

随后梁犊率军东出潼关，杀向中原腹地。

石虎闻讯急忙派司空李农统兵10万前往征讨。

两军两次大战，李农都被梁犊打败，损失惨重，只好退守成皋（今河南荥阳汜水镇）。

石虎不得不再次调兵遣将，这次他一连派出了3位大将——冠军大将军姚弋仲、车骑将军蒲洪和游击将军石闵。

姚弋仲是羌人首领，性情刚直，作战勇猛，深受石虎器重，此时尽管他已经年近七旬，却依然威风不减当年，他的儿子们也十分了得，其中尤以姚襄、姚苌最

138

为知名，后来姚苌更是建立了十六国之一的后秦。

蒲洪是氐人统帅，智勇双全，在石虎麾下屡立战功，在军中威望极高，值得一提的是，大名鼎鼎的一代雄主符坚就是他的孙子。

石闵当然更不用说了，胯下朱龙马，左手双刃矛，右手钩戟，近身八尺寸草不生，勇冠三军，当之无愧的当世第一猛将，如果按照史书的说法就是：胡夏宿将莫不惮之；如果按照三国志游戏设定的话，武力值至少有110，比游戏中武力值最高的吕布的104还要略高一筹！

三强联手，梁犊再强也不是对手；三剑合璧，梁犊再狠也只能嗝屁。

很快，姚弋仲等人就击斩了梁犊，平定了此次叛乱。

与此同时，石虎的病情已经极为危重，他不得不开始考虑身后之事。

他颁下诏令，任命彭城王石遵为大将军，镇守关中；燕王石斌为丞相、录尚书事，执掌朝政；张豺为领军将军、吏部尚书，3人共同受遗诏辅政。

这样的安排，刘后和张豺当然不愿接受——石遵和石斌两个年富力强的皇子，一个拥兵在外，一个掌朝在内，他们还能有多大的权力？

一番密谋后，两人决定趁石虎昏迷不醒之时，先下手为强。

他们先是矫诏以"无忠孝之心"为名将石斌免职并派兵将其软禁，而千里迢迢从幽州赶回来的石遵则连石虎的面也没见着，就被打发去了关中上任。

几天后，大概是回光返照吧，石虎又恢复了意识，便问左右：石遵来了吗？

但此时他的身边早就被张豺的亲信所控制，因而他得到的回答是：来过，但早就走了。

接着，石虎又问道：石斌不在这里吗？快叫他来。

左右搪塞道：燕王酒喝多了，身体不舒服，不能来。

石虎很生气：那你们快用我的车子把他接来啊。

他的话往日都是一言九鼎，此刻却是屁用不顶——根本就没人听他的。

石虎正想发作，却突然感到头晕目眩，天旋地转，很快就再次不省人事。

这事传到张豺的耳朵里后，他顿时惊出了一身冷汗，连忙派人将石斌杀死，以除后患。

随后，刘后又马上矫诏加封张豺为太保、都督中外诸军事、录尚书事，总领朝政。

公元349年4月23日，石虎在邺城去世，享年55岁。

石虎是史上著名的暴君，他视苍生如蚂蚁，视亲情如浮云，打仗时动辄屠城，当政时草菅人命。无论是好色还是滥杀，无论是大兴土木还是滥用民力，在一个暴君所需要的任何一个领域，他都做到了出类拔萃。

不过，他虽然看起来疯狂，但其实头脑非常清爽——他总是知道什么时候可以狂飙突进，什么时候该适可而止。

正因为如此，他才会在面对前赵倾国大军时单骑脱逃；他才会在进行了大量准备后放弃对前燕和东晋的军事行动；他才会在进攻前凉不利时坦然地放弃，而不是像后世的隋炀帝杨广一意孤行三征高丽那样导致大崩盘……

但他这些年的高压政策，早就把他治下的后赵帝国变成了一个压力达到临界点的高危压力容器，只需稍微重一点的触碰，就足以引发毁灭一切的大爆炸！

也许，对这个庞大而脆弱的帝国，石虎知道要小心轻放，但他的继任者却根本就不懂这些，或者说，根本就不管这些。

正是这导致了一场波及整个中原大地的大动乱！

大开杀戒

一切都要从石虎挂掉的那个初夏说起。

石虎死后，太子石世继位，皇太后刘氏临朝称制，大权则顺理成章地落到了张豺的手里。

张豺不仅一步登天，还想要一手遮天，刚一上台他就着手清除异己。

第一个目标，他瞄准了向来和他关系不佳的司空李农。

没想到李农事先得到了消息，带着一批部队逃到了广宗（今河北威县）一带。

张豺大概是属螃蟹的——不但横行霸道，而且只要钳住了就不会松口，当然不可能就这样放过李农。

他当即派太尉张举带着京城的禁卫军精锐前往广宗，对李农穷追猛打。

一时间，河北地区大乱。

此时彭城王石遵正在去关中上任的路上，在走到李城（今河南温县）的时候，他正好碰上了平叛后凯旋归来的姚弋仲、蒲洪、石闵等人。

姚弋仲等人对暴发户张豺都很不感冒，便一起劝石遵说：殿下您年龄居长，而且又向有贤名，先帝本来就是要传位给您的，只是晚年昏聩才被张豺所误。如今女主临朝，奸臣用事，禁卫军又都不在邺城，京城空虚，殿下您如果以讨伐张豺的名义挥师京城，肯定能成功！

石遵大喜，当即与姚弋仲等人合并一处，以石闵为前锋，杀向邺城。

骄横跋扈的张豺极其不得人心，石遵大军一到，邺城守军就纷纷投降。

张豺大惊失色，连忙下诏给石遵加封了丞相、都督中外诸军等一大堆头衔，企图以此来安抚石遵。

然而，马上就能吃到大餐了，谁还会在乎你扔过来的一点剩饭？

石遵当然不予理睬，继续进军。

见大势已去，无奈张豺只好战战兢兢地出城投降，被石遵当场拿下，将其在闹市中斩首并夷三族。

随后石遵废掉石世，自己登上了帝位。

石世和刘太后自然也不会有好下场——不久就被石遵杀死。

不过，石遵的皇位毕竟是夺来的，并不那么名正言顺，因而在上位后为了收买人心，他大肆给朝臣加官晋爵，闻知张豺已死前来归顺的李农也被官复原职。

对他的几个兄弟，他更是极力笼络——石鉴被加封为太傅，石冲为太保，石苞为大司马，石琨为大将军。

但石遵的这些做法显然并没有消除其他诸侯王的不满，反而激起了他们的野心。

首先对石遵表示不服的是坐镇蓟城（今北京）的沛王石冲——都是石虎的儿子，你也不是他指定的继承人，凭什么现在你可以当老板，而我们只能替你打工？

他率军10万南下，传檄天下，宣布讨伐石遵。

石遵派石闵和李农两人领兵迎战。

石闵出手，哪有对手？

仅仅一战，10万叛军就彻底灰飞烟灭，石冲本人也成了俘虏，被送到邺城赐死。

这一战的胜利让石闵更加声威大震。

凭借拥立石遵和平定石冲的功劳，石闵被加封为都督中外诸军事、辅国大将军、录尚书事，集军政大权于一身，成为当时权位仅次于皇帝石遵的第二号人物。

但这却依然不能让石闵满意。

因为当初起兵的时候，石遵曾对石闵说过这么句话：努力！事成，以尔为储贰——努力吧！事成之后，让你做我的太子！

由于石遵没有子嗣，石闵对他的话深信不疑，干起事来自然是不遗余力，成为石遵上位的最大功臣。

没想到石遵上台后却食了言，宣布立侄子石衍（石斌之子）为太子。

在石遵看来，虽然石闵作为石虎的养孙，从小在石家长大，关系亲密，但作为汉人的他不仅是外人，而且是外族人，充其量只能算是石家人的高级打工仔而已。

一个没有血缘关系的异族人怎么有资格继承他们羯族石家的皇位？

其实石遵的做法，小子我觉得也并非不能理解——如果清朝皇帝立一个汉人为皇储，你觉得可能吗？

但石闵可没有我这么善解人意，他无论如何都不能忍受石遵这种出尔反尔的行为。

我在前方攻城略地，你在京城坐享其成；我在前方拼死拼活，你在后宫欲仙欲死。

现在你却要过河拆桥！

既然你不肯兑现诺言，那就别怪我跟你翻脸！

既然我能够让你上台，那我也可以拉你下马！

他利用自己执掌兵权之便，不但大肆犒赏手下兵将，还上奏请求封所有的禁军将士为殿中员外将军、关内侯，每人赐宫女一名。

石遵极其恼火——你小子慷别人之慨够慷慨的啊，要爵位、要金钱也就算了，居然还要分我宫里的女人！

他不仅否决了石闵的提议，还对石闵所报名单上的人加以贬斥。

如此一来，将士们都对石遵怨声载道，对石闵则感恩戴德。

石闵的目的达到了。

但这自然也引起了石遵的警觉。

他开始逐步削弱石闵的权力，石闵当然更加不满。

两人的矛盾越来越激烈。

当年 11 月，石遵召集了他在邺城的几个兄弟石鉴、石苞、石琨等人，在其母郑太后面前召开家庭会议，讨论如何处置石闵。

石遵毫不掩饰地说：石闵的不臣之心已经显露，我想杀了他，你们看怎么样？

石鉴等人都表示赞成，但郑太后却不同意：遵儿啊，没有棘奴（石闵小字棘奴），你怎么会有今日？他只不过是有点骄纵而已，怎么可以这么草率地杀掉他呢？

这事就这样搁置了下来。

但石遵不知道的是，石鉴早就被石闵拉下了水——两人之前已经暗中结成了政治同盟，一出宫，他马上就派人向石闵通报了这个消息。

事态紧急，石闵当机立断——在他的字典里从来就没有犹豫这两个字，立即联络了李农等人，第一时间就采取了行动。

凭借手中掌控的兵权，他派遣禁军入宫，轻而易举地抓获了正在和宫女下棋的石遵。

石遵倒是颇为淡定，只是轻轻地问了声：你们是谁指使的？

他得到的回答只有六个字：义阳王鉴当立。

石遵不由得发出了一声冷笑：我尚且是如此的下场，他石鉴又能撑得了多长时间？

他旋即被处死，其母郑太后和太子石衍等人也一起被杀。

石鉴随后继位，大赦天下。

石闵被封为大将军、武德王，李农则担任大司马、录尚书事，刘群任尚书左仆射，卢谌为中书监。

值得注意的是，刘群是西晋名将刘琨之子，卢谌则是西晋尚书卢志之子、刘琨的外甥，刘琨死后，两人流落到了段部鲜卑，后来石虎灭掉段部后，他们又被掳掠到了后赵，不过石虎虽然杀人无数，对他们倒是颇为优待，刘群出任刺史，卢谌则被任命为侍中。

不过，两人在后赵虽然官位显贵，但却时时以出仕"胡人"所建立的伪朝为耻。

卢谌每每对自己的儿子说：我死之后，在墓志铭上只能写晋司空从事中郎，切勿把现在的伪职写上去！

出身于华夏名门，却身逢乱世，国破家亡，他们亲身经历了中原沦丧的整个过程，他们亲自体会了汉人的悲惨遭遇，他们无时无刻不在期望着汉人能再次成为中原大地的主宰！

我个人猜测，刘群、卢谌等诸多汉人名士对石闵来说，相当于酵母对糯米的作用——酵母可以把糯米转变成美酒，刘群、卢谌等人则使得之前曾一度以石家人自居的石闵在民族观念上有了翻天覆地的变化！

显然，这次的新政府就是这种观念的产物——皇帝石鉴只是个傀儡，所有的军政大权全部掌握在以石闵、李农为首的几个汉人手中，而原本居于统治地位的羯人则统统被排斥在外！

这还是那个羯人当家做主的后赵吗？

不，打着后赵的标牌，施行的却是汉人的统治，这根本就是披着羯皮的汉人政府！

早就习惯了骑在汉人头上作威作福的羯人贵族们对此当然无法接受。

感受最强烈的是皇帝石鉴。

是的，他的确想当皇帝，但他想要的是唯我独尊，而不是现在这样唯唯诺诺；他想要的是大权独揽，而不是现在这样大气都不敢出！

他下决心要改变这样的局面。

在某个夜黑风高的晚上，他暗中指使其弟石苞带人去偷袭正在宫中议事的石闵和李农。

但石苞怎么可能是石闵的对手？

这个成事不足的草包不但没有完成任务，还败事有余地把宫中弄得一片混乱。

看情况不对，石鉴怕暴露自己，只好丢卒保车——命人拿下石苞，将他杀了灭口。

石苞之乱就此平定。

不过，对石闵来说，这只是个开头。

接下来，羯人贵族此起彼伏的叛乱如滔滔江水连绵不绝一浪高过一浪，让他应接不暇。

新兴王石祇是石鉴的弟弟，此时镇守后赵旧都襄国（今河北邢台），他联络了姚弋仲、蒲洪等人，传檄天下，宣布讨伐石闵、李农。

石闵连忙派出 7 万步骑前去征讨。

没想到外面的葫芦还没按下，里面又起了瓢。

先是中领军石成、侍中石启等一大帮羯人贵族起兵造反，被石闵率军扫平，石成等人尽数伏诛。

接下来，又有龙骧将军孙伏都等人纠集了 3000 羯族士兵，打算埋伏在宫中的胡天殿，攻杀石闵、李农。

但要想入宫，当然需要宫里的配合。

孙伏都事先将此事知会了皇帝石鉴。

石鉴仿佛溺水者捞到了救命稻草一样激动，他连连拍着孙伏都的肩膀，勉励他说：你真是我的功臣，好好干吧，事成之后我一定会好好报答你的。

但孙伏都还是辜负了石鉴的期望。

石闵毕竟是万人敌，李农也是百战宿将，加上这段时间邺城叛乱频仍，两人的警惕性很高，身边带着大量护卫。

结果孙伏都等人的伏击不但没有奏效，反而被石闵打得大败，只得带着残兵败将退到了凤阳门。

石鉴一直站在铜雀台的最高处，一边含着速效救心丸一边战战兢兢地看着这一切。

眼见孙伏都败局已定，眼见石闵等人离自己越来越近，为了自保，为了与孙伏都撇清关系，为了向石闵表忠心，石鉴赶紧让人打开大门，把石闵、李农召进宫，此地无银三百两地说：孙伏都反了，你们快帮我讨伐他。

不过，对石鉴这种拙劣的表演，石闵早已不感兴趣，他当即命人把石鉴关押起来，严加看管，不准任何人接近，食物都是用绳子从外面高处吊进去。

随后，石闵率军全力攻打孙伏都，大获全胜。

孙伏都终于把自己的名字变成了现实——伏尸都城，其他所有的羯族叛兵也全部被杀。

一时间，从琨华殿到凤阳门，人头滚滚，尸横遍野，血流成河！

杀红了眼的石闵还颁布了一条命令：内外六夷，敢称兵仗者斩！——邺城内外的"胡人"有胆敢拿起武器的一律斩首！

自从石勒经营河北以来，尤其是后赵建立后，尊羯人为国人，处处给羯人以高人一等的特殊待遇，因此以羯人为代表的大量"胡人"纷纷迁居以邺城为中心的中原地区，在这一带形成了胡汉杂居的局面。

而后赵政权对羯人的长期偏袒，也让胡汉矛盾日益尖锐，在他们彼此之间埋下了仇恨的种子，只需要一点点的火星，就足以燃起冲天的大火！

现在这道让"胡人"缴械的命令当然让城内所有的"胡人"都感到心惊肉跳。

枪杆子里出政权，枪杆子没了被人宰。

在胡汉严重仇视势不两立的大背景下，在汉人掌控国家军政权力的大形势下，在石闵这种充满火力的铁腕人物的统治下，再让他们交出手中所有的武器，那他们岂不是成了待宰的猪羊？

在极端恐慌之下，无数"胡人"或冲破关卡，或翻越城墙，纷纷逃出邺城。

这一切都被石闵看在了眼里。

为了进一步试探人心，接下来他又颁布了第二条命令：与官同心者留，不同心者各任所之——与政府同心一致的人留下来，不同心的人想去哪里悉听尊便。

同时他下令城门不再关闭。

这道命令一出，城内的"胡人"顿时争先恐后地蜂拥出城，而方圆百里内的汉人则争先恐后地蜂拥进城。

残酷的现实给石闵狠狠地上了一课。

他终于彻底明白，这些"胡人"绝对不可能听命于自己，尽管自己也姓石，尽管自己从小在石家长大，但在他们的眼中，他始终是一个和他们格格不入的汉人！

血浓于水，他如今能依靠的只有这些和他血脉相通的汉人！

既然这些"胡人"不能为我所用，而只会与我为敌，那还不如将他们杀光！

壮志饥餐胡虏肉，笑谈渴饮羯奴血！

没有多加考虑，热血上涌的石闵就咬着牙发布了第三条命令：赵人斩一胡首送凤阳门者，文官进位三等，武官悉拜牙门——任何一个汉人，只要能割下一个"胡人"的首级并送到凤阳门，文官晋升三级官位，武官都升为牙门将。

这就是史书上记载的所谓《杀胡令》——网上流传的那篇短短六七百字的《杀胡令》，其漏洞比高尔夫球场的球洞还要多出几倍，显然是如真包换的今人伪作。

石闵的这个命令，顿时引起了无数北方汉人的强烈反应——自从石勒建立后赵以来，30年间他们一直饱受羯人的欺凌和压迫，现在，他们要报复！

吃了我的给我吐出来，拿了我的给我还回来，之前的羯人政权害了那么多的汉人，现在我们要让你们这些现存的羯人来抵命，连本带利，而且是几十年的复利，直到你们彻底从地球上消失！

弹簧压得越深，反弹的时候力量就越大；水库蓄水蓄得越多，开闸的时候水势就越猛；怒火在无数汉人的心里憋了几十年之久，如今点燃的时候其威力自然无比巨大——大到足以把中原所有的羯人化为灰烬！

　　一场规模空前的最终不得人心的民族仇杀开始了。

　　在石闵的亲自带领下，汉人们纷纷拿起武器，到处屠戮"胡人"。

　　在这场屠杀中，不仅邺城周围的"胡人"不论男女老幼不分贵族平民几乎全部被杀光，甚至连很多高鼻多须的汉人也因为长得像"胡人"而被杀。

　　仅仅数日之内，城外就堆积起了20多万具尸体，没人收尸埋葬，而是任野狗豺狼吞食。

　　与此同时，石闵还给驻防各地的汉人将帅下令，要求他们把属下的"胡人"统统杀掉。

　　之后，为了与羯人建立的后赵彻底划清界限，石闵宣布改国号为"卫"，自己也假托谶文中"继赵李"这句话而改姓"李"，不久又恢复了自己的汉姓"冉"。

第十二章　大转折时代

神勇无敌

冉闵这种失去理性的疯狂行为当然也招致了原后赵政权支持者的反扑。

在这场史无前例的大动乱中，从邺城出逃的一万多名原后赵大小官员大多逃往襄国，投奔石祗；石祗的兄弟汝阴王石琨则逃到了冀州。

公元350年正月，石琨纠集了7万余人南下攻打邺城。

由于邺城还没从动荡中恢复，原有的军事体系已经瘫痪，大量汉人新军还没来得及训练，冉闵只带了1000多骑兵出来迎战。

双方兵力相差之悬殊不仅世所罕见，也是史所罕见。

这不是以一当十，而是以一当七十！——对方即使50个人围攻你一个人，还可以有20个人在旁边拍照拍视频现场直播发朋友圈！

但冉闵却毫不畏惧，他骑着朱龙马，手舞双刃矛，一马当先杀入敌阵，所向披靡，在他的带领下，他麾下的汉人将士也都奋勇争先，锐不可当。

这一战，冉闵创造了令人难以置信的奇迹——仅用千余名兵力就把石琨的7万之众打得落花流水，大败而逃！

随后，冉闵又乘胜率军攻打他周边的反对势力。

没想到趁他带兵在外，虽被软禁却依然亡冉之心不死的石鉴又搞起了小动作，他偷偷派宦官联络外兵，让他们乘虚袭击邺城。

但这宦官却立即向冉闵告发。

冉闵大怒，立即回兵邺城，将石鉴废掉杀死，同时被杀的还有石虎的28个孙子。

自此邺城内的石氏一族全部被诛。

接下来，自然应该推举新的皇帝。

百官纷纷向冉闵劝进。

按照中国人的传统，劝酒时一般先要推托几次，最后才勉为其难地喝下，这样才显得有足够的诚意。

劝进时当然更是如此。

因而冉闵没有答应，表示要让给李农。

李农也是懂礼数的人，自然坚决不肯接受。

随后冉闵又表态说：我们这些人以前都是晋朝人，如今晋室尚存，我想与你们大家划地而治，各自担任州牧或太守，然后上表迎奉晋朝天子还都洛阳，你们看这样行不行啊？

尚书胡睦连忙进言：陛下圣明贤德，宜登大位。晋室早已衰微，远窜江东，怎么能驾驭您这样的英雄？怎么能统一四海呢？

冉闵这才笑道：胡尚书此言，真可谓识时务知天命啊——他本质上是个爽快的人，在憋着自己说了那么多违心话后，他终于再也憋不住了，直言不讳地说出了自己的心里话。

公元350年2月，冉闵正式登基称帝，国号大魏，以其子冉智为太子。

不取长安誓不还

不过，冉闵虽然当了皇帝，但他所能控制的区域却十分有限——除了邺城附近那一亩三分地外，驻守各地的原后赵将领们大多趁乱割据一方，根本不听冉闵的命令。

在距邺城仅数百里的襄国，得到石鉴被杀的消息后，石祗立即登上了帝位，同时封石琨为相国，姚弋仲为右丞相、亲赵王。

几乎同一时间，在枋头（今河南浚县），原后赵大将、氐人首领蒲洪也乘机自立为王。

早在石遵在位的时候，野心勃勃的蒲洪就率部宣布脱离后赵，遣使投降了东晋，被封为征北大将军。

不久天下大乱，之前被石虎迁到关东的西北地区流民纷纷投奔蒲洪，蒲洪实力大增，部众很快就膨胀到了10多万人。

财大则气粗，兵多则心雄，手握10万大军，蒲洪豪情满怀，他自称为大单于、三秦王，同时又根据谶文所说的"草付应王"，改姓为苻。

对于未来的发展，苻洪面临着两个不同的选择。

一是趁着如今后赵政权崩溃，关中空虚，回老家关中发展；

二是留在中原，与冉闵、石祗等人争雄，夺取天下。

考虑再三，心比天高的苻洪还是决定采取第二种方案。

他意气风发地对身边人说：我有10万之众，冉闵、慕容俊指日可灭，姚弋仲父子也不是我的对手，我取天下，比汉高祖刘邦还要轻松！

这话到底是不是吹牛，我们不得而知。

因为上天并没有给苻洪证明自己的时间。

他一心只准备大干一场，却根本没想到生命无常；他一心只想要大显身手，却完全没料到会遭人毒手！

谋害他的人是后赵降将麻秋。

麻秋之前担任后赵凉州刺史，长期在西北地区作战，如今听说中原大乱，他也不甘寂寞，率部赶回来凑热闹。

途经枋头时，苻洪派其子苻雄率军迎击，将其击败，收编了麻秋和他的这支军队。苻洪对麻秋颇为器重，封他为军师将军。

然而，麻秋也是个野心家，他自认为自己的资历、能力、实力都不比苻洪差，哪里甘心居于苻洪之下？

麻秋一心想把苻洪的部众据为己有，便借着在家中宴请苻洪的机会，暗中在苻洪的酒中下了毒。

好在苻洪素来体质强健，中毒后并未马上殒命，他意识到情况不妙，便立即逃回自己营中，随后召来世子苻健，率军斩杀了麻秋。

临死之前，苻洪对两个儿子苻健和苻雄说：我之所以没有入关，是因为我打算平定中原，不想却被小人所害。现在看来，中原不是那么容易征服的。关中是形胜之地，我死之后，你们切记要火速入关！

苻健遵从父亲遗命，立即开始部署入关之事。

当时的关中一带由于没有后赵军主力，山中无老虎，猴子称霸王，被一个之前名不见经传、除了"再来一瓶"几乎从未得到过任何奖项的原后赵将领杜洪占据。

为了迷惑杜洪，苻健故意在枋头大张旗鼓地修建宫室，同时大作声势地督促百姓种上麦子，以表示自己哪也不去，要在枋头扎根。

就在几乎所有人都认为苻健会在枋头安家的时候，公元350年8月，苻健突然率领全部军队兵分两路踏上了西征的旅程——南路由他本人和其弟苻雄率领，在盟津（今河南孟津）架设浮桥渡过黄河，走潼关；北路则由他的侄子苻菁率领，从黄河北岸的轵关（今河南济源）西进，再在蒲津（今山西永济）渡河，进入关中腹地。

在黄河岸边分别的时候，苻健握着苻菁的手说：若事情不成，你死河北，我死河南，此生不复相见！

说完他翻身上马，头也不回地从浮桥过河，随后下令放火烧毁浮桥。

风萧萧兮秋水寒，不取长安誓不还！

符健的部下大多是原先就居住在西北地区的流民，在外颠沛流离多年，现在听说要返回魂牵梦萦的老家，自然是动力十足。

就像如今很多人不惜千辛万苦无论如何都要返乡过年一样，他们全都下定决心，不惜一切代价无论如何都要打回老家去！

杜洪闻讯不敢怠慢，慌忙派兵在潼关阻截。

但这些人哪里是符健麾下这帮归心似箭的还乡团的对手？

很快，符健就将其击败，顺利杀入了潼关。

随后符健派使者给杜洪献上大量珍宝名马，还写了封很客气的信，说自己是来给杜洪上尊号的。

不过，再好的药物如果用多了也会产生耐药性，再高明的骗术如果重复用也就不一定好使了，这一招不久前石勒刚用过一次，现在再依葫芦画瓢，显然效果就没那么好了。

杜洪吸取了王浚的教训，没上符健的当：这小子卑辞厚礼，摆明了是在诳我啊。

随后他尽发手下兵马，准备与符健决战。

眼看大战在即，符健却不急着备战，只忙着卜占。

他先是一本正经地沐浴焚香，然后郑重其事地占了一卦，结果卜得了易经六十四卦中的第十一卦"泰卦"，其卦辞是：小往大来，吉，亨。

对此，符健解释说：所谓小往大来，意味着昔日我们往东去的时候弱小，如今我们回来的时候会变得强大。这简直是为我们量身定做的，真是大吉之卦啊！

除此以外，他还出高价请了个大师夜观天象，很快大师的结论就出来了，说他发现天上的群星夹银河两边向西流动，正合符健率众西归。

古人迷信，听到这些吉兆，符健的部下顿时全都像打了鸡血一样亢奋，这个时候，即使是让他们去上刀山下火海打老虎斗鲨鱼购高价房买坑爹货，他们也绝不会有半点迟疑！

见军心可用，符健当然要趁热打铁，他立即下令兵发长安，所到之处势如破竹，随后他又派符雄进军渭北。

而北路的符菁也进展顺利，此时也已经来到了关中腹地。

由于符氏之前在关中就颇有威望，关中各地的氐、羌等民族的酋长见此情形，全都望风而降。

公元350年10月，符健大军进逼长安，杜洪这个水货竟然没打一仗就弃城而逃，不久又被部下所杀。

符健兵不血刃就占领了长安。

此时距他从枋头出兵，仅仅不过两个月的时间！

接下来，符健又派符雄、符菁等人四处征讨，很快就平定了关中各地。

公元351年正月，符健在长安称天王、大单于，国号秦，第二年，他又正式称帝。前秦政权就此建立。

之后，符健重用贤才，轻徭薄赋，励精图治，前秦的国势开始蒸蒸日上。

就这样，凭借符洪超人的战略眼光和符健过人的执行能力，氐人符氏像一个顶级的围棋高手，目光如炬，巧妙布局，闪展腾挪，避实击虚，最终轻松建国，从此一步登天，一鸣惊人，雄踞西北，窥伺天下，成为中原乱局的第一个受益者！

慕容氏南下中原

但符氏并不是唯一的受益者。

另一个是原先僻处东北的前燕慕容氏。

当时慕容皝已去世，继任燕王的是他的次子慕容俊。

和其父慕容皝一样，慕容俊也是个美男，身材魁伟，颜值颇高，可以说比如今很多男演员都帅。

但与杀伐果断、英武过人的慕容皝不同的是，慕容俊看起来似乎更像个文人，他自幼受到了良好的儒家文化熏陶，博览群书，举止儒雅，很少亲临战场。

就在慕容俊继位后不到半年，国际形势就发生了翻天覆地的变化——石虎去世，强大的后赵政权土崩瓦解，中原大地乱作一团。

对于早有问鼎中原之志的慕容氏来说，这显然是他们千载难逢的良机！

率先看到这一点的，是时任平狄将军、镇守徒河（今辽宁锦州）的慕容垂——就是之前的慕容霸，慕容垂这个名字是最近刚改的。

这就怪了，一般成年人的名字是不会轻易更改的，即使是改也肯定要改得比原名更好听更有意义，比如汪建刚改成汪涵、杨岗丽改成杨钰莹……

但慕容垂这个名字改得实在是太差了。

"霸"这个字多好啊，"霸气侧漏""王霸之才"听起来就感觉霸气，而"垂"呢，"垂头丧气""垂死挣扎"听上去就让人泄气，唯一一个意义好一点的，是"永垂不朽"——只可惜，那是形容死人的。

不过，慕容垂的脑子可没有抽风，这个名字当然不是他自己起的。

事实上，这是他的哥哥慕容俊赐给他的。

前面说过，慕容皝在世时，对慕容霸极为偏爱，对他的宠爱程度甚至超过了世子慕容俊，据说还一度想废长立幼让慕容霸做世子，只是因大臣劝谏才作罢。

这让慕容俊十分不爽。

因此，慕容俊在掌权后对性格温和的四弟慕容恪颇为信任，对慕容霸却极其猜忌。

恰好有一次慕容霸在打猎时坠马，把门牙摔断了。

看到缺了一颗牙的慕容霸，慕容皝的恶趣味油然而生，便给他赐了个新名字慕容垂夬（垂夬古时同"缺"），不过后来他发现"垂夬"这个字应了谶文，据说叫"垂夬"的人很可能会大贵，这当然不行，于是他又再次给五弟改名——将"垂夬"右边的"夬"字去掉。

从此，慕容垂这个怪怪的名字伴随了他的一生。

慕容垂对此并不在意，他在意的，是国家的发展。

这次，他第一时间就向慕容俊上书：石虎穷凶极恶，已为上天抛弃，其余孽又自相残杀，如今中原百姓有倒悬之危，日夜期望仁义之师来拯救他们，若我大军此时南下，必然会受到他们的欢迎。

但慕容俊却拒绝了他的提议。

他的回答颇有点文不对题的味道：先王去世不久，大丧期间，不宜动兵。

慕容垂急了——这种天赐的机会如果错过，岂不是天大的罪过！

为了让这个大孝子二哥认清形势，慕容垂又从徒河赶回了龙城，苦口婆心地劝说慕容俊：王兄啊，机不可失，时不再来。万一石氏重新复兴，或者有英雄抢在我们前头控制了中原，我们不只是失去了进取的机会，恐怕就连保持现状都会有危险！

慕容俊依然没有同意，这次他抛出了一个具体问题：中原虽乱，但赵将邓恒据守乐安（今河北乐亭），兵强粮足，挡住了我们南下的通道。除非我们向西走卢龙道（今河北迁西喜峰口），但那里山险路窄，万一敌军占据高处将我军拦腰截断，我们首尾难顾，岂不危险？

在常人看来，慕容俊的顾虑并非没有道理。

从东北到华北，走沿海的山海关一线是最佳途径，后赵重兵把守的乐安就在这条线上。

除此以外，就只有走为数不多的几条孔道穿越山高谷深的燕山山脉，卢龙道即是其中一条，但走此路非常冒险——守方凭借地形之利，可以很轻易地给攻方造成巨大的麻烦。

但慕容垂不是常人，对此他早就有了一揽子完整的解决方案：即使邓恒想要固守，但其部下多为中原人，人人思归，一旦我大军压境，他们必然瓦解。如果殿下您对此还不放心，就请让我担任前锋，率军秘密从徒河进军令支（今河北迁安），出其不意地插到敌军侧后，邓恒得知后路不保，必然惊慌，以他的水平，最多不过是自守待援，但如今中原这么乱，怎么可能会有援军？所以我断定他必然会弃城而逃，到那个时候，殿下您再安步而前，保证不会遇到什么阻碍！

然而，尽管慕容垂说的话有依据有道理有分析有见识有感情有说服力有感染

152

力，可就是没有用——慕容俊始终都不为所动。

此后，五材将军封奕、从事中郎黄泓等文武大臣也纷纷进言，请求慕容俊发兵南下。

性急的大将慕舆根更是使出了激将法：这么大好的机会，大王您却还在瞻前顾后，这到底是天意不想让海内安定，还是您根本就不想当天下之主呢？

慕容俊这才笑着说：既然大家都是这样的意见，那就这么干吧。

随后他任命四弟慕容恪为辅国将军，叔父慕容评为辅弼将军，左长史阳骛为辅义将军，号称"三辅"，同时集结 20 万大军，厉兵秣马，做好了南征的准备。

不过，尽管箭已上弦，慕容俊却一直引而不发；尽管一切都已就绪，但在此后长达半年的时间里，慕容俊却一直按兵不动。

直到公元 350 年 2 月，此时冉闵已经在邺城称帝，而以石祗为代表的后赵的残余势力则据襄国与之对抗，双方如寒冰和开水一样不能片刻共存，都想置对方于死地，缠斗不息，争战不已。

老谋深算的慕容俊这才觉得时机成熟，开始果断出手。

他任命慕容垂为东路军主帅，领兵两万从徒河出发，攻击乐安；大将慕舆于走西路，出蠮螉塞（今北京昌平居庸关）；中路则以慕容恪为前锋，自己亲率大军继之，自卢龙塞南下。三箭齐发，直扑关内。

果然如慕容垂当初所料的那样，驻守乐安的后赵征东将军邓恒听说燕军大举南下，根本不敢与其争锋，连燕军的人影还没看到就弃城而逃，退到了蓟城（今北京），投奔后赵幽州刺史王午。

燕军不费吹灰之力就轻松进入了关内。

随后，三路大军在临渠（今河北三河）会帅，逼近蓟城。

王午、邓恒两人还是不敢应战，又马上率军一口气退到了 400 里外的鲁口（今河北饶阳），只留下了数千人守卫蓟城。

这么点儿人怎么可能是前燕大军的对手？

慕容俊很快就攻下了蓟城，并宣布迁都于此。

之后燕军的进军速度明显放缓，在接下来近一年的时间里，燕军也只推进到了章武（今河北黄骅）、河间（今河北献县）一线。

慕容俊这么做，当然是刻意为之。

他的策略和"鹬蚌相争，渔翁得利"中的渔翁是一样的——他要坐镇蓟城，像看戏一样悠然自得地看冉闵和石祗相争，等到他们两败俱伤的时候，再出来以最小代价获取最大的利益！

第十三章　武悼天王冉闵

冉闵一出，谁与争锋

与慕容部情况相似的，还有南方的东晋。

在石虎死后，东晋荆州刺史桓温也和他未来的对手慕容垂一样，迅速做出了反应。

他敏锐地意识到这是恢复中原的大好时机，便一面率军进驻安陆（今湖北安陆），一面向朝廷上表，请求北伐。

然而，由于桓温之前已因灭成汉一战而名震天下，朝廷对他极为忌惮，生怕他再次建下奇功而更加难以驾驭，便驳回了桓温的请求，而是改派褚太后之父褚裒（póu）为征讨大都督，率部北征。

不过，褚裒这个人挑女婿的水平也许不错，但打仗的水平实在是太次了，居然被苟延残喘的后赵残余势力打得落花流水，惨败而归。

几个月后，也许看到北方乱局还在不断加剧，东晋朝廷又再次有了北伐之心，但这次他们依然没有用桓温，而是起用了大名士殷浩。

殷浩谈吐不凡，风度翩翩，在当时名声很大，因此受到了执政的会稽王司马昱的重用，想以他来抗衡桓温。

桓温对此尽管愤愤不平，但他也清楚地知道，让擅长清谈的殷浩去领兵打仗就相当于让鲨鱼去爬树——根本用非所长，必然难以成功。

既然这样，那就干脆等着看殷浩的笑话吧。到时候，我再出山收拾残局，看谁还敢不服！

殷浩受任后吸取了褚裒的教训，并未草率行动，而是和慕容俊采用了一样的策略——作壁上观，伺机介入！

这也代表了东晋朝廷的态度。

事实上，冉闵在刚登上帝位的时候，考虑到自己孤立无援，处境艰难，也曾想到过要争取东晋的支持，还专门派使臣出使东晋。

在给东晋皇帝的书信中，冉闵慷慨激昂地表示：胡逆乱中原，今已诛之。若能共讨者，可遣军来也！——"胡人"逆贼扰乱中原，如今我已经诛杀了他们。如果你们愿意和我共同讨伐"胡人"，可以派兵过来！

不过，现实证明，这完全是冉闵的一厢情愿。

在东晋朝廷看来，如果你冉闵向我称臣，奉晋为正统，那我们可能还有出兵的理由，但现在你已经独立建国、悍然称帝，这就从根本上否认了"世界上只有一个晋朝、东晋政府是代表晋朝的唯一合法政府"这一基本原则，对这种分裂国家的乱臣贼子，不讨伐就算不错了，怎么可能会来帮你？

因此，对冉闵的呼吁，他们只回复了两个字：呵呵。

这样一来，冉闵自然只能独立面对后赵的反扑。

不过，他对此并不在意。

你来，或者不来，我都会在这里，不等不靠，不屈不挠！

公元 350 年 4 月，距离冉魏建立还不到两个月，石祗就派石琨再次率军 10 万，南下攻打邺城。

被动挨打不是冉闵的风格，敢打敢拼才是他的本性。

闻讯后，冉闵立即领兵主动出击，在邯郸（今河北邯郸）大败石琨，斩杀万余人。

两个月后，原后赵将领张贺度、刘国、段勤、靳豚等人又组成联军，联合起来攻打冉闵。

冉闵又再次御驾亲征，率尚书左仆射刘群、卫将军王泰等人统兵 20 万，与反冉联军在苍亭（今山东阳谷）大战了一场，再次大获全胜，歼敌近 3 万，俘获无数，凯旋而归。

此时的冉闵连战连捷，声势大振，麾下军队达到 30 万之众，旌旗钟鼓绵延百里，其军容之盛，即使与后赵鼎盛时期相比，也毫不逊色！

从苍亭回来后，冉闵即按照汉人传统祭告宗庙，之后又恢复了九品中正制，从汉族儒生中选拔了一大批人才。

放眼望去，朝堂之上尽是衣冠华族，一时间让人感觉仿佛回到了魏晋初期。

除此以外，冉闵在这段时间还干了一件大事——他杀掉了自己之前的盟友李农及其 3 个儿子。

李农这个人，史书上记载不多，我们只知道他是汉人，很可能是乞活军出身，在石虎统治时期曾历任抚军将军、大都督、司空等要职，是当时最显赫的汉人官僚之一。

他和冉闵曾经多次携手率军出征，算是老战友了，两人的关系应该还不错。

在冉闵起事的过程中，李农一直与他并肩作战，其作用不可小觑，因此，冉魏政权成立后，李农被封为齐王、太宰、太尉、录尚书事，是仅次于冉闵的第二号人物。

冉闵为什么要杀李农？

这个问题由于史书缺载，我们不得而知。

不过，我个人觉得这其实也并不是很难理解，由于李农之前的资历、地位、实力甚至威望都不比冉闵低，甚至有过之而无不及，因此冉闵不仅将其视为自己的帮手，更将其视为潜在的对手，在他的地位稳定后，自然要尽早把李农除掉。

然而，无论如何，冉闵的这个做法很难说是个明智的决定。

因为，尽管取得了几次对外作战的胜利，但当时的冉魏政权形势依然严峻，四面皆敌，在这个时候杀掉自己最大的功臣和最得力的助手，显然对士气和凝聚力有很大的负面影响。

当然，冉闵不会这么想。

此时他正处在人生的巅峰，意气风发，豪情满怀。

他相信，他是无敌的。

在他的面前，没有克服不了的困难，没有战胜不了的敌人。

长剑在手，哪有对手？

冉闵一出，谁与争锋！

公元350年11月，冉闵率步骑十万，北上攻打盘踞在襄国的石祇。

临行前，他任命其子冉胤为大单于，以统率投靠自己的数千"胡人"士兵，与自己一起出征。

此令一出，顿时舆论大哗。

众所周知，前赵、后赵等"胡人"政权均实行胡汉分治制度，特设"大单于"一职专门管理"胡人"，而冉闵之前一直坚决贯彻极端民族主义政策，和"胡人"势不两立，对"胡人"斩尽杀绝，这次却突然来了个一百八十度的急转弯，竟设了这么个胡化的职位！

对冉闵的这一举动，不要说那时的人了，就连现在的"冉粉"也完全无法理解——网上无数吹捧冉闵的文章几乎无一例外地对此做了选择性的失明。

光禄大夫韦謏（xiǎo）也不能接受冉闵的做法。

他出身于汉人名门京兆韦氏，是被载入《晋书·儒林传》的一代大儒，名高望重，在当时影响很大。

他劝谏冉闵说：胡羯和我们汉人有不共戴天之仇，如今这些人归附我们只是为了保全性命，绝不可能为我们所用。让他们随同出征，万一他们起了异心，岂不是悔之莫及？请陛下将这些降胡悉数诛杀，去掉大单于的名号，以绝后患！

冉闵勃然大怒，立即下令将韦謏及其子孙全部诛杀——他信奉的从来都是"顺我者昌，逆我者亡"，敢反对自己的，管你什么大儒不大儒，即使是孔子再世，孟子重生，他也照杀不误！

当然，冉闵之所以要这么干，更重要的原因是：

此时的冉闵"方欲抚纳群胡"（语出《资治通鉴》卷九十八）——正打算要安抚招纳"胡人"。

杀胡政策是把双刃剑，一方面使冉闵获得了之前被奴役的广大汉人的强烈支持；另一方面也招致了众多原先忠于后赵政权的各路势力的强烈反对，让新建立的冉魏帝国陷入了孤立无援、四面皆敌的困境。

残酷的现实，让冉闵开始改变自己的方针——那就是变杀胡为抚胡，变民族仇杀为民族和解。

可怜的韦謏，就成了冉闵这一转变的牺牲品。

乱世中的乱世

之后，冉闵率军包围了襄国城，修筑土山，挖掘地道，百道攻城，日夜不息。

在苦苦坚持了3个多月后，石祇终于感觉有点撑不住了。

公元351年2月，他不得不去除了帝号，改称赵王，同时遣使向在滠头（今河北枣强）的羌人首领姚弋仲和蓟城的前燕主慕容俊求援。

姚弋仲对石家向来忠心耿耿，这次他当然不会拒绝。

不过，此时他已72岁高龄，身体状况欠佳，便派世子姚襄率军3万前去救援，临行前还对姚襄说：冉闵弃仁背义，屠灭石氏。我受人厚遇，当为之报仇。只是老病缠身，无法亲自出征，你的才干十倍于冉闵，若不能将其斩首或活捉，你就别回来见我！

慕容俊也欣然答应了石祇的请求。

在世界杯赛场上，已经进入决赛的那支球队往往不希望另一场半决赛的胜出者赢得太轻松，而是希望对抗越激烈越好——最好是双方旗鼓相当、打满120分钟，无论是谁胜出都已筋疲力尽、元气大伤，当然要是罚下几个再踢伤几个就更完美了。

慕容俊也是这样。

他希望冉闵和石祇两方能势均力敌，持续争斗，直到两败俱伤，这样才能最大限度地耗尽他们的实力，这样他才能以最小的代价获得最大的利益！

他当然不愿意冉闵就这样顺利地灭掉石祇。

于是他马上派将军悦绾统 3 万精兵南下，助石祗一臂之力。

听说鲜卑人要出兵，冉闵连忙派使臣紧急出使前燕，劝慕容俊收回成命。
但这显然是蜻蜓摇石柱——徒劳，慕容俊当然不会同意。
除了羌人姚氏和鲜卑慕容氏，石祗的兄弟石琨也从冀州率军前来赴援。
三方援军总数达 10 余万，冉闵顿时压力大增。
但他并不惧怕，依然指挥若定。
经过一番考虑，他决定采用各个击破的原则，先把石琨和姚襄打退，最后再与战斗力最强的鲜卑人决战。
为此，他先后派出两员将领分别率军前去阻击石琨和姚襄，可惜结果非常不妙——两支部队全都被击败，士卒死伤殆尽。

此时的局势对冉闵极为不利。
冉魏大军原有 10 万，在这两次阻击失败后，现在估计也就六七万人，与敌方援军相比，人数上已处于明显的劣势，更何况在经过长时间的攻城未果后，士兵们早已疲惫不堪，要想在这样的情况下取胜，其难度可想而知！
但顽强的冉闵依然不愿服输，他决心亲自率军出击，与敌方援军决一死战。
卫将军王泰提出了反对意见：如今襄国未下，援兵云集，若我出战，必腹背受敌，且陛下亲自上阵，万一有个闪失我们可就完了。不如坚守营垒，再伺机破敌。
冉闵觉得他说得有些道理，便打算照他说的办。

没想到半路杀出个程咬金——不，半路杀出个道士。
此道士道号法饶，平时颇受冉闵信任，他对冉闵说：陛下围困襄国这么久，却没有任何进展，如今敌人来了，又避而不击，这怎么能让大家信服呢？更何况，贫道我夜观天象，发现太白星入昴宿（二十八星宿之一），这预示着当杀胡王，我军出战必然百战百胜。您千万不可错失良机啊。
相比王泰所言，这显然更合冉闵之意。

关于冉闵的个性，史书上用了两个字："果锐"——处事果决，锐意进取。
正如储蓄总是比消费更适合我国的国情一样，进攻总是比防守更适合冉闵的性情。
因此，听了法饶的话，冉闵顿时热血上涌，再也没有任何犹豫，他捋起袖子，斩钉截铁地对在场的部下说道：我战意已决，有谁再敢谏阻的，立斩不饶！
随后他一马当先，率全部兵力出营，与先期抵达的敌方援军石琨、姚襄部决战。

一场大战就此爆发。

158

就在双方杀得难分难解之计，前燕将领悦绾也率鲜卑骑兵抵达了距战场数里之外的地方。

他让部下将树枝绑在马后，然后让全军散开，再陆续冲向冉魏大军。

拖在地上的树枝卷起了无数尘土。

一时间，沙尘漫天，遮云蔽日。

见此情景，冉魏军以为前燕军人数众多，顿时军心动摇，节节败退。

见此情景，襄国城内的石祗也乘机率军出城，从冉魏军的后面发起猛攻。

在4方的合力围攻下，冉魏军终于彻底崩溃了，兵败如山倒，很快就全军覆没。

中书监卢谌、尚书令徐机、司空石璞、侍中李琳、车骑将军胡睦等随军的文武大臣全都死在了乱军之中。

刚当上大单于不久的冉胤也因其麾下的"胡人"反叛而被俘，在送到襄国城内后被杀。

冉闵本人因躲藏在襄国城外的一处行宫才得以侥幸躲过了一劫，后趁乱带着10余名骑兵逃回邺城。

这次空前的大惨败，不仅使得冉魏10万大军灰飞烟灭，谋臣良将所剩无几，还打破了冉闵之前的不败神话，沉重地打击了中原百姓对冉魏政权的信心。

一时间，邺城内外人心惶惶，流言四起，到处都在疯传"冉闵已死"的消息。

为了稳定局势，冉闵不得不听从部下的劝告，亲自出面到郊外举行了一次大规模的祭天活动，谣言才逐步平息。

随后，冉闵下令将法饶（能成为逃回来的十余人之一也是殊为不易啊）及其儿子处死并肢解，以解心头之恨。

除了军事上的失败，在内政上，冉闵也面临着极为严峻的考验。

自从石虎死后，以邺城为中心的中原腹地就陷入了一片混乱，战事频仍，盗贼蜂起。

冉闵上台后，更是无月不战，再无宁日。

纷飞的战火让百姓根本无法耕种，土地全都荒芜，粮食颗粒无收，加上当初冉闵为了树恩，早就把后赵府库里所有的钱粮全都散发了出去，那个时候是崽卖爷田不心疼，现在却是再心疼也无田可用——即使有心想要赈灾，也根本无法施行！

而百姓的存粮到这时大多已完全断绝，只能忍饥挨饿，甚至活活饿死，人相食的惨剧，在时隔多年后又一次出现在了这片多灾多难的土地上！

随之而来的，是中原人口的大量减少。

这里边除了战乱和饥馑，还有一个很重要的因素是，当初后赵统治时期曾从青、雍、幽、荆四州迁来众多汉族百姓以及大批羌、胡、蛮等少数民族，数量多达百万，后赵瓦解后，中原局势动荡不安，为躲避动乱，他们纷纷扶老携幼，动身返回老家，由于战火纷飞，加之缺衣少食，这些人大多死在了半路上，能活着回到老家的还不到十分之一二！

此时的中原大地，赤地千里，饿殍遍布。

白骨露于野，千里无鸡鸣。

这是乱世中的乱世，这是地狱下的地狱！

显然，冉魏政权的经济基础已经濒临崩溃。

雪上加霜的是，石祇又来趁火打劫。

公元351年4月，距离冉闵回到家还不到1个月——时差还没倒过来呢，石祇就派大将刘显率军7万前来攻打邺城。

危难之际，冉闵想起了在襄国城外曾给自己正确建议的卫将军王泰，便派人召他来商量对策。

没想到王泰对冉闵上次不肯采纳自己的意见耿耿于怀，竟然以自己伤势严重为由拒绝入宫。

无奈，冉闵只得亲自上门向王泰请教。

但王泰却依然推托自己伤重，不肯多说。

冉闵的耐心，是极其有限的。

他当即怒火中烧，拂袖而去，回宫后他愤愤地对左右说：巴奴（王泰大概是重庆那里人）！你爷爷我难道要靠你才能活命吗？看我先把"胡人"灭掉，回头再杀你王泰！

随后，冉闵下令全军出动，对后赵军发起猛攻。

此战冉闵大获全胜，不仅斩首3万余级，还乘胜追击，穷追不舍，一直追了一百多里。

刘显吓坏了，只好秘密派使者请降，请求冉闵放自己一马，并表示愿意回去后除掉石祇，以感谢冉闵的不杀之恩。

冉闵也见好就收，爽快地答应了刘显。

凯旋的冉闵没有食言，回到邺城后，他第一时间就想到了王泰，按照"欲加之罪，何患无辞"的原则，他给王泰随便按了个"欲叛国投敌"的罪名，将其斩首，并夷三族。

惨败而归的刘显也没有食言，回到襄国后，他居然真的杀了石祇，并将其首级送给了冉闵。

冉闵大喜，当即封刘显为上大将军、大单于、冀州刺史，同时将石祇的首级在邺城的大街上示众，随后又点了一把火将其烧成了灰烬。

立国32年的后赵就此灭亡。

石虎的 13 个儿子则只剩下了石琨一人，石祗死后，他也无法在河北立足，只能带着妻儿向南逃亡，最后好不容易逃到了建康，投奔了东晋。

这是他旅途的终点。

这也是他人生的终点。

辗转了千山万水，历尽了千辛万苦，克服了千难万险，换来的——却是千刀万剐。

东晋政府始终没有忘记当初石勒参与灭亡西晋的深仇大恨，立即下令将石琨及其家人斩首。

石氏一族就这样彻底灭绝。

接下来，让我们把视线转回到邺城。

尽管冉闵在和石祗的竞争中胜出，但他接下来的日子也并不好过。

踢球最重要的是站位，乱世最重要的是站队。

看到冉魏政权的财政已经几近枯竭，听到冉闵诛杀韦谀、王泰等重臣的残暴行为，想到跟着冉闵没什么好处和前景，原先在冉闵强盛期归附他的各地将领纷纷起了二心。

冉魏徐州刺史周成、兖州刺史魏统、荆州刺史乐弘、豫州刺史张遇等人先后遣使献出他们占有的廪丘（山东郓城）、许昌（河南许昌）等地盘，向东晋请降。

不过，这个时候冉闵对此已经无暇顾及了。

反正这些地方鞭长莫及，他也控制不了，属不属于他都只是名义上的，就像球队里的边缘球员——多一个少一个无所谓，无关大局。

麻烦的是，占据襄国的刘显又不安分了。

这家伙翻脸简直比妓女脱裤子还快——3 个月前他才刚接受了冉闵的官职，3 个月后的公元 351 年 7 月，他居然又率军南下攻打冉闵来了！

不过，瘦死的骆驼比马大，虽然现在冉闵的实力已经远不如从前，但打刘显这个常败将军还是绰绰有余的。

很快，刘显就被击败，狼狈逃回襄国。

对一般人来说，打了败仗就算不降职也要做个检讨什么的，但刘显的脸皮厚度显然不是一般人能比的，在铩羽而归后，他反而给自己升职了——称帝。

登上帝位后，他总算是消停了一段时间，但不到半年，这个贱人中的极品又开始犯贱了。

南下邺城，他是不敢了，那就换个方向试下手气吧。

公元 352 年正月，刘显率部北上，攻打常山（今河北石家庄）。

当时的常山太守是个汉人，效忠于冉魏，见形势危急，便连忙向冉闵告急。

冉闵立即以大将军蒋干辅佐太子冉智留守邺城，自己亲率 8000 兵马前去救援。

从这里可以看出，由于连绵不绝的战乱和空前严重的饥荒，过去那种动辄征发几十万大军的大手笔已经彻底成为了历史，无论是邺城的冉魏，还是襄国的刘显政权，此时的国力都已经衰退到了极点，再也支撑不了大规模的战事了。

冉闵 VS 刘显，结局当然不会有悬念。

很快，冉闵就在常山再一次把刘显狠狠地揍了一顿，接着又一路穷追猛打，一直追击到了襄国。

由于刘显极其不得人心，因此冉闵大军一到，其部下就纷纷倒戈，打开城门，迎接冉闵入城。

冉闵将襄国的宫室悉数焚毁，把刘显及其公卿大臣百余人全部诛杀，百姓则都被迁到了邺城。

廉台决战

之后，冉闵并没有回军，而是率部在常山、中山（今河北定州）一带游食——一边游荡，一边寻找食物。

这一举动，乍看起来非常奇怪，但细想一下，似乎也不是不可理解——邺城的府库早已空了，周围都是一片焦土，难以养活冉闵这支部队，而常山一带受战乱的影响较小，资粮相对多一些，可以让他们吃饱肚子。

但冉闵这么做非常冒险。

因为距他近在咫尺的中山，就已经是慕容鲜卑的地盘！

对此，冉闵当然不可能不清楚，但他还是这么做了。

一方面，魏军实在是饿坏了，在这里能找到吃的，当然不愿走；

另一方面，冉闵向来胆大，从来都是天不怕，地不怕——即使面对强大的慕容鲜卑也是如此。你要来就尽管放马过来吧！

我是冉闵我怕谁？

就这样，冉闵毫无顾忌地把自己暴露在了鲜卑人的眼皮子底下。

老谋深算的慕容俊当然不会放过这么好的机会。

他之前一直都在坐山观虎斗，先是看着冉闵和石祗拼，再是欣赏冉闵和刘显打，如今刘显和石祗都灭亡了，冉闵也已经奄奄一息，现在又孤军在外，兵少粮稀，此时再不出手，更待何时？

公元 352 年 4 月，慕容俊命慕容恪率部攻打冉闵，自己则率大军驻扎在中山，以为声援。

当时冉闵正在安喜（今河北定州东），听到这个消息后，部将董闰、张温劝谏他说：敌军乘胜而来，气势正盛，而且兵力占优，我们应避其锋芒，等他们懈怠之后，再调集更多兵力，与他们决战。

然而，就像陶瓷天生和电绝缘一样，冉闵天生和"避"这样的字眼绝缘——在他的脑海里，从来都没有避风，只有抗风；从来都没有避险，只有冒险；从来都没有避难，只有迎难而上！

他不仅当即严厉地否决了董闰等人的提议，还豪情万丈地说：我正要平定幽州，斩杀慕容俊。如果遇到区区一个慕容恪就不敢和他交战，天下人怎么可能会服我呢？

不过，冉闵毕竟不是无脑之人，他也许有些蛮横，但绝不会蛮干。

考虑到安喜这个地方与慕容俊的大本营中山之间距离实在太近，冉闵并没有在那里迎战慕容恪，而是率部往常山方向撤退，打算先诱敌深入，再占据有利地形，与慕容恪决战。

但冉闵的如意算盘落空了。

看到冉闵南撤，慕容恪立即率军追击。

由于魏军大多为步兵，而慕容恪部下则全都是骑兵，没过多久，慕容恪就在廉台（今河北定州息冢镇西南廉台村）附近追上了冉闵。

廉台，因战国时赵将廉颇在此建有点将台而得名，现在更因即将到来的这场火星撞地球的大决战而永垂青史！

对战的双方，一方是汉家勇士，一方是鲜卑铁骑；

双方的主帅，一个是被时人称为当世第一猛将的冉闵，一个是被后人誉为十六国第一名将的慕容恪。

冉闵果然是名不虚传，他身先士卒，奋勇冲杀，很快就将燕军击退。

慕容恪也绝非浪得虚名，他镇定自若，军令如山，很快燕军就重整旗鼓，卷土重来。

一个是降龙十八掌，势大力沉，虎虎生风，让你无法招架；

一个是凌波微步，闪展腾挪，轻快灵巧，让你无处着力。

就这样，双方连续打了 10 个回合。

冉闵十战十胜。

慕容恪则充分发挥出了骑兵机动性强的特点，燕军散而复聚，并没有受到太大的损失。

然而，尽管伤亡并不太多，但燕军的士气却受到了沉重的打击。

冉闵素有威名，其部下又都是久经沙场的精锐，战斗力颇强，故而在多次进攻未果后，燕军将士大多产生了畏敌情绪。

慕容恪对此洞若观火，便立即骑马巡阵，鼓舞将士们说：冉闵虽猛，但并无谋略，不过是匹夫之勇而已。其士卒虽然看似强悍，但饥饿疲惫已极，坚持不了多久。我军人数、体力、装备都有明显的优势，绝无不胜之理！

在他的大力鼓动下，燕军的士气重又高涨起来，又再次向魏军发动了猛烈的进攻。

见燕军依然苦苦相逼，冉闵也急了。

他知道，如今敌众我寡，敌逸我劳，敌饱我饥，敌方有马可乘我方只能靠腿，时间拖得越久，对自己就越不利。

不能再这样打下去了，必须马上做出改变！

见远处有大片丛林，他突然有了主意。

骑兵最大的特点是速度快，来去如风，但在茂密的林地，不仅骑兵的速度优势根本发挥不出来，战马庞大的身躯反倒成了累赘，行动远不如步兵灵活，这样一来，自己正好可以扬长避短，将敌军彻底击败！

于是他马上挥动令旗，指挥军队向丛林移动。

但他的如意算盘又再次落空了。

前燕参军高开识破了冉闵的用意，他对慕容恪说：我军骑兵利于平地作战，一旦让冉闵进了树林，我们就会陷于被动。应该马上派出轻骑兵前去拦截，与敌军刚一交手，就佯装败退，把敌军诱至平地，然后再击之。

慕容恪依计而行。

定力不够的冉闵最终没有抵挡住燕军的不断挑逗。

他对前来骚扰他的燕军紧追不舍，再次率军回到了平地。

他还是太容易冲动了。

这和他的对手完全不同。

慕容恪是冷静如冰，他是热情如火。

慕容恪是理性大于感性，他是感性大于理性。

这是冰与火的较量！

这是理性和感性的比拼！

在这样的对局中，理性强的往往胜算更大，因为他们情绪的波动更小，更不容易出错——围棋人机大战中阿尔法狗战胜李世石就是这样的例子。

扯远了，让我们回到现场。

看见冉闵中计，慕容恪脸上掠过了一丝不为人察觉的微笑，接着又迅速恢复了惯常的平和——仿佛一颗石子划破湖面，湖水只是荡起一圈微微的涟漪，马上又平静了下来。

他深深地吸了口气，努力让自己的心绪更沉稳些。

因为他知道，决战的时候到了。

他下令将部队分为左、中、右三部，对将领们说：冉闵性情轻率，锐气十足，兵力又比我们少，必然会拼死与我们作战。到时我率领中军抵挡住他的冲击，然后诸位再从左右两翼对其合围，我们必胜无疑。

诸将都有些将信将疑——你说的这些，我们都知道，问题是，冉闵的攻击力这么强，你能挡得住他多久？

不过，见到慕容恪的布阵后他们就相信了。

不是相信，而是确信。

此役慕容恪创造性地排出了一个史无前例的阵形。

他下令挑选了 5000 名鲜卑骑兵，将他们的战马用铁链连接起来，组成一个整齐划一的方阵。

按照史书记载，入选的要求是两个，一是善射，二是勇而无刚。

善射当然是擅长射箭的意思，勇而无刚就让人费解了——勇敢但是又不够坚强？

当然不是。

我个人感觉，大概是指不怕死但战斗力不够强的人。

毕竟，这些人是作为肉盾，用来抵抗冉闵的冲击的。对他们，尤其是排在方阵前列的人来说，战死是大概率事件，甚至可以说是必死无疑，因此首先必须不怕死。同时他们并不负担攻击的任务，所以并不需要太强的战斗力。

整个方阵就如一堵移动的铁墙，除非你把所有的人马全都杀死，把所有的铁链全部斩断，否则其阵形永远不可能被冲乱！

这种阵形，被后人称为"连环马"。

慕容恪自己骑着马站在方阵正中，同时高高竖起他的大旗和伞盖，随后指挥整个方阵缓缓向前推进。

此时，冉闵也远远地看见了燕军阵营中的大旗。

慕容恪就在那里！

擒贼先擒王！

只要把慕容恪所在的中军冲垮，敌军就不战自败了！

没有片刻犹豫，他就立即领着全军向敌方的中军冲去。

等到了前燕军阵前，他才大吃一惊：这是什么怪阵？战马居然都是连在一起的？

他的大脑迅速开启了搜索引擎，进入了搜索模式，但无论怎么搜，始终只有一个结果：没有找到符合条件的记录。

他不敢相信，更不愿相信，只好一次又一次地继续搜，却依然一无所获。

怎么办？

还能怎么办，打吧。

箭在弦上，不得不发；人到敌前，不能不打。

冉闵咬了咬牙，一拍朱龙马，左手挥着双刃矛，右手挺着钩戟，率先冲入敌阵。其余的魏军也都紧随其后向敌军发起猛攻。

冉闵矛戟并舞，勇不可当，很快就杀死敌军 300 余人。

然而，杀一个敌兵，只不过是相当于从长江中舀掉了一壶水，似乎根本就无关痛痒；杀 300 个敌兵，只不过是从长江中舀掉了 300 壶水，还是无关痛痒……

总之，无论冉闵和冉魏将士们怎么冲击，鲜卑人的阵形始终都纹丝不动；无论他们怎么奋勇，鲜卑人的铁壁一直都牢不可破。

在徒劳地冲杀了一段时间后，他们终于累坏了，终于泄气了，也终于绝望了。

显然，想要冲垮敌军，相当于想要让人妖怀孕一样——根本就是不可能完成的任务！

尽管在冉闵的带领下，他们依然没有放弃，但他们的攻击力度却像皮球自由落体后的弹起高度那样一次比一次低。

毫无疑问，他们的体力已达极限！

见此情景，慕容恪一声令下，左右两翼的鲜卑骑兵立即从侧面向冉魏军猛扑过来。

此时的冉魏军早已精疲力竭，几乎连举块板砖的力气都没有了，哪里还能挡得住前燕军排山倒海般的冲击？

此时的冉魏军早已士气尽失，几乎连拔腿求生的欲望都没有了，哪里还能扛得住前燕军猛虎下山般的狂飙？

很快，冉魏军就被分割包围，乱成一团。

看着身边的将士们一个接一个地倒下，直至所剩无几，冉闵知道自己大势已去，只好长叹一声，跃马挺矛，拼死杀出重围，单人匹马，向东疾驰而去。

慕容恪连忙令众将紧紧追击。

冉闵策马狂奔，一口气跑了 20 多里，眼看就要逃出追兵的视线。

但意外发生了。

在没有受到任何外力的情况下，他胯下的朱龙马突然一声惨叫，一个踉跄，一头栽倒在地，一下气绝身亡——它是被活活累死的。

冉闵重重地摔在了地上。

燕军一拥而上，将其擒获。

这一战，冉魏军全军覆没，尚书仆射刘群（刘琨之子）等随军大臣大都死于乱军之中，皇帝冉闵也成了阶下囚。

而燕军虽然取胜，但也付出了极大的代价，不仅士兵死伤惨重，参军高开等多名高级将领也在此战中阵亡。

公元352年4月20日，冉闵被送到了此时前燕的国都蓟城。

慕容俊大喜，为此特意大赦天下。

他坐在大殿之上，得意扬扬地责问冉闵：汝奴仆下才，何得妄称帝？——你小子不过是个才能低下的奴仆，怎么能妄自称帝？

冉闵理直气壮地回答：天下大乱，尔曹夷狄禽兽之类犹称帝，况我中土英雄，何得不称帝耶！——天下大乱，你们这种人面兽心的夷狄尚且要称帝，何况我是中原英雄，怎么就不能当帝王！

慕容俊闻言不由得恼羞成怒，当即命人将冉闵狠狠地抽了300鞭子，再把他押到旧都龙城（今辽宁朝阳），向太庙献俘，以告慰祖父慕容廆和父亲慕容皝的在天之灵。

5月3日，冉闵被斩于龙城遏陉山。

冉闵死后，遏陉山附近方圆七里草木皆枯，蝗虫大起，从初夏的5月到寒冬的12月，整整7个月时间都没下过一滴雨。

眼看灾情越来越严重，慕容俊急了，思来想去，他觉得这很可能是冉闵的鬼魂在作祟，无奈只好派人到遏陉山隆重祭祀冉闵，并给他上了一个谥号：武悼天王。

祭完当日，天降大雪，灾情解除。

冉闵叱咤风云的一生，就此画上了句号，但围绕他的争议却一直没有停止过。

有人说他是民族英雄，也有人说他是残忍屠夫。

有人对他是奉若神明，也有人对他不屑一顾。

这也许并不足为奇，因为冉闵本身就是一个充满了矛盾的人。

他曾经效忠于"胡人"政权，后来则与"胡人"势不两立，在他政治生涯的末期却又想招抚"胡人"；

他屠胡不遗余力，但他对汉人也并非手下留情，无论是在后赵时期征讨东晋时对晋人，还是在当了皇帝后对犯颜进谏的臣子；

他"锐意进取，一往无前"的个性对他的成功帮助很大，但这样的性格也是导致他败亡的重要因素之一——正如开车如果只知道踩油门不知道刹车，迟早会出事故一样。

我觉得著名史学家范文澜在《中国通史》里对冉闵的功过说得颇为客观：

"冉闵逞勇残杀，立国三年，死人无数，失败是必然的。但是，他的野蛮行动反映着汉族对羯族匈奴族野蛮统治的反抗情绪，所以他的被杀，获得汉族人的同情。慕容俊致祭赠谥，正是害怕汉族人给予冉闵的同情心……"

　　至于网上流传的所谓"冉闵拯救了汉人"的说法，那似乎只是海市蜃楼而已——虽然看着挺壮观，但根本就不是真的！

第十四章　三分天下

从偶像到呕吐的对象

冉闵死了，但太阳还是照常升起，黄河依旧向东奔流，历史的车轮也仍然在滚滚向前。

解决了冉闵这一劲敌，鲜卑人南下的步伐显然已经不可阻挡。

不过，看上中原这块土地的，并不仅仅只有北方的前燕，南方的东晋也觊觎已久。

公元352年3月，也就是在廉台之战前夕，被东晋朝廷委以北伐重任的殷浩在观望了整整两年后，终于出手了。

他任命淮南太守陈逵、兖州刺史蔡裔为前锋，安西将军谢尚、北中郎将荀羡为督统，率军进驻寿春（今安徽寿县），正式宣布出兵北伐，打算趁冉闵北上、中原空虚的机会，一举攻占许昌（今河南许昌）、洛阳。

在这支东晋北伐军中，还有一支特殊的队伍——羌人领袖姚襄和他麾下的数万羌兵。

姚襄是前不久刚刚投靠东晋的。

在后赵最后一位君主石祗死后，一直效忠石氏的姚弋仲在滠头（今河北枣强）的处境也变得非常艰难，他深知仅凭自己的力量，很难在前燕和冉魏的夹缝中生存，不得不开始寻找新的靠山。

经过再三考虑，他决定投靠东晋。

然而当时73岁的他已经病重卧床，即将走到生命的尽头，只好把世子姚襄和其余几十个儿子都叫到了身边。

史载姚弋仲有42个儿子，姚襄是其第五子，时年22岁，也就是说，姚弋仲人老性不老，老而弥坚，竟然在52岁以后还生了37个儿子，如果史书记载没错的话，世界老年组生子冠军非姚弋仲莫属，汇仁肾宝的代言人也非他莫属！

169

扯远了，还是回到姚弋仲的病榻前吧。

姚弋仲使出最后的力气，苦口婆心地对儿子们说：石家待我不薄，我本想为他们尽力，可如今石氏已灭，中原无主，自古以来没有戎狄做天子的，我死之后，你们应立即归附东晋，千万不要干不义之事！

说完这句话不久，他就去世了。

其子姚襄继领其众。

按照常理，姚襄作为姚弋仲的第五子，非嫡非长，世子之位不可能轮得到他。

但他出众的能力，使这些所谓的常理全都成了浮云。

姚襄不仅长得高大英俊，相貌堂堂，而且天资聪颖，自幼即以雄武多才而著称，在他年仅17岁的时候他就已经深得部众的爱戴，拥有无数死忠粉丝，很多人都向姚弋仲请求立他为世子。

姚弋仲本来没有答应，可是每天居然有上千人来向他请愿：立嫡立长规矩必须破，世子之位姚襄必须坐。

迫于广大群众的巨大压力，最后姚弋仲只好同意。

父亲死后，姚襄率领全部部众6万户离开了河北这块是非之地，一路南进，在碻磝津（今山东茌平）休整了一段时间后，又掉头向西进发，来到了荥阳（今河南荥阳）。

显然，姚襄的意图是与前秦争夺关中。

这当然不符合姚弋仲的遗言，但却代表了姚襄这个少壮派的心声。

毕竟，他和他的部下老家都是西北人，回归故土是他们的共同愿望，而且在心比天高的姚襄眼里，前秦苻氏并不见得比自己强多少，他们完全有可能战而胜之。

不过，理想虽然如此理想，现实却是如此现实。

雄心勃勃的姚襄初出茅庐就遭到了当头一棒。

在洛阳附近，他们遇到了前秦军的阻击。

一场恶战下来，羌军大败，死伤无数，就连姚襄自己也因战马被流矢射死而身陷险境，幸亏其弟姚苌拼死救助，才侥幸脱险。

西归无望，走投无路，万般无奈，姚襄只好率部南下，投降了东晋，被东晋政府安置在了谯城（今安徽亳州）。

姚襄风度翩翩，博学善谈，在江东士大夫中颇受欢迎，尤其和安西将军谢尚关系相当不错。

这次，姚襄也率本部兵马和谢尚一起出征。

按照计划，谢尚、姚襄的首要目标是许昌。

事实上，之前割据许昌的原冉魏豫州牧张遇本来已经归附了东晋，只是后来由于对待遇感到不满，一怒之下又叛归了前秦。

听说晋军来攻，张遇连忙向长安求救。

前秦主苻健派其弟东海王苻雄、侄子平昌王苻菁率两万步骑前去救援。

秦、晋两军在许昌附近的诫桥大战了一场，结果前秦军大获全胜，歼灭晋军一万五千人。

战后，前秦军将张遇的部队以及许昌附近的百姓5万多户全都迁到了关中。

而谨慎的殷浩在得知谢尚兵败的消息后，也不敢再进军，退兵回了寿春。

殷浩的第一次北伐就这样草草结束了。

不过，对东晋来说，这次出兵也不能算是毫无收获。

他们得到了梦寐以求的传国玉玺——之前由于没有玉玺，东晋皇帝甚至被人戏称为"白板天子"，其正统性也因此而备受质疑。

传国玉玺相传是秦始皇以和氏璧刻成，历经秦、汉、魏、晋四朝，西晋灭亡后相继为前赵、后赵、冉魏所得。

东晋就是从冉魏手里拿到玉玺的。

话说在冉闵廉台兵败后，慕容俊趁热打铁，立即派慕容评等人率军南征。

燕军所到之处势如破竹，很快就包围了冉魏国都邺城，之后又不断增兵。

冉魏太子冉智和大将军蒋干无力抵抗，只好闭门固守。

由于军粮极度短缺，邺城内再度发生了人相食的惨剧——当初被石虎精挑细选掳掠入宫的数万漂亮宫女，竟然全部被饥饿的冉魏士兵吃到了肚子里！

这种行为实在是令人发指！

到了这种靠吃人活命的地步，蒋干当然没有什么守住城的信心了，但他又不愿降燕，便派人到东晋请求救援。

当时东晋将领戴施正奉谢尚的命令进军枋头（今河南浚县），在接到求援信后便向蒋干索要传国玉玺。

舍不得孩子套不到狼，舍不得玉玺求不来救兵，蒋干一咬牙，把玉玺送了出去。

不过，即使是晋军主力来援，也未必是前燕军的对手，何况是这么一支小小的偏师？

没过多久，邺城就陷落了，戴施、蒋干等人狼狈逃回东晋，而冉魏皇后董氏、太子冉智等人则都被燕军俘获，送到了蓟城。

冉魏就此灭亡，立国仅两年半的时间。

攻下邺城后，尽管北方各地还有一些残余割据势力，但已经没人可以与前燕相抗衡了。

慕容氏几代人入主中原的梦想，终于在慕容俊的手上变成了现实！

公元352年11月，在群臣的拥戴下，慕容俊正式登基称帝。

此时恰好有东晋的使臣出使到了蓟城，慕容俊趾高气扬地对使者说：你回去告诉你们家天子，如今中原无主，我被广大人民群众所推举，已经当了皇帝了！

对慕容俊的所作所为，东晋朝廷虽然非常不爽，但也没有什么办法——毕竟如今的前燕兵强马壮、风头正劲，想和它过不去，除非你自己不想过下去。

柿子要拣软的捏，青菜要挑嫩的吃，包括东晋北伐军统帅殷浩在内的很多朝臣把自己的对手定位在了前秦身上。

在他们看来，就像一个人考试靠投机取巧得了高分并不代表他有水平一样，苻氏靠乘虚而入得了关中也并不能说明他们有多强，更何况此时前秦立国还不到两年，立足未稳，人心未附，根基未深，应该比前燕要好对付得多。

正因为如此，尽管不久前刚刚败在了前秦手里，但殷浩并不服输，回去后他就积极筹划再次北伐，目标还是前秦。

此时前秦的形势的确很不乐观。

除了前方的东晋和前燕两大劲敌，位于它西面的前凉和割据秦州（今甘肃天水）的原后赵将领王擢也在时时威胁着它的后院。

攘外必先安内，攘前必先安后，这个道理，苻健当然是懂的。

公元352年年底，他派其弟苻雄率部西征，讨伐王擢。

王擢不敌，狼狈逃奔前凉。

随后，苻雄并没有班师回长安，而是驻于长安和秦州之间的陇东（今陕西陇县），以兼顾东西两面。

一个人身兼董事长总裁销售总监采购经理财务主管出纳行政迎宾保洁食堂大妈于一身，说明这个单位肯定规模很小；苻雄这一支部队却身负多个方向的作战任务，可见此时前秦这家新开办公司的实力还是很弱的，无论是精兵还是强将都极为有限。

雪上加霜的是，此时前秦的内部还发生了一场大规模的动乱！

这还要从不久前从许昌归顺的降将张遇说起。

估计是张遇的后母长得比较漂亮，苻健一见她就迈不开腿了，当即将其纳为妃子，有了这层关系，他便经常亲切地把张遇称作干儿子。

没想到张遇却将此视为奇耻大辱，见前秦重兵在外，长安空虚，便联络了关中地区的一帮汉族豪强，准备和他们里应外合，推翻前秦。

尽管张遇很快就事败被杀，但那时没有报纸电视，更没有微博微信朋友圈，交通基本靠走，通信基本靠吼，信息传递极为不便，因而那些地方上的豪强根本不知道张遇已经完蛋，还是按照约定在池阳（今陕西泾阳）、鄠县（今陕西户县）、雍城（今陕西凤翔）、司竹（今陕西周至）等地纷纷起兵。

一时间，关中各地乱成了一锅粥。

一直在关注着前秦局势的东晋北伐军统帅殷浩从中看到了机会。

事实上，他之前就曾派人暗中出使前秦，重金引诱前秦重臣梁安、雷弱儿，让他们刺杀苻健，并许诺在事成之后将关中之地封给他们。

如今听说关中大乱，殷浩以为雷弱儿等人已经动手了，当即决定再度出兵北伐。

公元353年10月，他以姚襄为前锋，率军7万从寿春出发北上。

这次殷浩自认为找到了一个好时机，踌躇满志，志在必得，秋风得意马蹄疾，没想到却马失前蹄，再次摔了个大跟头——甚至比上次还要惨得多！

上次至少还和前秦军真刀真枪地干过一仗，这次却是在距离前秦军还有千里之遥就灰溜溜地败回来了！

难道是苻健会传说中的隔空打人？

当然不是。

殷浩是败在了自己任命的前锋姚襄手里！

这是怎么回事呢？

姚襄为什么要这么干？

按照《晋书·姚襄载记》和《资治通鉴》的记载，这事是这样的：

由于姚襄的名声极大，殷浩对他非常忌惮，多次派遣刺客暗杀姚襄，但这些刺客都是只见了姚襄一面就被其所折服，不仅没有杀他还以实情相告。

殷浩见谋刺不成，又派将军魏憬率军去偷袭姚襄。

姚襄为了自保，被迫反抗，斩杀魏憬。

由于殷浩屡次三番无缘无故地要害姚襄，姚襄无奈只好起兵造反。

但我觉得，这种说法显然经不起推敲。

且不说殷浩是否真的会仅仅因为姚襄有名就会去杀他，更不去质疑他是否真有这种神话般的魅力，单只说一点：

既然殷、姚两人之间的矛盾已经如此尖锐，视若仇敌，势同水火，甚至已经三番五次地兵戎相见，为什么殷浩还会毫无防备地让他做自己的先锋，难道他真的是脑子进水了生锈了又被驴踢了还被门夹了？

而《晋书·殷浩传》的记载则完全不同：

冉魏降将魏统去世后，其弟魏憬代领其众，姚襄找了个借口将魏憬杀死，并吞并其部队。

这引起了殷浩的警觉，但城府很深的他表面上却依然不动声色，只是把姚襄改任为梁国内史，将其从谯城（今安徽亳州）迁到了离东晋权力中枢建康更远的梁国（今河南商丘）。

姚襄也意识到了殷浩对他的猜疑，之后只要他的手下有想投奔殷浩的，都被他杀掉。

这让殷浩对其更加提防，从此心里便有了除掉姚襄的想法。

此次他之所以任命姚襄为前锋，很可能是借刀杀人之计——让姚襄去战场和前秦死磕，消耗掉他的实力，就像蒋介石让张学良率东北军去陕北剿共一样。

我个人认为，这种说法显然更为可信。

姚襄是个有野心的人，从来都不甘居人下，他的降晋本来就只是迫于无奈的权宜之计，因此他在入晋之后，便在淮河两岸开垦屯田，训练将士，厉兵秣马，随时准备在羽翼丰满时脱离东晋，称雄一方。

为了扩充自己的实力，年轻气盛的他做出袭杀魏憬这样的事来，其实一点也不令人奇怪。

两人因此而产生了矛盾，但并未撕破脸——尽管暗里互相使绊子，当面却依然好得像一家子。故而殷浩自认为姚襄会接受自己的任命。

然而，他还是低估姚襄了。

作为一个经历过血雨腥风的人，姚襄怎么可能不明白殷浩的用意？

他当然不会上这个当。

在接到北伐的命令后，姚襄不但没有北上，反而率军埋伏在了山桑（今安徽涡阳），偷袭殷浩的部队。

殷浩显然没预料到会遭到自己人的伏击，一时间猝不及防，被打得落花流水，损失一万余人，所带的辎重粮草也全都落入了姚襄手中。

心高气傲的殷浩怎能忍受得了这个气，便又派部将刘启等人率军攻打姚襄，却再次被姚襄击败。

之后，姚襄进占芍陂（今安徽寿县南），不久又转到盱眙（今江苏盱眙），在那里，他自行任命官员，并大力招募流民，部众达到7万余人，声势大振。

与此同时，他还向建康派出使节，对殷浩兴师问罪，把自己反叛的责任全部推到了殷浩头上。

见姚襄如此咄咄逼人，东晋朝廷大惧，连忙任命姚襄的老朋友谢尚为都督江西淮南诸军事，驻于历阳（今安徽和县），以防备他渡江进攻江南。

连年北伐，不仅寸功未建却反而生出这样的事端，不仅没有平定外敌却反而搞出了内敌，殷浩的表现，在人们的心目中，恐怕打负分都嫌太高！

一时间，殷浩成了众矢之的，名誉扫地，灰头土脸，当年万众瞩目的偶像如今沦为了大家呕吐的对象，当年万人崇拜的奇才如今被视为了百无一用的废柴！

如果说两年前在欢呼声中上任的殷浩像网店的模特图一样光鲜夺目，那么现在的殷浩就是某些买家秀——真实，却让人实在是不敢恭维！

眼看殷浩就要被滔天的口水淹死，桓温不失时机地给了他最后的一击。

公元 354 年正月，桓温上书弹劾殷浩，指责他祸国殃民，请求将其废黜。

此时朝野上下都对殷浩怨声载道，民愤极大，谁还敢再偏袒他？

朝廷无奈，只得将殷浩废为庶人。

桓温北伐前秦

殷浩的失败，不仅使东晋白白浪费了 3 年的时间，白白浪费了入主中原的宝贵时机，还使得东晋朝廷控制的中央军损失惨重，之后再也没有实力与坐镇上游兵强马壮的桓温相抗衡。

此时东晋的局面，按照《晋书》的说法就是：自此内外大权一归温矣——从此，朝廷内外的大权全都集中在桓温手里了。

不过，桓温也知道，作为一个坐镇荆州的地方实力派，想要彻底控制中央政府，唯有进一步增加自己的声望，而北伐是当时的民心所向，毫无疑问是最好的途径。

更何况，这几年桓温尽管引而不发，却一直在大力呼吁北伐，迫使朝廷不得不派出褚裒、殷浩等人，不得不做出北伐的姿态，如今殷浩被免职，他自然成了众望所归的北伐统帅，当然要拿出行动来，否则，岂不是打自己的脸！

这年二月，也就是在殷浩刚刚被废几天后，桓温就率步骑 4 万从江陵（今湖北荆州）出发，踏上了北伐的征途——目标当然还是那个被视为软柿子的前秦。

桓温的进军路线是，先到襄阳，再从均口（今湖北丹江口）沿丹江（汉水的支流）河谷逆流而上，水陆并进，直趋关中东南的门户武关（今陕西丹凤）。

除此以外，他还安排了一支偏师，由梁州（今陕西汉中）刺史司马勋率领，出子午道（就是三国魏延想走的那条穿越秦岭的谷道），骚扰前秦的西面。

在桓温的指挥下，晋军的进展颇为顺利，一路势如破竹，在轻松拿下武关后，接着又相继攻下了上洛（今陕西商洛）、青泥（今陕西蓝田南）等地。

与此同时，一直奉东晋为宗主国的前凉也派后赵降将王擢率军东进，攻打陈仓（今陕西宝鸡），与晋军相呼应。

三面受敌，十万火急，前秦遇到了自成立以来最大的危机！

符健别无选择，只有殊死一搏。

他派太子符苌、丞相符雄、淮南王符生（符健第三子）、平昌王符菁、北平王符硕（符健第六子）等人率 5 万精锐赶赴峣关（今陕西蓝田），要求不惜一切代价，必须挡住桓温！

峣关又称蓝田关，地处秦岭北麓，是从东南方向进入关中的最后一道关隘，越过此关即是无险可恃的关中平原。

秦晋两军在这里展开了一场大战。

一方要求胜，一方要求生；

一方是寸土必争，一方是寸土不让。

战斗自然是异常惨烈。

前秦淮南王符生尽管是个独眼龙——自幼就瞎了一只眼，却极为骁勇，此战中他单枪匹马，率先冲入晋军阵中，连斩晋军两员大将，死在他手下的士兵更是不计其数。

《三国演义》中赵子龙在长坂坡杀了个七进七出，符生更厉害，居然是十进十出，视战场如游乐场，视敌人如稻草人，重型坦克般在晋军阵中横冲直撞，如入无人之境。

然而，个人的力量毕竟是有限的，一个富翁并不能决定整个城市的经济水平，一员猛将也无法左右整个战役的胜负结果。

尽管符生无比勇猛，但晋军还是在桓温的亲自督战下，拼力死战，气势如虹，逐渐占据了上风。

此役最后以前秦军失利、峣关丢失而告终，太子符苌还被流矢所中受了伤。

与此同时，桓温的弟弟桓冲也在蓝田以西的白鹿原击败了符雄统率的另一支前秦军。

败讯传来，符健大惊，只好咬咬牙把手里最后的 3 万精兵也都悉数派了出去，与败退下来的符苌所部会合，在长安城南驻防，自己身边只留下 6000 名老弱残兵，退守长安内城。

但桓温并未乘胜直捣长安，而是率军驻于灞上（今陕西西安市东），同时遣使四处招抚。

长安附近的各郡县纷纷来降。

此时距西晋灭亡还不到 40 年，关中百姓尤其是中老年人对晋朝还有很深的感情，他们杀猪宰羊，争先恐后地迎接慰劳晋军。

晋军所到之处，都受到了无数男女老少的夹道欢迎，很多老者甚至流下了激动的泪水：没想到这辈子居然再次看到了朝廷的军队！

王猛扪虱而谈

桓温在灞上一住就是两个月。

在此期间，他遇到了一位奇人——王猛。

王猛是北海剧县（今山东寿光）人，家世寒微，为了糊口，很小的时候他就开始走街串巷，贩卖畚箕。

那时的他，似乎和其他的穷二代并没有什么不同，也许他最大的愿望就是能吃饱饭，然后娶隔壁村卖豆腐的李寡妇之女为妻，然后生下王大、王二……

但后来发生的一次奇遇彻底改变了他的人生。

那次，他到洛阳卖货，碰到了一个买畚箕的人，不过那人身边没带钱，要王猛帮他送货上门，然后货到付款，看对方出的价挺高，王猛答应了。

走了没多久，王猛眼睛一眨，突然发现自己到了一片深山之中。

山间有一条小溪，小溪的旁边有一片草地，草地的后方有十几名童子，童子的中间有一张胡床，胡床的上面有一个老者。

此人白发苍苍，白髯长长，白衣飘飘，一副仙风道骨的样子。

有人引王猛进前拜见。

王猛哪敢不从，正准备下跪，没想到那个老者却笑着阻止了他：王公，你怎么能拜我啊！

王猛大吃一惊，不，是受宠若惊——他早已习惯了被人轻视、鄙视、漠视、无视，根本想不到会被人重视；他早已习惯了被人叫小子、小儿、小孩、小王，根本想不到会有人会尊称他为公！

"王公"，这简简单单的两个字，对王猛来说，却不亚于一声惊雷，唤醒了他心中沉睡多年的雄心！

接下来的事，王猛已经记不大清了，只记得老者以 10 倍的价钱买下了他所有的畚箕，又派人客客气气地送他回去。

等出了山，王猛回望来路，才发现刚才那座山，竟然是距洛阳百里之遥的嵩山！

看起来，这似乎有点像《史记》中"张良进履"的山寨版——所不同的是张良出身贵族，那位黄石公老人要打压他的傲气；而王猛起于贫贱，这个白胡子老人要激励他的志气。

尽管这事言之凿凿地记载在《晋书》等正史中，但我在我看来，它应该就和我们这里很多美食都把由来追溯到"乾隆下江南"的故事差不多——只是为了美化而编造的传说而已，当不得真。

唯一可以确定的是，和少年时相比，成年后的王猛似乎像换了个人一样。

在卖畚箕之余，他开始发愤读书，尤其是兵书，很快就大有长进。

不过，尽管他长得姿貌魁伟，又博学多才，却不拘小节，对仪表穿着之类的小事却毫不在意，衣服上的灰尘经常多得足以让一粒菜籽生根发芽，因此，他还是常被人耻笑，但他本人却对此怡然自得，完全一副无所谓的样子。

在我的想象中，那时的他应该和老版电视剧《济公》里的形象差不多：鞋儿破，帽儿破，身上的衣服破；你笑我，他笑我，一把扇儿破……

后来王猛曾经游历后赵国都邺城，在那里他饱受白眼，只有侍中徐统认为他是个人才，想征召他担任功曹（郡守的佐史），王猛当然不会接受——这个只有3厘米深的小水坑，怎么可能容得下自己这条蛟龙？

之后，王猛一直隐居于华山。

桓温入关后，30岁的王猛终于走出了华山。

他要会一会这个威名赫赫的大人物。

穿着一身粗布衣服，怀着一腔冲天激情，带着一脑子奇思妙想，他风尘仆仆地来到了桓温的军营。

见到桓温后，王猛一面纵论时事，一面旁若无人地随手从自己怀里抓出虱子，再将其掐死。

谈笑间，虱子灰飞烟灭；言语中，灵感四处喷溅。

这就是成语"扪虱而谈"的来历，这也是专属于王猛的传奇！

前无古人，后无来者！

千载之后，似乎也只有世界杯冠军教练勒夫边吃鼻屎边指挥球队作战的那一幕，算是勉强有一点点这样的味道。

这种邈遐的从容，这种不羁的风采，很快就折服了向来眼界甚高的桓温。

桓温对王猛赞叹不已——此人不仅见解独到，而且气度不凡，绝非常人可比！

就这样，两人交谈甚欢，不觉已到半夜时分。

最后，桓温抛给了王猛这么一个问题：我奉天子之命，率10万精锐，为百姓仗义讨逆，但三秦豪杰却没人前来归附，何也？

王猛不假思索地回答说：桓公你不远千里，深入敌境，长安城近在咫尺，但你却始终没有渡过灞水，百姓不知道你心里的想法，所以不来。

桓温沉默了。

因为这正好说中了桓温的心事。

这么久的时间，他一直在灞上逡巡不进，当然是有原因的。

为什么呢？

有些学者说桓温之所以不急着攻打长安，是因为他北伐只是为了赢取名声，作为夺取政权的资本，并没有灭秦的决心。

但在我看来，事实也许并非如此，因为，桓温如能一举灭掉前秦，收复关中，他的威望岂不是更大，捞取的政治资本岂不是更足？

我个人认为，桓温这么做，也许真正的原因应该是兵力不足。

由于东晋内部派系林立，矛盾重重，虽然北伐的呼声很高，但支持桓温的人却极少，他真正能动用的，只有自己所统辖的荆州一地的兵马。

尽管他对外一直声称有 10 万大军，但实际上却只有区区 4 万，与前秦军相比，在兵力上显然有一定的劣势。

在这种情况下，如果是野战，也许桓温还有获胜的可能，但想要攻下长安这样的坚城，实在是不太现实。

因此，向来用兵谨慎的桓温便驻军在灞上，期待着三秦各地的豪杰能群起响应，自己再与他们合兵攻取长安。

然而，这个愿望落空了。

尽管有很多郡县送来了降表，但真正出兵相助的，却一个都没有。

这些苦衷，他当然不可能对王猛讲。

所以，他只能无语。

整整过了 10 支烟的时间后，他才回过神来，对王猛说了这么句话：江东无卿比也——江东没有像你这样的人才啊。

随后他任命王猛为军谋祭酒（高级参谋）。

而就在桓温在灞上停滞不前的时候，苻健却并没有闲着。

他按照"先易后难，各个击破"的原则，先是派丞相苻雄率 7000 精锐在子午谷击败了司马勋，暂时解决了腹背受敌的危险，接着在经过一段时间的休整后，又开始把进攻的矛头指向了灞上的晋军主力。

5 月下旬，苻雄等人率前秦军全部精锐和晋军在白鹿原再次展开了一场大战。

同样的地点，同样的对手，但结果却和两个月前大不相同。

这次，获胜的变成了前秦军。

晋军的战斗力之所以大不如前，最重要的原因，是粮草供应出了问题。

事实上，由于东晋内部的掣肘和交通运输的不便，桓温早就考虑到粮草会是自己的短板，因而制订了因粮于敌的策略，打算靠收割关中的麦子作为自己的军粮。

不过，正所谓英雄所见略同，桓温能想到的，苻健当然也能想到——他在退守长安之前就命人把田里的麦苗悉数割掉了，坚壁清野，留给桓温的，只有一片杂草丛生的荒地。

从出征到现在已经 3 个多月了，眼看战事不利，军粮又将尽，桓温不得不下令退兵。

6 月 1 日，晋军带着关中百姓 3000 多户开始向东撤退。

临行之前，他不仅赐给王猛华车良马，还加封他为督护，再三邀请他跟随自己到江南发展。

但王猛拒绝了。

据史书记载，拒绝的原因是这样的：

在得到桓温的邀请后，王猛有些犹豫，便回到华山，咨询了他的师父。

正是其师父的一句话让王猛最终选择留在了北方：你与桓温岂能同朝为官？留在这里，你自然会得到富贵，何必舍近求远呢？

对王猛来说，这样的选择显然是非常明智的。

毕竟，再好的种子要想生根发芽，也需要合适的土壤，以他极其卑微的出身去极其重视门第的东晋，相当于把水稻秧苗插在旱地里——肯定是没有任何前景的。

不过，对王猛来说，这次的出场只不过是一次短暂的客串，他下一次出现在历史舞台上还得等到两三年后，那时他将是闪耀全场的绝对主角！

第十五章　苻坚登场

传说中的独眼暴君

现在，让我们先把目光转到长安城中。

得到桓温退兵的消息后，苻健立即命太子苻苌追击晋军，颇有斩获，接着又派苻雄率部西征，在陈仓击退了前凉的军队。

前秦的危机终于彻底解除。

但苻健并没有感到轻松。

因为他还没来得及庆祝胜利，一个又一个坏消息，就如除夕夜的爆竹声一样接连不断地传到了他的耳朵里。

先是丞相苻雄在军中病死。

苻雄不仅是他的弟弟，更是他最为倚重的左右手——他经常对人说：元才（苻雄的字）是我的周公啊。

自从前秦建国以来，苻雄就是前秦帝国的超级救火队员，哪里最紧急，他就出现在哪里，南征北战，东击西讨，连一天都没有休息过，这一段时间更是忙得连吃饭睡觉的时间都没有，仿佛转速高达 8000 转的汽车发动机——早就过了红线，几乎到了极限。

如果一台发动机一直这样不停地超负荷运转又不做任何保养，它一定迟早会熄火，人当然也是如此。

在击退前凉军后，苻雄又马不停蹄地踏上了平叛的征途，在半路上，他猝然而逝。

苻健闻之，悲痛万分，甚至哭到呕血：难道上天不想让我平定四海吗？为什么这么早就夺走了元才的生命！

苻雄死后不久，太子苻苌也去世了。

符苌在和晋军作战时受了箭伤，当时似乎并无大碍，没想到几个月后却旧伤复发而死。

这次，除了悲伤 2.0 以外，符健还不得不考虑一个大问题：新太子该立谁？

最终，符健选择了第三子符生。

除了符生之前在和晋军作战时立下了大功，更重要的是，符健比较迷信，当时流行的谶文中有"三羊五眼"4 个字，他认为符生是个独眼龙，正好应验了此句话，便不顾皇后强氏的反对，坚持立符生为储君。

也许是弟弟和长子的相继去世给符健的打击实在是太大，在符生成为太子后不久，他就病倒了。

然而，树欲静而风不止，人虽病而祸不停，在病床上符健依然不得安宁。

符健的侄子平昌王符菁趁着皇帝病危之际，带兵杀入东宫，打算杀掉符生自立。

然而他的情报工作做得实在太差，此时符生正在皇宫侍疾，根本就不在家，符菁扑了个空。但造反这事是条单行道——上了这条路就不可能掉头，他只好一不做二不休，诱骗部下说皇帝已经死了，硬着头皮前去攻打皇宫。

此时符健的表现完美诠释了"人的潜能是无限的"这句话的意义——之前他已卧床不起多日，但闻之此变后，他居然强撑着病体站了起来，随后带着护卫登上了宫城的门楼。

见了皇帝，叛军马上就一哄而散。

梦想称孤道寡的符菁如今成了真正的孤家寡人，只好乖乖地束手就擒，随后被杀。

不过，就如兴奋剂虽然可以临时提高人的体力却对身体有严重的危害一样，符健这次体内超常分泌的肾上腺素虽然让他暂时创造了奇迹，却也极大地损害了他的健康，此后他的病情便迅速恶化。

他自知不久于人世，便颁下遗诏，以太师鱼遵、丞相雷弱儿、太傅毛贵、司空王堕、尚书令梁愓、左仆射梁安、右仆射段纯、吏部尚书辛牢等 8 人为顾命大臣，受任辅政。

可是，临死前他却又把符生叫到床前，叮嘱儿子说：六夷酋帅和辅政大臣，如果有谁敢不听你的命令，你就应该把他们铲除。

这两个命令，看起来就像是一边要让人跳舞一边却同时又要把他的手脚绑起来——根本就是自相矛盾啊。

可想而知，此时符健的心情有多么的纠结——一方面，他对年轻的符生并不放心，所以要尽可能地多设几个辅政大臣，另一方面，他对这些异姓大臣更不放心，毕竟，连自己的亲侄子都会背叛自己，何况这些外人呢？

公元 355 年 6 月 15 日，符健带着满腹的疑虑和不安离开了人世，时年 39 岁。

21 岁的苻生随即登基，成为前秦帝国的第二任皇帝。

史载苻生从小就是个性情暴烈的犟孩子。

由于天生就有一只眼睛失明，他没少受到别人的嘲笑，就连祖父苻洪也不例外，有一次对他开玩笑说：我听说瞎眼里是流不出眼泪的，是吗？

没想到小苻生听了，居然马上用刀在自己那只瞎眼里使劲乱刺，顿时血流如注，热血盈眶。

那一瞬间，他的瞎眼在滴血，他的好眼在喷火，他的嘴巴则发出了这样的怒吼：你看，这难道不是眼泪吗？

苻洪被这个熊孩子的极端行为激怒了，便拿鞭子抽他。

苻生高声大叫：我天性不怕刀枪，却不耐鞭打！——言下之意是，你要么就干脆用刀枪杀了我，拿鞭子打我算什么本事！

苻洪更加恼火：你以后要是不改这种坏脾气，我就把你贬为奴隶！

但苻生的口气却依然像茅坑板上的石头一样又臭又硬：那我可不就和石勒一样了！

当时还是后赵石虎统治时期，苻生居然张嘴就敢直呼后赵高祖石勒的名字，毫不避讳，如果让外人听见，这还了得！

苻洪吓坏了，连忙把苻生的嘴巴捂起来。

随后，他找到了苻健：你这个儿子狂悖无比，大逆不道，应该早点除掉他，否则，等他长大后必然会坏了我们家的大事！

父亲的话，苻健本来不敢不听，但其弟苻雄却劝阻他说：孩子还小，长大了自然会改，何至于现在就这么做！

苻生这才得以活了下来。

也许正是那股天生的狠劲，让长大后的苻生有了万夫不当之勇，他力大无穷，能徒手杀死猛兽，走路快如奔马，无论是骑射还是击刺，均冠绝一时，在战场上他经常身先士卒，为前秦建了不少功勋，也为自己赢得了继承人的位子。

苻生上任后的第一个举动，就充分显示了他的与众不同之处。

按照规定，为表示对先皇的尊重，新皇帝登基这一年仍应使用之前的年号，必须要等到第二年才能改元。

但苻生是什么人？

乳臭未干的时候，他就敢蔑视祖父的权威，现在当了天子，当然更是要无视一切规矩——他在继位的同时就悍然宣布改年号为寿光。

大臣们联名上书，说这不合礼仪，请求他收回成命。

苻生勃然大怒，立即下令追查此事的幕后主谋，结果很快查出是 8 位顾命大臣之一的右仆射段纯。

符生毫不犹豫地将其处死。

两个月后，有人上书说：天象显示，不出 3 年，会有国丧和大臣惨死的情况出现，陛下唯有积德行善才能避免。

毫无疑问，上书者的本意是要让符生积德行善，以争取免灾。但如果符生会这么想的话，他就不是符生了。

不过，在符生看来，积德是绝对不愿意的，他只愿意缺德；行善是绝对不可能的，他只可能行凶。

所以，他做出了这么个令所有人都感到毛骨悚然的决定：这有何难！皇后与朕共有天下，让皇后去死，不就可以应验国丧的说法了吗？太傅毛贵（皇后之舅）、尚书令梁愗、左仆射梁安（皇后之父）受命辅政，可以对应大臣。

说到做到，他马上下令诛杀皇后梁氏及毛贵等人。

就这样，符健给他留下的 8 个辅政大臣，他上位还不到 3 个月就干掉了 4 个。

其他几个自然也在所难逃。

当年 12 月，杀丞相雷弱儿及其 9 子 27 孙。

公元 356 年 1 月，杀司空王堕和尚书令辛牢（梁愗死后，辛牢递补成了新任尚书令）。

公元 357 年 5 月，杀太师鱼遵及其 7 子 10 孙。

如果史书记载可信的话，符生完全称得上是个变态杀人狂。

就像如今的摄影发烧友总是随身带着各种摄影器材一样，这个杀人发烧友无论走到哪里，总是随身带着全套杀人器材——不仅包括刀、箭等常规武器，还有各种规格的锤子、钳子、锯子、凿子等专门工具。

他嗜杀成性，有条件要杀，没条件创造条件也要杀；有罪名要杀，没罪名编造罪名也要杀。

尚书令辛牢的死就是个典型例子。

当时符生在太极殿大宴群臣，辛牢被任命为酒监，专门负责劝酒，本来气氛挺好，大家其乐融融，符生还亲自唱歌助兴：你是我的小呀小苹果……

没想到唱到一半，符生突然脸色一沉，对辛牢说：老辛啊，看来你劝酒不够尽力啊，要不怎么还有人没喝醉坐着的？

随后他张弓搭箭，一箭把辛牢当场射死。

这下子群臣大惧，再没人敢不喝醉或敢不装成喝醉了，有躺倒在地人事不省的，有不停呕吐污物满身的，有亢奋无比大呼小叫的，有小便失禁屁滚尿流的，有脱了衣服全场裸奔的……

这哪里是精英官员聚餐，根本就是精神病人聚会！

符生这才露出了满意的笑容。

如果说辛牢的罪名是"劝酒不力",那么太医程延的死因可以称之为"晓得太多"。

有一次符生吃枣吃多了,第二天感觉不舒服,便召来太医程延给他诊治。

名医一出手,便知有没有,程延一下子就找到了病因:陛下没有别的病,就是吃了太多枣。

没想到符生却说:你又不是神仙!怎么知道我吃了枣?

随即他马上拔出刀来,将程延斩首。

大臣贾玄石死得更是莫名其妙。

如果一定要说罪名的话,就是他长得实在是太帅。

据说有一次他帅帅地从皇宫门前走过,恰好被楼上的符生及其宠妃看到,宠妃忍不住问了句:这个人是谁啊?

符生马上对宠妃说:你想要他?好啊,我成全你。

随后他立即派人将贾玄石杀死,将血淋淋的人头送到了宠妃的手上。

对官员都是这样视如草芥,对底层百姓的生命,符生当然更是视如无物,完全不当回事。

有一次他带着随从到外面游玩,遇到了一对同行的兄妹,突然冒出了一个邪恶的念头,便逼着哥哥当着众人的面强奸自己的妹妹。

两人当然不从。

符生也当然不会饶恕他们,他马上命人将他们当场杀死。

和上面这些不明不白被杀的人相比,金紫光禄大夫程肱算是幸运的,至少他死得比较明白——谁让他进谏呢?

这年春耕时节,符生征集了大量百姓修建渭水桥,程肱连忙劝谏他说,这样会误了农时,对农业生产不利。

符生大怒,立即将其斩杀。

进谏是符生的死穴,一碰他必杀人。

不管地位多高,不管关系多亲,谁都不能例外。

左光禄大夫强平是符生的生母强太后之弟,凭借着亲舅舅的身份,他苦口婆心地劝谏符生,要他关心民众,推崇德治。

但符生向来六亲不认,本着"舅舅犯戒,与民同罪"的原则,他用凿子猛凿强平的头盖骨,将其活活凿死。

除了谏言,符生还特别忌讳"不足、不具、少、无、缺、伤、残、毁、偏、只"

等词，凡是触犯这些敏感词的，一律格杀勿论。

有一次他让人配药，药方里面需要人参。

符生问要多少，那人说：虽小小不具，自可堪用——稍微缺一点也没关系，只要够用就好了。

符生认为他是在讽刺自己的眼睛，马上用凿子将此人的眼珠子凿了出来，再杀了他。

这些人的惨死也让其他大臣吸取了教训，既然你有那么多忌讳，既然你不爱听逆耳的忠言，那我都不讲，只说顺耳的好话，这总行了吧。

对不起，还是不可以。

有一次，符生问手下的大臣们：自从我君临天下以来，你们听到外面的人是怎么评价我的？

有个大臣回答说：陛下圣明无比，天下人都说这是太平盛世。

没想到符生却大发雷霆：你这是谄媚！

随即将其斩首。

几天后，他又再次问了一遍同样的问题。

有了上次的前车之鉴，这次自然没人会赤裸裸地拍马屁了，当然更没人会直通通地批评他。

过了很久，才有个大臣小心翼翼地回答：陛下您的刑罚稍微重了那么一点点。

没想到符生又大发雷霆：你这是毁谤！

随即将其斩首。

总之，要想猜出符生的心思，比猜出下期彩票的中奖号码还要难，他就是这么任性！

要说这几年关中的百姓真是不幸，除了摊上这么个史上罕见的暴君，连山中的虎狼也来凑热闹，一年中就吃了 700 多人，百姓苦不堪言。

群臣纷纷上奏，请求为百姓祈福禳灾。

但符生却不以为然地说：野兽饿了自然要吃人，饱了不就好了，有什么值得大惊小怪的？这是如今罪人太多了，上天帮我消灭他们啊。

从以上这些事迹来看，符生完全称得上是暴君中的 Super Star，人渣中的 VIP！

不过，后世也有人对此有些异议。

北魏杨炫之所著的《洛阳伽蓝记》里就说，其实符生本是"仁而不杀"之人，只是后来篡夺他天下的符坚被后世公认为贤主，史官自然要把各种罪恶强加给符生，拼命抹黑，"天下之恶皆归焉"，要不然，符坚的政变哪有什么正当的理由？

我个人认为，史书的记载必定有不少夸张甚至失实之处。

因为苻生的言行看起来实在是太过荒唐，太过不合常理，而过于不合常理的行为总是令人怀疑其真实性的——就像如果一个老头儿在 80 岁的年龄宣布自己老树开花枯木逢春再次喜当爹，别人肯定不会相信一样。

但如果说苻生"仁而不杀"，似乎也不太可能是事实。

因为他确实杀了很多大臣，这是无可否认的，只不过大多是事出有因的——如史学大家吕思勉先生就推测说，苻生之所以会诛杀梁安、雷弱儿等人，很可能是因他们有通晋的嫌疑。

实际上，苻生在位期间并非完全是胡作非为，他还是有过一些作为的。

比如说，平定了劲敌姚襄。

姚襄怎么会和前秦干起来了呢？

这事说来话长。

在和殷浩翻脸后，姚襄最初是屯驻于盱眙（今江苏盱眙），但他知道那里并非久留之地，毕竟这地方离东晋都城建康实在是太近了，卧榻之侧，岂容他姚襄在此长期酣睡！

该往何处去呢？

他的部众大多是北方人，全都劝他北上。

公元 355 年春，姚襄自称大将军、大单于，率部离开了盱眙，开始往西北方向进发。

走到外黄（今河南民权西北），他们遭到了东晋军的阻击，被打得大败。

姚襄收集散卒，很快又重整旗鼓，之后他们转向西南，占领了许昌（今河南许昌）。

在许昌休整了一段时间后，次年姚襄又率部继续西征，攻打古都洛阳。

当时盘踞在洛阳的是军阀周成。

周成本是冉魏将领，在冉魏灭亡前曾投降东晋，但不久后就再次反叛，并袭取了洛阳作为自己的根据地。

姚襄把洛阳团团围住，百道攻城，日夜不息。

转眼几个月就过去了，洛阳城始终岿然不动。

倔强的姚襄却依然不愿放弃，不拿下洛阳，他誓不罢休。

你挡得住我一次攻城，挡得住我两次攻城，但你一定挡不住我总是攻城！

然而，正所谓螳螂捕蝉，黄雀在后，姚襄把周成当成自己的猎物，却根本没想到他自己竟然成了另一个人猎杀的目标！

这个人，正是东晋大都督桓温。

公元 356 年 7 月，桓温率军从江陵出发，开始了他人生中的第二次北伐。

8月，桓温进抵伊水（洛河的支流，位于洛阳以南），姚襄闻讯大惊，连忙解除了对洛阳的包围，全力迎击桓温。

他一面将精锐埋伏在伊水北面的密林中，一面遣使对桓温表示，自己愿意投降，但要请他令晋军稍微往后退一点。

他的意图是，趁晋军后撤之际发起突然袭击，一举将其击垮！

他这点花花肠子，当然瞒不过满肚子花花肠子的桓温。

桓温毫不客气地回复他说：我是来光复中原，拜谒皇陵的，与你无关。你要想投降就自己放马过来，不要再派使者来啰唆！

无奈，姚襄只好把部队从树林中拉出来，依托伊水与晋军交战。

桓温亲自披甲上阵督战，晋军人人奋勇，个个争先，顿兵坚城之下数月之久早已疲惫不堪的羌人怎么抵挡得住？

最终姚襄大败，只好率残部狼狈逃走，桓温乘胜追击，追了一段没赶上，便回到了洛阳城外。

城内的周成见桓温大兵压境，自知不敌，只好宣布投降。

桓温率军浩浩荡荡进入洛阳城内，随后又拜谒了西晋诸皇陵，由于多年战乱，多座陵墓毁坏严重，他又命人逐一将其修复。

不过，桓温并不愿意离开自己的老巢荆州而长期待在洛阳这样的前线，在留下几员将领和2000人守卫洛阳后，就匆匆率部带着3000多户百姓返回了江陵。

再看姚襄。

尽管他的战绩不怎么样，甚至堪称是常败将军，但他却天生就具有超凡的魅力和超高的人气，可谓人见人爱，花见花开，鱼见鱼嗨，鸟见鸟呆，当时人对他的评价是：神明器宇，孙策之俦，而雄武过之——英明如神，胸怀宽广，如同三国时的孙策，而雄才武略还要更胜一筹。

有人更称他集孙策和刘备的优点于一身：勇略赛孙策，仁义如刘备。

正因为如此，虽然他屡战屡败，但每次失败后，百姓只要知道他的下落，总是会争先恐后地来投奔他，这也是他屡仆屡起的重要原因。

这次当然也不例外。

姚襄先是逃到了洛阳以北的邙山，在那里有5000多百姓抛妻弃子前来追随他，接着他北渡黄河，又有4000余户百姓扶老携幼前来归附他，于是声势复振。

之后姚襄率部抵达襄陵（今山西襄汾），前秦并州刺史尹赤率部从平阳（今山西临汾）投降了他。

从此，他便在河东（今山西西南部）落下了脚。

就和输红了眼的赌徒手里只要稍微积累了点资本就想着要搏一记一样，随着境遇的改善和实力的增强，不久之后，野心勃勃的姚襄又再次萌生了和前秦争夺关中的念头，且一发不可收拾，如饿极了的婴儿渴望喝奶一样急切！

公元357年4月，他率部从北屈（今山西吉县）出发，向西渡过黄河，进入关中。

随后姚襄进屯杏城（今陕西黄陵），并派人四处招抚附近各地的羌人，很快，就有5万多户羌胡部众以及关中百姓归附了他。

对此，前秦主苻生当然不会视而不见，他马上派卫大将军广平王苻黄眉（苻健兄子）、平北将军苻道（前秦宗室）、龙骧将军东海王苻坚（苻雄之子）、建节将军邓羌等人率部前去讨伐。

姚襄知道自己手下尽管人数不少，但大多是新归顺的乌合之众，战斗力不强，便深沟高垒，坚守不战。

邓羌是前秦名将，不仅骁勇无比，而且深通兵法，他对主帅苻黄眉说：姚襄之前多次战败，锐气已经丧失。如今他不敢出战，正说明了这一点。此人性情刚狠，容易被激怒，如果我们鼓噪而进，直逼其营垒，他必然会忿而出兵，可一战而擒。

苻黄眉从之，便命邓羌率3000骑兵在姚襄营门前列阵挑战，同时让人用最恶毒的语言大肆辱骂。

年轻气盛的姚襄果然忍不住了，不顾谋士的再三劝阻，尽率其众出营决战。

邓羌假装不敌，边战边退，逐步把姚襄诱到了前秦军的包围圈。

苻黄眉、苻坚等人率伏兵尽出，邓羌也回兵再战，前后夹击，大败姚襄军。

激战中姚襄的战马倒地，把姚襄摔下马来，前秦兵一拥而上，将其擒斩。

姚襄死时年仅27岁。

主帅一死，其部下自然也彻底失去了斗志，很快就溃不成军。

见大势已去，姚襄的弟弟姚苌只得率残部投降了前秦军。

这支当初曾和氐人苻氏一起被迁往关东的羌人武装，自后赵灭亡以来，就像一条找不到出路的河流，在神州大地上乱冲乱撞了5年多，现在他们终于汇入了前秦帝国这条大江，若干年之后，他们还将再次独立出来，创出一片属于自己的天地！

这是后话，暂且不提。

回到现场。

在击败姚襄后，苻黄眉意气风发地率军凯旋而归。

然而，苻生不但没给任何封赏，反而多次在大庭广众之下辱骂他。

苻黄眉难以接受，便密谋暗杀苻生，自立为帝，不料事情败露，反被苻生处死，许多王公贵族也受到牵连，无数人头落地。

长安城笼罩在一片白色恐怖之中。

而苻生此时的行为也越发暴虐，他喜怒无常，杀人无度，他还特别嗜酒，经常烂醉如泥，有时一连几个月都不上朝，有时乘着醉意胡乱处理政事，有时借着酒劲随便杀人作乐……

在这样的暴君统治下，群臣每天都活得战战兢兢，如履薄冰，根本不知道自己能否活到明天，按照史书的记载就是：得度一日如过十年——这也是成语"度日如年"的由来。

草付臣又土王咸阳

在这个世界上，总是把别人逼上绝路的人，往往自己最后也会被别人逼上绝路。

苻生的掘墓人，是他的堂弟——大名鼎鼎的苻坚。

在中国古代的各种史书中，几乎每个有名的皇帝，从出生到成长、从外表到经历都会有各种令人匪夷所思的异象，而且这种异象的数量和质量又往往是和皇帝的牛气程度成正比的——通常皇帝越牛，异象越多，也越令人难以置信。

作为曾经统一北方的一代雄主，苻坚当然也不会例外。

他是前丞相苻雄的次子，其母苟氏是苻雄的正妻。

史载，苟氏曾经到漳水旁的西门豹祠去祈子，当晚做了个春梦，梦到有个神仙与她颠鸾倒凤……

回去后她就怀孕了，怀胎整整12个月后才生下了苻坚。

在苟氏分娩的时候，有一道神光自天而降，将产房照得亮如白昼。

小苻坚长得也很奇特，垂臂过膝，目有紫光。

不过，这些东西对熟知历史的人来说也许会有点眼熟，比如，与神交合是刘邦的山寨版，怀胎12个月是刘聪的模仿秀，垂臂过膝则和刘备如出一辙。

也许是为了避免被说成抄袭，接下来史官又放了个雷死人不偿命、笑掉牙不给赔的终极大招——说苻坚生下来，背上就隐隐约约地写有一行字：草付臣又土王咸阳！

说实在的，您要说背上生来就有胎记我信，您要说这胎记像某个英文字母什么的我也信，您要说这胎记像某个汉字我就不大信了，可是您非要说这胎记像8个这么复杂而且意义深远的汉字，对不起，这样的鬼话，恐怕就是我们村那个连话都不会说的二傻也不会信！

除此以外，史官还给苻坚安排了贵人相面这样的传统套路。

据说后赵侍中徐统善于看相，有一次在邺城大街上遇到了年仅7岁的小苻坚，一见就惊为天人——不是看见美女的那种惊为天人啊，便特意走到他身边，半开玩笑地问：这是官府的御道，小孩你在这里玩，不怕被司隶（掌京师治安的官员）抓走吗?

符坚毫不惊慌地回答说:司隶只会抓犯罪的人,才不会管小孩子玩游戏呢。

事后,徐统左右的人都觉得奇怪,不由得问他:大人,您怎么对一个小屁孩这么关注呢。

徐统一本正经地说:此儿有霸王之相。

见左右都露出了惊奇的表情,徐统又不屑地说:你们不懂的。

之后,徐统在某个场合又一次碰到了符坚,他专门屏开众人,悄悄对符坚说:你骨相不凡,以后必当大贵,可惜我年纪大了,见不到了。

符坚的回应则完全像外交辞令:日后真的如公所言,我一定不忘你的大恩大德。

符坚的祖父符洪对符坚也非常喜爱,因为符坚不仅从小就聪明过人,智商极高,而且情商也无比发达,善于揣摩别人的心意,每次符洪想要什么东西,还什么都没说呢,符坚就帮他拿过来了。

8岁的时候,符坚主动要求上学,符洪当然欣然同意:咱们是戎狄,祖祖辈辈都只知道喝酒,没想到你居然这么好学!

公元350年,也就是符坚13岁的时候,符氏家族的命运发生了一次重大转折,拉出了一根超级大阳线,在短时间内强势拉升后直封涨停——符坚的伯父符健率部自中原入关,在关中建立了前秦政权。

符坚本人也被封为了龙骧将军。

这个职位的由来也非常奇特。

据说一天晚上符健做了个梦,梦见有天神派了个红衣使者下凡,要求他拜符坚为龙骧将军。

天神的话,自然是一言九鼎,一句顶一万句,符健哪敢不照办。

第二天他就隆重地设坛拜将,把尚是个孩子的符坚封为龙骧将军,还流着眼泪激动地说:你祖父当年就曾担任过此职,如今神灵又让你坐上了这个位子,你一定要努力啊!

符坚在这一刻表现出了不同于年龄的成熟,他挥剑捶马,意气风发,在场的士兵们都受到了感染,齐声高呼,场面十分振奋人心。

父亲符雄死后,作为嫡子,17岁的符坚继承了东海王的爵位。

他博学多才,好交朋友,在当时颇有名望。

就像鲜花天生具有吸引蝴蝶的香气一样,符坚天生就有吸引人才的魅力,尽管年纪轻轻,但却气场十足,吕婆楼、梁平老、强汪、薛赞、权翼等当时前秦朝中的一大批杰出人物都唯其马首是瞻。

大秦天王

在苻黄眉被杀后，作为其搭档的苻坚也嗅到了危险的味道——如果苻生继续扩大株连范围，他恐怕也难逃一劫！

而这时发生的另一件事更让他感到心惊肉跳。

据说此事源于苻生的一个噩梦，他梦见一条大鱼在吃蒲草。

醒来后，苻生非常不安——因为他觉得蒲草就是指他自己，毕竟他的苻姓是"蒲"所改。

接着他又联想到当时一首在长安城中广为流传的童谣：东海大鱼化为龙，男便为王女为公，问在何所洛门东。

这样一来，他更加担心。

没有多加考虑，苻生便决定把这个所谓的大鱼除掉，马上，立刻！

凭直觉，他认为这个大鱼应该是太师鱼遵,便立即传旨将鱼遵及其子孙全部诛杀。

鱼遵的被杀给苻坚敲响了警钟。

这表明苻生已经注意到了那个童谣，而在苻坚看来，这个童谣显然指的是他自己，这就像三角形的三个内角之和一定是180度一样——绝对是毫无疑问的。

因为他如今的爵位正是东海王，而他的住所正在洛门以东！

这怎能不让苻坚感到忧心忡忡？

怎么办？

薛赞、权翼两人提出了他们的看法：主上残忍暴虐，早已失尽了人心。如今能挽救大秦社稷的，不是殿下您，还能有谁！请早做打算，不要让别人占了先！

但这样性命攸关的大事，苻坚当然不敢草率决定，便找来自己的另一个心腹尚书吕婆楼商量。

吕婆楼说：我的能力有限，不足以办大事，但我认识一个叫王猛的隐士，此人的智谋世所罕见，殿下可以向他咨询。

苻坚连忙让吕婆楼请来王猛。

王猛这次究竟说了些什么，由于事关机密，我们已经不知道了。

我们只知道一番交谈之后，苻坚对王猛的才干大为叹服，按照史书的说法就是：若玄德之遇孔明也——如同刘备见到了诸葛亮。

而王猛也被苻坚超凡的胸襟和气度所折服，他深信这就是自己苦苦等待了多年的那个明主！

此时他的心情就如同闲置多年的超跑首次驶上了不限速的高速公路一样的畅

192

快——终于可以大显身手尽情驰骋了！

如果用 4 个字来概括两人的这次会面，我想，"一见钟情"是最合适的——如果这个词不局限于形容男女之间感情的话。

此后，两人便经常和吕婆楼等其他地下党组织成员一起密谋，准备在适当的时候发动政变，一举推翻符生！

然而，还没等他们动手，意外却发生了。

公元 357 年 6 月的一天夜里，喝醉了酒的符生对身边的婢女说了这么句话：阿法兄弟也不可信，明天我就把他们除掉——阿法是符坚的哥哥清河王符法的小名。

没想到这个婢女和符坚兄弟的关系非同一般，当晚便将此消息告知了符坚、符法两人。

符坚当机立断，决定连夜采取行动。

在夜幕的掩护下，符法和御史大夫梁平老、光禄大夫强汪 3 人偷偷潜入了皇宫，随后打开宫门，接应符坚和吕婆楼等人率领的 300 名士兵入宫。

随后众人高举火把，鼓噪而进。

对残暴的符生，宫里的宿卫将士早就受够了，见到符坚等人，就像被绑架的受害人见到了解救他们的警察一样欢欣鼓舞，不仅马上倒戈，还争先恐后地充当带路党，领着符坚的部众进入了符生的寝宫。

符生当时正在昏睡，被突如其来的嘈杂声惊醒后，只好强打精神，睁开双眼，但由于晚上酒喝得实在太多了，此时他的脑子自带糨糊效果，完全是糊里糊涂；而他的视网膜更是自带磨砂效果，看到的每个人都似乎有着 250 层重影，根本看不清是谁，便问左右：来的，呃……（吐了一身），是什么人？

左右早已吓傻了，哆嗦着说不出话来。

符生见没人回答，气不打一处来，又怒气冲冲地问：这些人为什么不跪拜？

马上就要被送进屠宰场的猪居然还如此嚣张，符坚手下的兵士都被逗乐了，顿时爆发出一阵哄堂大笑。

这下符生更火了：还不赶快跪拜！再不拜，我把你们都杀了！

此后符坚不再废话，命人把符生拖起来带走，关押到了另一个房间，先是将其废为越王，随后又把他杀死。

临死前符生又喝了数斗酒，在烂醉如泥中不知不觉地掉了脑袋，时年 23 岁。

人不可一日不食，国不可一日无主。

暴君死了，新皇帝该由谁来出任呢？

既是宗室近枝，又是此次政变的主导者，符坚和符法当然是最热门的人选。

符坚认为，符法年长，应该继位。

符法坚决不肯，对符坚说，你是嫡子，根正苗红，而且向来有贤名，皇位非你莫属。

总之，两人一个说你行你上，一个说我不行我不上；一个说你就是行就是要上，一个说我就是不行就是不上……

眼看就要成了死循环。

见此情景，符坚的母亲苟氏急了——符坚你怎么这样，所谓客气，稍微意思一下就行了，多了就成了磨叽，再这样磨叽下去，这煮熟的鸭子可就要飞走了！更何况，符生虽然死了，但他还有好几个弟弟在，你们哥儿俩在这里推来推去，岂不是给了他们可乘之机？

她决心挺身而出，为儿子送出关键的助攻。

于是她流着眼泪对群臣说：大秦的江山社稷事关重大，我儿子符坚知道自己难以胜任，以后他若是有什么错，在座的诸君可都脱不了干系啊。

她这么一说，大臣们当然都心领神会，便纷纷跪在地上，请求符坚登基。

符坚就这样成了前秦帝国的第三位君主。

不过，为了表示谦让，他去掉了帝号，改称大秦天王。

符坚在执政后的第一个动作是拨乱反正，诛杀了符生的佞臣20多人，又为鱼遵、雷弱儿等冤死的大臣们平反，此举很快赢得了百姓的支持，稳定了自符生以来动荡不安的政治局面。

接下来当然是建立自己的班子，封赏有功之臣。

符法被封为都督中外诸军事、丞相、录尚书事，梁平老为右仆射，强汪为领军将军，吕婆楼为司隶校尉，王猛、薛赞、权翼等人则分别担任中书侍郎、黄门侍郎等职，执掌机密。

在这个新政府中，符法的地位极为重要，也极为微妙——他既是皇帝的哥哥，又集军政大权于一身！

这样的身份，在之前的历史上几乎未曾出现过，之后似乎也只有北周的权臣宇文护勉强可以与之相提并论，但宇文护只是北周武帝宇文邕的堂兄，比符法和符坚的关系还是略差了一点。而宇文护后来是什么下场，看过我写的那本《彪悍南北朝之铁血后三国》的人都知道！

当然，符法不可能预知300年后宇文护的命运，但我觉得，如果有点起码的政治敏感性的话，他也应该知道，自己作为皇帝至亲，又手握重权，其实是非常危险的——因为这对皇权造成了极大的威胁！

身居高位的人缺乏政治敏感，就和高空走钢丝的人缺乏平衡感一样，是要出大问题的！

符法就为此付出了生命的代价。

按照《晋书》的记载，事情是这样的：

当年 11 月，苟太后在出游的时候经过符法的府第，看到他家门前车水马龙，宾客盈门，便产生了极大的担心：符法的势力这么大，会不会影响到到符坚的帝位？

回宫后，她便马上做出了决定——下旨将符法赐死！

符坚虽然和哥哥感情很深，但对于母亲的旨意却无法更改，只好与哥哥在东堂诀别。

他放声痛哭，不仅流下了足够装满一个游泳池的滔天泪水，甚至还伤心到吐血！

但我个人觉得，这种说法有点像菜场小摊上出售的古玩——99.99% 是假的。

因为，作为至高无上的皇帝，如果符坚不想让符法死，符法肯定不会死！

而《魏书》上则记载了另一种截然不同的说法：（符坚）以法为丞相、东海公，寻以疑忌杀之——符坚封符法为丞相、东海公，不久就因猜忌而杀了他。

也许，这才是真相。

符法死了，但符坚并没有感到轻松。

因为他很快就遇到了一个新的考验——割据并州（治所今山西太原）的军阀张平趁符坚刚上台，立足未稳，出兵侵犯前秦边境的河东（今山西西南部）地区！

张平是原后赵并州刺史，后赵灭亡后他曾先后投降了前秦、前燕和东晋，不过这都只是名义上的，实际上他一直拥兵一方，不受任何人的管辖。

符坚亲自率军讨伐张平，大将邓羌则出任前锋。

张平不敢怠慢，遣猛将张蚝迎战。

张蚝本姓弓，此人不仅天生神力，能把牛倒拉着行走，而且身手极为矫捷，无论多高的城墙都能轻松翻越，张平对他非常赏识，特意将其收为养子。

后来张蚝与张平的爱妾私通，被张平发现，张蚝又羞又愧，为了向干爹谢罪，竟然一刀砍下了自己的作案工具——命根子，从此成了阉人。

就如猪被阉后就一门心思长肉一样，张蚝自宫后就一门心思练功。

之后他的武艺更加突飞猛进，成为当世罕见的绝顶高手。

张蚝率军和邓羌在汾河边相持了 10 多天。

不久，符坚的大军开到。

张平也率全部主力迎战。

一场大战开始了。

张蚝在秦军阵中来回冲杀，如入无人之境。

符坚爱其骁勇，下令不得伤害张蚝，务必将其生擒。

得到命令后，前秦众将纷纷上前，把张蚝团团围住。

张蚝以一敌多，却依然毫无惧色。

《三国演义》里的虎牢关三英战吕布，纯属罗贯中的虚构，这次的汾河边群雄斗张蚝，却是史书载明的事实。

不过，正如吕布再猛也难以抵挡刘关张3人的同时进攻一样，张蚝尽管骁勇无比，但在前秦多名骁将的轮番冲击下，还是逐渐体力不支，露出了破绽。

前秦大将吕光（吕婆楼之子）眼明手快，瞅准机会，一枪把张蚝刺于马下，随后邓羌翻身下马，将其生擒。

张蚝在张平军中的地位不亚于孙悟空在花果山的地位——是神一般的存在，他一被抓，其余的士兵顿时失去了主心骨，也失去了斗志，很快就败下阵来。

见大势已去，张平只得向苻坚投降。

之后苻坚封张平为右将军，并继续承认他在并州的独立地位，只是将其部众3000多户迁到了关中。

而张蚝则从此成了苻坚的心腹爱将。

苻坚对他非常喜爱，封他为虎贲中郎将，还经常把他带在身边，作为贴身保镖。

后来张蚝和邓羌被并称为"万人敌"，是前秦最著名的两大猛将。

看到这里，有人可能要问：

既然打败了张平，苻坚为什么不乘机把并州纳入自己的囊中？

我个人觉得，应该是这样的原因：

如果前秦全取并州，将对前燕控制的河北形成很大威慑，极有可能引来前燕的进攻。而此时的前秦在经历了苻生两年来的胡搞后，早已千疮百孔，国力大衰，加上苻坚刚通过政变上台不久，内部还不稳定，尚难以和前燕全面对抗。因此苻坚为避免和前燕的直接冲突，选择在并州继续扶持张平，将其作为自己的缓冲。

总之，这段时间苻坚的主要战略方针是"韬光养晦，埋头发展"，把工作重心放在了前秦的内政上。

第十六章 双星闪耀

国家得意，有人失意

和苻坚不同，他的对手前燕皇帝慕容俊则把主要的精力放在了对外扩张上。

他的目标是南平东晋，西灭前秦，一统中华！

当然，在这之前，他还有很多的事要做。

尽管他已经攻占了邺城，灭掉了冉魏政权，但中原大地上依然还有密集如高速公路收费站的大大小小无数割据势力，其中较大的有 3 支：

一是盘踞在鲁口（今河北饶阳）自称安国王的原后赵幽州刺史王午；

二是占据广固（今山东青州）自称齐王的段龛；

三是前面提到的并州的张平。

除此以外，还有濮阳（今河南濮阳）的李历、东燕（今河南延津）的高昌、乐陵（今山东乐陵）的朱秃、平原（今山东平原）的杜能、清河（今河北清河）的丁娆、上党（今山西长治）的冯鸯……

这些人有的是原后赵将领，有的是地方豪强，在后赵末年的乱世里他们先后趁势而起，各据州郡，称雄一方。

正如吃小虾小螺比吃大鱼大肉更麻烦一样，对付这些地方势力显然比之前对付冉魏还要更加费时费力。

按照先近后远的原则，慕容俊首先对付的是占据河北腹地鲁口的王午。

在击败冉闵后不久，他就派慕容恪率军讨伐王午。

然而，还没等前燕大军赶到，王午已被部将秦兴刺杀，接着原后赵征虏将军吕护又杀了秦兴，依然自称安国王。

公元 354 年 3 月，慕容恪攻克鲁口，吕护仓皇出逃，在逃到野王（今河南沁阳）时被前燕军追上，只好投降。

解决了鲁口这个心腹之患后，慕容俊又命慕容评等人率军向南继续推进。

197

在前燕军强大的军事压力下，朱秃、杜能、丁娆等地方军阀都不敢顽抗，纷纷纳土归降。

在一片大好的形势下，慕容俊大封功臣，其中慕容恪被封为大司马、太原王，慕容评为司徒、上庸王，慕容垂为吴王。

接下来，慕容俊又把进攻矛头指向了青州的段龛。

段龛是段部鲜卑末任首领段辽的侄子，其父段兰在段部灭亡后受石虎委任统领段部余众，段兰死后段龛继任，后来天下大乱，他乘机率部南下，占领了广固，自称齐王。

公元 355 年 11 月，慕容俊派慕容恪率军南下，攻打青州。

段龛率军迎击，却被打得大败，只好退守广固。

诸将请求马上攻城。

但慕容恪却不同意：用兵之道，有时宜急，有时宜缓。如果敌我双方势均力敌，且敌方又有强援，为避免腹背受敌，则攻之不可不急。但若是我强敌弱，且敌方又孤立无援，则可围而不打，时间长了自可不战而胜。如今段龛据守坚城，未有离心，如果我们全军出动，全力进攻，几天后应该也可以打下来，但这样我军的伤亡一定会很大。自从南下中原以来，我军士卒们就没得到过一天休息，每念及此，我就夜不能寐，怎么忍心让他们这样去送死呢？重要的是把城攻下来，不必追求成功的速度！

听了这番话，众将都十分佩服：非所及也！

随后，慕容恪下令在城外深沟高垒，把广固城团团包围，连一只苍蝇也不让飞进去。

几个月后，在前燕军的严密封锁下，城内开始支持不住了——由于粮食断绝，甚至发生了人相食的惨剧。

本着"与其饿死，不如战死"的原则，段龛被迫率全部主力出城突围。

然而，慕容恪早有准备，在城外重兵布防，还修筑了大量的防御工事。

在冲击了无数次、丢下了无数具尸体后，段龛最终得出了一个结论——插翅难逃，只好灰溜溜地向城内返回。

没想到慕容恪居然在城门附近布下了伏兵，切断了段龛的归路。

段龛拼死冲杀，总算杀回了城内，但其部众却大多被歼。

这下段龛终于彻底失去了信心，只好自缚出降。

平定段龛后，慕容恪又率部继续进军，向黄河以南发展。

这一带在后赵灭亡后大多主动归降了东晋，但来得容易的，往往去得也容易，很快，梁（今河南开封）、宋（今河南商丘）、汝（今河南上蔡）、颍（今河南禹州）、谯（今安徽亳州）、沛（今江苏沛县）等大片土地都落入了前燕之手。

公元 357 年 11 月，志得意满的慕容俊把国都从蓟城（今北京）南迁到了位于中原腹地的后赵旧都邺城（今河北临漳）。

在随后的几个月内，他又命慕容评、慕舆根等人率部平定了上党的冯鸯和并州的张平，基本扫清了中原全境。

不过，在这几年前燕帝国形势一片大好的大背景下，有一个人却非常失意。

他就是吴王慕容垂。

虽然他是慕容部入关的首倡者，在南下的初期也立下了大功，但慕容俊对他却一直很不信任，在局势稍稍稳定之后，就夺去了慕容垂的领兵权，仅让其担任了黄门侍郎这一闲职。

后来在慕容恪、慕容军等人的强烈建议下，慕容垂才被重新起用，被任命为安东将军、北冀州刺史，镇守常山（今河北正定），不久，又被改任为侍中、录留台事，镇守旧都龙城（今辽宁朝阳）。

是金子，到哪里都能发光；是学霸，到哪里成绩都不会差。

在龙城，慕容垂政绩颇佳，很受当地百姓的爱戴。

慕容俊听说后，对他更不放心了，便又匆匆将其召回到了自己身边。

之后没过多久，就发生了所谓的巫蛊案。

此案的主角是慕容垂的妻子段氏。

段氏是段部鲜卑首领段末柸的女儿，她出身贵族，才貌双全，性情高傲，对各方面都不如她的皇后可足浑氏有些不大看得起。

凭借女人特有的敏感，可足浑氏也感觉到了，对段氏非常不满。

在古代这种人治社会，只要领导对人有意见，往往就会有体察上意的马屁精出现。

中常侍涅皓上书诬告，指控段氏和慕容垂的亲信下属高弼相勾结，用巫蛊术诅咒皇帝和皇后！

慕容俊立即下令将段氏和高弼下狱，交给廷尉审问。

有时候，指桑为的是骂槐；有时候，围城为的是打援；这次抓段氏，显然为的是慕容垂！

廷尉要求段氏和高弼说出幕后指使人。

两人坚决不承认存在巫蛊这回事，更没有供出慕容垂。

廷尉早就得到了可足浑氏的授意，当然不会就此罢休——既然你这么硬气，那我就给你来个石板上摔乌龟，看看谁能硬得过谁！

接下来自然是大刑伺候。

出乎廷尉意料的是，两人竟还是不肯屈服！

他们的态度就像钢铁，越是捶打越是强硬；但他们的身体毕竟不是钢铁，怎么可能经受得起如此的摧残？

很快，一向文弱的段氏就被打得体无完肤，奄奄一息。

得知自己最心爱的女人受到如此非人的折磨，慕容垂忍不住心如刀绞。

他知道这些人的目标是自己，便托人给段氏带信，让她不要再这样硬撑下去了：人都有一死，何必忍受这样的痛苦，他们想让你招什么，你就满足他们吧。

显然，慕容垂此时已经萌生了死意——他要用自己的生命，换来爱人的平安！

而段氏的想法也和他是一样的——为了保护爱人，她宁可牺牲自己！

因此，她给慕容垂回了一句掷地有声的话：我并不是不怕死，但如果要我迎合那些恶人而自诬，上对不起祖宗，下连累大王你，这样的事，我绝不会干！

段氏最终实现了自己的诺言——她宁死不屈，惨死在了狱中。

慕容垂也因此得以幸存。

他是一个重情的男人，他永远不会忘记段氏为他所做的一切。

他对段氏所生的两个儿子慕容令和慕容宝关爱有加，后来在建立后燕后，他力排众议，坚持立才识平庸的慕容宝为太子，最重要的因素也许就是为了纪念段氏。

之后他娶了段氏的妹妹（姑且称为小段氏吧）为继室——只是因为她无论是外表还是性格都和段氏十分相像。

这当然是皇后可足浑氏不愿见到的。

她强行将小段氏废黜，把自己的妹妹嫁给了慕容垂。

对这个仇人之妹，慕容垂十分冷淡。

是的，段氏虽然死了，但在他的心中，永远都有无可替代的地位；可足浑氏虽然在他身边，但在他的心中，却根本没有任何位置。

这一点，慕容俊和可足浑氏当然不会看不出来，对他更加不满。

恰如春风般温暖

不过，慕容俊并没有马上就对慕容垂怎么样，因为他现在还有更重要的事要干。

公元358年12月，慕容俊下令在全国各州郡检校人口，要求每户只留一个男丁，其余全部征为士兵，打算征集150万军队，在来年春天在邺城集结，随后推进到洛阳，再分兵西进南下，一举平定东晋和前秦，统一整个中国。

一向稳健的慕容俊何以做出这样疯狂的举措？

我个人猜测，也许这和他的人生经历有关。

他的前半生实在是太过顺利，一直顺风顺水，几乎就没遭到过什么挫折——

200

就像汽车如果没有受到一定的摩擦力必然会打滑一样，人的一生如果没有受到一定的挫折，也难免会有失控的时候。

毫无疑问，慕容俊这种荒唐的做法很难得到推行。

有人上书说：百姓穷困已极，这样的征兵，自古未有，恐怕会酿成民变。

慕容俊并不是那种认死理的人，看了这个表文，自己也觉得这种做法有点过了，便将其改为"三五发兵"——从5个男丁中征3个为兵，同时还大大放宽了征调的期限，改为在次年冬天集结。

然而，还没有等到那一天，慕容俊就病倒了，且病势日渐沉重。

他开始担心起继承人的问题。

他的脑海里一直在单曲循环着一句话：要是慕容晔还在，就好了。

慕容晔是他的嫡长子，也是前太子，向来以贤明著称，可惜3年前就英年早逝了。后来他只好改立皇后可足浑氏所生的第二个儿子慕容暐，不过慕容暐此时刚满10岁，自理大小便也许勉强可以做到，但要治理国家，他怎么可能胜任？

经过反复思考后，慕容俊把四弟慕容恪叫到了身边：我的病恐怕是好不了了，如今秦、晋二寇未除，国家多难，景茂（慕容暐的字）年幼，我想效仿春秋时的宋宣公，将社稷交给你。

慕容恪连忙拒绝：太子虽然年龄不大，但天性聪明，将来定能担当大任，我慕容恪是什么人，怎么可以扰乱国家的正统呢？

慕容俊当即表现出大怒的样子：你我兄弟之间，还说这样的套话干什么！

慕容恪无比真诚地说道：陛下如果认为我的能力足以承担天下重任，我怎么就不能用它来辅佐少主呢？

听了这句话，仿佛漂泊的小船回到了安静的港湾，慕容俊彻底放心了：你能当周公，我还有什么好忧虑的呢。

公元360年正月20日，慕容俊强撑着病体，在邺城举行阅兵式，检阅了已经集结好的军队。

当天晚上，病情突然加重，他自知不免，连忙遣人召大司马慕容恪、司空阳骛、司徒慕容评、领军将军慕舆根四人入宫，受遗诏辅政。

第二天，慕容俊就离开了人世，时年42岁。

太子慕容暐随即继位，按照父亲的遗命，他封四叔慕容恪为太宰、录尚书事，总揽朝政；叔祖慕容评为太傅，辅助慕容恪；阳骛和慕舆根两人则分别被封为太保和太师。

这个四驾马车的政治模式刚一启动就掉了链子。

问题出在老将慕舆根身上。

慕舆根的资历很深，早在慕容皝时代，他就曾在守棘城、灭宇文等几次关键战役中表现极为突出，慕容俊上位后南下中原，他也立下了不少战功。

对现在的地位，他很不满意。

在他看来，慕容恪倒还罢了，慕容评才识平庸，阳骛是个文人，这两个人凭什么居于自己之上？

于是，他偷偷找到了慕容恪，直言不讳地说：如今皇帝年幼，太后干政，殿下您应该考虑自保，防止西晋杨骏的那一幕重演。况且大燕国之所以能平定天下，都是殿下您的功劳。兄亡弟及，这是顺理成章的事。殿下您应该废掉当今皇帝，自己登上帝位，这才是我大燕国的无穷福分啊。

慕舆根自认为算盘打得非常清楚——如果慕容恪当了皇帝，自己就有拥立之功，当然可以跃居群臣之首了。

然而，他错了。

他和慕容恪是反义词般的两类人——他性格强横，而慕容恪性情温和；他是个野心家，而慕容恪只想做个忠臣；他做事为达目的不顾底线，而慕容恪从来都是把底线看得比底裤还重要——绝不可能脱下。

他根本不了解慕容恪的内心。

听了慕舆根的话，慕容恪的脸一下子就沉了下来，对慕舆根严词痛斥：你是不是喝醉了？我和你一起接受先帝的遗诏辅政，你怎么能说出这样大逆不道的话来！

慕舆根碰了一鼻子灰，尴尬得恨不能找个地缝钻下去，可惜没有找到，只好谢罪告退。

唉，他毕竟只是一介武夫，不懂"事可以做绝，话不能说绝""凡事留一线，日后好相见"之类的道理——如果他不要把话说得这样直白，比如只是委婉地试探一下，那么多少还有点回旋的余地，现在倒好，一切都无法挽回了。

事后，慕容恪把慕舆根的话悄悄告诉了吴王慕容垂。

慕容垂劝他马上下手，除掉慕舆根，否则，这颗老鼠屎很可能会毁掉整锅粥！

但慕容恪考虑到国家新遭大丧，在这个时候诛杀辅政大臣会对政局的稳定不利，便没有接受慕容垂的建议。

而慕舆根却再一次误判了慕容恪——他认为慕容恪肯定不可能放过自己，如今他已被逼上绝路，只能铤而走险，拼死一搏！

他向太后可足浑氏和皇帝慕容暐密报，说太宰慕容恪和太傅慕容评图谋不轨，请求让他率禁军诛杀二人。

听说发生了这么大的事，可足浑氏顿时惊得一身冷汗，两眼发黑，三魂出窍，四肢无力，五脏俱焚，六神无主，本来配置就很低端运转很不流畅的大脑一下就死机了——彻底失去了思考能力，她当即蠢血上涌，就想要答应慕舆根。

而小皇帝慕容暐虽然年幼，但智商却比他母亲要强不少，并没有被这个拙劣的谎言所蒙骗。

他毫不客气地对慕舆根说：太宰和太傅都是我的骨肉至亲，又是先帝亲自选择的托孤大臣，应该不会干这样的事。倒是太师你的动机非常值得怀疑。

见计划又一次破产，慕舆根顿时如初试云雨的年轻人一般方寸大乱——又向可足浑氏建议把国都迁回龙城。

毫无疑问，他的意图是借此制造混乱，自己好从中牟利。

一般来说，一心作死的人总是会如愿的。

慕容恪知道慕舆根这样下去迟早会酿成大乱，便和慕容评两人联名上书揭露慕舆根的种种罪状，随后将慕舆根及其家人、党羽全部诛杀。

新君刚一即位就杀了辅政大臣和一大批人，一时间，前燕朝中人人自危，人心惶惶。

而慕容恪却仿佛什么事都没发生过，举止如常，神色自若，每次出入宫廷都只带一个随从。

有人劝他，说如今局势不稳，应多带些护卫，以保障自己的安全。

但慕容恪却不同意：本来现在人们心里就惶恐不安，我如果这么弄得如临大敌，岂不是更加重了紧张的气氛！

就像车头的动作可以很快扭转整辆火车的前进方向一样，作为此时前燕事实上的领袖，慕容恪淡定从容的表现也很快改变了其他人的心态。

是啊，天塌下来，有慕容恪顶着，他都不担心，我们还有什么可担心的？

前燕的形势很快就安定下来了。

慕容恪也正式开始了他的执政生涯。

他虽然总揽大权，但从不独断专行，而是选贤任能，博采众议，任何大小事项都要征求慕容评和朝中大臣的意见。

他性情宽容，即使官员犯了错，也不公开责罚，最多只是给他们调换一个同级的岗位，以此表示批评，当时人都以此作为自己的耻辱，不敢轻易触犯他的禁令。有人犯了错误，往往会自责说：难道又想让太宰调动你的工作了吗？

慕容恪不仅在国内深得人心，在国际上名声也很大。

据说在慕容俊死后，东晋朝廷内一片欢腾，很多人都以为中原可以光复了，但深知慕容恪才能的桓温却给他们泼了一盘冷水：别做梦了，慕容恪尚在，我们的忧患还大着呢。

桓温的判断显然是对的。

在慕容恪执政时期，东晋根本不可能收复失地，只能是不断丧师失地。

慕容恪和慕容垂两人联手，先是从东晋拿下了许昌、汝南（今河南汝南）、陈郡（今河南淮阳），后来又一举攻取了洛阳、渑池（今河南渑池）等地，威震天下。

前燕帝国进入了它的鼎盛期。

假如把东晋和前秦分别比作战国七雄中的楚国和秦国，那么此时前燕的国土面积相当于战国七雄中的齐、燕、韩、赵、魏五国之和！

尽管如此，慕容恪却丝毫不敢懈怠。

因为他知道，前燕的主要竞争对手前秦现在也在强势崛起！

猛如秋风扫落叶

前秦的壮大，最主要的功臣无疑是王猛。

王猛的做法和慕容恪截然不同。

如果说慕容恪的执政风格像春风拂面一样温和，那么王猛的风格就如秋风扫落叶一样刚猛。

苻坚刚即位的时候，王猛的职务是中书侍郎，虽然参与机密，但毕竟不掌握实权，只能算是个配角。

而王猛这个人，天生就是要当主角的。

作为前秦帝国的总导演，苻坚很快就给他创造了这个机会。

公元357年底，苻坚巡视尚书省，发现桌子上有未经处理的文件，便以此为借口，罢免了原先的尚书左丞，让王猛取而代之。

尚书省主管全国政令的执行，地位十分重要，其最高长官是尚书令，其次是左右尚书仆射，再次才是像王猛这样的尚书左、右丞。

不过，王猛向来勇于任事，敢作敢为，凭借苻坚的信任和支持，他一上任就大刀阔斧地做出了很多重大改革，俨然成了尚书省的主宰。

一个既无尺寸之功又无任何资历的汉人居然这样一步登天，获得了如此大的权力，无疑会引起很多人尤其是那些氐人旧臣的不满。

当然，这也是完全可以理解的。

即使是在现在的企业，如果一个人既不是领导的亲戚，也没有拿得出手的文凭，又没有在大公司做过的经历，还没有为本公司做过任何贡献，而仅仅靠走上层路线，凭借最高领导的青睐，就一下子成了公司的最高层管理人员，恐怕也是会有很多人不服的。

特进（仅次于三公的荣誉官职）樊世就是其中的一个。

此人出身于氐人豪强，在苻健平定关中的过程中建功甚多，是前秦开国元勋之一，被封为姑臧侯。

樊世是个直肠子，肚子里藏不住话，对他来说，有话憋着不说比有尿憋着不排还要难受，所以他当着很多人的面，直言不讳地对王猛表达了自己心中的强烈不满：我们当初与先帝一起创业，现在却不能参与决策，而你没有半点功劳，怎么敢这样专权？我们辛辛苦苦耕种，你倒来坐享其成！

没想到王猛根本就不给他一点面子，冷冷地说：我不但要让你耕种，我还要让你帮我做饭呢！

樊世的火爆脾气就像鞭炮一样一点就着，听了这句话，他当时就气炸了，暴跳如雷地怒吼道：我一定要杀了你，把你的脑袋挂在长安城门示众，否则我誓不为人！

王猛将此事告知了苻坚。

苻坚知道王猛和以樊世为代表的氐人勋贵之间的矛盾已经白热化，两者仿佛生石灰和水一般根本无法共存——稍一接触就会爆！

但他毫不犹豫地选择了拉偏架，帮王猛撑腰。

因为他清楚地知道，要振兴前秦，他现在需要的是王猛这样胸怀韬略的奇才，而不是像樊世这样倚老卖老、无法无天的大老粗。

他掷地有声地说：我一定会帮你把这个老氐除掉，然后百官才会听你的话！

机会很快就来了。

这一天，在朝堂上，樊世和王猛又因某个问题发生了争执。

王猛故意用语言不断刺激樊世——就像斗牛士用红布不断挑逗斗牛一样，尽管不带一个脏字，但却极为阴损毒辣，就算涵养再深的人听了都忍不住要火，何况是樊世这样头脑简单的粗人？

很快，樊世就被挑逗得像斗牛一样狂怒不已，竟然当众挥拳就要对王猛动手。

左右连忙把他拉开，但早已失去理智的樊世还是不依不饶，破口大骂，脏话连篇。

苻坚见时机差不多了，便把桌子一拍，下令将大闹朝堂的樊世拉出去斩首。

樊世死后，其他的氐人豪强都愤愤不平，纷纷扬言要给王猛好看。

苻坚闻之大怒，把这些人统统叫过来教训了一顿，有的还挨了板子。

之后，那些氐人豪强都闭了嘴，但内心却依然很不爽。

苻坚也知道他们的想法，便一方面继续给王猛加官晋爵，加封其为侍中、中书令兼京兆尹（首都长安最高行政长官），一方面又给他找了个得力的帮手——有"万人敌"之称的大将邓羌。

邓羌不仅战功赫赫，威望极高，而且为人正直，嫉恶如仇，由他来协助王猛，自然是再合适不过了。

邓羌被任命为御史中丞（国家最高监察官），配合王猛一起整肃京城法纪，震慑氐人豪强。

双猛合璧，不法豪强顿时失去了容身之地。

首先被拿来祭刀的是一只真正的大老虎——国舅强德。

强德是前秦开国皇帝苻健的小舅子，强太后之弟，他仗着权势，经常抢人财物，欺男霸女，是长安一霸。

百姓对他深恶痛绝，却一直敢怒不敢言，而之前的官员鉴于他的深厚背景，也都睁一只眼闭一只眼，只当没看到。

不过，王猛的眼睛仿佛自带"抠图"软件——只看得到本人，看不到任何背景。

再强大的背景，在他眼里都完全隐形！

刚上任京兆尹没几天，王猛就下令拘捕强德，将其扔进了监狱。

在他看来，强德恶贯满盈，不杀不足以平民愤，强德身份特殊，不杀不足以儆效尤。

考虑到强德毕竟是皇亲国戚，他便给苻坚写了封奏章说明情况，随后没等批复，就将强德就地正法。

接到奏报后，苻坚大惊，连忙派使者前去赦免强德——毕竟是自己的亲戚，训诫一下就可以了，没必要赶尽杀绝。

然而，使者除非是乘时空穿梭机穿越回去，否则，即使是坐火箭去也来不及了。

因为，早在苻坚看到奏章的时候，强德就已经横尸街头了！

在处死强德后，王猛又和邓羌通力合作，如疾风暴雨般查办了一批大案要案，仅仅数十天的时间，就把20多个作恶多端的王公贵族和地方豪强送上了黄泉路！

一时间，朝野大震。

上至百官，下至百姓，人人慑服，社会风气大为好转。贪腐的收敛了，偷盗的收手了，流氓们绝迹了，骗子们绝种了……

路不拾遗的久违景象又再一次出现在了三秦大地！

苻坚由衷地感叹道：我现在才体会到法律的威严和天子的尊贵！

公元359年10月，苻坚加封王猛为吏部尚书、太子詹事（东宫总管），一个月后，又晋封他为尚书左仆射、辅国将军、司隶校尉、领骑都尉、统领禁军，之前的官职也一并保留。

这样一来，王猛不仅身兼中书（中书令）、门下（侍中）、尚书（尚书左仆射）三省要职，执掌了几乎所有朝政大权，而且在军界也有了极高的地位！

当时王猛不过35岁，出山不过两年多，这样的升迁速度，简直令人难以想象！

而这当然也引起了某些人的妒忌。

明着和王猛作对当然没人敢了，他们只好暗中诋毁王猛。

符坚听说后，立即将他们治罪，贬职的贬职，废黜的废黜……

从此，再也没人敢对王猛说三道四了。

而王猛自己也觉得权位太重，多次上书请求辞让。

但符坚却坚决不许。

他一直坚持"两个凡是"的原则——凡是对王猛有利的，他必然全力支持；凡是对王猛不利的，他必然全力打压。

他相信王猛一定能胜任这些职务，一定能治理好前秦，对此他从不怀疑，就像他从不怀疑太阳一定是从东方升起一样。

就这样，在符坚的放手任用下，王猛如虎入林，如龙入海，如学霸漫游题海，如梅西驰骋绿茵，游刃有余，大展长才。

数年之内，前秦就出现了大治的局面，按照史书的说法就是：内外之官，率皆称职；田畴修辟，仓库充实，盗贼屏息。——朝廷内外的官吏，人人称职；农田得以修整，荒地得以开垦，仓库丰盈充实，盗贼几乎消失。

前秦国势日强，国库满盈，国力大增。

十六国第一名将

此时的中国北方，两强并立，东西对峙。

西边的前秦有王猛励精图治，东面的前燕则由慕容恪掌控大局，两人均是不世出的奇才，两国的实力都不可小觑。

在世界杯赛场上，两支旗鼓相当的高水平球队在对阵时往往都比较谨慎，谁都不会轻易发起进攻；前秦和前燕两国也是这样，尽管双方都有击败对手、一统北方的志向，但他们谁都不敢轻举妄动，都在耐心地等待着机会。

转折点发生在公元367年。

这年4月，前燕的顶梁柱——太宰慕容恪得了重病，卧床不起，他自知不免，不得不开始安排自己的身后事。

他向皇帝慕容暐举荐五弟慕容垂为自己的继承人：吴王的将相之才十倍于我，先帝只是因为长幼次序才让我位居其上，我死之后，希望陛下能把朝政交给他管理。

与此同时，他还找到了慕容暐的庶兄慕容臧，苦口婆心地说：如今南有晋国，西有强秦，天下并不安定。大司马一职统领全国兵马，地位非常重要，我死之后，按照亲疏关系，这个职务很可能落到你或者你弟弟慕容冲身上，你们虽然聪明，但毕竟年纪太小，又没经历过战事。吴王慕容垂天纵英才，谋略盖世，你们如能把大司马一职让给他，则我大燕一定可以统一天下。你们千万别贪图一时的小利，要以国家利益为重！

同样的话，他还告知了太傅慕容评。

5 月，慕容恪的病势日趋沉重，慕容暐前去探望。

慕容恪用尽自己的最后一点力气，再次叮嘱他：吴王文武兼备，是当今的管仲、萧何，陛下如能对他委以重任，则国家可保平安，否则，秦、晋两国一定会对我们不利。

说完，慕容恪就离开了人世，享年 47 岁。

慕容恪的一生几乎是完美的。

战场上，他破后赵，灭冉闵，擒段龛，身经百战，未尝败绩，是著名的常胜将军，被后人称为"十六国第一名将"（陈寅恪语）；

在政坛，他甘为周公，尽心竭力辅佐幼主，高风亮节，虚怀若谷，鞠躬尽瘁，任劳任怨，把前燕帝国推上了巅峰。

无论是品德还是魅力，无论是文才还是武略，无论是内政还是军事，无论是能力还是业绩，无论是修身齐家还是治国平天下，无论是德智体美劳还是温良恭俭让，他似乎 360 度无死角，每一样都是那么的出类拔萃。

他治军以宽厚著称，史载其"不事威严，专用恩信"——他麾下的军队看上去纪律并不严明，但战斗力却极其强悍，仿佛武林中的绝顶高手，动作看上去稀松平常，实际上却力达千钧！

宽厚，是慕容恪最突出的优点之一。

但这可能也是他唯一的瑕疵。

因为太宽厚，他有时往往不能坚持自己的正确意见。

比如他曾想让李绩为尚书左仆射，但因为慕容暐不同意，他只好作罢。

这次对慕容垂的推荐也是这样。

他没有在自己还活着的时候，利用手中的权力把慕容垂直接强行推上大司马的位子，而只是不厌其烦地向皇帝建议。

不过，建议这种东西，有点相当于现在电视里放的广告——你可以听，也可以不听；你可以信，也可以不信。

慕容暐毫不犹豫地选择了不听。

他如今已经 18 岁了，是个成年人了，不想再弄个厉害的叔叔来管着自己，加上其母可足浑氏和慕容垂向来关系不佳，因此慕容垂不但没有能得到重用，还被退居了二线——只是被封了个侍中、仪同三司这样的闲职。

接任大司马的，是慕容�的弟弟——年仅 9 岁的慕容冲。
朝政大权则掌握在了太傅慕容评的手里。

慕容恪去世的消息很快传到了苻坚那里，苻坚大喜，马上就有了伐燕之意。
没想到前秦的内部在此时却出了大乱子！
此次动乱的主角，是苻生的 3 个弟弟晋公苻柳（苻健第八子）、魏公苻廋（苻健第十子）、燕公苻武（苻健第十一子）和苻坚的弟弟赵公苻双，加上两年前因谋反被诛的苻生另一个弟弟淮南公苻幼（苻健幼子），故史称"五公之乱"。

当初苻坚在诛杀苻生后自立为帝，苻生的这几个弟弟当然是不服气的。
不过，再怎么不服气，他们也只能无奈地咽下这口气。
毕竟那时大局已定，一切都已无法挽回。
煮成熟饭的生米不可能再变成生米，烤成面包的面粉不可能回到面粉，控制了局面的苻坚当然也不可能再把位子让给他们！
尽管之后苻坚对他们还不错，但他们的内心却始终都不甘心——我父亲苻健创下的基业，凭什么我们不能继承，而要让你这个侄子占了便宜！这不是鸠占鹊巢是什么？总有一天，我们要把失去的一切都夺回来！
心动的次数多了，早晚会转化为行动。

率先行动的是汝南公苻腾（苻健第七子）
公元 364 年，他起兵谋反，事败被诛。
当时王猛就劝苻坚说：斩草不除根，春风吹又生。苻生的兄弟现在还有 5 人，应趁早把他们全部除掉，否则，他们必然会作乱！
但苻坚并未听从。
公元 365 年 9 月，苻坚到朔方（治所今内蒙古磴口一带）去安抚"胡人"部落，淮南公苻幼觉得有机可乘，便率军造反，攻打长安，并秘密联系了时任并州牧的晋公苻柳和时任秦州刺史的赵公苻双，让他们出兵响应。
苻柳的行为倒是不难理解，但苻双是苻坚的同母弟，就算侥幸成功了，皇位也必然是落入苻生那几个弟弟囊中，他能有什么好处？
我连抽了 15 根烟还是无法得出答案，只能说苻双的大脑是特殊材料做成的——也许是糨糊也许是豆腐，总之肯定不是正常的脑细胞。
比起苻双，苻幼的水平似乎也高不了多少——还没等苻柳等人来得及行动，他就被前秦卫大将军李威擒斩了。
苻坚回京后，很快就掌握了苻柳、苻双与苻幼通谋的证据。
但他向来宽宏大量，因此并未处理两人，只当什么都没发生过。

不过，苻坚对他们好心，他们却以为是苻坚好欺，两人根本不思悔改，仅仅才过了两年，就又开始蠢蠢欲动了。

这次，他们还串连了时任洛州刺史的魏公苻廋（sōu）和时任雍州刺史的燕公苻武。

没想到苻坚在苻柳等人的身边早已安插了眼线，很快4人的密谋就传到了苻坚耳朵里。

苻坚决定征召4人入朝。

苻柳等人当然不愿离开自己经营已久的根据地，便决定立即动手。

公元367年10月，苻柳据蒲坂（今山西永济），苻双占上邽（今甘肃天水），苻廋在陕城（今河南三门峡），苻武于安定（今甘肃泾川），4方齐叛，声势浩大，约定共伐长安，推翻苻坚。

苻坚遇到了执政以来最大的危机。

开始的时候，他还试图要和平解决，便派使者对4人说：我对你们一直都不错，你们何苦要反呢？现在我决定停止对你们的征召。如果你们就此罢兵，各安其位，我保证对你们一切如故，绝不追究。

同时他还让他们咬梨为信。

公元368年正月，苻坚派后将军杨成世、左将军毛嵩率军西征，分别讨伐上邽的苻双、安定的苻武，辅国将军王猛、建节将军邓羌攻打蒲坂的苻柳，前将军杨安、广武将军张蚝则负责征讨陕城的苻廋。

其具体的战略是，在东线采取守势，命王猛、杨安等人在离城30里处坚壁不战，等杨成世等人在西线平定苻双、苻武后再合兵一处，共同对付苻柳、苻廋。

苻坚的这个部署初看上去似乎令人难以理解。

为什么王猛、邓羌、张蚝、杨安等一流大将全都放在了主守的东线，而在主攻的西线，却只有杨成世、毛嵩这样的二流将领？

不过，只要结合当时前秦所处的"国际环境"，这一切就很容易明白了。

因为东线紧邻前燕这个强敌，苻坚生怕前燕会趁机攻打自己！

事实证明，苻坚的担心不无道理。

在得知苻坚出兵的消息后，陕城的苻廋就立即遣使投降了前燕，并请求发兵救援！

这对前燕来说，无疑是个绝佳的机会！

范阳王慕容德（慕容俊幼弟）非常激动，连忙上书朝廷：这是我们平定关中的天赐良机，机会只有一次，就是现在这次。一统中华，正在此时！

其他很多大臣也都有这样的想法，纷纷要求救援苻廋，再顺势攻打前秦。

　　不过，在专制社会，很多时候话语权是掌握在少数人甚至一个人手里的。

　　此时前燕的话语权就由太傅慕容评把持。

　　慕容评是慕容廆的幼子，现任皇帝慕容暐的叔祖父，是当时前燕宗室中辈分最高的人物，在南下中原的过程中，他颇受慕容俊重用，立下了不少战功。慕容暐即位的时候，他和慕容恪、阳鹜、慕舆根一起受命辅政，如今其余3人都已过世，作为唯一的辅政大臣，他顺理成章地主掌了朝政。

　　慕容评是个没多大野心的人——这也是他之所以深受慕容俊信任的重要原因，如今年纪大了更是如此。

　　他信奉的是"多一事不如少一事，少一事不如没有事"，对向来注重生活享受的他来说，"一统中华"远不如"牡丹花下"更有吸引力。

　　因此他坚决不同意出兵：秦是个大国，如今虽然遭到了困难，但要灭掉它谈何容易！如今主上虽然圣明，但未必比得上先帝；我们这些人的才能，又比不上太宰慕容恪。能保境安民就算不错了，平定秦国这事不是我们能干得了的！

　　就这样，他没发一兵一卒去救苻庾。

　　这让前燕国内的很多有识之士非常失望。

　　吴王慕容垂就是其中的一个。

　　在和时任司空的好友皇甫真聚会时，他忧心忡忡地说：依我看，秦国必然会成为我们的大患。主上年纪尚小，而太傅的见识气度，岂能和苻坚、王猛相比？

　　皇甫真也有同感：是啊，这个我也知道。可是我们的话不被朝廷采用，又能奈何！

　　是啊，他们现在都是有职无权，不过是朝廷中的一个摆设。

　　胸中有才，施展无处；脚下有路，报国无门，他们就是再有办法，又能有什么办法呢？

　　就在慕容垂痛心不已的同时，苻坚却感到欢欣鼓舞。

　　他最担心的事没有发生，从此他自然可以从容平叛了。

　　在西线，杨成世、毛嵩初战不利，苻坚又派大将吕光等人前去增援，经过数月苦战，终于收复安定、上邽，擒斩苻双、苻武。

　　而在东线的蒲坂，苻柳多次出城挑战，王猛始终闭营不战。

　　苻柳知道这样拖下去对己不利，便留儿子守城，自己率主力西进，想乘虚偷袭长安。

　　然而王猛早就料到了他这一手，派邓羌在半途伏击，大败苻柳。

　　苻柳只好狼狈退军，没想到在撤退途中又遭到了王猛军的截击，几乎全军覆没，只剩数百人逃回蒲坂。

符柳实力大损，不久就城陷被杀。

随后，王猛督率前秦各路大军合力进攻陕城的符廋。

公元 368 年 12 月，王猛攻占陕城，符廋兵败被俘，在送到长安后被符坚赐死。

前秦的内乱至此全部平定。

第十七章　倒霉不倒霉，看看慕容垂

决战枋头

形势的发展真是瞬息万变。

几个月前，前燕还在幸灾乐祸地看着前秦陷入危机，几个月后，它自己却变得岌岌可危！

不同的是，前秦是内乱，而这次前燕却是外患——东晋大司马桓温发动了他生平的第三次北伐，目标正是前燕！

和之前相比，现在桓温在东晋朝中的地位又更进了一步。

在第二次北伐击败姚襄、收复西晋旧都洛阳以后，桓温获得了空前的威望。

随后他多次上表，要求朝廷还都洛阳。

但如今的洛阳早已不是之前那个洛阳，不仅残破不堪，野草比房子还高，野狗比居民还多，而且孤悬敌后，十分危险，在江南过惯了安逸日了的东晋君臣当然不愿意去。可是桓温的提议是那么冠冕堂皇，义正词严，似乎根本就没有拒绝的余地。

去吧，没人愿意；不去吧，没有理由。

怎么办？

朝廷很为难。

好在朝中毕竟还是有聪明人的，很快就有人看出了桓温的真实意图——他这是在撒娇呢。

桓温要求迁都，也并非他真的想要迁都，也许他只是想要朝廷给他升官。

这样一来，事情自然就好办了。

东晋朝廷一方面下诏，不吝赞美之词地大大表扬了桓温一番；另一方面又不断给他加官晋爵，先后加封其为侍中、大司马、都督中外诸军事、录尚书事、假黄钺、扬州牧。

213

从此,桓温不仅成了东晋军队名正言顺的最高统帅(大司马、都督中外诸军事),还掌握了最高行政权力(录尚书事),更兼任了首都建康的最高领导(扬州牧),集军政地三方大权于一身,坐镇姑孰(今安徽当涂),遥控朝政,一手遮天,一呼百应,成为当时东晋当之无愧的第一人!

愿望得到了满足,权力得到了巩固,迁都的事,桓温当然也就不会再提了——当然,事实上他也没法提了,因为不久之后,洛阳就再次沦陷,落入了前燕手中。

公元368年,桓温又被加殊礼,位在诸侯王之上。

很显然,这时的桓温,距离皇帝宝座只有一步之遥了。

此时听说他最忌惮的慕容恪已经去世,雄心勃勃的桓温决定再次出征,攻打前燕。

公元369年4月,58岁的桓温率领步骑5万,从大本营姑孰出发,开始了他生命中的第三次也是最后一次北伐。

他的进军路线是,先抵达京口(今江苏镇江),然后坐船过长江走水路,至淮河下游的泗口(今江苏淮安西南)后再沿泗水(淮河的支流)、汴水(古水道)北上,直抵黄河岸边。

途经金城(今江苏句容)时,桓温看到了自己20多岁时任琅琊内史时所种的柳树。

转眼30多年过去了,山还是同样的山,水还是同样的水,地方还是同样的地方,可是树已经不再是当年的树了——当初纤细柔弱的树苗变成了如今粗达十围(约一米多)的大树,人也已经不再是当年的人了——当初那个风华正茂的少年变成了如今年过半百的老翁。

时光总是把人抛,粗了柳树,老了少年!

桓温忍不住握着树枝泪如雨下:树犹如此,人何以堪!

随后,他擦干眼泪,继续前行。

越往北,河水越浅,桓温的脸色也越来越凝重。

本来,他之所以选择在4月出兵,就是因为初夏季节水量比较充沛,便于运输,没想到这一年居然大旱,船队到了金乡(今山东金乡),水路竟然断绝了!

好在桓温素来足智多谋,很快就想到了应对之策。

他命人从巨野泽(当时山东境内的大湖泊,现在已不复存在)开凿运河,将汶水(今大汶河)引入清水(即济水,古水道)中,再率部从清水进入黄河。

舰队绵延百里,十分壮观,桓温立于船头,意气风发。

站在他旁边的,是他最信任的心腹谋臣——参军郗超。

郗超对桓温说：这条水道是临时挖掘出来的，恐怕很难一直保证畅通。如果敌人坚守不战，万一水运不畅，粮草供应不上，我军可就危险了。

随后他提出了两个解决方案，供桓温选择。

上策是马上弃船登岸，全军走陆路直趋邺城，打对方一个措手不及，争取速战速决；

中策是屯兵于济水一带，专心运粮，囤积粮草，等到储备充足后在明年夏天再进军，这样虽然迟缓，却可以确保自己立于不败之地。

见桓温始终未置可否，郗超急了：如果舍此二策，继续这样连军北上，那是下策啊。一旦我们不能迅速取胜，拖到秋冬季节，枯水期的到来会让后勤运输更加麻烦，而且北方寒冷，三军将士又缺乏冬装，恐怕到时我们担忧的，就不仅仅是粮草了！

然而，无论他怎么费尽心思磨破嘴皮，桓温始终都没有采纳他的建议。

他之所以不用其上策，其实很容易理解——毕竟这种冒险激进的方式和桓温本人不打无把握之仗的谨慎个性格格不入，就如柴油和汽油发动机一样根本无法兼容。

但他不接受中策的原因就相当令人费解了——这种力求万无一失的作战风格，看起来简直是为桓温量身定做的，匹配度堪比龙虾和十三香，为什么他还是要拒绝呢？

我个人觉得，也许他是在顾忌朝中众多的反对派——他担心自己在外的时间太长，那些人会乘机做手脚，威胁到他在朝中的地位。

他不是不想这么干，他是不能这么干啊。

事实上，这一点连他的对手也非常清楚。

前燕大臣申胤就曾说过：晋室衰弱，桓温专制其国，晋国朝臣中的很多人都不愿看到他得志，不愿看到他北伐成功，一定会在暗中百般阻挠，拖他的后腿。

也许正是因为这样的原因，桓温觉得这个中策太缓，耗时太久，而不得不选择了郗超眼中的下策。

可是，郗超最担心的后勤运输问题，该如何解决呢？

桓温对此早有考虑，除了汶水、清水这条线外，他还安排了另一条备份路线——命豫州刺史袁真从寿春（今安徽寿县）出兵北上，占领谯郡（今安徽亳州）、梁国（今河南商丘），再西进到石门（今河南荥阳北），然后开挖石门，将黄河水引到睢水（古淮河的支流），这样运粮船就可以从睢水直达黄河沿线。

无论如何，多了一个冗余方案，东方不亮西方亮，这边不通那边通，毕竟要稳妥得多了。

就这样，桓温没有听郗超的，继续稳扎稳打向前推进。

他先是派部将檀玄攻克了湖陆（今山东鱼台），生擒前燕守将慕容忠；接着又在黄墟（今河南兰考东）大败前燕下邳王慕容厉，慕容厉全军覆没，只身逃回邺城；随后其部将邓遐、朱序又在林渚（今河南新郑）击溃了前燕将领傅颜。

随着晋军的节节胜利，中原各地也纷纷响应。

前燕高平（今山东巨野）太守徐翻举郡投降；前任兖州刺史孙元则率众起兵，配合晋军作战……

慕容㬎闻讯大惊，连忙调集兵马，以其庶兄乐安王慕容臧为统帅，前去阻挡晋军。

但从军事水平上来讲，初出茅庐的慕容臧比起久经战阵的桓温就是小舢板比航母——完全不是一个数量级的，自然是连战连败，损兵折将。

7月，桓温率军到了枋头（今河南浚县）。

枋头是黄河上的重要渡口，距离前燕国都邺城仅有百余里！

一时间，邺城大震，人心惶惶，皇帝慕容㬎和主持朝政的太傅慕容评也如同不会游泳的人突然溺水一样惊慌失措，只能毫无章法地胡乱挣扎。

慌乱之下，两人一面紧急派人到前秦请求支援，一面甚至打算放弃中原，撤回辽东。

力挽狂澜，方显真英雄本色；扭转乾坤，才是大丈夫所为。

危急时刻，此前已赋闲多时的慕容垂站了出来，主动请缨：臣请求率军迎击晋军，如果不胜，陛下再走也不晚。

在慕容㬎和慕容评的眼里，慕容垂是个极端危险的人物，如同一剂威力巨大但副作用同样巨大的药品——只能被束之高阁。

不过，在这种危及存亡的时刻，他们当然也顾不上什么副作用了，只好再次起用慕容垂，封他为南讨大都督，让他领兵5万，率范阳王慕容德等人南下御敌。

出征前，慕容垂又请求让司徒左长史申胤、黄门侍郎封孚、尚书郎悉罗腾等人与他一起随军。

事已至此，慕容㬎和慕容评当然不可能不准，但心里却颇为不快——他们难免会觉得慕容垂有乘人之危任用私党的嫌疑。

慕容垂出发后，慕容㬎觉得还是不踏实，坐立不安心神不宁茶饭不思睡觉不香女人不想，只好又再次派使臣向前秦求救。

为了表示诚意，他还主动提出愿意割让包括洛阳在内的虎牢关（今河南荥阳）以西土地。

要不要去救前燕呢？

苻坚召集群臣商议。

大臣们大多认为不该去：当初桓温第一次北伐打我们的时候，燕国也没有帮我们，这次我们为什么要去帮他？

王猛没有发言，却在会议结束后悄悄找到了苻坚：燕国虽强，但慕容评不是桓温的对手。如果让桓温占了中原，对我们没有好处。我觉得还是应该出兵，帮助燕国一起击退桓温，等桓温退走后，燕国估计也实力大损了，到时我们再趁机攻取它，这不是很好吗？

苻坚连连点头。

就这样，他马上答应了前燕使臣的请求，派大将苟池、邓羌率军两万前去救燕。

但前秦军并没有直接赶赴枋头前线，而是绕到了颍川（今河南禹州），随后就停驻在了那里，坐观成败，准备等前燕和东晋双方拼得两败俱伤时再介入。

此时前线的战局也在悄然发生着变化。

抵达枋头之后，大概是考虑到进军速度太快，部队有些疲劳，桓温便驻军于此，准备稍作休整后，再北上攻打邺城。

没想到这一休整，他就再也没能前进一步——因为慕容垂已经率军赶到了这里！

两军在枋头隔着黄河对峙。

低手争斗，才会显得热闹纷呈；高手对决，往往是平淡中见杀机。

慕容垂和桓温两人都清楚对方的能力，都不敢贸然大举进攻，只是进行了几次小规模的接触战。

慕容垂率先出手，派奚罗腾率军攻打在晋军担任向导的前燕降将段思，将其擒获。

桓温接着出招，让原后赵降将李述到燕军后方去招徕旧部，开辟敌后战场，没想到李述出师不利，很快就被燕将奚罗腾击斩。

晋军连连受挫，士气受到了很人的打击。

不过，比起这些，更让桓温担心的还是运输问题。

随着秋季的到来，汶水、清水果然如郗超所料那样迅速进入了枯水期，水位急剧下降，难以承担运粮的重任，他只能伸长了脖子翘首期盼，寄望于袁真早日能在石门开辟出另一条路线。

但他注定是会失望的。

因为他的对手不是别人，而是不世出的军事天才慕容垂！

慕容垂绝不可能漏过一点战机。

他一眼看出后勤运输是晋军的关键所在，故而他自己在枋头牵制住桓温的同时，早就派其弟慕容德率一万五千名精锐骑兵赶赴石门，阻止袁真开凿。

当时袁真已经顺利攻克了谯郡、梁国等地，正指挥部下在石门拿着铁锹吭哧吭哧挖河呢，没想到挖到一半，前燕军就来了。

仓促之间，晋军将士根本来不及把铁锹换成长矛，根本来不及从民工模式切换成战士模式，怎么可能是前燕骑兵的对手？

很快，晋军落败，前燕军控制了石门。

这样一来，桓温的计划是彻底落空了。

一个人在外地失去了收入来源，明智的做法肯定是趁自己手头还有些路费的时候尽快回家——再待下去，一旦钱财耗尽买不起车票，他可能就永远回不去了。

晋军如今的情况也与此类似。

离家千里又失去了粮食来源，桓温当然也只得选择尽快撤军——再拖下去，一旦粮草耗尽，他就有全军覆没的危险。

于是他下令烧毁战舰（由于河道水浅，这些舰船已经无法返回了），丢弃辎重，全军改走陆路，向南撤退。

听说晋军退兵，前燕众将纷纷要求追击。

但慕容垂却不允许：晋军初退时心情紧张，一定会严加戒备，以精兵断后，而且他们没打过什么大仗，并不十分疲惫，此时追击，我们未必会有胜算。不如暂时放过他们。等他们走了很远一段路以后，看到没有追兵，必然会松懈下来，而且那时他们也已经筋疲力尽了，我们再发起攻击，就稳操胜券了。

正如慕容垂所料的那样，在生性谨慎的桓温布置下，晋军在撤军时的阵容还是相当整齐的，即使不是无懈可击，至少也算得上是防备严密了。

由于生怕燕军在河水上游下毒（这一带的河流大都是自北向南流入淮河的），桓温大军不敢喝河水，一路掘井而饮。

就这样，在几天的时间里，他们昼夜兼程，一口气走了700多里，到了襄邑（今河南杞县）。

这个时候他们的状态和刚出发的时候已经完全不一样了。

尽管桓温一直在提醒他们要防备追兵，但就像"狼来了"这个故事所讲的一样——多次说狼来了但狼始终没出现，慢慢地别人就不再相信，桓温说的次数多了，却始终没见到追兵，慢慢地士兵们也就不再那么警惕了，队形也逐渐松散下来了。

在体力上，他们更是严重透支。

超级紧张的心情，超高强度的行军，超重负荷的挖井施工，把他们累得都快趴下了。

好在，现在他们离东晋的国境线已经不太远了。

终点就在前面！

他们的判断，无疑是对的。

只不过，那将是他们人生的终点！

慕容垂之前早就命慕容德率4000骑兵，从石门赶到了襄邑，埋伏在了附近的山沟里；他自己则亲率8000精锐骑兵，远远地跟在了晋军的后面，数日后再全速追击，并按照其预定的设想，正好在襄邑赶上了晋军。

随后慕容垂下令对晋军发起猛攻。

此时晋军早已疲惫不堪，加上毫无防备，仓促之间根本不知道后面的追兵来了多少人，哪里能组织起什么有效的抵抗？

只能是兵败如山倒，你逃我也逃。

逃不多远，前面又是一声炮响，伏兵四起。

慕容德率军挡住了去路。

这下晋军更是乱做了一团。

逃吧，前有堵截，后有追兵，哪里还有地方可以逃？

打吧，此时他们连打喷嚏的力气都没有了，哪里还有力气打仗？

很快，5万晋军就被斩首3万余级，只剩下不到两万人侥幸逃出了前燕军的魔爪。

但他们的厄运还没完。

走到谯郡的时候，他们又遇到了前秦军。

原来，一直旁边在观战的苟池、邓羌等人见桓温落败，知道"痛打落水狗"的机会来了，连忙率部出击，在谯郡（今安徽亳州）截住了晋军。

晋军毫无悬念地再次大败，又损失了万余人。

这一战史称"枋头之战"——不过实际上枋头只是对峙，主要的战事发生在襄邑。

枋头之战是桓温一生中遭受的最惨痛的一次失败，此战之后他声名大减，不得不把主要的精力放在巩固自己在东晋的地位上，从此再无余力染指中原。

出奔前秦

有人失意，就有人得意。

与失意的桓温形成鲜明对比的，是慕容垂。

在国家最危难的时候，他挺身而出，只手擎天，挽狂澜于既倒，扶大厦之将倾，干脆利落地击败了桓温，一举挽救了覆灭边缘的前燕帝国！

这一战充分展现了他无与伦比的军事天才，让他大放异彩，名满天下，声望如日中天！

有人得意，就有人失意。

219

与得意的慕容垂形成鲜明对比的，除了桓温，还有慕容评。

在慕容评看来，慕容垂的大显身手，正凸显了他的无所作为，让他黯然失色。

更重要的是，他觉得慕容垂的威望本来就高，现在又建了如此大功，声名更盛，对自己的执政地位显然是莫大的威胁。

对这样的危险分子，他当然要拿出慕容垂对付东晋军的劲头来想尽一切办法打压。

慕容垂为他麾下的将士表功，请求封赏。

慕容评却认为他这是拉拢军心，全都一一否决。

眼见跟着自己出生入死的部下竟然得不到朝廷的承认，素来爱兵如子的慕容垂当然不能接受，忍不住与慕容评在朝堂上争辩起来。

见慕容垂竟然不把自己这个太傅当领导，不把自己这个叔叔当长辈，慕容评更加恼火。

是可忍，叔不可忍！

他决心一不做，二不休，干脆除掉慕容垂！

事关重大，为了稳妥起见，他又为自己找了个同盟军——太后可足浑氏。

可足浑氏对慕容垂也早就看不惯了，两人当即如榫头和卯眼般一拍即合。

然而，他们不光做人的水平不行，害人的水平也不怎么样，居然还没行动就走漏了消息——被慕容恪之子慕容楷和慕容垂的舅舅兰建知道了。

两人连忙将此事告知了慕容垂，并劝他先发制人：只要除掉慕容评和乐安王慕容臧（慕容暐的庶兄），其他人都不足为虑。

平心而论，凭借慕容垂的威望和实力，如果在此时发动政变，诛除不得人心的慕容评，成功的概率是很大的。

但慕容垂却断然拒绝了：骨肉相残而致国家于动乱，这种事，我就是宁可死，也绝不会做的！

数天后，慕容楷和兰建又再次找到了慕容垂：那边已经下了决心，吴王您再不动手，可就来不及了！

慕容垂还是坚决不同意：如果他们实在是容不下我，我宁可出逃以避开他们，别的做法我是绝不会考虑的！

不过，虽然话说得斩钉截铁，但慕容垂对自己该如何应对并不确定，内心深感忧虑。

尽管这件事他并没有对家中任何一个人讲，但他的心事还是被世子慕容令看出来了。

慕容令是他的长子，他最爱的前妻大段妃所生，不仅聪颖过人，而且极为骁勇果决，深受慕容垂的器重。

他悄悄对父亲说：您最近看起来似乎心事重重，是不是因为您功高望重，越来越被猜忌了吗？

见自己的心思被爱子点破，慕容垂也就不再隐瞒：是啊。我竭尽全力击败了强敌，保全了国家，没想到功成之后，反倒让自己没了容身之处。你既然知道了我的心思，有没有什么好的办法？

慕容令回答道：主上暗弱，大权尽在太傅手里，他又嫉贤妒能，我们家的灾祸随时可能发生。我觉得咱们要想保全自己而又不失大义，不如逃到旧都龙城（今辽宁朝阳），然后上书请罪，等待主上明察。如果他能悔悟，那当然是最好；如果不能，只要把守住卢龙寨（今河北迁西喜峰口），我们也足以自保。

这和慕容垂的想法可谓不谋而合，他心中的疑虑顿时如雾霾遭遇劲风一般一扫而空，感觉一切都明朗了，便当即表态：好，就这么办！

公元 369 年 11 月，慕容垂假称去郊外打猎，换上便装，悄悄出了邺城。

和他一起出城的，有小段妃和他的几个儿子慕容令、慕容宝、慕容农、慕容隆、慕容麟，还有侄子慕容楷、舅舅兰建等亲信和少量随从，而他那个所谓的正妻——皇后可足浑氏的妹妹则被蒙在了鼓里，留在了家里。

一行人策马扬鞭，一路往北，直奔龙城而去。

没想到刚走不久就出了意外。

问题出在慕容麟身上。

慕容麟是慕容垂当时最小的儿子（不过后来慕容垂又生了好几个儿子，他就不是最小的了），由于他从小就三观不正，节操说碎就碎，尊严想丢就丢，因此向来就不受父亲待见。

此时这个坑爹的孩子居然偷偷溜走，跑回邺城大义灭亲，告发了父亲。

慕容评闻讯大惊，连忙派大将慕容强率精骑前往追赶，很快在范阳（今河北涿州）追上了慕容垂。

慕容垂让慕容令带着随从抵抗。

慕容令向来以勇冠三军而著称，加上当时天色已晚，慕容强不知虚实，也不敢过于追近。

在对峙了一段时间后，慕容令对父亲说：如今消息已经走漏，东归龙城的计划肯定是无法实施了。听说秦王苻坚宽宏大度，极为爱才，我看咱们还是去投奔他吧。

慕容垂只能苦笑着回答：是啊，到了今天这样的地步，除此以外还能有什么别的办法呢？

趁着夜色的掩护，慕容垂命众人先分散开来，让追兵找不到明确的目标，随后再聚集在一起，昼伏夜出，沿着太行山东麓悄悄往南行进。

一路上，随从纷纷逃散，队伍中的人越来越少，慕容垂的心情也越来越低落。

两个月前，他击败桓温一手拯救了这个国家，而两个月后的今天，他却被迫要离开这里投奔敌国！

命运为何会这样无常？

造化为何会这样弄人？

天很冷，他的心更冷！

冬天的中原大地一片荒凉，他的心更荒凉！

这天，他们正躲藏在显原陵（石虎的陵墓），突然发现周围出现了数百名骑兵，从四面八方向他们所在的地方冲过来，越来越近，越来越近……

此时的慕容垂已经无路可逃，已经无计可施，已经无能为力，已经无法可想，只好无奈地闭上了眼睛。

然而，出乎他意外的是，马蹄声竟然又逐渐远去了！

原来这些人并不是来抓捕他们的，而是来打猎的。就在他们快要发现慕容垂的时候，他们携带的猎鹰发现了另一方向的猎物，指引着他们离开了这里。

慕容垂这才化险为夷！

一行人继续前行，很快到了河阳（今河南孟县）的黄河渡口。

大概是由于缺乏相关手续，渡口官吏不准他们进入。

慕容垂斩杀官吏，强行渡过了黄河。

随后他们继续西行，很快抵达了前秦国境。

前秦主符坚早就有了平燕之意，只是因忌惮慕容垂的威名而一直未敢付诸行动，现在听说慕容垂来投，他顿时如久旱逢甘霖、饿汉遇大餐一般激动：真乃天助我也！

他亲自到长安郊外来迎接慕容垂，还拉着慕容垂的手，热情洋溢地说：朕当与你共定天下，然后把你的故国还给你，世封幽州，让你离开本国而不失人子之孝，为朕效力而不失对故国的忠心，岂不是一件美事！

慕容垂连忙识趣地表态：流亡在外，能被免罪已是大幸，岂敢奢望世封故国这样的荣耀！

对慕容令、慕容楷等人，符坚也非常赏识，礼遇甚厚。

但王猛对慕容垂的看法却和符坚大相径庭。

虽然表面上他对慕容垂也是客气有加，但事后却悄悄对符坚说：慕容垂父子如同龙虎，桀骜不驯，绝非久居人下之辈。一旦让他们得到机会定会后患无穷，不如尽早除掉他们！

苻坚摆摆手拒绝了他的提议：我正要招揽英雄平定四海，怎么能杀慕容垂这样的人才！再说，我已经诚心接纳了他们，匹夫尚不能食言，何况我是万乘之君呢？

就这样，他不仅没杀慕容垂，还封其为冠军将军、宾途侯，慕容楷也被封为积弩将军。

而在前燕，慕容垂出走后，慕容评的地位自然是更巩固了。

与此同时，所有和慕容垂关系密切的人也全被严肃处理——范阳王慕容德、车骑从事中郎高泰等一大批人都被视为慕容垂的党羽而遭撤职查办。

慕容垂的这次逃亡，对当时的局势影响很大。

前燕不仅损失了慕容垂、慕容德等一批国之栋梁，更重要的是，慕容垂在立下大功挽救了整个国家仅两个月后就被逼出走，让以慕容评为代表的前燕领导层彻底失去了人心！

而之后一手遮天的慕容评也更加贪得无厌，加上太后可足浑氏的愚蠢干政，很快就搞得百姓满腹怨气，官员灰心丧气，整个国家一片乌烟瘴气。

金刀计

这对于一直有志于统一北方的苻坚来说，无疑是个绝佳的机会。

他觉得，如果把前燕帝国比作一幢大厦的话，那么慕容垂的出走就相当于拆掉了支撑大厦最关键的柱子，而慕容评和可足浑氏等人的胡作非为又蛀空了大厦的根基，如今这座看似气派恢宏的大厦其实早已千疮百孔，只需给他施加一定的外力，它就可能彻底崩溃！

苻坚开始在陕城（今河南三门峡）一带积聚粮草，集结部队，准备出兵伐燕。

对前秦的这一动向，前燕国内也有人注意到了。

曾经出使前秦的黄门侍郎梁琛就对慕容评说过：前秦必有吞并我国的图谋，请早作安排。

侍中皇甫真也上书请求在洛阳、晋阳（今山西太原）等地重兵布防，以防备前秦可能发动的进攻。

慕容评对此很是不以为然：秦国国小力弱，很多地方都要仰仗我们才行。而且苻坚总体上还是很友好的。我们根本不必大惊小怪，搞得边境不宁。

不过，话虽然是这么说，实际上慕容评还是对此做了些准备的。

比如说，他开始大力扩军，很快就把部队扩充到了数十万。

再比如说，不久之后，前秦派使者来访问，慕容评在接待时故意大摆排场，极尽奢华，想借此展示前燕的富庶，吓阻对方可能的入侵。

不过这种做法似乎有点南辕北辙，除了副作用起不了任何作用，除了帮倒忙帮不了任何忙，前燕大臣中就有人认为：现在咱们要显示军力才对，在这个时候表现我们的奢侈，这就相当于鸡对黄鼠狼展示自己的肥美、女人对色狼卖弄自己的性感，岂不是更增加了他们的觊觎之心？

事实上，慕容评犯的错并不只这些——他还给了苻坚一个出兵的绝佳借口。

前面说过，当初桓温北伐时，前燕皇帝慕容暐病急乱投医，为了争取前秦的救援，曾经答应割让虎牢以西的土地。

但现在慕容评却赖账了，作为一个雁过拔毛、过河屁股缝里都要夹水的铁公鸡，他当然不舍得把自己的土地拱手送人。

他根本不承认有这回事，说那只是使者言辞失当，让前秦误解了。

他还义正词严地表示：咱们两国是友好邻邦，有了灾祸互相帮助是理所应当的。

苻坚正愁师出无名呢，得到这个消息后，便马上下令发兵东征。

公元369年12月，他以前燕背信弃义为名，任命王猛为主帅，率大将邓羌、梁成（梁平老之子）和步骑3万伐燕，攻打洛阳。

王猛受命后，一面做出征的准备，一面开始实施一个自己精心策划的计划。

他向苻坚请示让慕容令担任此次出征的向导。

这个要求合情合理，苻坚不假思索就答应了。

按照王猛的安排，慕容令和先头部队先行出发，而他自己则因为要等主力部队集结而晚了几天再走。

临行前，王猛专程去了趟慕容垂的府邸。

天王手下的第一红人来访，慕容垂当然不敢怠慢，连忙安排酒宴，盛情款待。

两人在宴席上纵论天下大势，畅聊古今人物，交谈甚欢，大有惺惺相惜之感。

不知不觉，酒已十巡，夜已三更，王猛必须要走了。

依依惜别之际，王猛紧紧握着慕容垂的手，动情地说：我与兄台真是相见恨晚啊。可惜我马上就要出征了，慕容兄可否赠我一点礼物，让我睹物思人，以解思念之情？

在这样融洽的气氛下，面对这样真挚的请求，慕容垂自然不可能拒绝，当即解下随身携带的金刀相赠：金刀赠知己，天涯若比邻。王兄请务必收下！

不久，王猛抵达了前线，他自己亲率主力攻打洛阳，同时派部将杨猛进驻石门（今河南荥阳北）。

前燕洛阳守将慕容筑急忙向邺城求救。

慕容评派乐安王慕容臧（慕容暐的庶兄）率10万大军前去援救。

凭借兵力上的优势，慕容臧初战告捷，在石门击败了杨猛，随后进占荥阳。

王猛对此立即做出了反应，他派大将梁成、邓羌率万余名精锐，秘密撤围东进，昼夜疾趋，如神兵天降般对前燕军发起突袭。

慕容臧做梦也想不到数百里之外的前秦军居然会这么快就出现在自己面前，一时毫无防备，被前秦军打得大败，伤亡万余人，只得撤出荥阳，退保石门。

秦、燕两军在石门陷入了对峙状态。

而慕容臧兵败的消息也成了压垮洛阳守将慕容筑的最后一根稻草，他知道自己已经不可能迎来援军，终于彻底失去了抵抗的信心，不得不在王猛的劝降下献城投降。

前秦军顺利拿下了洛阳城。

就在此时，前秦军向导慕容令见到了一位不速之客。

此人是他家跟随多年的家臣金熙。

金熙给慕容令带来了慕容垂的金刀和他的口信。

口信里是这么说的：

我们父子到秦国来，本是为了避祸。可是王猛对我视若仇敌，屡次暗地陷害；秦王虽然表面上看起来对我们还不错，但知人知面不知心，其真实想法或许根本不是他表现出来的那样。如今我们在秦国的处境非常危险，随时都可能大祸临头。如果我们为了逃命却反而送命，岂不是成了天下人的笑柄！我听说最近咱们燕国的形势跟以前大不一样了，皇帝和太后都对他们的行为非常后悔，希望我们能回去。我现在决定返回燕国，所以派金熙来跟你说，你见到他的时候，我已经出发了，希望你找机会迅速回国。因为怕消息走漏，故而不敢用书信，以金刀为凭。

这个消息如晴天霹雳，顿时把慕容令雷得几乎五脏俱焚。

这到底是真是假？

你说它是真的吧，为什么事发如此突然，之前毫无端倪？

你说它是假的吧，为什么送信的是家臣金熙，更重要的是还有这把父亲片刻不离身的金刀为证？

他当然不会知道，金熙已经被王猛重金收买，而金刀也已经被父亲送给了王猛！

纠结了整整一天，慕容令最终还是决定按照口信去做。

因为他觉得，万一这事是真的，他留在秦营肯定是死路一条！

他谎称打猎，带着数名亲信逃到了石门，投奔了慕容臧。

王猛"大为震惊"，连忙向苻坚上书，报告了慕容令叛逃的消息。

当然，他也不会忘了在这之前通过某种私人渠道设法让慕容垂获知此事。

慕容垂闻讯大为恐慌——根据慕容令在投靠前秦不久后就于前线叛逃回燕的事实，再加上其前燕皇族的身份，傻子也能判断出慕容令是前燕派来卧底的间谍，而作为慕容令的父亲和同伙，慕容垂当然也摆脱不了这样的嫌疑！

现在他就是跳进黄河，恐怕也洗不清了。

无奈，他只得带着家人再次踏上了逃亡路。

然而，此时他的一举一动早就处于王猛的严密监控之下，哪里还可能逃得了？

很快，慕容垂一行就在蓝田（今陕西蓝田）被前秦军悉数抓获，送到了苻坚那里。

这就是史上著名的"金刀计"。

王猛真不愧是"全才"，不仅擅长识人用人，害人的水平也堪称上乘——他的这个陷害策略环环相扣，几乎滴水不漏，轻而易举地把慕容垂推到了"百口莫辩、千夫所指、万劫不复"的绝境！

是啊，现在的慕容垂除了考虑怎样才能死得有尊严一点，哪里还什么别的办法可想呢？

然而，无常的命运有时完全是无法预测的。

就在所有人都认为慕容垂这次是必死无疑的时候，让人大跌眼镜的事发生了。

前秦主苻坚不仅没杀慕容垂，还安慰他说：你因与燕国掌权者失和，前来投奔我；而你的儿子却不忘本，心怀故国。人各有志，没什么可责怪的。更何况，你们虽然是父子，但他是他，你是你，即使他有罪朕也绝不会搞株连，你又何必因害怕而出走呢？

他下令恢复了慕容垂的爵位，待他依然和之前一样。

但这却害苦了慕容令。

见他叛而复归，而其父慕容垂则依然在前秦备受礼遇，前燕方面当然不可能信任他，于是他被流放到了前燕故都龙城（今辽宁朝阳）东北 600 余里的沙城。

心怀大志的慕容令当然不甘心就这样终老于边疆，便倾心结交了一批和他一样被流放到此地的士卒，在沙城起兵造反，准备攻打龙城，没想到却再次被其弟慕容麟出卖，最终兵败被杀。

慕容家年轻一代中最有才华的慕容令就这样早早夭折。

如果我没记错的话，这已经是慕容垂第三次被陷害了，第一次他失去了最爱的妻子；第二次他被迫亡命他乡；这一次他又失去了自己最喜欢的儿子——唉，老天拨给他的倒霉配额实在是太多了，如果有谁能穿越回那个时代，请帮我在他面前放上一块钱，以表达对他的同情。

而王猛为何要如此处心积虑要害慕容垂，历来众说纷纭。

有人认为王猛是出于嫉妒。

但从史书的记载来看，符坚虽然待慕容垂不薄，但并未加以重用，在战场上也从未让他担当过主帅，最多只是指挥一下偏师，可见符坚并不是真正信任慕容垂，王猛似乎根本不必担心自己的地位会受到慕容垂的威胁。

有人认为王猛是出于远见。

他认为慕容垂将来必会叛秦，所以才要除掉他。事实上，如果没有发生淝水之战，慕容垂也许终生都会在符坚手下恪守臣节，更何况，后来叛秦的并非只有慕容垂一人，最终害死符坚的是羌人姚苌。王猛如果真的有如此精准的预见，为什么没建议杀姚苌？

北宋史学家司马光则在《资治通鉴》中对王猛这种行为大加谴责：猛何汲汲于杀垂，乃为市井鬻卖之行，有如嫉其宠而谗之者，岂雅德君子所宜为哉！——王猛为什么要一心想着杀慕容垂，竟然干出了市井叫卖者（小生意人躺枪了）的欺骗勾当，就像嫉妒别人得宠进而就用谗言加以诋毁的人一样，这难道是具有高尚道德的君子应该干的事情嘛！

我个人认为，王猛之所以这么干，最重要的也许是因为慕容垂的影响力。

慕容垂威望高，号召力强，又是敌国的皇族，这样的人对前秦帝国来讲，始终是个潜在威胁，所以他为了前秦的国家利益，才必欲除之而后快！

第十八章　王猛灭燕

卖水太傅

当然了，不管后人怎么评价王猛的这种行为，都并不会妨碍他继续在战场上高歌猛进。

就在他实施"金刀计"的同时，他麾下的大将梁成又再次重创了慕容臧的前燕军，斩首 3000 余级。

慕容臧连战连败，不敢再战，只好仓皇率部北撤，在新乐（今河南新乡）筑城防守。

而王猛在如愿取得洛阳和虎牢以西的土地、完成既定的目标后，也并未穷追猛打，而是选择了见好就收，他留邓羌驻守洛阳，自己率部凯旋而归。

因为他知道，这只是一道大餐前的甜点，一场大赛前的热身，一个高潮前的前戏。

接下来，接下来等着他的，才是真正的大餐，真正的大赛，真正的高潮——一场一举灭掉前燕的灭国之战！

为此，他和苻坚，还需要做更多的准备。

准备的时间并不长——只有短短 3 个月。

公元 370 年 4 月，苻坚任命王猛为总指挥，督率镇南将军杨安、虎牙将军张蚝、洛州刺史邓羌等 10 员大将，统步骑 6 万，再度出兵伐燕。

6 月，一切准备就绪，大军正式开拔。

苻坚亲自到灞上为王猛送行：这次朕把征讨关东的重任托付给你，你可先取壶关（今山西壶关），再平定上党（今山西长治），随后穿越太行山，以迅雷不及掩耳之势直取邺城。我会亲自率军作为你的后继部队，希望能与你在邺城相见。粮草运输、后勤辎重我都帮你准备妥当了，你只需破敌，无须有任何后顾之忧。

王猛则自信满满地回答：臣仰仗陛下的神威，凭借陛下的神算，荡平残胡，必然如秋风扫落叶，根本就不需要麻烦陛下亲自受征战之苦，您只需准备场所以便收容鲜卑俘虏就可以了。

听起来，这话说得真是太自大太狂妄太不靠谱了。

不过，后来发生的一切证明，王猛这个人虽然会说大话，但从来不说空话；虽然看起来狂妄，但最后的结果肯定会不负所望；虽然听上去丝毫不靠谱，但其实他心里完全有谱！

这就像足坛的某些任意球高手，有时踢出的任意球看上去似乎高得离谱，偏得没谱，但最后却会急速下坠，拐个大弯，分毫不差地直奔球门死角而去！

7月，王猛大军从河东（今山西西南部）进入了前燕国境，随后兵分两路，他自率主力进攻军事要地壶关，同时派大将杨安北上攻打晋阳（今山西太原），以消除自己侧后方的威胁。

面对前秦的大规模攻击，前燕方面也很快作出了反应。

毕竟前燕的国力还是很强的——据说其治下的人口超过了前秦、东晋两国之和，加之这次他们对前秦的入侵还是有心理预期的，之前早就征集了大量兵马，所以并未示弱，马上派出了30万大军前去迎战。

大概是因为这次手中的兵多，久疏战阵的慕容评这次一改上次桓温北伐时的怯懦，居然自告奋勇，亲自出任了燕军主帅。

8月，慕容评率军抵达潞川（今山西浊漳河）。

此时，王猛已经顺利攻下了壶关，但另一路的杨安却遇到了麻烦。

晋阳兵多粮足，城坚墙固，杨安久攻不下，一时难破僵局。

见此情景，王猛当机立断，留下大将苟苌驻守壶关，自己亲自率军北上，增援杨安。

两军会合一处，实力大增，随后百道攻城，昼夜不息。

到了10月，前秦军长时间不懈的努力终于见到了效果。

猛将张蚝率数百敢死队先从地道突入城内，随即斩开城门，接纳大军进城。

前秦军就此攻占晋阳，生擒前燕守将慕容庄。

而在这将近两个月的时间里，慕容评到底在干什么呢？

慕容评啥都没干。

他认为前秦军远道而来，利于速战速决，便决定不与王猛正面交锋，用持久战来拖垮敌方，因此，他一直在潞川按兵不动，坐视晋阳丢失。

不过，确切地说，他也并非完全啥都没干，其实他还是做了些事情的。

什么事呢？

做买卖。

如果史书记载没错的话，不得不说，慕容评是极具商业眼光的，极其善于把掌握的资源转化为自己的财富，在屯兵的同时，他目光如炬，一眼就看到了商机。

一到潞川，他就下令封锁了所有的山林和河道，任何士兵需要砍柴或用水，都必须向他购买，而且卖的价格还很贵，很快他就发了大财，囤积的钱财堆成了小山。

不过，常言道，财聚人散，他倒是发财了，但士卒们可都快被逼得发疯了。

人人都对他怨气冲天，纷纷在背地里大骂他这个不劳而获的奸商，没人愿意为这个爱财如命的"卖水太傅"卖命。

慕容评"卖水鬻薪"之事到底是真是假？

我也不知道。

你说它是真的吧，可是听上去实在是太荒唐了，慕容评虽然极为爱财，但毕竟也是久经沙场的老将，既不是智商为负的傻子，也不是毫无逻辑的疯子，怎么会干出这种不合常理的事呢？恕我直言，猪圈里也很少见这么没脑子的，怎么可能是慕容评所为？

你说它是假的吧，可是这在《晋书》《资治通鉴》《十六国春秋》《水经注》等多部各种类型的著作中都有详细的记载，难道它们全都是在毫无根据地造谣？

不过，无论怎么说，有一点是可以肯定的。

那就是慕容评坐拥 30 万大军，既不救援晋阳，也不攻打壶关，一直在潞川无所作为，无所事事地等待着前秦军的到来。

势如破竹

前秦军终于来了。

在拿下晋阳后，王猛留大将毛当驻守，自己亲率全部主力进军潞川，与慕容评对峙。

据说在得知慕容评卖水的传闻后，王猛不由得抚掌大笑：慕容评真奴才也！这样的废物，即使手下有亿万之众也不足挂齿，何况才几十万呢！看来我这次肯定是必胜无疑了！

不过，此时的前秦军中也出现了一些不和谐的音符。

王猛派将军徐成去侦查敌情，本来他要求中午回来，但徐成却直到太阳落山才返回。

王猛向来以军纪严明而著称，当然容不下这种违反军令的事情，便马上下令将其推出帐外，斩首示众。

邓羌求情说：徐成是我的老乡，请留他一命，让他和我一起戴罪立功。

王猛这人从来都是刚硬如铁，说一不二，要他这样的人转变主意比传统亏损企业转变经济增长方式还要难。

他想都没想就拒绝了邓羌。

邓羌也不多话，立即回到自己营中，集结部队，擂响战鼓，准备攻打王猛。

眼看一场兵变就要发生，王猛不敢怠慢，连忙派人找到邓羌，问他为何要这样做。

邓羌厉声回答：受诏讨伐远贼，现在有近贼要杀自己人，我要先把他除掉！

王猛当然知道这个近贼指的是自己，但他深知如今大敌当前，一切必须以大局为重，便马上决定妥协，当场下令赦免徐成。

事后，邓羌也知道自己这事做得确实是过分了，到王猛那里谢罪。

没想到王猛不仅没怪罪他，还握着他的手称赞说：将军真是忠义之人，对老乡都如此，何况是对国家呢！

两人就此冰释前嫌，接下来自然是同仇敌忾对付前燕了。

也许正是受益于徐成所获得的情报，当天夜里，王猛派部将郭庆率军从小路绕到了前燕军的侧后，突袭了燕军的后勤仓库，一把大火将其辎重全部烧光。

慕容评闻讯大惊，自己本想凭借后勤补给的优势固守不战，用时间来拖垮对方，现在没了吃的，再这样拖下去，被拖垮的只能是自己。

这一策略显然是彻底地破产了。

怎么办？

就在他惶恐不安之际，燕主慕容暐的使臣也到了，带来了一封慕容暐的亲笔信。

慕容暐在信中严厉地责备他说：你乃高祖之子，当以宗庙社稷为忧，为何会不顾将士只顾赚钱？国库中的钱财，都是我与你共有的，你根本不必担心没钱。如果国家都没了，你积攒了那么多钱又有何用！

最后，慕容暐还督促他不得消极避战，要立即率军与前秦军一决雌雄。

显然，再不出战，不是坐以待毙，就是被皇帝枪毙，无奈，慕容评只好派人向王猛下战书，约定次日决战。

公元 370 年 10 月 23 日晨，秦、燕两军在潞川列下阵势。

朝阳如血，刀枪如林，旌旗猎猎，战马嘶鸣，一场大战一触即发。

王猛一身戎装，威风凛凛，在阵前对将士们发表了慷慨激昂的战前讲话：我王景略（王猛字景略）受国厚恩，身兼重任，如今深入敌境，当与诸君一起全力死战，有进无退，共立大功，以报国家！封爵受赏，载誉返乡，不也是人生一大美事吗？

在王猛的鼓动下，前秦军士气高涨，呐喊声如飓风来临前的海水一样一浪高过一浪。

现场的气氛火爆到了极点！

王猛的个性如果用某个行业中的术语来形容的话，那就是"冰火两重天"——在情绪如火一般炽热的同时，头脑却始终如冰一样冷静。

他清楚地知道，燕军在人数上有着绝对的优势，自己要想以弱胜强，唯有凭借一个"勇"字，邓羌、张蚝等万人敌的表现非常关键，因此他特意召来邓羌，对他说：今日之事，非将军不能破敌，成败在此一举，将军请努力！

没想到邓羌却在阵前提起了条件：如果你能保证让我当司隶校尉的话，接下来的事你就不用担心了。

在这样关键的时刻居然说出这样的话，相当于医生在救人前先索要红包，实在是很没有职业道德的。

王猛听了当然不悦，不过，考虑到此时正是用人之际，他还是强压着怒气说：不好意思，这个我做不了主，但我可以保你为安定（今甘肃泾川）太守、万户侯。

按说这也算是相当可以了——因为安定是邓羌的老家，以万户侯的身份衣锦还乡，何等光彩！

但邓羌却没有回答，默默退下了。

决战开始的时候，王猛回头去找邓羌，却根本不见其踪影。

众里寻他千百度，一问才知，那人竟在帐中睡大觉。

王猛晓得他是在闹脾气，连忙骑马赶到他的营帐，当场表态同意他当司隶校尉的要求。

如果把躺在床上一动不动的邓羌比作一辆因缺乏燃料而抛锚的汽车，王猛的这句话就是他急需的燃油，一下子让他重新获得了强劲的动力。

他当即一跃而起，翻身上马，挥舞着长矛直冲敌阵。

张蚝、徐成等将领见他如此拼命，也不甘落后，纷纷拍马跟上。

几个人在前燕军中来回厮杀，如入无人之境，很快就杀敌数百人。

在他们的带动下，前秦军更加奋勇，而前燕军虽然人多，却早就因慕容评的胡作非为而丧失了斗志，在前秦军的猛烈冲击下，很快就抵挡不住，兵败如山倒。

战斗仅持续到了中午时分就分出了胜负，前秦军以少战多，大获全胜，俘斩5万余人。

慕容评和前燕军残部仓皇向邺城逃窜。

但王猛人如其名，向来以猛著称，当然不会这么轻易放过他们，率部穷追猛打，一路疯狂追杀。

几个回合下来，本就士气低落的前燕军终于彻底崩溃了，30万大军或降或散，最后竟然全军覆没。

慕容评单骑逃回了邺城。

前秦军乘胜挥师东进，在 3 天后就抵达了邺城，将邺城团团围住。

此时濒临崩溃的前燕帝国早已失去了约束力，邺城郊外陷入了无政府状态。

盗贼横行，劫掠肆虐，强奸案此起彼伏，杀人者多如牛毛。

然而王猛一到，这些行为却如露水遇到太阳一样马上就销声匿迹了，不要说偷盗抢劫了，连闯红灯的人都绝迹了。

原来，王猛执法严明的名气早就传到了这里！

而王猛的表现也不负众望，前秦军军纪严明，秋毫无犯，他本人则安抚百姓，颁布命令，令行禁止，有条不紊，一切都秩序井然。

之前世界末日一般的乱世一夜之间就变成了天上人间一样的盛世，很多百姓几乎不敢相信自己的眼睛，甚至有些人还以为是穿越回了几年前慕容恪执政时期——大概是穿越剧看多了，忍不住感叹说：没想到今日居然又见到了太原王（慕容恪）！

这话很快传到了王猛的耳朵里，他不由得产生了惺惺相惜之感：慕容玄恭（慕容恪字玄恭）有古圣贤的爱民之风，真奇士也！

于是他设了太牢，亲自祭奠慕容恪。

而此时潞川大捷的消息也传到了关中，眼看统一北方的大业即将完成，梦寐以求的理想即将实现，苻坚自然也是激动万分。

无论是美女还是美景，无论是美食还是美酒，靠看介绍、听汇报获得的感受肯定无法和亲密接触相比，更何况是这种必将载入史册的历史性事件？

若不亲身体验，岂非终生遗憾！

想到这里，苻坚再也按捺不住了。

心动就马上行动！

他立即颁下命令，留表舅李威辅佐太子苻宏镇守长安，弟弟苻融守洛阳，自己则亲率 10 万大军赶赴邺城。

去心似箭的他日夜兼程，仅用 7 天时间就赶到了安阳（今河南安阳）。

安阳地处邺城南郊，苻坚童年时曾随父祖一起在此地生活多年，某种程度上来说算是他的故乡。

他在那里大宴当年的故旧，抚今追昔，感慨万千。

王猛得知后，也连忙从前线赶来，谒见苻坚。

苻坚刚在家乡父老面前享受了满肚子的美食和满耳朵的恭维话，心情那叫一个好，便和王猛开起了玩笑：当年汉朝的周亚夫以治军严明著称，汉文帝去了他都没迎接，你为什么要抛下军队来找我？

但王猛却婉转地对苻坚的行为提出了批评：周亚夫那是为了求名，臣觉得那不值得效仿。如今敌人已行将灭亡，对付他们就如同盆中捉鱼，根本就不足为虑。陛下留年幼的太子驻守长安，万一要是有什么不测，岂不是后悔莫及？

几乎就在王猛说这番话的同时，前秦大将邓羌又击败了前燕在邺城附近的最后一支部队——前燕宜都王慕容桓（慕容俊之弟）所部数万人。

慕容桓的失败成了压垮邺城内前燕君臣信心的最后一根稻草。

公元370年11月7日，前燕部分大臣以及高句丽、扶馀等前燕属国的质子500多人打开城门，迎接前秦军入城。

前燕国主慕容暐、太傅慕容评、乐安王慕容臧等人则仓皇向北出逃，企图逃回东北老家龙城（今辽宁朝阳）。

在逃到高阳（今河北高阳）时，慕容暐被前秦追兵抓获，在被抓时他一边垂死挣扎一边声嘶力竭地大声叫道：你是何人，敢绑天子！

但在这个时候说这样的话显然除了自取其辱什么也得不到，抓捕他的前秦将领冷冷地回答他：我奉命追捕贼人，哪来什么狗屁天子！

而慕容评这个老江湖虽然打仗水平是不入流的，逃跑水平却是超一流的——他居然成功逃脱，一口气逃到了高句丽。

但高句丽哪敢得罪强大的前秦，很快又把他逮捕，交给了秦军。

此后，前燕各地的郡守和六夷酋帅纷纷降秦，立国34年的前燕帝国就此灭亡。

第十九章　史上最宽容的君主

关中良相唯王猛

战后，苻坚自然要大封功臣。

邓羌被封为征虏将军、安定太守、真定郡侯，杨安为吏部尚书、博平县侯，而功劳最大的王猛则不仅被加了使持节、都督关东六州诸军事、车骑大将军、冀州牧、清河郡侯等一大串头衔，苻坚还把慕容评府第中的财物全部赐给了他（慕容评早已哭晕在厕所，可怜他辛辛苦苦几十年，没想到却是在为别人攒钱），同时还赏给他美女数十名。

王猛坚辞不受。

苻坚却坚持说：当年魏绛（春秋时晋国名臣）交好戎狄、山甫（即仲山甫，西周贤臣）辅佐周室都受了重赏，爱卿的功劳远超此二人，职责比管仲、诸葛亮还重，怎么可以辞让？敬请受之！

当然，世界上没有无缘无故的爱，也没有无缘无故的恨，更没有无缘无故的重赏。

在得到这些封赏的同时，王猛也得到了新的任务——坐镇前燕旧都邺城，负责安抚前燕故土。

让一个新并购的企业融入本公司文化至今依然是个世界性的难题，整合这样一个分治了数十年的国家显然更是难上加难。

不过，对学霸来说，再难的题也不算难题；在王猛面前，再难的事也不是难事。

他巡行关东各地，考察民情，劝课农桑，改革前燕弊政，寻访任用人才，很快就安定了关东 6 州的局势，深得关东百姓的爱戴。

之后，王猛回到了京城长安，被任命为丞相、中书监、尚书令、太子太傅、司隶校尉、都督中外诸军事，不久又加封司徒。

国家的所有军令政务，事无巨细，苻坚都交给他裁决处理，自己则当起了甩手掌柜，按照史书的说法就是他只不过是"端拱于上"——拱着手端坐在朝堂之上，除了摆摆样子，几乎啥都不干，屁都不管。

因为苻坚知道，海洋霸主鲸鱼只有在浩瀚的大海里才能自由自在地到处游弋，天下奇才王猛也只有在宽松的环境下才能毫无保留地施展本领。

王猛没有辜负苻坚的信任。

他刚正清廉，赏罚严明，对内重视教育，对外勤修武备，罢免放逐尸位素餐的官员，大力提拔重用有才而不得志者，史称当时"官必当才，刑必当罪"——任官必然符合其才能，刑罚必然符合其罪恶。

他做事雷厉风行，从不拖泥带水。

《晋书·王猛传》记载了这么件事：

前秦大臣麻思的老家在河北，因其母去世，向王猛请假，说要回乡去处理丧事。

王猛对他说：你现在就可以收拾行李准备出发，我今晚就给你符文并通知沿途郡县。

果然，麻思一出关，就发现沿途各地都已经接到通知，并照章验看其符文，为其安排食宿。

由此可见王猛办事效率之高。

在王猛的努力下，前秦政治清明，社会稳定，经济快速发展，百姓生活也蒸蒸日上，柴米油盐，样样充足；衣食住行，全都不愁。

整个中原地区出现了自西晋末年以来久违的安定繁荣的局面。

史书对当时前秦的盛况称颂不已：

关陇清晏，百姓丰乐，自长安至于诸州，皆夹路树槐柳，20里一亭，40里一驿，旅行者取给于途，工商贸贩于道——关陇地区社会安定，百姓丰衣足食安居乐业，自长安到各州郡的路上，都种上了槐树柳树，每隔20里设一个亭子，每隔40里设一个驿站，旅行的人沿途都有饮食供应，贩运贸易的工商业者络绎不绝。

这些年前秦发展得如此之快、如此之好，究竟谁才是最大的功臣？

相信这个问题只要不是睁眼瞎，谁都能看出来。

历史学家的眼睛当然更是雪亮的。

他们在史书上无比肯定地给出了无比明确的答案：兵强国富，垂及升平，猛之力也。

苻坚对此当然也十分清楚，据说他曾经非常真诚地对王猛说：有爱卿你夙兴夜寐，日理万机，我就像周文王得到了姜太公一样，可以优哉游哉地度过余生了！

王猛连忙回答：没想到陛下对臣的评价如此高，臣实在是不敢当啊，我怎么可能比得上古人？

但符坚却不这么认为：在我看来，姜太公哪能比得上你！

显然，他对王猛是发自内心的敬重，他经常对太子符宏、长乐公符丕（符坚庶长子）等子侄辈说：你们对待王公，要像侍奉我一样。

有强大的国力做保证，符坚对外用兵自然也有了底气。

残存于西北的割据势力仇池，成了他在灭燕后的第一个打击目标。

仇池国位于今甘肃东南部一带，由氐人杨氏在西晋末年所建，因其初建时政治中心在仇池山（位于今甘肃西和）而得名，占有武都（今甘肃陇南）、阴平（今甘肃文县）等地，由于地处偏远，中原王朝鞭长莫及，故 70 多年来它一直处于半独立状态。

公元 371 年，符坚派大将符雅、杨安、王统、徐成以及扬武将军姚苌等人率步骑 7 万讨伐仇池。

仇池的实力比起前秦，完全不在一个水平线上，很快，仇池公杨纂在兵败后自缚出降，前仇池国灭亡。

唇亡齿寒，得知仇池被灭的消息后，割据凉州的前凉主张天锡也大为恐慌，连忙向前秦谢罪称藩。

之后不久，前秦军又在度坚山（今甘肃靖远）击败了陇西鲜卑乞伏部，乞伏部首领乞伏司繁被迫降服前秦。

公元 373 年 9 月，东晋梁州（治所今陕西汉中）刺史杨亮遣将骚扰前秦边境，被前秦大将杨安击败，随后符坚又派大将王统、朱彤、毛当、徐成等人率军 5 万南下，大举进攻东晋所属的梁州、益州（治所今四川成都）。

前秦军连战连捷，势如破竹，很快就攻占了汉中、剑阁（今四川剑阁）、梓潼（今四川梓潼）等地，东晋益州刺史周仲孙不战而逃，二十几年前桓温从成汉手里收复的梁、益二州就这样全部落入了前秦囊中！

此时的前秦内政欣欣向荣，外征四处奏凯，符坚更是踌躇满志，意气风发，决心要一统中华，开创一个新的时代！

宽容还是纵容

但世界上从来没有完美的东西，正如希腊神话中刀枪不入的阿喀琉斯有着脆弱的脚后跟一样，表面看起来强大无比的前秦也并非没有隐忧。

隐患主要来自前秦政权的内部。

前秦朝中的很多有识之士都看到了这一点。

太史令张孟就是其中的一个。

公元 373 年底，他向苻坚进言说：臣夜观天象，发现有彗星出现在尾宿、箕宿之间，扫掠井宿，从 4 月到秋冬都没消失，尾宿、箕宿乃燕国分野，井宿是咱们秦国的分野，这种天象似乎预示 10 年后燕国将会灭掉秦国。大王不可不防啊。燕国慕容家族的子孙，本来是我们的仇敌，如今却遍布朝廷，贵盛无比，请大王早日诛杀慕容一族，以消除天变。

此时苻坚刚从东晋手里夺得益州，正满怀激情地想要平定天下，听了这样的话，就仿佛正满怀激情地想要和恋人亲吻时，对方突然来了句"你嘴巴里的味道好臭啊"一样——实在是太扫兴太煞风景了！

苻坚极为不快，冷冷地拒绝了张孟的提议。

不过，不快归不快，慕容氏在前秦朝中势力过大，也确实是事实。

前燕灭亡后，苻坚把包括慕容暐在内的王公贵族以及 4 万余户鲜卑人都迁到了关中，但却并没有把他们作为战俘看管起来，而是对他们封官晋爵，极为优待。比如，慕容暐被封为新兴侯，慕容德为张掖太守，就连罪魁祸首慕容评也得到了个给事中的职位。

慕容垂劝苻坚说：我这个叔父祸国殃民，不能再让他玷污本朝了，请陛下将其明正典刑，以儆效尤。

然而苻坚却依然不肯接受，只是将慕容评外放为范阳（今河北涿州）太守。

司马光在《资治通鉴》里对苻坚的做法提出了严厉的批评，说他是头脑不清，好坏不明，是非不分，所以才会想争取人心却反而失去了人心。

是啊，苻坚对慕容家这种无原则无底线的优待，连后世的司马光都看不过去，何况是当时前秦朝中的那些大臣们？

阳平公苻融（苻坚之弟）对此就很有意见，他极力劝谏自己的哥哥：这些东"胡人"并非是主动投靠我们的，是因为被我们灭了国而被迫臣服的，怎么可以信任？如今他们父子兄弟林立于朝廷，其权势几乎超过了很多功勋旧臣，陛下你这么做是养虎为患啊。

但苻坚却豪情万丈地回答说：我的目标是一统天下，自然不能有狭隘的民族主义，必须视夷狄为赤子，你放心好了，没什么可担心的，只要我们能完善自己，还怕什么鲜卑人呢？

公元 374 年冬，宫里还发生了一件奇事。

有人突然闯进皇宫的明光殿，到处大声高喊：甲申、乙酉，鱼羊食人，悲哉无复遗！

那一年是甲戌年，由此可以推算出甲申、乙酉是正好是十年后的 384 年和 385

年，鱼羊两个字合起来就是鲜字，显然指的是鲜卑人，毫无疑问这句话的意思是说：10年后鲜卑人要大肆杀人，而且要杀到"无复遗"的地步——一个都不剩，没人能活下来！

在禁宫重地散布这样耸人听闻的谣言，这还了得！

苻坚对此极为重视，迅速作出批示，要求不惜代价务必抓获此人。

随即他派出大量卫士和无数大内高手，将明光殿包围得水泄不通——连一只蚊子也飞不出去，接着进行全方位无死角的地毯式搜索，然而却毫无收获，连影子也没找到。

这件事很快就传遍了长安城，很快登上了热搜榜的首位，成为人们街头巷尾热议的话题。

很多人都相信这是上天的警示，预示将来鲜卑人会带来祸乱。

秘书监朱肜、黄门侍郎赵整等大臣因此纷纷上书，请求诛杀鲜卑人。

但苻坚还是不听。

为什么苻坚会对鲜卑人如此宽容？

毫无疑问，最主要的原因就是如他所说的那样——他是心怀天下，想要争取人心。

不过，作为一个酷爱八卦的人，我觉得，之所以苻坚会这么做，除了上面那些冠冕堂皇的因素，也许还和清河公主、慕容冲甚至慕容垂的现任妻子小段夫人有关。

史书记载，苻坚这个人不仅有一个大多数男人都有的爱好——喜女色，还有一个大多数男人都没有的爱好——好男色，算得上是男女通吃。

在灭燕后，苻坚看中了前燕主慕容暐的妹妹——美若天仙的清河公主和慕容暐的弟弟——容貌俊美的慕容冲，将姐弟两人一起纳入后宫，极为宠爱。

宠爱到什么程度呢？

按照史书的记载就是：姊弟专宠，宫人莫进——苻坚成天与小萝莉清河公主和小鲜肉慕容冲腻在一起，其他的嫔妃根本没有机会。

可怜当时清河公主才14岁，慕容冲更是只有12岁，如果生活在现在的话，清河公主估计刚上初一，慕容冲大概是小学五年级，两人甚至比苻坚的儿子还小，还是未发育的儿童，未开放的蓓蕾。

不得不说，苻坚这个老司机实在是有点太辣手了！

毫无疑问，这对慕容姐弟俩，尤其是慕容冲的伤害是难以估量的——再多的甜言蜜语也无法抚慰他被撕裂的心灵！

不久，长安城中传起了一首歌谣：一雌复一雄，双飞入紫宫。

这样的消息无疑是爆炸性的。

王猛也极力劝谏让苻坚注意影响。

迫于外界的压力，无奈苻坚只好忍痛割爱，把慕容冲送出了宫。

之后不久，又有一首童谣传到了苻坚的耳朵里：凤凰凤凰止阿房……

苻坚觉得这是好事啊，便在阿房宫广种梧桐树和竹子——据说凤凰非梧桐不栖，非竹子不吃。

然而他就是做梦也不会想到，这里的凤凰指的不是传说中的鸟，是现实中的人——慕容冲！

因为慕容冲的小名就叫凤凰，而这个谶言的应验要在十多年后！

除此以外，《十六国春秋·前秦录》中还记录了这么件事：

有一次苻坚和慕容垂的老婆小段夫人两人同坐一辆车在后宫游玩，黄门侍郎赵整看到了，便作诗讽刺：不见雀来入燕室，但见浮云蔽白日。

苻坚听了脸色大变，连忙让小段夫人下车，并向赵整道歉。

从这里来看，苻坚和小段夫人好像也有点不清不白。当然，被记载下来的毕竟只是同车游玩而不是同床共寝，只是一起坐车而不是一起车震，但无论如何，暧昧肯定是有一点的——小子我个人觉得，慕容垂头上的那顶帽子至少应该是浅绿色的吧。

不过，虽然苻坚对慕容鲜卑的厚待可能多少有点私情的因素，但这肯定不是主要原因。

事实上，苻坚的宽容并不仅仅局限于对鲜卑人。

比如，羌人首领姚苌（姚襄之弟）就深得其重用，历任左卫将军、宁、幽、兖三州刺史、扬武将军、步兵校尉等军政要职，封益都侯，还参与了多次重要军事行动；

比如，被俘的东晋将领周虓，不仅屡次对苻坚出言不逊，后来甚至还参与谋反，但苻坚却不仅没杀他，反而对其颇为推崇。

可以说，苻坚对很多降敌的态度，简直是宽容到了纵容的程度。

这个做法究竟是错还是对，历来众说纷纭，难有定论。

不过，至少在那个时期，苻坚宽厚仁爱的名声在前秦大地上广为传颂，也得到了百姓的爱戴，前秦的国势也趋于鼎盛。

天妒英才

但正如绿灯的任性离不开红灯的约束一样，苻坚的宽也离不开王猛的严。

　　两人一放一收；一松一紧；一个像春风一样温暖，一个像台风一样猛烈；一个负责貌美如花——保持自己的光辉形象，一个负责赚钱养家——管理国家的一切具体事务。

　　就这样，这对史上少有的明君贤臣配合得仿佛同等规格的螺母和螺丝一样严丝合缝，把前秦帝国治理得井井有条，蒸蒸日上。

　　可惜，好花不会常开，好天气不会一直延续，好搭档也不会永久存在。

　　公元 375 年 7 月，苻坚的亲密战友王猛因病医治无效，在长安去世了。

　　他是累死的。

　　他身上的担子实在是太重了，他要管的东西实在是太多了，他要做的事情实在是太繁杂了。

　　日复一日年复一年超负荷的工作，终于逐渐摧垮了他的身体。

　　他病倒了。

　　苻坚亲自为他到长安附近的庙里祈祷，还派人四处求神，祈求上苍能保佑他的丞相尽快恢复健康。

　　王猛的身体略有好转，他又专门为其赦免死刑以下的罪犯。

　　然而，这一切都是徒劳——王猛的病还是日渐沉重。

　　他自知不久于人世，便上书苻坚：臣已经是将死之人了，就让我再进献忠言吧，陛下如今威德功业震动八方，九州百郡十有其七，但善始者未必能善终，所以古代的圣王们知道功业不易，战战兢兢，如临深渊，希望陛下能和前代圣王一样，如此则天下幸甚！

　　看到王猛的奏疏后，苻坚极为悲伤，忍不住泪水满面。

　　他怀着沉重的心情来到王猛家中，见最后一面并向其询问后事。

　　王猛艰难地说出了他人生的最后一段话：晋虽然偏居江南，但毕竟是正朔所在，希望臣死之后，陛下不要图谋晋国。鲜卑、西羌是我们的仇敌，将来必为大患，要想办法逐步将其剪除，以保社稷。

　　说完，王猛就去世了，享年 51 岁。

　　毫无疑问，王猛是中国历史上最著名的贤相之一。

　　世人常将他与三国时的诸葛亮相提并论，连苻坚自己也说过遇到他"若刘玄德遇孔明"也。

　　是的，两人的确有不少相似之处，都曾隐居多年，都足智多谋，都得到了君主的无比信任，都做过丞相，都掌控了朝政大权，都兢兢业业，都为了国家鞠躬尽瘁死而后已……

　　但两人的个性却很不相同。

诸葛亮以谨慎著称，王猛以胆大见长；诸葛亮是谦谦君子，王猛乃烈烈丈夫；诸葛亮如含蓄内敛柔中带刚的太极，王猛则似大开大合刚中带柔的少林……

另外，我个人觉得比起诸葛亮，王猛可能更为全面。

诸葛亮擅长治国，但似乎军事上略有不足，陈寿就说他"应变将略，非其所长"，而王猛则堪称文武全才，亲自指挥过多次重大战役，战绩斐然，尤以灭燕之战而彪炳史册。

他文能提笔安天下，武能上马定乾坤，杀得了恶霸，斗得了流氓，定得了战略，干得了执行，治得了国家，带得了军队，管得了经济，打得了恶仗……

从功业上来看，王猛似乎也比诸葛亮更胜一筹。

他辅佐苻坚，仅用了十几年的时间，就把前秦帝国从一个风雨飘摇朝不保夕的地方政权发展成了一个国土广阔国泰民安的超级强国，在他的指挥下，前秦帝国在各条战线几乎都是无往不利，从一个胜利走向另一个胜利。

当然，他也并非没有缺点。

《晋书》说他：微时一餐之惠，睚眦之忿，靡不报焉，时论颇以此少之——寒微时的一顿饭的恩惠，一把柴的怨恨，没有不报的，当时人对他这点颇有微词。

从这段记录来看，他似乎有点过于快意恩仇，睚眦必报，缺乏足够的气度。

他的宰相肚里不仅撑不了船，好像连一颗芝麻都容不下！

但这，才是真实的王猛！

是的，再好的美玉也必然有些微瑕疵——除非是人造的，再漂亮的美女也必然有少许短处——除非是整过容的，再牛的人比如王猛也必然有他的若干不足——除非记载他的史书是被篡改过的！

朦胧中，我仿佛看到王猛一脸傲娇地出现在我面前，用不容置疑的口气说道：没错，我就这样，你想怎样！

我连忙向他竖起大拇指，点了个赞。

然而，他却毫无反应。

毕竟，我们之间隔了 1700 年！

唉，算了，还是回到公元 375 年的长安吧。

王猛死后，苻坚极为哀痛，他为其举办了极其隆重的葬礼，亲自参加并多次恸哭。

他对太子苻宏说：上天难道不愿让我统一天下吗？为什么这么早就夺去了我的景略（王猛字景略）？

从这句话可以看出，王猛的死对他的打击有多大！

从这句话更可以看出，他根本没把王猛的遗言当回事！

他念念不忘的依然是要平定东晋，一统中华！

242

也许，他并没有真正理解王猛的意图。

事实上，王猛之所以会在临终前劝苻坚不要图晋，可能并不一定是因为他对东晋有多深的感情（巴蜀之地就是他在任的时候从东晋手中夺过来的），更重要的是，这几年前秦的扩张步伐迈得实在是太快了，连续吞并了庞大的前燕和富饶的巴蜀，要完全整合好还需要一定的时间。

这个时候前秦最需要的不是继续大举扩张，而是要巩固内部！

就像人一下子吃了很多后，不应该继续拼命吃，而是要缓一缓，让食物充分消化后再吃，否则一定会消化不良，甚至会导致重病！

可惜这一点一直顺风顺水的苻坚没有领会到。

但对王猛的重要性，他却是有着刻骨铭心的感受。

王猛去世半年多后，苻坚在一封诏书里动情地说：当初丞相在的时候，我常常觉得帝王很容易当，如今丞相离世才多长时间，我已经操劳得须发都白了，每想到丞相，我的心中就会不知不觉地酸痛起来……

不过，虽然缺少了王猛的辅助，但凭借其打下的坚实基础，凭借牛顿第一定律，苻坚和他的前秦帝国依然还在继续高歌猛进。

公元376年8月，苻坚派大将苟苌、毛盛、梁熙、姚苌等人统步骑13万，攻打前凉。

前秦大军一路比势如破竹还要势如破竹，当月底就攻入了前凉国都姑臧（今甘肃武威），前凉主张天锡自缚出降，占据河西走廊长达70多年的前凉张氏政权就此灭亡。

从出兵到前凉亡国，总共居然只用了不到一个月的时间。

这哪里是打仗啊，简直比旅游还轻松！

对有些男生来说，太容易追到手的女孩往往觉得不够味道；对苻坚来说，太容易打的胜仗也觉得不够过瘾。

于是，仅两个月后，苻坚又开始手痒了。

这次他把进攻的矛头指向了鲜卑拓跋部所建的代国。

拓跋部已经消失在我们视野中很久了。

前面说过，自从316年被晋愍帝封为代王的拓跋猗卢为其子拓跋六修杀死后，代国就陷入了连续不断的内乱。

短短20多年的时间里，拓跋部居然换了八九次首领，几乎每次换人都伴随着一次血雨腥风的政变。

就像一次又一次的手术会严重损坏人的身体一样，这一次又一次的自相残杀也极大地摧垮了拓跋部的实力。

曾经无比强大的拓跋部，后来甚至到了只有依附中原的后赵政权才能在塞外勉强苟延残喘的地步。

公元 338 年，代王拓跋翳槐去世，临终前命其弟拓跋什翼犍继位。

拓跋什翼犍当时年仅 19 岁，却"雄勇有智略"，在他的任上，拓跋部开始复兴。

由于曾经在后赵国都邺城当过多年的人质，见过一番世面，什翼犍一上任，就仿效中原王朝，设立年号，任命百官，制定了各种规章制度。

之前的代国虽然名为王国，但实际上仍然不过是个部落联盟，现在经过什翼犍大刀阔斧的改革，终于开始有了一个国家的雏形。

之后，什翼犍又向前燕求婚，当时的前燕主慕容皝把妹妹嫁给了他，其妹死后，什翼犍又再娶了慕容皝之女。

与慕容氏通婚结成联盟后，什翼犍实力大增。

之后经过数十年的东征西讨，代国的疆域不断扩大，按照《资治通鉴》的说法就是：东自秽貊（今朝鲜江原道），西及破落那（今乌兹别克斯坦、塔吉克斯坦、吉尔吉斯斯坦三国交界的费尔干纳盆地），南距阴山（位于今内蒙古中部），北尽沙漠，率皆归服，有众数十万人。

不幸的是，什翼犍似乎和他的孙子拓跋珪有同样的毛病：早熟但也早衰——早年英明神武，晚年却变得昏悖不堪。

更不幸的是，后期老迈昏庸的什翼犍却偏偏遇到了如日中天的苻坚。

本来代国远在塞北，和中原的前秦像是两条平行线——互不相干，但夹在代国和前秦之间的铁弗部却像平行线之间的线段一样硬是把两者给连在了一起。

铁弗部相传出自南匈奴，与建立汉赵帝国的刘渊家族属于同一支系，后为区分于其他部族而自号"铁弗"。

所谓"铁弗"，即胡父鲜卑母的意思——也就是说，早期这支部族的成员大多为匈奴和鲜卑的混血。

铁弗部首领刘卫辰身处前秦和代国两强之间，日子很不好过，不得不像墙头草一样随风倒——一会儿归附代国，一会儿归附前秦，时叛时降。

后来刘卫辰见前秦发展越来越好，实力越来越强，便死心塌地投靠了前秦。

什翼犍当然不能忍受刘卫辰的叛变，多次发兵攻打铁弗部。

刘卫辰哪里打得过什翼犍，无奈只得向前秦求救。

公元 576 年 10 月，苻坚命幽州刺史苻洛（苻坚堂弟）率军 10 万，从幽州（治所今北京）出兵，同时派大将邓羌、张蚝、俱难等统兵 20 万，从东自和龙（今辽宁朝阳）西到上郡（今陕西榆林）长达千余里的战线上同时向代国发动大规模的攻击。

57 岁的什翼犍当时正卧病在床，无法亲自出战，只好派自己的外甥——独孤部首领刘库仁等率部迎击，但却屡战屡败，损失惨重。

正所谓，树倒猢狲散，人倒大家踩，眼见什翼犍形势不妙，原先臣服于代国的敕勒等部族也纷纷反叛，甚至反戈一击。

什翼犍疲于应对，焦头烂额。

他忍不住问苍天：这样的日子，何时是个头？

马上就到头了。

公元 376 年 12 月，什翼犍被其庶长子拓跋寔君杀死，国中一片大乱。

前秦军乘乱进兵，一举灭掉了代国，处死了拓跋寔君。

就这样，在前凉和代国先后覆灭之后，苻坚彻底统一了北方，解除了后顾之忧。

放眼宇内，他唯一的对手只剩下了江南的东晋政权。

第二十章　大战前夜

北府兵横空出世

此时东晋的政治局面与之前已经大不一样了。

如今执掌东晋朝政的是谢安。

谢安，字安石，出身于顶级名门陈郡谢氏，是太常卿谢裒之子，镇西将军谢尚的堂弟。

他自幼就以聪颖过人而著称，深受丞相王导、名士桓彝（桓温之父）等顶级名人的赏识，小小年纪就声名大噪，在全国至少有几百万的粉丝，是无数少女的偶像，无数少男的榜样，无数家长眼中的别人家的孩子。

不过，成年之后，他却不愿出仕做官，而是隐居在会稽（今浙江绍兴）东山，终日和王羲之等友人游山玩水，吟诗作赋，屡次拒绝朝廷的征召。

然而他虽然不出山，名气却反而越来越大，民间甚至传颂着这样一句话：安石不出，如苍生何——谢安不出来当官，叫天下百姓怎么办？

但谢安却依然不为所动，直到其弟谢万因打了败仗而被免职导致谢家在朝中没人的时候，为了家族的利益，他才不得不出山，此时他已经年过 40 了。

凭借其显赫的出身和极高的名望，谢安出仕不久就担任了侍中、吏部尚书等要职。

而他的表现也的确不负众望。

当时桓温的权势极大，有谋求篡位之心，不过他平时一直驻扎在姑孰（今安徽当涂）遥控朝政，很少来京，但在公元 373 年 2 月，他却突然率众来到了建康！

很多人都认为桓温此行居心叵测，很可能会发动政变，因此人心惶惶。

谢安和侍中王坦之奉命前去迎接。

桓温在重兵守卫下接见两人。

王坦之满头大汗，连手中的笏板都拿反了，紧张得好像是赴刑场。

而谢安却神色不变，步履从容，淡定得仿佛是去菜场。

坐定寒暄一番后，谢安微笑着对桓温说：我听说军人是要守卫国家边境的，明公为什么要把他们安置在墙壁后面啊？

桓温脸色顿时大变。

他虽然野心勃勃，甚至还曾经说过"不能流芳百世，也要遗臭万年"这样的狠话，但他本质上依然是个极其理智的人，在如今国家面临前秦帝国的巨大压力的时候，他肯定不会硬来。

他知道，如果他此时为了夺取帝位而不顾一切诛杀重臣，一定会把国家搞乱，那样得益的只会是前秦，而自己，除了身败名裂，最终什么也得不到。

因而他此次这样的安排本来就只是想吓唬吓唬谢、王两人，希望他们能配合自己夺权。

现在见谢安如此的表现，他当然知道此人绝不可能屈从于自己的压力，便只好尴尬地推托说：这个……这个……这个……我也是不得不这么做啊。

随后他立即命令所有藏在壁后的军士退下。

此后桓温快快不快，没过多久就得了病，只得返回姑孰。

回到姑孰后，桓温的病情日益加重，很快就去世了，时年 62 岁。

从上面这件事可以看出，谢安这个人有个很突出的特点：胆子极大，处变不惊，泰山崩于前而色不变，屠刀架在脖而心不慌。

这一点在他年轻时就可以看出来。

据说有一次谢安与一帮朋友一起泛舟大海，没想到天气突然由晴转阴，风浪大起，船只晃得如同游乐场的海盗船一样。

众人都十分害怕，心像此时的船一样晃荡不已，脸色像此时的大气一样阴沉不定。

只有谢安依然毫不在意，谈笑自若。

船夫看他这样镇定，也放了心，便继续驾船前行。

过了一段时间，见风浪越来越大，谢安又笑着对船夫说：如此我们怎么能安全返回呢？

船夫按照他的指示，立即掉转方向返航，最终安全回到了码头。

这就是谢安。

这就是大将风度。

他这个人似乎天生是为大场面而生的。

无论多么危急，他都不会失去冷静，无论多么困难，他都不会失去信心。

在汹涌的大海里，他就是定海的神针。

在恐慌的乱世中，他就是天然的领袖。

于是，在桓温去世后，谢安自然而然地成了东晋朝中众望所归的人选，先是升任尚书右仆射、后将军，不久又被加封为中书监、录尚书事、司徒、侍中、都督扬豫徐兖青五州诸军事，顺理成章地掌握了朝廷的最高军政大权。

不过，此时桓氏家族的势力依然很大。

在桓温去世后，桓家的掌门人是桓温的弟弟桓冲。

和哥哥相比，桓冲没有那么大的野心，却多了点对朝廷的忠心。

当时前秦已夺取了益州，国势危急，深明大义的他深知自己的名望不如谢安，觉得必须以大局为重，加强谢安的权威，便不顾族人的反对，主动把扬州刺史这个掌握京畿的要职让给了谢安，自愿外任，先后出镇徐州（治所今江苏镇江）、豫州（治所今安徽当涂）。

公元 377 年，桓冲又回到了桓家的老根据地荆州（治所今湖北江陵），出任都督江荆梁益宁交广七州诸军事、荆州刺史。

此后，桓冲长期坐镇荆州，代表桓氏家族把控长江上游各州郡（江荆梁益宁交广七州）；谢安则居于建康，带领谢氏家族执掌长江下游诸地区（扬豫徐兖青五州）。

桓住长江头，谢住长江尾，携手同心抗前秦，共饮长江水。

桓、谢两家的通力合作，使之前危机重重的东晋朝局一下子得到了缓和，呈现出了前所未有的和睦气象。

解除了内忧的谢安开始着手应付外患。

为了应对前秦的巨大威胁，谢安举荐自己的侄子谢玄为兖州刺史、广陵相、监江北诸军事，镇守广陵（今江苏扬州），负责北方防务。

在谢安的授意下，谢玄从京口（今江苏镇江）、广陵等地招募了大量北方来避难的流民，组建了一支新军。

由于京口位于京城建康之北，当时号称北府，故这支部队被称为北府兵。

谢玄知人善任，从这些应招的流民中选拔了刘牢之、何谦、诸葛侃、高衡、刘轨、田洛、孙无终等一大批名将，其中尤以刘牢之最为出色。

刘牢之相貌魁伟，深沉刚毅，且又足智多谋，深受谢玄器重，作战时他经常率领精锐担任前锋，所向披靡。

在刘牢之等人的带领下，北府兵的战斗力极强，很快就成了东晋政府手中的一张王牌。

就在东晋上下紧锣密鼓地加强战备的时候，前秦主苻坚也开始动手了。

公元 378 年，前秦军从东、西两个方向对东晋发动了第一次大规模的攻势。

西路的主帅是苻坚的庶长子长乐公苻丕，这年 2 月，他被委任为征南大将军，督率苟苌、杨安、慕容垂、姚苌、石越、毛当等多位名将，分 4 路南下，总兵力达

17万人，会攻东晋重镇襄阳（今湖北襄阳）。

同年为了策应西路秦军的行动，符坚又派大将彭超、俱难等人率军7万，攻打彭城（今江苏徐州）、盱眙（今江苏盱眙）等地，开辟了东线战场。

西路是前秦军的主攻方向。

凭借兵力上的优势，前秦军的开局颇为顺利，连战连捷，不久就抵达了汉水北岸，与襄阳城仅一水之隔。

东晋襄阳守将是当年桓温手下的著名战将朱序。

他对此早有防备，把附近的所有船只都调到了汉水以南。

在他看来，这样前秦军必然无法渡河，只能望河兴叹。

然而出乎他意料的是，前秦大将石越竟然带着5000精骑，泅水渡过了数百米宽的汉水，夺取了百余艘船只，接应主力部队顺利过了河——你没有看错，史书上就是这么记载的；你也不必怀疑，百度上说马确实是天生会游泳的，当然，想靠战马成功泅渡事先肯定得像单身狗的左手一样经过长期的训练。

随后前秦军把襄阳城团团围住。

朱序大惊，但他毕竟久经沙场，很快就镇定下来，率晋军苦苦坚守。

其母韩氏协助儿子巡查城防设施，发现西北角是个薄弱点，便马上率家中女仆和城中其他一些女子一起在城内重新再修筑了一道城墙。

如韩氏所料，此地后来果然被敌军攻破，之后城中守军马上退到韩氏新修的城墙内固守，力保城池不失——战后襄阳人把此处城墙称为夫人城，一直沿用到今天，现在已经成为襄阳的一个著名旅游景点。

就这样，城内军民同心协力，同仇敌忾，同甘共苦，奋力打退了前秦军一次又一次的进攻。

前秦军伤亡惨重，襄阳城却岿然不动。

见一时难以得手，符丕决定采纳大将苟苌的建议，改急攻为长久围困。

是的，如果援军不来，孤立无援的襄阳总有粮尽之时，那时就会不战而胜；如果援军来了，正好落入前秦十几万大军的虎口！

援军最终并没有来。

襄阳本属于东晋荆州刺史桓冲的防区，此时桓冲正率部7万驻扎在长江南岸的上明（今湖北松滋），但他见前秦军势大，未敢北上救援。

襄阳就这样成了一座孤城。

朱序就这样成了一个弃子。

但他还在坚持。

前秦军围攻了大半年，依然毫无进展。

符坚对儿子的表现大为不满。

之前一直都是顺风顺水的他，早已习惯了谈笑间樯橹灰飞烟灭，早已适应了数月间灭一大国，现在却这么久都奈何不了一个小小的襄阳城，他怎么可能接受？

就像之前一直在高速上疾驰却突然遭遇长时间堵车的人特别容易患"路怒症"一样，符坚也怒了。

一怒之下，他派人给符丕赐了一把剑：要是到来年春天你还拿不下襄阳，你就用这把剑自裁吧，不要再厚着脸皮回来见我了！

符丕大惧，前秦军的攻势从此更加猛烈。

公元379年2月，朱序的部将李伯护接应前秦军入城，襄阳终于陷落，朱序被俘。

按照历史上很多明君的套路，符坚毫不犹豫就把卖主求荣的李伯护斩首示众，却赦免了忠贞不屈的朱序——不仅没杀他，还加以重用，任命其为度支尚书。

可惜他自认为播下的是龙种，后来收获的却是跳蚤——不，是插向自己胸口的一把刺刀！

不好意思，剧透了。

还是回到现场吧。

就在西线的前秦军攻陷襄阳后不久，东线的彭超、俱难等人也先后拿下了彭城、淮阴（今江苏淮安）等地，接着又继续挥师南下，攻克了盱眙。

之后前秦军包围了三阿（今江苏高邮）。

三阿距离广陵仅百余里，一时间，建康城内大震，人心惶惶。

风越是疾，越知草之劲；火越是烈，越见金之真；情况越是危难，越能显出一支部队的战斗力。

关键时刻，刚刚草创不久的北府兵挺身而出，迎难而上，创造了令人难以相信的奇迹！

谢玄奉命率北府兵救援三阿。

秦将都颜率军阻击，却被打得大败，都颜本人也在阵前被斩杀。

随后谢玄乘胜进军，一路气势如虹，连战连捷。

前秦军抵挡不住，只好一退再退——先是从三阿退到了盱眙，再从盱眙退保淮阴。

谢玄派麾下大将何谦、诸葛侃等人率水兵乘着夜色溯河而上，焚毁淮河大桥，突袭前秦军，再次大获全胜，斩杀前秦大将邵保。

彭超、俱难率前秦军残部向淮河以北逃窜。

北府兵紧追不舍，很快就追上了他们。

连战连败的前秦军对强悍的北府兵早就有了类似于老鼠对猫的那种心理阴影，

见到他们除了四散奔逃，就是跪地求饶，哪里还有什么抵抗能力？

最终前秦军几乎被全歼，彭超、俱难两人只身逃回。

其余的各支前秦军见主力落败，也不敢再留在淮河以南，仓皇北归，退保彭城。

大概是考虑到彭城孤悬淮北，即使得到了也不容易防守，谢玄并未继续进军，而是率部返回了广陵。

此后秦、晋两国便沿淮河对峙。

双方的第一次全面交锋就这样结束了，总体来看，大致算是打了个平手。

前秦方面得到了襄阳、彭城两大战略要地，为将来的再次南侵提供了有利条件，但也付出了东线军团主力被全歼的惨重代价；而东晋方面虽然失去了一些地盘，但军力的损失却并不大，尤其是北府兵此役横扫千军如卷席，力挽狂澜建奇功，展现出了他们无坚不摧、无往不胜、无人可挡的超强战斗力，大大提振了国人的信心！

对这样的结果，苻坚当然是不会满意的。

自从他登基以来，他和他麾下的前秦铁军，从来都是所向披靡，何曾遭到过这样的惨败！

他把怒气都撒在了败军之将彭超、俱难两人身上，彭超被下狱治罪，在狱中自杀身亡，俱难则被削职为民。

虽千万人，我往矣

不过，尽管这次南征的过程不尽如人意，但这点小小的挫折对苻坚来说，也就相当于亿万富翁丢了一块钱——根本算不了什么，他依然是踌躇满志，信心满满。

他相信，下次只要他投入更多的兵力，就一定能彻底击垮东晋，完成自己的统一梦想！

当然，在这之前，他先要休整一段时间。

在这期间，他又干了一件对未来影响深远的大事。

公元 380 年 7 月，考虑到关东地区地广人多，且归附自己的时间不长，前秦在这些地方的统治基础较为薄弱，苻坚决定把关中地区的氐人 15 万户，由苻氏各亲王和部分亲信旧臣统领，分别迁徙到关东各战略要地，以巩固在当地的统治。

具体的安排是这样的：

长乐公苻丕率氐人 3000 户镇邺城（今河北临漳），平原公苻晖（苻坚次子）领氐人 3200 户守洛阳，巨鹿公苻睿（苻坚第四子）统氐人 3200 户赴蒲坂（今山西永济），校尉王腾带氐人 3000 户去晋阳（今山西太原）……

苻坚亲自到灞上为苻丕等人送行。

当时的场面非常催泪。

是的，那些世世代代生活在关中的氐人，如今就要离开生养自己的故土，离开朝夕相伴的亲人，从此只能独在异乡为异客，从此故乡只能出现在梦中，这怎能不令人感到伤感？

东风无力百花残，别时容易见时难。

劝君更尽一杯酒，西出阳关无故人。

父子兄弟、母女姐妹、亲密恋人、同学基友……纷纷抱头痛哭。

那个喜欢吟诗作赋的秘书侍郎赵整则在现场唱起了他自创的歌谣：阿得脂，阿得脂，博劳舅父是仇绥。尾长翼短不能飞。远徙种人留鲜卑，一旦缓急当语谁！

这首歌中的前面两句"阿得脂，阿得脂，博劳舅父是仇绥"，我用自己的榆木脑袋绞尽脑汁想了15个小时也没搞清说的是什么，只知道"博劳"是一种鸟的名字，而后面3句则很好理解，大致是：（对博劳鸟来说）尾巴长翅膀短就飞不起来了。把我们氐人都迁徙到远方，却把鲜卑人留在关中，将来一旦有事我们能找谁呢？

苻坚当然听得出赵整的话是什么意思，却只是一笑了之。

事实上，赵整的担忧并不是多余的。

氐人本来的人口就不是太多，如今又分散到了各地，就显得更加稀少了，这就相当于在长江里打了一个蛋——虽然理论上来说整条江都可以算是蛋花汤，但实际上蛋的浓度却完全可以忽略不计。

更重要的是，传统上氐人大多聚居在包括首都长安在内的关陇地区——这一带也是前秦政权的核心所在，原本氐人在此地是比较多的，可是现在大部分氐人都被外迁了，加上之前苻坚在灭燕后曾把大量的鲜卑、乌桓、丁零和各地的豪族迁入关中，此消彼长，如今氐人在关中的人口优势已荡然无存！

这可能也是后来淝水战败后前秦政权在关中迅速崩溃的重要因素之一吧。

不过，那时的苻坚正是春风得意之时，就像现在的我从来没想过自己会成为世界首富一样，那时的他也从来没想过自己会失败；就像现在的我从来没有考虑过万一自己成为了世界首富该如何花钱一样，那时的他也从来没有考虑过万一自己失败后，关中氐人太少会导致什么问题。

他当然不可能听得进赵整的意见。

更何况，那时的他已经不是当初那个励精图治的他了。

这从史书上记载的数件小事就可以看出来。

原后赵的将作功曹（掌管宫室建筑、器具制作的官员）熊邈在一个偶然的机会见到了苻坚，便抓住机会大肆介绍后赵宫室、器物的精美和奢华。

这要是搁以前王猛在的时候，估计熊邈甚至会有性命之忧——竟然敢唆使皇帝向暴君石虎学习！

但现在却不一样了。

苻坚闻言居然大为动心。

是啊，鞋是用来穿的，钱是用来花的，国家富强了就是用来享受的。

他龙颜大悦，当场就任命熊邈为将作丞。

熊邈大显身手，大手笔花钱，大规模建设，短短数年间，多座金碧辉煌的楼堂馆所拔地而起，无数金银制作的奢侈用品应时而生。

从此，苻坚开始像西门庆迷恋女人一样迷恋于生活享受。

比这更严重的，是吏治的腐败。

有一年幽州爆发了严重的蝗灾，苻坚派官员前去灭蝗，结果毫无成效。

但按照有关统计数据，这一年幽州居然还获得了大丰收，粮食产量不减反增。

官员们对此的解释是，这次的蝗虫非常奇怪，不吃桑麻大豆以及五谷（难道会光合作用？），所以不影响粮食生产，而且这些蝗虫似乎都很宅很恋家，从来不出幽州境外。

只要稍有常识的人就可以判断出，所谓蝗虫不吃粮肯定是假的，官员造假骗人倒是真的。

苻坚和前秦帝国的这些变化，大家都看在了眼里。

慕容垂之子慕容农就是其中的一个。

他对父亲说：自王猛死后，秦国的法制日益荒废，我看秦国的统治不会太长久了。父王你应该早作准备，多多交结豪杰，机不可失啊！

慕容垂对此未置可否，只是淡淡地说了声：天下事不是你能预知的。

但正所谓旁观者清当局者迷，苻坚本人的自我感觉却依然非常良好。

公元382年10月，他在太极殿召开了一次重要会议。

他开门见山地说：自从我继承大业，已经近30年了。放眼天下，只有东南一隅尚未平定，每想到此事，我就食不甘味。我粗略地估算了一下，如今我们可以动员的士卒总数，可达97万，我打算亲自率军征讨晋国，你们对此有何看法？

秘书监朱彤立即表示赞同：陛下顺应天时，又有雄师百万，取胜是必然的。晋国国主肯定会口衔玉璧出来投降，即使他执迷不悟，也不过是逃亡江海而死。这样天下一统，中原南迁的百姓可以返回故土，陛下则可以封禅泰山，这是千载难逢的盛事啊！

苻坚不由得大喜：这就是我的志向啊！

可是接下来尚书左仆射权翼的发言却给他泼了盆冷水。

权翼说：过去商纣王荒淫无道，周武王因为商朝朝中有3个仁人（即微子、箕子、比干，均为商朝末年的贤臣），就没有讨伐纣王，直到这3人被诛杀或流放后才出兵讨伐。如今晋国虽然弱小，但并无大恶，谢安、桓冲都是难得的人才，君臣和睦，内外同心，臣认为不可图谋。

符坚有些不快，沉默了很久。

不过，为了保持他一直以来"从谏如流"的风范——人是铁，范儿是钢嘛，他并没有进行反驳，而是强压着内心的不悦，勉强挤出一丝笑容——是那种空姐看见烦人的乘客，虽然极不情愿但出于职业习惯不得不露出的那种程式化的笑容，尽量用平静的语气说道：请各位都谈谈自己的看法吧。

不料，接下来发言的太子左卫率石越还是站到了他的对立面。

石越说：从天象来看，如今岁星（即木星）居于斗宿，说明福德在吴地，伐之不合天时，而且对方有长江天险，又颇得民心，臣以为目前不宜出兵。

这下符坚终于再也忍不住了，再也顾不上什么风度，厉声驳斥道：这有什么，当年武王伐纣，不仅冒犯岁星，而且占卜还不祥呢，不也照样成功了。天道高深莫测，怎么可能像10以内的加减法那样一眼就能看得出来？至于长江，夫差（春秋时吴国末代国君）、孙皓（三国东吴末代皇帝）都有江湖之险，不也都灭亡了？更何况以我大军之众，每人投个马鞭下去就足以让大江断流，他们又有何险可恃？

符坚真不愧是"博学多才艺"（《晋书》语），一言不合就创造了"投鞭断流"这个著名的成语。

但石越却依旧不服，继续辩解：陛下刚才说的纣王、夫差、孙皓都是无道昏君，众叛亲离，所以灭掉他们，比捡东西还轻松。而如今晋国似乎并没有什么恶行。臣以为，陛下还是耐心等待时机为好。

之后群臣也纷纷附和，大多赞同石越的意见。

大家你一言，我一语，三番五次，七嘴八舌，讨论了很久，却一直没有结果。

符坚不由得大失所望——你们这些人，怎么就没有与中央保持一致的觉悟呢？

看来，这届大臣真是不行。

好在他毕竟学识渊博，关键时刻想到了一句名人名言：解决小问题开大会，解决大问题开小会，解决重大问题不开会。

是啊，如此重大的事情怎么可能在大会上解决？

于是他干脆宣布散会。

会后他把阳平公苻融单独留了下来。

苻融是苻坚的同母弟，自幼聪颖过人，文韬武略样样精通，因而苻坚对他非常器重，尽力培养。王猛死后，苻融更是备受重用，身兼侍中、中书监、都督中外诸军事、车骑大将军、司隶校尉、太子太傅、录尚书事等军政要职于一身，几乎成了第二个王猛。

苻坚对苻融说：真理往往是掌握在少数人手里的。自古以来，大事的决策都只需一两个人，人多了众说纷纭，反而使人三心二意，现在我就和你来决断此事。

没想到苻融竟然也不赞成伐晋。

除了刚才权翼、石越所说的违逆天象、晋朝无隙可乘这两点外，他还补充了一点即"士兵连年征战，早已疲惫不堪"。

此外他还恳切地说：群臣中反对伐晋的人，都是忠臣，希望陛下采纳。

听了他的话，苻坚的脸色顿时就阴沉了下来，一激动忍不住连说了3个反问句：连你都这么说，我还能指望谁呢？我有强兵百万，资仗如山，还怕打不下这个小小的晋国？我怎么可以把这个后患留给后世子孙？

见苻坚如此固执，苻融急得流下了眼泪：伐晋难有必胜的把握，这是很明显的啊。而且臣担心的还不止于此，如今鲜卑人、羌人布满京畿要地，这些人都是我们的仇敌，如果我们倾国南下，只留太子和数万人留守京城，一旦发生变故，后悔就来不及了！

最后苻融还把王猛给抬了出来：臣的愚见，也许不足采信，但王猛是一代人杰，陛下常把他比作诸葛孔明，他的遗言，难道陛下也忘记了吗？

然而苻坚还是不听。

他这次是彻底铁了心，无论如何他都要南征东晋，一统天下！

毕竟，这是他一直以来梦寐以求的人生目标。

经过多年来的不懈努力，如今这个目标已经近在咫尺，他怎么可能就此放弃？万米长跑已经跑了9999米，怎么可能不进行最后的冲刺？足球比赛已经把球传到了对方门前，怎么可能不起脚射门？

没有什么能够阻挡，他对梦想的向往。

即使王猛复生，恐怕也不行。

他早已下定了决心。

道之所存，虽千万人，我往矣！

梦之所在，虽千万难，我不悔！

但反对的声音依然像台风来临前的海潮般一浪高过一浪。

不仅群臣纷纷进谏，就连苻坚最信任的僧人——道安和尚、最宠爱的妃子——张夫人、最喜欢的儿子——太子苻宏、幼子苻诜也先后出面，规劝他不要伐晋。

苻融更是一次又一次地苦苦劝阻，后来甚至说出了这么句话：国家本戎狄也，正朔会不归人。江东虽微弱仅存，然中华正统，天意必不绝之——我们秦国本来就是戎狄，正朔不会归于我们这样的外族人。江东的晋国虽然微弱，但却是中华正统，上天一定不会让它灭绝。

"戎狄"两个字对苻坚无疑是极大的刺激。

是的，他是氐人，无论他把自己的国家治理得多强大，在人们的心目中，都逃不脱戎狄两个字，而东晋，无论多么弱小，在人们的心目中，都会被看作正统。

他觉得，只要东晋存在，他和他的前秦帝国，就必然不会被人看作是正朔所在。

唯一的解决办法，就是灭掉东晋！

事实上，这也许正是他之所以一心要伐晋的重要原因。

因此，听了苻融这句话，他忍不住大发雷霆：帝王历数，岂是一成不变的？刘禅难道不是汉朝的后裔吗，为什么会被曹魏灭掉？我看你之所以不如我，就是因为不会变通！

随即他怒气冲冲地拂袖而去。

此时的苻坚极为郁闷。

没有人认可的孤独，得不到理解的寂寞，如无边的夜包裹着他，让他的内心无比暗淡。

他现在就像被打入冷宫的妃子期盼帝王的临幸一样，无比强烈地期盼着能有人站出来支持自己。

这个人终于出现了。

而且还是个重量级的人物。

冠军将军慕容垂。

慕容垂私下里找到了苻坚，进言说：弱国被强国吞并，小国被大国消灭，这是很自然的。陛下英明神武，威震海外，雄兵百万，良将满朝，江南不过是弹丸之地，却不服王命，怎么可以让它继续存在下去？《诗经》上说，"谋夫孔多，是用不集。"（出谋划策的人太多，事情就不会成功），陛下你自己决断就可以了，何必征询其他人的意见！当年晋武帝平吴的时候，赞成的也不过只有张华、杜预等两三个人而已，如果他听从大多数人的意见，怎么可能一统天下？

这简直是雪中送炭，饿时送饭，来得太及时了，苻坚顿时龙颜大悦，兴奋之情溢于言表：能与我共同平定天下的，只有爱卿你一人！

就这样，苻坚坚定了南征的决心。

倾国之师

当然，决策虽然定下了，但这么大规模的战事，准备还是需要一段时间的。

256

这期间又发生了一件事。

话说前秦征服凉州后，西域诸国纷纷前来朝贡。

公元 382 年秋冬季节，车师（西域古国，位于今新疆吐鲁番一带）前部王弥寘（tián）、鄯善（西域古国，位于今新疆若羌一带）王休密驮也来到了长安。

苻坚亲自在宫中接见了他们。

两人为了讨好苻坚，便主动表示愿意担任向导，引领秦军讨伐那些拒不臣服前秦的西域国家。

苻坚连连点头。

扬名异域，振我国威；犯强秦者，虽远必诛！

这样的事，想想都让人热血沸腾！

有什么好犹豫的呢？

他马上就表态同意，并当即任命大将吕光为都督西域征讨诸军事，领 10 万步骑前去攻打西域。

苻融见状，连忙劝谏说：西域荒凉遥远，就算得到了那里的百姓也没法征用，得到了那里的土地也没法耕种，到万里之外打这么场战争干吗？难道要去那个鸟不拉屎的地方代替鸟拉屎？我看这纯粹是虚耗国力，得不偿失，实在是不划算。

然而好大喜功的苻坚对此却根本听不进去：什么划算不划算的？你怎么跟个做小生意的一样锱铢必较？目光能不能放远一点？心有多大，世界就有多大。当初汉朝面临匈奴的威胁，还出兵西域呢，何况如今根本就没有匈奴那样的强敌！我军虽劳师远征，必传檄而定，你完全不必担心。怎么可以错过这种垂芳百世的好机会！

公元 383 年正月，吕光正式率军从长安出发，苻坚亲自为其送行。

彼时的君臣两人，都是意气风发，豪情满怀。

不过他们做梦都不会想到，这竟然会是他们的最后一面。

世界上要是真的有后悔药，我想苻坚将来一定会后悔他作出的这个心血来潮的决定。

无论如何，在即将大规模南侵的时候，把这样一支生力军派出去打这么一场并不十分必要的战争，相当于在华山论剑前自废一只胳膊，显然难以称得上是明智之举。

如果吕光这样的嫡系大将和这 10 万能征惯战的铁军，没去遥远的西域而是在关中大本营坐镇，那么后来在淝水失利后，苻坚的遭遇很可能不会那么惨。

当然，这一切只不过是事后诸葛亮而已。

事实上，那时的苻坚已经自信到了极度自信的程度，乐观到了盲目乐观的地步，他根本就不相信南征有可能会失败——就像我们根本不会相信中国男足有可能会捧得大力神杯一样。

仗还没打，他已经在考虑灭掉东晋后的善后事宜了，甚至连东晋君臣未来的转业安置工作他都全部盘算好了——他计划以后让东晋孝武帝司马曜做自己的尚书仆射，谢安当吏部尚书，桓冲为侍中，还在长安提前为他们准备好了宅第。

然而，出乎他意料的是，他还没来得及付诸行动，东晋方面却抢先动手了。

这次出手的是东晋荆州刺史桓冲。

前秦即将大举入侵的消息传到江南，桓冲坐不住了。

3年前的秦晋大战，谢家主导的北府兵在江淮战场上连战连捷、大出风头，而自己作为桓氏家族的掌门人，却因忌惮前秦强大的军力而龟缩在江南没敢出兵救援朱序，致使襄阳丢失，两相对比，让他感觉很是丢份。

这次，他决定出其不意，主动出击，打乱前秦的军事部署，同时也为自己和桓家挽回颜面。

公元383年5月，桓冲率所部10万大军，对前秦发动了一次突然袭击。

他命大将杨亮等人伐蜀，兵锋直指涪城（今四川三台），自己则率主力攻打襄阳。

苻坚派巨鹿公苻睿（苻坚第四子）、冠军将军慕容垂率步骑5万前去救援襄阳，大将张蚝、姚苌则率部入蜀救涪城。

很快，慕容垂就率前秦军数万先头部队来到了汉水北岸，与晋军隔河对峙。

他命人砍了大量长长的树枝，在每根树枝上绑上10个火把，并于晚上将其点燃，让士兵们排成稀疏的队形，扛着这些带火把的树枝沿汉水前进。

一时间，火光冲天，照得方圆数十里都像白昼一样，远远望去，仿佛有数十万人之多！

不，看上去似乎更多，不计其数，数不胜数！

桓冲看得目瞪口呆——看来这次前秦军出动了倾国之兵！

他不敢再战，连忙率军南撤，回到了江南的大本营上明（今湖北松滋）。

主力退兵了，作为偏师的杨亮自然也不敢恋战，也慌忙率部退回国内。

就这样，老谋深算的慕容垂不费一兵一卒，不放一枪一弹，仅仅凭借一个假动作，就轻松地化解了桓冲这次大规模的反击，其用兵之神妙，由此可见一斑！

来而不往非礼也。

桓冲退兵了，接下来，自然该轮到苻坚出手了！

对这次攻击，苻坚可是下了大本钱，除了原先的常备军以外，他还下令在全国范围内"十丁抽一"——每10个成年男丁中征一人入伍，总共征集了近百万的部队。

此外，他还大力号召长安城内的年轻人踊跃从军，给出的待遇非常优厚，只要是"武艺骁勇"或者"富室财雄"的，都拜为羽林郎（禁卫军军官）——真不知道符坚是怎么想的，招兵，又不是招亲，要找家里有钱的干吗？

此令一出，立即得到了广大富二代的热烈响应——只要凭家世背景就能成为和皇帝经常接触的禁卫军军官，这不是飞黄腾达的捷径是什么？

很快，就有3万多富家子弟应征。

成天与这些衣着光鲜、年少气盛的羽林郎在一起，46岁的符坚感觉自己仿佛又焕发了第二春，少年壮志不言愁、少年心事当拏云、少年不识愁滋味……

那种年少时的豪迈似乎又回来了，年少时的轻狂似乎又回来了！

也许正是在这样的心态影响下，他决定御驾亲征——上次灭燕时自己没能亲临潞川前线见证那历史性的胜利，这次如果再缺席的话，那将会是永远无法弥补的终生遗憾！

提兵百万西湖上，立马吴山第一峰！

那该是何等的痛快！

对符坚的这个决定，除了慕容垂、姚苌等少数几个大臣以及那些少不更事的羽林郎，满朝文武都不支持。

符融更是极力劝阻：鲜卑、羌虏，都是我们的仇敌，居心叵测，怎么可以听这些人的？羽林郎大都是富豪子弟，未经战阵，只会附和陛下。陛下如果按照他们的话亲征，恐怕会有后患啊，到时后悔都来不及了！

不过，就和他的前几次劝谏一样，符坚依旧习惯性地把它当成了耳边风。

公元383年8月，经过一段时间紧锣密鼓的准备，前秦战车终于隆隆地开动了。

甲士60余万、骑兵27万，总兵力达87万的前秦大军从东、西、中3个方向，以水库决堤之势向东晋猛扑过来。

东线由幽州、冀州的部队组成，经彭城（今江苏徐州）南下。

西线部队则由巴蜀出发，顺江而下，直取荆州，这支部队的主帅人选，符坚将其授予了坚决支持他亲征的羌人姚苌。

出发前，他特意加封姚苌为龙骧将军，还当众勉励他说：我当年就是从龙骧将军起家的，这个位子我从未轻易给过别人，你好好干吧，不要辜负我的期望！

旁边的左将军窦冲人如其名，说话很冲，居然在此时来了句：天子无戏言，这话是不祥之兆！

实在是太煞风景了。

这还能继续吗？

场面顿时尴尬起来，符坚也只好沉默不语。

中线是符坚的主攻方向，也是前秦军的主力所在。

他本人也在这支队伍里。

符坚任命其弟符融督率大将张蚝、梁成、慕容垂等人统兵25万为前锋，先行出发，自己则亲率大军紧随其后。

9月，符坚和前秦军主力抵达了项城（今河南项城），东线的幽、冀部队则进至彭城，西线姚苌的巴蜀水军正沿江东下，符融所统的秦军前锋则已经到了颍口（颍水和淮河交汇处，今安徽寿县正阳关），而此时从凉州出发的军队才刚到咸阳！

近百万大军绵延千里，旗鼓相望，盛况堪称空前！

第二十一章　淝水大崩溃

宰相风度数谢安

东晋朝廷面临着空前的压力。

谢安却依旧是不慌不忙，不急不躁，不紧不慢，依旧是该睡睡，该吃吃。

对于前秦的入侵，他的应对策略是任命尚书仆射谢石（谢安之弟）为征讨大都督，督率辅国将军谢琰（谢安之子）、西中郎将桓伊（此人虽然姓桓，但并非桓温近亲）等将领前去抵抗前秦军，冠军将军谢玄则率北府兵出任前锋。

晋军的总兵力约 8 万人，还不到前秦军总兵力的十分之一！

而这，已经是谢安所能拿出的全部本钱了。

当然，除了这 8 万人，东晋在长江中上游的荆州还有桓冲所部大约 10 万人，不过桓冲的部队此前刚经历了一次反击战，比较疲惫，而且他们要防备敌军从上游的攻击，根本无法抽出多少力量来支援谢安。

现在，只能靠这八万人来抵挡前秦倾国之兵的冲击了！

其难度之大，可想而知！

一时间，建康城内一片惊恐。

谢玄心中也没有底，专门向谢安请示应对之策。

谢安只是淡淡地说：已经另有安排了。

说完就没有下文了。

这个答案相当于女人向男友逼婚时男人回答"我迟早会娶你的"一样——完全是句空话。

谢玄当然不会满意，可是他又不敢多问，只好找到了自己的好友张玄。

张玄是当时的名士，和谢玄齐名，有"南北二玄"之称。

谢玄请张玄帮忙，让他再去探探谢安的口风。

然而对这个问题，谢安依然没有给出任何实质性的答案，而是带着张玄和众多的亲朋好友一起驾车来到了他在山间的别墅。

这天他兴致极高，不仅棋瘾大发，而且赌瘾大发，当着众人的面与张玄下棋，赌注极大——是一套别墅。

谢安的棋术本来远不及张玄，但这个时候要张玄下棋简直就像要他在恶心呕吐的时候吃大餐——他哪有那个心思啊。

他心乱如麻，心不在焉，结果自然很快就输给了谢安。

赢棋之后的谢安心情不错，转头对自己的外甥羊昙说：我赢来的这套别墅就送给你啦。

之后，谢安似乎感觉还未尽兴，又带着几个仆人出去游山玩水，一直到深夜才回——那种轻松，那种惬意，那种了无牵挂，仿佛一个写完了全部暑假作业的孩子！

张玄一无所获，只好悻悻地回去向谢玄复命。

谢玄也只能怀着忐忑的心情离开建康城，去了前线。

跟谢玄一样，心中不安的还有西路晋军的主帅荆州刺史桓冲。

他知道此时谢安面临的压力远比自己大，便派出3000精锐驰援京城。

谢安却坚决拒绝让荆州兵入城。

之所以这么做，除了他觉得这3000人对于目前的局势来说不过是杯水车薪外，更重要的原因是，他想对外显示自己的胸有成竹。

他深知如今他是朝廷的主心骨，只有镇之以静，才能安定人心，使大家从容应敌。

他让人带信给桓冲说：朝廷早已安排妥当，兵马武器都不缺，这些部队，你还是自己留着守卫西边吧。

桓冲不由得叹息道：谢安这个人有宰相的雅量，却不懂军事。如今大敌当前，还游玩不止，派出去的将领大多是年少不经事之辈，兵力相差又这么悬殊，天下事自然可想而知。唉，看来我们都要穿上胡服了！

刘牢之洛涧建功

桓冲的想法当然是可以理解的。

在这个生死攸关的关键时刻，和对手比实力悬殊又这么大，不绞尽脑汁想法子，反而游山玩水找乐子，这样的行为就像本身水平就一般的学生，在决定命运的考试之前，不认真复习反而沉迷游戏一样，怎么可能让人对他的前景会有信心？

战局的发展似乎也验证了这一点。

晋军从一开始就处在了十分不利的位置。

10月，苻融率军包围了淮南重镇寿阳（今安徽寿县），同时为了牵制桓冲，他又派慕容垂领兵3万西进，攻克了郧城（今湖北安陆）。

10月18日，苻融本人也轻松拿下了寿阳。

东晋大将胡彬奉谢石之命率5000水军沿淮河西进，前去增援寿阳，然而等他赶到时却发现寿阳城已经陷落，他连忙退兵，但哪里还跑得了？

无奈他只好退守硖石（今安徽凤台淮河边的硖石山，地势险要），前秦军将其团团围住。

苻融坐镇寿阳，一面下令猛攻硖石，一面派大将梁成率军5万东进，在洛涧（淮河支流，在今安徽淮南由南向北注入淮河）西岸驻防，以阻止晋军救援胡彬。

此时谢石率晋军主力也到了洛涧以东25里处，在那里他们得知前秦军已到了洛涧，因忌其势大，一时不敢轻进。

这可苦了困守硖石的胡彬，眼看粮食已尽，面临绝境，他只好写信向谢石求援，请求拉他一把。

没想到送信的使者被前秦军俘获，信落到了苻融的手里。

苻融从使者口中得知了晋军的兵力部署——晋军全部主力都已经到了洛涧以东，总兵力还不到8万人！

于是他马上派人向项城的苻坚汇报：贼少易俘，但惧其越逸，宜速进众军，掎禽贼帅——敌军人数不多，容易被击败，只是担心会被他们逃掉，请命令诸军迅速前进，活捉敌军主帅！

苻融的意图非常明显，他想趁着晋军主力尽出的机会，让苻坚率前秦大军一起过来，凭借兵力上的绝对优势，将晋军全歼在寿阳一带！

看了苻融的上表后，苻坚极为激动，建不世之功，赢万世之名，更待何时！

但我们知道，激动的反义词是冷静，换句话说，激动的时候人通常容易失去冷静，而失去冷静的时候人往往容易犯错——苻坚此时就犯了个致命的错误。

他似乎只看到了"贼少易俘"，忽略了苻融所说的"速进众军"，便没有集结大军，而是仅率8000轻骑兵，日夜兼程，赶到寿阳，与苻融会合。

正所谓：福无双至，错不单行。

接下来，苻坚又犯了个大错。

他觉得自己在兵力上占有压倒性的优势，完全可以"不战而屈人之兵"，便决定派人去晋军营中劝降。

这当然没什么问题，问题在于他选择的人。

他派的是东晋降将朱序。

之前符坚对朱序一直非常优待，显然他之所以派朱序去，是想用这个活生生的例子，证明自己对降将是多么的优待。

但朱序却用活生生的例子，证明了有时候对人无论多么好都不一定能得到那个人的心——就像我当年对我的初恋那样！

朱序这个负心人完全辜负了符坚的信任，他不但没完成符坚布置的任务，反而还为谢石等人出谋划策：如果秦军的百万大军全部到了前线，的确是难以匹敌。但现在他的主力还在后面，应该抓住机会迅速攻击他们，只要打败了他们的前锋部队，就可以重挫其士气，让其不战自溃！

但谢石还是有些犹豫。

好在在谢琰、谢玄等少壮派的劝说下，方案最终还是定了下来。

那就是主动进攻，争取速战速决！

而朱序则回到了前秦军中，继续潜伏在敌人的心脏里，准备相机行事。

计议已定，接下来自然就是执行了。

11月初的一个深夜，北府第一猛将刘牢之奉谢玄之命，率5000北府兵精锐开赴洛涧，准备对对岸的秦军梁成所部发动突袭。

梁成是符坚的心腹爱将，出身于氐人豪门，其父梁平老是前秦开国元勋，曾辅佐符坚发动政变推翻符生，是符坚上位的最大功臣之一。他本人也是战功赫赫，伐燕时曾在荥阳大败前燕主帅慕容臧，之后历任兖州刺史、荆州刺史等军地要职。

不愧为久经战阵的宿将，梁成的警惕性堪比超高精度雷达——晋军距离洛涧还有10里，就已经被他发现了。

他马上集结士兵，沿洛涧西岸列阵，严阵以待。

这样一来，晋军设想中的奇袭，显然是不可能了。

但开弓没有回头箭，临阵哪能往后缩，刘牢之当机立断，命令强攻！

他带着这5000猛士，乘着夜色强渡洛涧（洛涧只是条小河，加上此时正是枯水期，应该可以蹚过去的），向敌军发起了猛攻。

不管从哪个方面看，晋军似乎都居于绝对的劣势。

人数，前秦军是10比1；

地利，前秦军是占据了有利地形；

体力，前秦军是以逸待劳。

按照常理，晋军根本不可能成功。

但常理并不是真理。

在这个充满戏剧性的世界上，逆袭的事也时有发生：灰姑娘嫁给王子，屌丝迎娶白富美……

晋军这次也创造了奇迹！

看上去似乎稳操胜券的前秦军竟然被打得大败，主将梁成等 10 名将领被斩，士兵阵亡一万五千人，其余部众全部溃散！

交战的经过，由于史书记载得简略，小子我不得而知，只能凭直觉脑补这样的画面：

晋军的 5000 猛士，发着冲天的怒吼，迎着漫天的飞矢，迈着坚定的步伐，蹚着冰冷的河水，一往无前地向秦军的阵地猛冲过去！

这是多么气壮山河的一幕！

经过扩军后的前秦军里有大量的新兵，他们被晋军的气势所震慑，加上在黑夜中辨不清晋军有多少人，不免产生了恐慌之心，一时不知所措。

刘牢之遂趁机以擒贼擒王之策直冲梁成所在位置，一举斩杀梁成！

主将的死让前秦军彻底崩溃，原本的以少战多就这样变成了虎入羊群……

必须声明的是：以上的过程，纯属虚构，如有雷同，纯属巧合。

但结果肯定不是虚构的，那就是：

仅仅一夜之间，前秦名将梁成和他的 5 万雄兵就像人间蒸发一样的消失了！

与梁成等人一起消失的，还有前秦军队的信心。

晋军为什么战斗力会这么变态？

难道他们有三头六臂？

难道他们会七十二变？

仅仅一夜之间，畏敌的情绪就笼罩了前秦军所有人的心房，如初冬的雾霾一样无处不在，经久不散。

可以肯定地说，如果没有这次洛涧之战给前秦军造成的心理阴影，后来在淝水战场上，前秦军就没有那么容易会崩盘！

风声鹤唳，草木皆兵

洛涧大捷后，谢石率晋军主力跟进，渡过洛涧，进逼淝水（淮河的一条支流，自南向北在寿阳城北注入淮河）。

前秦大将张蚝在淝水东岸阻击谢石，将其击退。

不久，谢玄、谢琰等人带着数万人赶到。

张蚝不敢再战，率部撤过淝水，回到寿阳。

之后，晋军继续前进，与前秦大军隔着淝水对峙。

一场大战一触即发！

一时间，寿阳成了举世瞩目的焦点！

寿阳，古称寿春，因避东晋简文帝生母郑阿春之讳而改名寿阳，地处淮河以南，淝水以西，是淮南一大重镇，历来为兵家必争之地。

此时苻坚就在寿阳。

得知洛涧惨败的消息后，他与苻融一起登上了寿阳城楼，察看形势。

只见淝水对岸的晋军阵地，战马嘶鸣，旌旗飘扬，军容齐整，连绵不绝，一直延伸到八公山下。

八公山，地处寿阳城的东北，淝水东岸，相传因西汉时淮南王刘安在此地见过八个活神仙而得名。

苻坚手搭凉棚，远远望去，见八公山上草木旺盛，看上去隐隐约约似乎像有无数晋军——小子我个人猜测，大概是由于看书太多，苻坚可能近视比较严重，所以才会这样 30 米外雌雄难辨，50 米外人树不分。

眼前的景象让苻坚吃惊不小，不由得脸色煞白，怅然若失地对苻融说道：这，这……这是劲敌啊，你之前怎么说容易对付呢？

从这里可以看出，苻坚对交战对手的情况几乎是一无所知，完全是在跟着感觉走，与现在某些学生在做选择题时"三长一短选最短，三短一长选最长，长短不一要选 B，参差不齐就选 D"差不多。

《孙子兵法》中有个作战的重要原则：知己知彼，百战不殆。

而苻坚却连这点都没做到，其军事水平由此可见一斑。

从史书记载来看，苻坚亲身参与过的战事仅有平姚襄、击张平、灭前燕等寥寥数次，但对姚襄时他只是个副将，打前燕时靠的是王猛，这两次他基本就是露了个脸，打了个酱油，他唯一的一次挂帅出征，是打张平的那次——但张平毕竟只是个反复无常的地方军阀，作为对手，成色显然是不太足的。

而苻融呢，这方面似乎还不如苻坚，虽然史载其"力敌百夫，善骑射击刺"，但他在此之前似乎从来就没打过仗，实战经验几乎是零。

就这样，两个军事门外汉到寿阳这么久，不仅没有弄明白敌方的军力部署，甚至连寿阳城外的地形也傻傻分不清楚——否则也不会为祖国的文化事业再次添砖加瓦，贡献出这么个"草木皆兵"的成语。

那么，此时淝水两岸双方真实的兵力情况到底是如何的呢？

先看前秦方面。

266

　　之前苻融出兵的时候，前秦军的前锋总兵力是 25 万，中途分兵给慕容垂 3 万，应该是只剩 22 万，但史书却记载之后到达颍口的时候，其兵力达到了 30 万——估计是中途有一些地方兵力的加入，再接下来又损失了梁成的 5 万人，而苻坚从项城过来时带来了 8000 骑兵，算起来前秦军大概是在二十五万八千人左右。

　　不过实际上有可能更多些。

　　因为史载淝水战后晋军缴获了苻坚所乘的云母车——苻坚来的时候日夜兼行，不太可能会带这种笨重的车辆，所以应该是后续部队带来的，但因为时间不长，后续部队来得不会很多，所以我个人估计前秦军参战的兵力大致是在二十五万八千人到三十万之间。

　　再看东晋方面。

　　原先晋军的总兵力是 8 万，但胡彬的 5000 人之前在硖石被围困很久，饥疲交加，即使现在已经解围，似乎也不太可能投入战场，加上晋军在之前的交战中可能会有少数伤亡，个人估计此时晋军投入的兵力应该是不到七万五千人吧。

　　这样看来，晋、秦双方的兵力对比大致应该在 1∶3.4 到 1∶4 之间。

　　众寡悬殊，形势严峻。

　　这点谢石等东晋将帅都十分清楚。

　　更严重的是，前秦军的后续部队还在源源不断地赶来！

　　毫无疑问，时间拖得越久，晋军兵力上的劣势就越是明显，取胜的难度就越大！

　　显然，对晋军来说，时间就是生命，必须速战速决！

　　可是，由于张蚝等秦军将领在淝水西岸严阵以待，晋军根本无法渡河。

　　怎么办呢？

　　谢玄想了个办法。

　　他派出使者，给前秦军主帅苻融递了封书信。

　　信上是这么说的：君悬军深入，置阵逼水，此持久之计，岂欲战者乎？若小退师，令将士周旋，仆与君公缓辔而观之，不亦美乎！——苻君率大军深入我国境内，却紧贴着淝水列阵，这是持久之计，哪里像是要决战的样子？如果贵军能稍微后退一下，让我军将士渡河与贵军厮杀，我与苻君一起松下马的缰绳从容观看，不也是一件美事？

　　苻融把这封信交给了苻坚。

　　苻坚立即召集众将商议。

　　诸将大都反对后撤：我众敌寡，只要守住淝水不让晋军过河，我们就万无一失。

　　但苻坚却力排众议：我军只要稍微后退一点，等敌军渡河渡过一半时，再以铁骑攻击他们，没有不胜的道理！

而之前一向与苻坚唱反调的苻融这次居然也一反常态，破天荒地站在了哥哥一边：陛下说得对。敌军刚弃舟登岸，立足未稳之时，若遇到我军骑兵的正面冲杀，肯定是挡不住的。

符氏兄弟的想法当然不能说是不对。

半渡而击，历来为古代兵家所推崇，也不乏成功战例。

但以往的成功，并不表示这次也一定能成功。

关键是要因地制宜，因势而变。

爱上一匹野马，可是家里没有草原，那怎么能行？

如果前秦军没这么多人，如果前秦军全都是训练有素的老兵，如果前秦军的指挥官是慕容垂那种久经战阵的名将……

那么，执行这种"收回来再打出去"的策略可以说是完全没有问题的。

但前秦军的人数是那么的多——多达几十万；成分又是那么的杂——既有老兵，也有大量未经严格训练的新兵，既有氐人，更有大量汉人、鲜卑人、羌人、羯人、匈奴等不同文化背景的其他民族；指挥官又是缺乏实战经验的符氏兄弟……

那么，结果可能就不好说了。

毕竟，这一策略对部队的战术纪律和执行能力还是有相当高的要求的，尤其是在那个通信基本靠吼的时代！

显然，符氏兄弟把事情想得太简单了。

更糟糕的是，急于求胜的苻坚更是在没有做好充分准备的情况下，居然就仓促地下令部队后撤了——真不明白苻坚是怎么想的，又不是在微信群里抢红包，手快有，手慢无，要这么猴急干什么呢？

这一决定，很快就产生了灾难性的后果。

除了原来在最前沿的极少数部队知道晋军并没有攻击、自己是主动撤退外，后面的绝大多数士兵甚至军官都完全不明白是怎么回事，既不知道为什么要后退，也不知道要退到哪里，更不知道前线到底发生了什么事。

一时间，人人都惶恐不安，个个都心神不宁。

东晋地下党朱序看到这一幕，立即意识到自己浑水摸鱼的机会来了。

他趁机四处大呼：不好了！秦兵败了！快跑！

现代传播学认为，谣言的传播速度和范围跟事件的重要性与事实的模糊程度呈正相关的关系，也就是说，事件越重要、事实越不清楚，谣言就传播得越快也越广。

而在此刻的前秦军中，"到底为什么要后撤"显然极其重要——与每个人的生命安全息息相关，而事实也极其不清楚——几乎没有人知道发生了什么事，毫无疑问，在这样的背景下，谣言传播的速度自然比光传播的速度还要快！

一传十，十传百，经过大家的不断转发，不到一泡尿的工夫，朱序说的话就传遍了前秦全军！

士兵们纷纷恍然大悟：怪不得大家都在往回跑，真相原来是这样！前面打了败仗！

那些为数众多的新兵更是惊慌失措：神勇的晋军北府兵就要杀过来了！再不跑，洛涧惨败尸横遍野那一幕就要重现了！

还是各回各家，各找各妈吧！

就这样，他们全都争先恐后地四处奔逃。

在新兵们的冲击下，即使是训练有素的老兵们也根本难以保持阵形，只能身不由己地被裹挟着往后退。

前秦军顿时乱作一团。

本来在阵后观战的前秦军前敌总指挥苻融一看急了：预想中的有序撤退，怎么会变成了不战自溃？

来不及多想，他就骑马冲进了乱军中，想要制止骚乱。

但我们知道，逆着人流跑动往往容易发生踩踏事件。

苻融也没能幸免。

在数十万汹涌的人潮面前，曾经高高在上的阳平公比海啸时的独木舟还要脆弱——很快，苻融连同他的战马就被掀翻了，倒在了地上。

乱兵们纷纷从他的身上踩过。

此时谢玄和谢琰、桓伊等人率 8000 名北府兵精锐也已经渡过了淝水。

见前秦军已经乱作一团，战斗经验极其丰富的他们当然不可能放弃这样的大好机会，立即对前秦军发起猛攻，很快就斩杀了无数落在后面的前秦军士兵。

已经躺倒在地、奄奄一息的苻融自然也在劫难逃，成了晋军的刀下之鬼。

随后他们会同随后赶到的晋军主力一起对败逃的前秦军继续穷追猛打，一直追到青冈（今安徽凤台西北）才返回。

前秦军全军崩溃，除了被晋军所杀的，自相踩踏而死的也不计其数，而侥幸逃脱的士兵则全都惶惶不可终日，听到风声和鹤叫（风声鹤唳的成语就是这么来的）就以为是追兵来了，完全不敢停下来休息。

在极度的疲劳和饥寒下，大批溃兵冻饿而死，能活着回去的还不到 30%。

晋军则顺势夺回了寿阳，缴获了苻坚所乘的云母车和无数军资器械，朱序、张天锡（前凉末代君主）等人也乘乱回归了东晋。

这就是史上著名的淝水之战。

在战前，即使是最有想象力的人，恐怕也绝不会想到战事竟会以如此的方式结束——本来占绝对优势的前秦军，居然在和敌军接战前，就自行崩溃了。

这实在是太荒唐太离奇太不可思议了。

试想，如果一个电影的剧情是两个武林人士决斗，其中一个的水平明显比另一位高出不止一个等级，看起来似乎已经胜券在握，但在刺出决定性的最后一剑前，他却突然心脏病发作死了。

这样的编剧，即使套一百个救生圈也一定会被观众的口水淹死。

太假了吧！

但淝水边发生的这一幕，却偏偏是真的！

关于这一战前秦之所以会惨败，后世的人们在"以成败论英雄"的原则下做出了各种马后炮的分析。

有人说是因为苻坚骄傲轻敌，司马光就说他失败的原因是"由骤胜而骄故也"；

有人认为是因为前秦虽表面强大，但内部各民族之间矛盾重重，各怀异志，难以调和，凝聚力不强；

有人将其归罪于苻坚本人犯的各种错误，如不该扩军、不该亲征、不该让苻融这样没有战争经验的人当主帅、不该重用朱序这样怀有异心的降人；

还有人认为这完全是出于偶然，东晋的胜利纯属侥幸，是狗屎运好，天上掉馅儿饼，白捡了个便宜。

但无论哪种说法是对的，还是另有原因，抑或是各种因素兼而有之，都改变不了前秦惨败这个事实。

当淝水大捷的战报送到谢安手里时，谢安正在和朋友下棋。

看过战报后，他依然不动声色，继续下棋。

朋友问他是什么事。

他用那种"刚去菜场买了半斤鸡蛋"的口气淡淡地说道：小儿辈已破贼。

但他表面的平静显然都是装出来的，他的内心早已激动得都快爆炸了——就像我当初在上课时第一次偷看黄色小说的时候一样。

因为，在下完棋回去经过门槛的时候，他甚至连木屐的屐齿折断了都没发觉！

第二十二章　仁义的叛徒

你有情，我有义

而苻坚却是另一种景象。

他中了流箭，好在并无大碍，和张夫人以及少数几个随从狼狈不堪地逃到了淮北。

11 月的江淮，天已经很冷了。

很久都没进食，他已经很饿了。

北风呼呼地吹，肚子咕咕地叫。

又饿又冷之际，有乡民送来了汤泡饭和猪蹄髈。

这大概是从小就衣食不愁的苻坚平生所吃过的最香的一顿饭了。

对这位雪中送炭的乡民，他极为感激，便赐给他 10 匹帛和 10 斤绵（估计是打的白条）。

没想到乡民却拒绝了，还说了这么一番层次很高的话：传说天上的白龙厌倦了天上的生活，变成鱼下凡却被渔夫豫且抓获（此传说出自汉刘向《说苑》），这个陛下你应该深有体会了吧。陛下蒙受风尘之苦，难道是上天的错吗？不过，陛下是臣子的父母，哪有儿子赡养父母还求回报的道理！

苻坚听了极为惭愧，对身边的张夫人说：朕当初如果采纳朝臣的谏言，又怎么会落到这样的田地？现在我还有什么面目去治理天下？

说完，他忍不住泪如雨下。

之后苻坚继续北归，边走边收集残兵，总算身边汇集了 1000 多人。

但他清楚地知道，万一晋军追来，仅凭这点人显然并不能保证自己的安全。

怎么办？

他派人去周边打探情况。

271

得到的消息是，前秦各路大军得知主力兵败、天王苻坚生死未卜的消息后，基本都全军溃散了，唯有慕容垂因素来治军严整，所部3万人得以全军而退。

苻坚别无选择，只能带着这千余名残兵，前去投奔慕容垂。

就像封建时代的男人大多有处女情结一样，慕容家的男人大多有复国情结——《天龙八部》里的慕容复就是如此。

现在看见苻坚来投，他们顿时比秦始皇他妈第一次见到转车轮的嫪毐还要兴奋。

复兴大燕的机会来了！

于是他们纷纷劝慕容垂杀掉苻坚。

世子慕容宝对父亲说：家国倾覆后，大家都把复国的愿望寄托在父亲您身上，只是时运未至，所以才不得不韬光养晦。但如今秦主兵败，委身于我们，这是我们恢复燕祚的天赐良机！切勿因秦主过去的小恩小惠而误了大事！

但慕容垂却回答：你说得固然有理，但秦主诚心诚意地把自己的安全托付给我，我又怎能加害他？如果秦国确实被上天抛弃，那么它迟早会灭亡。不如保护他回去，以报答其恩德。复国的事，可以以后再寻找机会。这样，既可以不负他当年之恩，又可以以义取天下！

慕容垂的幼弟慕容德一向与他关系不错，见哥哥居然连煮熟的鸭子都不要，也出面提醒他千万不要感情用事：国家之间讲的是实力，当初秦国强盛就吞并我们燕国，现在秦国衰弱我们就图谋它，这是报仇雪耻，根本不是什么忘恩负义。如今我们乘着氐人土崩瓦解之势，正可以斩氐人首领，建中兴大业。机不可失，愿兄长千万不要再迟疑！

参军赵秋更是直言不讳：明公当兴复燕国，这是图谶上有的，现在只要杀掉苻坚，北上占据邺城，再挥兵西进，这样不但可以恢复大燕，就连关中也非苻氏所有！

但慕容垂却依然坚决不同意，掷地有声地说：当初我为太傅（慕容评）所不容，不得不逃亡秦国，秦主以国士之礼待我，恩遇备至，后来又被王猛陷害，无法自证清白，唯独秦主却依然相信我，这样的恩情，我怎能忘记，这样的恩人，我怎能下手！即使氐人确实是气运已尽，我也只会前往关东，恢复祖宗基业，至于秦国原有的关中地区，我绝对不会去染指！

就像无论火怎么烧都改变不了黄金的质地一样，无论别人怎么劝都改变不了慕容垂的态度。

他毅然决然地把手中这3万人的指挥权拱手交给了苻坚，并一路护送苻坚北上。

时下不少文章都认为，慕容垂之所以不杀苻坚，是因为他老谋深算——此时前秦军虽然遭到大败，但局势尚不明朗，若杀了苻坚会成众矢之的，会遭到各派势力的联合绞杀，所以慕容垂这么做，其实是很高明的一招。

不过，小子我却不这么看。

事实上，慕容垂的这种做法是非常危险的。

淝水之战后，前秦国本动摇，危机四伏，这是任何人都看得出来的，而慕容垂战功赫赫，威高望重，是慕容鲜卑的旗帜性人物，号召力极强，这种人对前秦来说显然是个危险分子，如果苻坚把慕容垂软禁控制起来（也许按照苻坚的为人来看，他不会这么做，但不代表他的亲信下属不会这么做），那么已经交出兵权的他无疑将会成为砧板上的肉——任人宰割！

但这就是慕容垂。

他不是冷酷无情的政客，不是为达目的不择手段的小人，他重感情，讲义气，有自己的底线，恩将仇报的事情，他就是死也不会干的！

即使他吃了很多亏，甚至自从其父慕容皝死后就一直"专注被坑三十多年"，但他依然不愿改变自己！

他有时依然把情义看得比利益更重！

就这样，苻坚在慕容垂的保护下，顺利回到了洛阳。

经过不断地召集残兵，此时苻坚的身边又有了10万人。

之后，归心似箭的苻坚又继续向长安进发。

而同样归心似箭的慕容垂也越来越想念自己的故国——前燕和它的国都邺城。

他的儿子慕容农劝父亲离开苻坚，前往关东起事。

这正合慕容垂之意。

于是，在队伍行至渑池（今河南渑池）的时候，慕容垂找到了苻坚：北方边境的百姓听说大军失利，谣言纷纷，甚至有人煽动作乱，我请求拿着陛下的诏书前去安抚，顺便拜谒祖宗陵庙。

慕容垂在这一路上的表现令苻坚颇为感激，对他的这个请求，苻坚想都没想就批准了。

尚书左仆射权翼听说后，连忙劝苻坚：如今我们刚遭大败，人心不稳，这个时候对慕容垂这种人正应该严加看管，千万不能放虎归山！

苻坚却回答道：你说得虽然不无道理，但我已经答应他了啊。匹夫尚不食言，何况我是万乘之君呢？再说如果真的天意要让燕国复兴的话，本来就不是我们人力所能改变的。

慕容垂之前以天意为由，不杀苻坚还把兵权交还，而现在苻坚也投桃报李，同样以天意为由，放慕容垂为关东——在那个翻脸比翻书还容易、守信比手纸还不值钱的年代，苻坚和慕容垂的所作所为，也算得上是雾霾中的一缕清风了。

见皇帝如此感情用事，权翼急了：陛下你怎么能把个人信誉看得比国家社稷还重呢。我预料慕容垂这一去就一定不会再回来了，关东之乱不可避免了！

然而苻坚还是不愿收回成命。

不过权翼的话多少还是给他敲了个警钟——关东的局势确实不可大意。

考虑再三，他想了个自认为两全其美的办法。

一方面他派将军李蛮、闵亮等人率部三千护送慕容垂，另一方面他又把麾下 3 个嫡系大将张蚝、石越、毛当分别派到关东三大重镇晋阳（今山西太原）、邺城（今河北临漳）、洛阳驻防。

他觉得，这样应该可以确保关东的稳定。

慕容垂就这样上路了。

但权翼却并不愿就这么放过慕容垂。

他暗中让人埋伏在慕容垂的必经之路——黄河河桥的南岸。

没想到有过多次逃亡经历的慕容垂警惕性极高，他居然让心腹程同伪装成自己——穿着慕容垂的衣服，骑着慕容垂的马，带着慕容垂的仆人，从河桥大摇大摆过河。

在程同过桥的时候，刺客突然蹿出。

好在程同仗着马快，策马狂奔，最终侥幸逃脱。

而慕容垂本人也神不知鬼不觉地从另一处乘竹筏顺利过了黄河。

公元 383 年 12 月，慕容垂一行顺利抵达了邺城。

奉命镇守邺城的是苻坚的庶长子长乐公苻丕。

对慕容垂的到来，他很是不安——这个人是前燕最有号召力的皇族，这个时候正是人心浮动之时，这个地方是前燕旧都，这个人在这个时候来到这个地方，到底是为了什么？

虽然直觉告诉他，慕容垂此行的动机不明，居心不良，来者不善，对他是个不稳定因素，但他在犹豫再三后还是决定亲自去邺城郊外迎接他。

慕容垂的参军赵秋向慕容垂献计，在与苻丕会见时乘机将其擒住，即可反客为主，直接拿下邺城。

但慕容垂觉得这样太过冒险，拒绝了他的提议。

就这样，在一场面热心冷、貌合神离的接风宴后，慕容垂按照苻丕的安排，在邺城西郊的驿站里住了下来。

关东起兵

而此时苻坚也已经回到了长安。

他先是告罪于太庙，接着又宣布大赦天下，文武百官都晋升一级，同时为了抚恤军烈属，还对死难将士的家属终生免除赋税。

他希望自己的这些做法，能够抚平淝水失败带给国家的创伤，能够让遭到重创的前秦帝国尽快地安定下来。

然而，他的好运气似乎在之前已经全部用完了。

淝水一战，对他的一生来说，是个明显的分水岭。

之前是一帆风顺，之后是一蹶不振；

之前是碧空如洗，之后是暴雨如注；

之前是火箭式蹿升，之后是断崖式下跌。

接下来等着他的，几乎全都是晦气。

干什么都不顺，做什么都不成，打麻将必点炮，踢足球必进乌龙球。

凡是他希望发生的事，总是事与愿违。

凡是他不希望发生的事，必然化为现实。

他的余生就是个餐桌，上面除了杯具（悲剧），就是餐具（惨剧）。

很快，他就看到了他最不愿看到的事。

曾经强大无比的前秦帝国开始叛乱四起。

最先起事的，是鲜卑乞伏部的首领乞伏国仁。

乞伏部是西部鲜卑中的一支，主要活动于陇西一带，在前秦强盛时，乞伏部也归降了苻坚，首领乞伏司繁被封为南单于，之后因平叛有功又被加授镇西将军，镇守勇士川（今甘肃榆中）。

乞伏司繁死后，其子乞伏国仁继立。

淝水战前，乞伏国仁被苻坚征召为前将军，让他率本部人马参与南征。

但乞伏国仁野心勃勃，根本不愿为苻坚卖命。

为了保存实力，他与自己的叔父乞伏步颓合谋导演了一出双簧。

于是，仗还没打，苻坚就得到报告，说乞伏步颓在陇西造反，无奈只好派乞伏国仁回军讨伐，乞伏国仁就此回到了老家。

他一回去，本来就子虚乌有的叛乱自然就宣告平息了。

苻坚在淝水惨败的消息传来，乞伏国仁立即在陇西脱离了前秦的控制，四处攻击兼并周边各部落，实力大增，拥有部众达10余万人。

第二个扯起反旗的，是丁零人翟斌。

丁零，又名敕勒、高车、铁勒，原本游牧于漠北的贝加尔湖一带，后来其中的一部南迁到了中山（今河北定州）。

公元330年，其首领翟斌还被后赵石勒封为句町王，苻坚灭前燕后，又将翟斌这一支丁零人迁到了新安（今河南新安）、渑池（今河南渑池）等地。

泌水战后，之前一直安分守己的翟斌也人老心不老（即使被石勒封王时他才20岁，那么现在也已经73岁了），像吃了回春药一样突然雄起，纠集部众起兵造反，声势颇大。

不久，前燕宜都王慕容桓之子慕容凤以及前燕旧臣王腾、段延等人也各自带着家兵加盟了翟斌的造反队伍。

这样一来，翟斌势力更盛，兵锋直指洛阳。

前秦洛阳守将是苻坚的次子平原公苻晖。

见形势不妙，他连忙向附近的大哥苻丕求救。

苻丕此时正在为如何解决慕容垂这个烫手山芋而发愁，看到苻晖的求救信后，突然灵机一动，有了主意。

何不把慕容垂这个老家伙（慕容垂当时已经58岁了）派出去，让他去和翟斌火并？我来个坐山观虎斗，岂不是很妙？

他把这个想法和身边几个亲信商量。

刚被苻坚派来辅佐苻丕的大将石越认为此举不妥，极力劝谏：如今民心不稳，思乱者众，你看，丁零人一带头，立即应者云集，这就是证明。慕容垂是燕国元老，威望极高，素有兴复燕室之心，如果再给他兵权，他岂不是如虎添翼，我们还能控制得了他吗？

但苻丕却依然坚持自己的观点：让慕容垂留在邺城，我总感觉吃不好睡不香心神不宁坐立不安，生怕他会搞出个什么事来，如今把他打发出去，让他和翟斌二虎相争，待其两败俱伤时，我再出手，此乃卞庄子刺虎（不知道的请百度）之策也！

当然，苻丕也不傻，他对慕容垂也是有所防备的。

他派给慕容垂的仅有两千老弱残兵——基本是上公交车有人让座的那种，兵器给的也是最次的——基本是废品收购站那个级别的，同时还把慕容垂的儿子慕容农、侄子慕容楷、慕容绍（两人均为慕容恪之子）扣在了邺城，作为人质。

此外，他还让自己的亲信苻飞龙担任慕容垂的副手，配给他1000名氐人骑兵。

出发前，他秘密召见了苻飞龙，对他面授机宜：慕容垂是三军的主帅，你是对付慕容垂的主将。你要见机行事，防微杜渐，这个重任就交给你了，好好干！

按照史书记载，慕容垂临行时还发生了这么件事。

慕容垂请求拜谒位于邺城城内的前燕宗庙，苻丕没有批准。

于是慕容垂便化装成平民，想偷偷潜入宗庙，没想却被守吏发现并遭到其阻拦，双方发生了肢体冲突。

一怒之下，慕容垂杀了守吏，还一把火烧了岗亭，扬长而去。

这可让石越抓住了把柄，他立即找到了符丕：慕容垂无视您的命令，斩吏烧亭，反形已露，咱们正好借此事除掉他。

但心比棉花软的符丕却还是不肯：淮南兵败的时候，慕容垂曾鞍前马后护送主上北返，此功不能忘啊，我不能下这个手。

石越急了：慕容垂对燕国尚且不忠，怎么可能对我们尽忠？如果我们今天不杀掉他，将来必为后患。

但符丕还是不听。

无奈，石越只好作罢，回去后他对身边人说：唉，符家父子两人都一样只顾小仁小义，不顾国家大事，看来我们只能等着当鲜卑人的俘虏了。

不过这事我觉得疑点颇多。

慕容垂之前一直低调忍让，夹着尾巴做人，几乎达到了"别人虐他千百遍，他待别人如初恋"的程度，怎么会在这样的关键时刻犯这样的低级错误？

更何况，他是化装成平民去前燕宗庙的，那时候没有报纸没有新闻联播更没有微信朋友圈，整个邺城应该没几个人见过慕容垂长什么样，石越怎么就知道斩吏烧亭的那个人就是慕容垂？

也许有人会说，既然是去祭拜前燕宗庙的，就是猜也能猜得出肯定是慕容垂。

好吧，既然是猜的，那是不是也可能是石越故意栽赃陷害的呢？

要知道，石越可是一心想要置慕容垂于死地的！

当然，这仅仅是我个人的主观臆测而已，信不信由你。

不过，无论事实真相究竟如何，但有一点是肯定的。

慕容垂又再次逃过了一劫，带着数千兵马，踏上了去洛阳的征途。

刚走不远，其部将闵亮就从邺城赶来，向他报告了符丕和符飞龙的密谋。

慕容垂勃然大怒，拍案而起，对身边的亲信们说：我没有对不起符氏，可他符丕却一心要谋害我们父子，就算我想要忍让，恐怕是也不可能了！

这又是件怪事——符丕和符飞龙所言极为秘密，闵亮怎么可能知道？

不过，尽管也许并不清楚符丕对符飞龙到底讲了些什么，但慕容垂对符丕这么做的用意，毫无疑问是心知肚明的。

因此，我个人感觉，这极有可能是他和闵亮合演的一出戏，目的是借此来激怒部属，作为自己叛秦的借口！

在行至河内（今河南沁阳）的时候，慕容垂率部停了下来，以兵力不足为由，大量招募兵士，很快就募得了8000人。

河内与洛阳距离不远，但慕容垂却迟迟不进，这可急坏了此时正困守洛阳的符晖。

277

他连连派出使节，不断敦促慕容垂赶快赴援。

然而慕容垂早已决心起兵叛秦，对苻晖的催促当然不会上心。

他上心的，是如何干脆利落地干掉苻飞龙。

其子慕容麟献上了一计。

我们知道，之前慕容垂投奔前秦时，慕容麟在半路上逃回去向慕容评告密，差点导致慕容垂丧命。前秦灭燕后，慕容垂回到邺城，再次见到了慕容麟，尽管他对这个逆子的背叛依然耿耿于怀，但考虑到毕竟是自己的亲儿子，他没有忍心杀慕容麟，而是迁怒于其母并将她杀死，对慕容麟则非常冷淡，很少与其见面。

但这次慕容麟的建议却让慕容垂眼前一亮。

从此，他开始对这个儿子刮目相看——慕容麟还是有才华的，过去的事就让它过去吧，圣人小时候还尿过床呢，谁年少的时候没干过几件糊涂事呢？

在两人的商议下，袭杀苻飞龙的方案很快就定了下来。

慕容垂对苻飞龙说：现在我们离贼军已经很近了，应该在白天隐蔽，夜里进军，才能不被贼人发现，才能攻其不备，打他们一个措手不及。

苻飞龙觉得有理，便同意了。

当天晚上，慕容垂以世子慕容宝为先锋，自己和另一个儿子慕容隆领大军继进，而苻飞龙的一千氐人骑兵则被五人一组，分散安插在各处。

出发不久，突然鼓声大起，慕容宝、慕容隆等人率部从各个方向同时对苻飞龙的氐人军队发动突袭。

这些氐人毫无防备，加上又被化整为零，哪有多少抵抗能力？

没费什么力气，包括苻飞龙在内的所有氐人就被诛杀殆尽。

袭杀苻飞龙，标志着慕容垂与前秦正式决裂，正式走上了复国之路！

之后，慕容垂率部南渡黄河，继续向洛阳进军，很快就到了洛阳城外。

他本打算以救援的名义偷袭洛阳，没想到苻晖的信息挺灵通，已经听说了苻飞龙被杀之事，紧闭城门，不让他入城。

知道这个消息的当然不止是苻晖。

此时正在翟斌部下的慕容凤、王腾等人也听说了，他们顿时比小蝌蚪找到妈妈还要激动——慕容垂这个鲜卑人心中的红太阳，终于动手了！复国有望了！

对慕容垂的能力，他们不仅相信，而且迷信！

对慕容垂的命令，他们不仅愿意服从，而且愿意盲从！

他们纷纷劝翟斌投向慕容垂，拥立慕容垂为盟主。

翟斌很为难。

从了吧，不甘心。

毕竟，谁都是想做老大的。

可不从吧，又不安心。

毕竟，他手下最能打的就是这几个前燕旧臣——前不久慕容凤还率部斩杀了符坚派来辅佐符晖的前秦名将毛当，一旦他们离开了，自己估计也很难立足。

思来想去，最后他还是不得不同意慕容凤等人的建议。

公元384年正月，翟斌率部投入了慕容垂的麾下。

两军在洛阳郊外合兵一处，声势大振。

考虑到洛阳四面受敌，经过审慎考虑后，慕容垂决定放弃攻打洛阳，引兵向东，向前燕旧都邺城进军。

凭借慕容垂的威名，前秦荥阳（今河南荥阳）太守徐蔚、鲜卑人卫驹等人纷纷率部来降。

就这样，慕容垂的实力像我们这里近两年的房地产价格一样急剧飙升，仅仅数周时间，他的部众就膨胀到了20万之多！

在翟斌等人的劝进下，慕容垂在荥阳自立为大将军、大都督、燕王，代行天子职权，同时大封群臣——他知道现在是草创时期，缺钱缺粮缺武器缺土地缺卫生纸，几乎什么都缺，唯一不缺的就是委任状。在这个时候要想笼络人心，唯一的办法就是批发官帽子。

其弟慕容德被封为范阳王，侄子慕容楷为太原王（慕容楷当时不在，先给他占个位），翟斌为河南王，徐蔚为扶馀王……

十六国之一的后燕就此建立。

与此同时，他的儿子慕容农也在河北打开了局面。

慕容垂袭杀符飞龙之后，就立即派人通知慕容农等人，让他们马上离开邺城，设法起兵响应。

得到消息后的当晚，慕容农就让慕容绍出城盗取了数百匹战马。

次日，他与慕容楷等人率数十名随从化装成平民，混出邺城，骑上盗来的马扬长而去。

而符丕对此居然毫不知情。

离开邺城后，慕容楷、慕容绍前往辟阳（今河北冀州），慕容农则来到了列人（今河北肥乡）。

列人有不少慕容垂之前的旧部，慕容农一到那里就找到了父亲当年的老部下——乌桓人鲁利。

279

见久违的慕容公子突然来访，鲁利喜出望外，连忙命妻子摆上酒菜招待。

见慕容农只是在那里动表情——笑，却不动筷子——吃，他忍不住对老婆大发雷霆：恶奴，郎君（指慕容农）是贵人，你就不会弄点好吃的吗？

没想到他老婆却比他有见识得多：郎君是有大志的人，今天突然来到这里，一定是有不寻常的事情，绝不会是为了吃顿饭。你快去看看外面有没有情况？说话方不方便？

鲁利恍然大悟，连忙出去打探，发现没什么异常，便回来关上门，表示愿意听从慕容农的吩咐。

慕容农这才告诉他慕容垂已经起兵，自己想在列人响应之事。

鲁利激动得几乎语无伦次了：鲁利一定鲁利！不好意思，鲁利一定努力！

之后慕容农又找到了慕容垂的另一个死党张骧。

张骧也满口答应：敢不尽死！

在鲁利、张骧等人的帮助下，慕容农很快就在列人拉起了一支队伍。

武器装备怎么解决呢？

斩木为兵，裂裳为旗——砍下树木作为兵器，撕裂衣服作为旗帜。

就这样，河北平原上出现了一队举着树枝、挥着秋裤的奇怪人群，乍一看仿佛穿越回了3万年前的山顶洞人时代。

这样的乌合之众，打猎都成问题，何况是打仗？

但慕容农等人却硬是带着如此原始的军队，先后攻下了馆陶（今河北馆陶）、康台（今河北邱县）、顿丘（今河南清丰）等地，夺取了大量军资器械和千余匹战马，同时又派人游说各地豪强和前燕旧臣加入，把部众扩充到了数万人。

慕容农军纪严明，秋毫无犯，在河北很得人心。

符丕派大将石越率万余名精兵前往讨伐慕容农。

慕容农对左右说：石越向来以智勇闻名，如今不去南边迎击燕王的大军而来攻击我，分明是害怕我父亲而轻视我，所谓骄兵必败，就凭他这种心态，我们就完全能击败他。

数日后，石越的前锋部队抵达了列人城西。

部下请求趁敌军刚到，立足未稳马上攻击。

但慕容农却不同意：不可。敌人的铠甲在身上，我们的铠甲在心上（他不直说自己没铠甲，偏要这么绕着弯子说，仿佛现在有些人不直说自己没钱，偏要说自己有选择困难症一样）。白天交战，我们的士兵看见他们装备精良可能会心怀忌惮，不如到晚上再战，可一战而胜。

他命令部下严阵以待，不得轻举妄动。

见石越并没有马上发动进攻，而是在列人城外立栅设营，慕容农笑了：石越不在初到时趁着锐气攻击我，却反而修建工事自守，可见其信心极为不足，我断定他必然是没有什么作为的！

当天晚上，慕容农派猛将刘木率400敢死队向前秦军发起突袭。

果然如慕容农所料，此时距淝水一战才两三个月，前秦军还没从淝水惨败的阴影中走出来，"风声鹤唳、草木皆兵"的梦魇依然时刻缠绕着他们，士气低落，兵无斗志，根本没有多少战斗力，很快前秦军的阵形就被冲乱了。

慕容农乘机率主力发起猛攻，大获全胜，斩杀前秦军主将石越。

就这样，苻坚派到关东地区的3个身经百战的嫡系名将，在短短的时间内就轻而易举地挂了两个——毛当和石越！

前秦的国运之衰，由此可见一斑！

这大概就是所谓的"时来天地皆同力，运去喝水都塞牙"吧。

正月26日，慕容垂大军抵达邺城郊外，慕容农也领兵来会。

苻丕派侍郎姜让出城，劝慕容垂顾念苻坚对他的恩德，不要再这样一条道走到黑了，早日迷途知返，改邪归正。

慕容垂回答说：我正是不忘主上对我的不世之恩，所以才打算保全长乐公（苻丕）的性命，让他带着全部军队返回长安，然后待我复兴燕国，与秦国永做友好邻邦。不过，如果长乐公执迷不悟，不把邺城交还给我，那就别怪我不客气了。到时，他就是想单骑逃生，恐怕也不可能了。

这番话终于把姜让激得大怒，当场把慕容垂大骂了一通，什么"忘恩负义白眼狼""过河拆桥负心汉"之类的，什么难听骂什么。

但无论他怎么骂，慕容垂都没回一句。

他一直沉默不语，任其唾骂。

他的部下看不过去了，请求杀掉这个不知好歹的姜让。

慕容垂却摆摆手制止了他们：只是各为其主而已，他又有什么罪呢？

他让人把姜让礼送回邺城。

之后，慕容垂又给苻坚和苻丕各写了封信，再次表达了自己愿意礼送苻丕回到长安的良好愿望。

当然，他这种欠揍的做法，得到的，只能是苻坚和苻丕两人的痛骂。

谈判彻底破裂，接下来自然只能兵戎相见了。

公元384年正月28日，慕容垂正式开始进攻邺城。

后燕军士气如虹，仅用一天时间就攻下了外城，苻丕被迫退守内城。

慕容垂继续率部猛攻，却一直久攻不下。

于是他改变策略，对邺城围而不攻，同时派出多支部队前往四处略地，大有斩获。

范阳王慕容德（慕容垂之弟）南下攻克重镇枋头（今河南浚县）；乐浪王慕容温（慕容㑞之弟）、抚军大将军慕容麟则率部北上，连下信都（今河北冀州）、常山（今河北正定）、中山（今河北定州）等地，前秦冀州刺史苻定（苻坚堂叔）、常山守将苻亮（苻坚侄子）、苻谟（苻坚堂弟）先后投降，中山守将苻鉴（苻坚堂叔）则兵败被擒。

第二十三章　日落五将山

关中版三国鼎立

关东大片土地就这样落入了后燕手中。

但现在苻坚对此却根本无暇顾及了。

因为，此时他所在的关中也已经乱成了一锅粥！

这年3月，时任前秦北地长史的慕容泓（慕容暐之弟）在得知慕容垂在关东起兵后，也招集了数千鲜卑人响应，并占领了华阴（今陕西华阴）。

接着他又击败了来讨伐的前秦大将强永，军势更盛。

慕容泓自称都督陕西诸军事、大将军、济北王。

慕容垂、慕容泓相继反叛的消息，像两把利刃，再次重创了苻坚那因淝水失利而本来就伤痕累累的内心。

他悔恨交加，心乱如麻。

他对权翼说：朕当初没听你的话，以至于让鲜卑人猖獗到了这样的地步，关东之地我不想再和他们争了，但慕容泓就在我们身边，该拿他怎么办呢？

权翼认为，应该立即出重兵，剿灭慕容泓，否则，如今鲜卑人遍布关中，一旦再有人效仿他，后果将不堪设想！

这当然很好理解。

就像人如果得了癌症，必须在早期没转移之前施行手术，将其尽早切除，否则，一旦广泛转移，就很难治好了！

苻坚当即任命自己的儿子巨鹿公苻睿为主帅，左将军窦冲、龙骧将军姚苌为副帅，领兵5万，前去讨伐慕容泓。

然而，部队还没出发，苻坚又听到了另一个让他心惊肉跳的消息：时任平阳（今山西临汾）太守的慕容冲也反了，拥兵两万进攻蒲坂（今山西永济）！

283

唉，这个癌瘤的生长速度实在太快了，还没来得及切除原发灶，它居然就已经转移了！

无奈，苻坚只好又把窦冲从苻睿那里调出来，前去攻打慕容冲。

窦冲不辱使命，在黄河以东大败慕容冲。

而苻睿这边却是另一种结果。

慕容泓听说前秦大军来了，无意恋战，打算向东撤回关东。

但年轻气盛的苻睿却不愿让慕容泓就这么白白逃了，一心要将其一网打尽，便决定在半路截击慕容泓。

姚苌苦苦劝谏说：这些鲜卑人思乡心切，所以才起兵作乱，我们只要远远跟着，把他们赶出函谷关就可以了。千万不要阻截他们。你就是抓住老鼠尾巴，它也会回头反咬一口。何况是这些穷凶极恶的鲜卑人！一旦把他们逼急了，他们必然会与我们拼命，那时胜负就难说了。万一我军失利，后悔就来不及了！

然而苻睿却根本听不进去。

水平比纸薄，心气比天高。看不上蝇头小利，只想要盆满钵满！

可惜结果很惨。

苻睿则永远没有了翻盘的可能——他在截击慕容泓时，被背水一战的慕容泓击败身亡！

姚苌率残部逃回，并第一时间派使者向苻坚说明情况并主动请罪。

本来他觉得，凭他对苻坚的了解，凭苻坚对他的信任，加上这事主要的责任是苻睿本人，苻坚应该不会太为难他。

然而他错了。

再完美的玉石也有瑕疵处，再宽厚的君主也有严苛时。

也许是接踵而至的坏消息坏了他的心情，也许是爱子的惨死毁了他的冷静，向来以宽容出名的苻坚这次却一反常态，一意孤行，不分青红皂白，不听任何解释，就立即处死了姚苌的使者！

没想到他这一举动又逼反了本来尚无反意的姚苌！

闻知使者被杀后，姚苌认为自己已不可能为苻坚所容，便干脆率部逃到了渭河以北的马场，纠集了那里的羌人豪强尹纬、尹详、庞演等人，起兵造反。

他自称大将军、大单于、万年秦王，大赦改元。

随后他进屯北地（今陕西铜川耀州区），关中各地的羌人纷纷前来投奔。

十六国之一的后秦就此成立。

再看慕容泓。

284

在战胜苻睿后，慕容泓声威大震。

不久，被窦冲击败的慕容冲也率八千残部加入了慕容泓的麾下。

此时慕容泓的兵力已有 10 余万。

底气足了，口气自然也就大了。

他扬扬得意地写信给苻坚，要挟他放回前燕旧主慕容暐，语气颇为傲慢。

苻坚看了不由得大怒，马上让人把慕容暐召了过来。

当初淝水兵败的时候，慕容德曾劝慕容暐不要回去，留在关东起兵复燕。

但前燕的这个末代皇帝似乎和清朝的末代皇帝有点像——胆小怕事，贪生怕死，根本不敢这么做，最终慕容暐还是乖乖地夹着尾巴回了长安。

苻坚阴沉着脸，把信狠狠地甩到了慕容暐的面前：你好好看看，这就是你的好兄弟慕容泓写的好东西！你如果要走就走吧，我不但不会拦着，还会资助你！你们慕容家的人，真可谓是人面兽心，亏我还用国士之礼来对待你们！

慕容暐吓得小心脏都要跳出来了，慌忙跪下不停地叩头，叩得额头出血，不停地谢罪，哭得涕泪横流。

看到他这副怂样，苻坚心又软了，算了吧，即使留着这么个没用的东西，似乎也人畜无害，没什么大不了的，便原谅了他：事情是慕容垂、慕容泓、慕容冲那 3 个竖子干的，不是你的错。

之后苻坚让他写信给慕容垂、慕容泓、慕容冲 3 人劝降。

慕容暐表面上同意了，暗中却派人给慕容泓带去了这样的口信：我是笼中之鸟，肯定是回不来了，而且我是燕国的罪人，你们千万不要挂念我。你要为燕国复兴大业而努力，可让吴王（慕容垂）当相国，中山王（慕容冲）为太宰，你可任大将军兼司徒，代行太子职权，将来只要听到我的死讯，你就可以立即称帝。

慕容泓大喜。

前任皇帝这么说，不就等于承认自己是大燕的合法继承人了吗？不就等于宣布自己在和慕容垂争夺大燕下一任领导人的竞选中胜出了吗？

他立即大封百官，改元燕兴。

他建立的这个政权，史称西燕。

就这样，在长安附近方圆数百里的范围内，居然螺蛳壳里做道场，一下子有了前秦、后秦、西燕 3 个国家！

苻坚当然不能容忍这样的局面。

他决心各个击破，先灭掉离他更近的后秦，便亲率两万大军前去讨伐姚苌。

姚苌的部众人数虽然不少，但毕竟大多是新招集的乌合之众，战斗力很渣，屡战屡败，很快就被前秦军围困在一处高地。

符坚命人在流经后秦军营的河流上筑起堤坝，断绝其水源。

当时正值盛夏，后秦军干渴无比。

走投无路的姚苌只好派其弟姚尹买率两万精锐做最后一搏，企图掘开水坝，却又被前秦大将窦冲击败，姚尹买被杀。

后秦军陷入绝境，渴死的士兵一个接着一个。

看起来，符坚似乎已经胜券在握——他只需坐享其成，姚苌只能坐以待毙。

然而，接下来发生的一切却让他目瞪口呆。

符坚悲哀地发现，失败似乎已经成了自己难以摆脱的宿命——老天爷为了阻止他的成功，居然不惜采取作弊的手段！

就在姚苌快要坚持不下去的时候，突然下了一场雨。

这雨下得非常奇怪，仿佛是专为姚苌特供的——后秦的军营里是暴雨，积水 3 尺，而离其大营百步之外的雨却小得多，积水不过一寸多。

符坚只能无奈地发出这样的叹息：上天难道也保佑贼人嘛！

绝处逢生的后秦军士气大振，姚苌乘势发动反攻，大破前秦军，前秦大将杨璧、徐成、毛盛等人被俘。

但随后姚苌又把被俘的前秦将领全部礼送回去了——老谋深算的他深知自己目前羽翼未丰，不想过分与符坚结怨，还是让前秦和西燕去死磕吧！

慕容冲

此时西燕也发生了重大的变故。

由于慕容泓性情严苛，很不得人心，部下发动兵变将其杀死，改立慕容冲为主，称皇太弟。

慕容冲人如其名，冲劲很足，一上台就领兵杀向长安。

按照如今网络上诸多腐女的分析（慕容冲在网上被评为古代十大美男之一），他之所以要这么干，很大程度上是为了报复。

这当然是可以理解的。

一个本来集万千宠爱于一身的小皇子，却在 10 多岁的花样年华沦为了一个被人玩弄的娈童——甚至可以说是性奴，本来别人只能对他百依百顺，现在他却只能任别人百般凌辱。这样无比悬殊的落差，这样刻骨铭心的痛苦，他怎么可能忘记？

如果说慕容垂的起兵，是为了复国，那么，他之所以要造反，也许更多的是为了复仇！

如果说慕容垂对符坚尚有些感恩，那么，他对符坚，只有仇恨，除了仇恨，还是仇恨！

得到西燕军即将兵临长安的消息后，苻坚不敢再和姚苌纠缠，连忙撤兵返回。

就在他为兵力不足而头疼的时候，原本镇守洛阳的平原公苻晖（苻坚次子）弃城而归，带着关东的 7 万部众回到了他身边。

苻坚当即命苻晖为都督中外诸军事，领兵 5 万前去抵挡慕容冲，接着又命另一个儿子苻琳为中军大将军，率部作为后继。

苻晖和慕容冲在郑西（今陕西华县）相遇。

一场激烈而香艳的大战随即爆发。

慕容冲的部队里有不少女子——估计大多是他的粉丝，此时她们都穿着五颜六色的衣服，骑着牛，拿着装土的布袋，列在阵后。

两军刚一接战，慕容冲在带着鲜卑士兵冲锋的同时，用他那充满磁性的嗓子大喊了一声：班队何在？

听到偶像的召唤，这些女粉都激动万分地骑着牛往前猛冲，一边冲一边还像歌迷在演唱会上挥舞荧光棒一样尽情地挥舞着手中的袋子。

袋里的尘土顿时纷纷扬扬洒了出来。

一时间，西燕军背后沙尘四起，蹄声阵阵。

前秦军不知对手究竟有多少人，顿时心生怯意，军心大乱，很快就被西燕军打得大败。

慕容冲乘胜追击，又在灞上（今陕西西安市东）大胜苻琳，苻琳本人也中流矢而死。

随后慕容冲进占阿房城，正好应验了当初那个"凤皇凤皇止阿房"的谶言！

而苻坚遇到的麻烦还不止这些。

南方的东晋也乘前秦旧地狼烟四起时，乘虚而入，再次北伐中原。

东线晋军在谢玄、刘牢之等人的率领下先后攻占谯城（今安徽亳州）、彭城（今江苏徐州）、琅琊（今山东临沂）等地；

中线晋军也相继收复襄阳和洛阳两大重镇；

西线晋军则在梁州刺史杨亮等人的带领下反攻巴蜀，后院起火的前秦军早已心无斗志，至次年 2 月，晋军彻底控制了巴蜀和汉中。

不过，这些消息对现在的苻坚来说，根本就掀不起一丝波澜了。

是的，长安都快保不住了，还管那么多干什么？

公元 384 年 9 月，慕容冲至长安城下。

苻坚登上城楼，只见密密麻麻的西燕军，一眼望不到头。

他简直不敢相信自己的眼睛：这些敌虏都是从哪里冒出来的？

随后他把目光聚焦在了敌军队伍中央那个明眸皓齿的年轻人身上。

那个人，正是他当年百般宠爱的娈童慕容冲！

他顿时有了心理优势，忍不住大声呵斥道：奴何苦来送死！

慕容冲咬牙切齿地回答：正因为不愿再受被奴役的苦，所以我才想取你而代之！

符坚毕竟是个念旧的人，他想当然地认为自己之前对慕容冲还不错，便派使臣给慕容冲送去一件锦袍和一封充满暧昧的书信：卿远来到此，应该辛苦了吧。特意给你送一件锦袍，以表达我的关怀。我对你的情分你心里应该清楚，咱们俩之间为什么突然变成现在这个样子了呢？

没想到慕容冲对符坚的好意嗤之以鼻：哼，你对我有什么情分可言，难道我还要感谢你器大活好不成？

他根本就没与使臣见面，只是派人传达所谓"皇太弟"的口信：孤如今心在天下，岂能顾念这一件锦袍的小恩小惠？如果你还有点自知之明的话，就早点束手投降，把我家皇帝（慕容暐）送还，我自然会对你们符家宽大处理，也算是报答你的恩情，大家有来有往嘛。

使者回来向符坚报告。

符坚鼻子都快气歪了：只恨我当初不依王景略、阳平公（符融）所言，以至让白虏（慕容鲜卑崇尚白色，故符坚蔑称其白虏）猖獗到如此的地步！

而此时慕容冲攻打长安的消息，也传到了北地郡（今陕西铜川耀州区）的后秦大营里。

见西燕占了先手，姚苌的下属们都按捺不住了，也纷纷要求进军长安。

但姚苌却不同意：鲜卑人之所以起兵，是因为思乡心切，绝不可能久居关中，迟早会离开的。现在我们正好趁他们两家争夺长安无暇他顾时，移兵西北，广占土地，积蓄实力。等将来氐人衰败，鲜卑人回去的时候，长安将唾手可得，这样兵不血刃，坐定天下，岂不是更好？

于是，他让长子姚兴留守老巢北地，自己则率主力西进，攻略新平（今陕西彬县）、安定（今甘肃泾川）等地。

除了在新平受到前秦将领苟辅等人的顽强抵抗，暂时受阻外，其他地方后秦军都势如破竹。

那边姚苌渔翁得利大收实惠，这边符坚和慕容冲这两个鹬和蚌却正打得不可开交。

慕容冲虽然每天都指挥部队猛攻，但长安毕竟城池坚固，哪是那么容易攻下的？

战事极为激烈。

同样激烈的，还有慕容暐内心的思想斗争。

自己该不该为城外的弟弟做些什么呢？

在慕容肃（慕容恪之子）等人的鼓动下，一向软弱的他这次终于下定决心要搏一次。

公元384年12月，慕容晖以自己的次子新婚为名，邀请苻坚来他家赴宴——事先他已经让慕容肃联络了城内的众多鲜卑豪杰，打算在苻坚上门的时候伏兵四起，将其刺杀。

这事苻坚本来是答应的，但到了那天，却因下大雨而未能成行。

慕容晖的阴谋就这样泡汤了。

由于此事参与的人较多，人一多，嘴就杂，嘴一杂，消息就容易走漏，很快就传到了苻坚那里。

苻坚马上让人把慕容晖和慕容肃召来，激愤不已地对他们说：你们自己说说，我待你们怎么样，你们怎么可以这样对我！

慕容晖还在支支吾吾掩饰：误，误，误……误会……

慕容肃却自知不免，干脆利落地说：国事重大，私谊算得了什么！

这句话让苻坚对这些鲜卑人彻底失去了幻想。

他立即下令将慕容晖、慕容肃以及城内所有的鲜卑人全部诛杀，只有慕容垂的小儿子慕容柔和慕容宝之子慕容盛两人侥幸逃脱，出城投奔了慕容冲。

得知慕容晖被杀的消息后，慕容冲内心一阵狂喜，不过他外表看上去却颇为悲伤，眼泪流个不停——这大概就是所谓的喜极而泣吧。

随后他在阿房城正式登上帝位，并改年号为更始——看起来慕容冲这个小鲜肉文化素养不高啊，毕竟就连我老婆这种完全不懂历史、只看过《秀丽江山》电视剧的人都知道，两汉之交、被绿林军拥立的傀儡皇帝刘玄就用过"更始"做年号，而刘玄这个皇帝只当了两年多就以身死国灭而告终。显然，用这两个字作为年号，就像姓秦的给自己儿子起名叫"桧"一样——实在是太荒唐了！

当然，慕容冲的缺点还不只是没有文化。

在刚死里逃生、年仅13岁的慕容盛眼里，这个堂叔和现在的很多渣男一样，除了人长得帅以外，几乎一无是处。

慕容盛对慕容柔说：中山王智谋不超群，才干也不过人，既没有多大的功业，又没有恩惠施于人，就先这样狂妄自大（连慕容垂都只是称王，他却直接称帝了），将来恐怕不会有什么好结局。

不过，慕容冲可听不到慕容盛这种煞风景的话，他如今忙着庆祝还来不及呢，等着他参加的酒会一个接着一个，等着他啪啪啪（现在要叫临幸了）的女粉丝（现在要叫嫔妃了）一个接着一个……

符坚的不归路

和沉浸在欢庆气氛中的西燕驻地相比，此时的长安城内却是一片凄风苦雨。

由于被围困的时间已经很久，长安的饥荒越来越严重。

公元385年大年初一，符坚在朝堂举行新春酒宴，但酒席上的气氛像追悼会一样凝重，庄严肃穆，没一个人讲话。

不是不想讲，而是不能讲。

官员们都舍不得吃宴席上的酒肉，把它们含在了嘴里，每个人的腮帮子都跟蛤蟆的肚子一样鼓，自然没法再发出声音——他们需要回家后再把酒肉吐出来，分给妻儿食用。

连高层官员都困窘到了这样的程度，普通百姓的日子可想而知。

与此同时，战事也越来越惨烈。

从正月起，前秦军和城外的西燕军连续进行了多次交锋，互有胜负。

前两次战役，前秦军都击败了西燕军。

但在第三次会战中，前秦军大败，符坚本人也陷入了重围，幸亏殿中将军邓迈（邓羌之子）等人拼力死战才得以逃生。

接着慕容冲又派兵攻入长安南门，被前秦将领窦冲等人击退。

2月，双方又在长安城西交战，前秦军大胜，一直追击到阿房城。

尽管前秦军总体来说还是胜多败少，但由于困守孤城，缺乏后勤补给，始终无法摆脱困境。

随着时间的推移，长安的粮草供应越来越紧张，符坚的心情也越来越烦躁，脾气也越来越暴躁。

很多人在事业不顺的时候都会把气撒在家人身上，符坚也未能免俗。

他的作风是典型的"宽以待人，严于律己"，对外人极其宽容，对家人却极其严苛，在这个时候当然更是如此。

对战绩不佳的儿子平原公符晖，符坚摆出一副比长沙臭豆腐还臭的臭脸，对他大发雷霆：你号称是我最能干的儿子，却屡次三番败给白虏小儿，还有什么脸面活在这个世界上！

从小养尊处优的符晖哪里受得了这样的刺激，当即选择了愤而自杀。

3月，两军为了抢收麦子，在骊山又一次爆发大战，前秦军败北，大将苟池阵亡。

符坚大怒，派自己的女婿卫将军杨定率军展开报复性攻击，总算扳回一城，俘虏燕兵万余人。

5 月，休养了两个月的慕容冲又卷土重来，率军猛攻长安城。

符坚也亲自上阵，在城头督战。

在激烈的战斗中，符坚多处负伤，史载其"飞矢满身，血流被体"，好在大都是皮外伤，并无大碍。

在符坚的激励下，前秦军众志成城，最终击退了西燕军的进攻。

为了养活庞大的军队，应付打仗所需的庞大开支，慕容冲在关中实行的是和后世日本鬼子一样的"三光"政策。

他纵兵四处抢掠，长安附近的各个郡县几乎被他翻了个底朝天——如果把美丽的关中平原比作一个美女，房子、粮食、树木等东西比作她的衣服，那她现在完全是一丝不挂，等于是在裸奔了！

失去家园的百姓被迫四处逃亡，原本人口稠密的关中大地，如今竟然千里不见人烟！

关中人对暴虐的西燕军恨之入骨，他们纷纷用实际行动表达对符坚的支持。

30 多个坞堡相约结盟，冒着生命危险向长安城内送粮。

然而他们毕竟没有精良的武器和严密的组织，要想穿过西燕军的防线比清明前的长江刀鱼穿过渔民在长江中布下的天罗地网还要难。

他们大多在半路上被西燕军捕杀，成功突破封锁线的寥寥无几。

符坚不忍心百姓白白送死，派人给他们传话说：你们确实表现出了忠臣的大义，但如今贼势强大，不是靠一两个人能够解决的，你们这样接二连三地落入虎口，又有何益！希望你们为了国家而自爱，蓄粮练兵，等待转机。我相信行善的人不会一直遭遇厄运，终会有否极泰来的那一天！

百姓得知后更加感动。

一些被西燕军掳掠过去当民夫的百姓秘密派人给符坚报信，请求符坚出兵，说他们会在西燕军营中放火，来响应前秦军的进攻。

符坚不同意，说这实在太危险。

但来人苦苦哀求，最后符坚只好勉强接受。

结果那天风向突变，放火的百姓竟然大多被自己点的火烧死。

符坚悲痛万分，泪流满面，亲自设祭为亡灵招魂。

周边地区的百姓闻之都深受感染，纷纷表态：愿与陛下同生共死，绝无二心！

不过，尽管符坚深得民心，但打仗毕竟不是选举，靠的不是选票，而是拳头。

对符坚来说，战局还在进一步恶化。

很快，他又受到了新的打击。

他的女婿也是他此时最倚重的大将——卫将军杨定在一次战斗中被西燕军

所擒!

此时的长安城内缺衣少粮，缺兵少将，几乎到了山穷水尽的地步。

苻坚绞尽脑汁费尽心机，却依然感到无计可施无可奈何。

因为无论他怎么纠结来纠结去，结果无非就是：跳楼、跳河还是跳崖，你选哪一个？

就在苻坚几乎陷入绝望的时候，城中发现了一本谶书《古符传贾录》，里面有句谶言：帝出五将久长得。

看到这句话，苻坚心里顿时燃起了一丝希望。

长安的西北不就有座五将山（位于今陕西岐山）吗？

这岂不是上天指示我要去五将山才能长久，才能化解这个劫难？

他对此深信不疑——不信又能怎样呢？

人毕竟是需要希望的，就像溺水者看到树枝，即使明知它承载不起也是无论如何都要抓在手里的。

他对太子苻宏说：上天大概是要引导我外出，你好好地守卫长安，千万不要与贼人争锋，我出去后会收集兵众和粮食来救援你的。

随后，他让苻宏留守长安，自己则带着张夫人、幼子中山公苻诜、幼女苻宝锦以及数百骑兵，往五将山而去。

但他不知道，去五将山比留在长安更危险！

因为，五将山已经靠近后秦姚苌的势力范围！

在前秦和西燕争夺长安的这段时间，姚苌已经占领了长安以北的大片土地，最后一个忠于前秦的城池新平（今陕西彬县）也于385年4月落到了后秦的手中。

攻取新平的过程体现了典型的姚苌风格。

当时，新平守军在坚守了几个月后，已经弹尽粮绝，濒临绝境。

姚苌趁机派人进城，做前秦守将苟辅的思想工作：我正要以义取天下，怎么会和你这样的忠臣义士过不去？你可以率城中的人一起去长安，我只要得到这座城，保证不会伤害你们！

在得到姚苌的这个承诺后，苟辅带着城中5000军民撤出新平，打算前往长安。

但他们刚出城，就被后秦军团团围住，随即全部被坑杀。

这就是姚苌的真面目！

为达目的不择手段，没有任何底线，没有任何下限！

在他看来，利益重于泰山，信义轻于鸿毛，道德屁都不是，获得才是真理！

如今得知苻坚到达五将山的消息后，姚苌立即派部将吴忠率骑兵将其包围。

苻坚的部下纷纷逃散，最后只剩下了10多人。

符坚自知不免，便干脆找了块石头坐了下来，对身边的随从说：朕饿了，给朕拿点吃的来吧。

他面带微笑，神色自若，一边尽情地欣赏着关中如画的美景，一边从容地等待着最后时刻的来临。

直到这个时候，他才明白，原来"帝出五将久长得"中的"久长"竟然是"姚苌"的意思——"姚"，通"遥"，和"久"是同一个意思，"长"和"苌"同音！

片刻之后，吴忠就率着大批羌兵找到了符坚的藏身之处，将其拘捕并押送到了姚苌所在的新平（今陕西彬县）。

姚苌遣使向符坚索要玉玺：我姚苌现已应天受命，请将天子印信交给我。

符坚勃然大怒：小羌竟然敢逼迫天子！玉玺已经送到了晋国，你们休想得到！

姚苌还不甘心，又派他的司马尹纬来劝说符坚，让符坚禅位给他。

符坚依然严词拒绝：禅让，是圣贤做的事，姚苌不过是个叛贼，这种人怎么配！猪鼻子里就算插再粗的葱也当不了大象！

他之所以对姚苌的背叛会如此痛恨，是因为他当年对姚苌有救命之恩——28年前，姚苌在战败后投降前秦军时本来是要被处斩的，是符坚出手救的他！

他不停地痛骂姚苌这个忘恩负义的小人，一心只求速死。

他知道自己的日子已经不多了，便对张夫人说：我不能让羌奴侮辱我的女儿！

随后亲手将他最疼爱的小女儿符宝锦杀死。

公元385年8月26日，符坚被姚苌派人缢死在新平的一处佛寺内，享年48岁。

张夫人和中山公符诜也随之自杀身亡。

符坚就这样走完了他梦幻般的一生。

在他的手里，前秦这个本来走在崩溃边缘的地方政权被发展成了"居九州之七"（古人把天下分成九州，分别为冀州、兖州、青州、徐州、扬州、荆州、豫州、梁州、雍州9个州）的强大帝国；

同样是在他的手里，这个强大的帝国最终分崩离析，又再次走到了崩溃的边缘。

辉煌与黯淡集于一身。

成功和失败同样迅速。

他的一生，就像烟花一样——短暂的绚烂过后，只剩下遍地的灰烬。

他的一生，就像烟花一样——前半程一飞冲天，后半程却直线坠落。

对符坚的评价，从来都是见仁见智，众说纷纭。

西方有句谚语：一百个人眼里有一百个哈姆雷特，那么同样可以说，一百个人眼里有一百个符坚。

在王安石的眼里，符坚是这样的：符坚好功，而不能忍，智大而不见机。

在司马光的眼里，符坚是这样的：（符坚）有功不赏，有罪不诛，虽尧、舜不能为治。秦王坚每得反者辄宥之，使其臣狃于为逆，行险徼幸，力屈被擒，犹不忧死，乱何自而息哉！

在朱元璋的眼里，苻坚是这样的：坚聪敏不足而宽厚有余，故养成慕容氏父子之乱，所谓妇人之仁也。

在柏杨的眼里，苻坚是这样的：在中国数千年历史上，有资格称得上大帝的不过5人，他们是秦始皇、汉武帝、前秦王苻坚、唐太宗李世民和康熙。

而在我的脑海里冒出的，却是这样一句话：如果苻坚早死两年，他一定会成为世人称颂的一代圣君，让人无比怀念，可惜残忍的上天却画蛇添足地多给了他两年的时间！

第二十四章　人不要脸，天下无敌

五桥泽之战

尽管苻坚离开了这个世界，但剩下的人生活还是要继续。

他的太子苻宏在父亲出走后，只在长安坚持了一个月就坚持不下去了，只好弃城逃往下辨（今甘肃成县），前去投奔南秦州刺史杨璧。

杨璧是苻坚的女婿，但他却翻脸不认小舅子，拒绝让苻宏入城。

无奈，苻宏只好继续逃亡。

后来他几经辗转，去了东晋，直到 20 年后因卷入桓玄之乱而被杀。

到目前为止，苻坚的 7 个儿子中，苻宏逃到了东晋，苻晖、苻琳、苻睿、苻诜都已不在人世，苻熙则不知所终（在其奉命出镇蒲坂后，史书上就再也没有任何有关他的记载了，百度百科上说他死于公元 399 年，应该出自某些历史发明家的臆造，靠谱性等于零），留在北方的只有他的长子苻丕一人了。

苻丕坚守邺城，已经整整一年半时间了。

之所以能坚持这么久，除了他确实比较顽强外，可能也和慕容垂没有始终对邺城全力进攻有关。

在多数时间里，慕容垂对邺城都是围而不打，有时还不围死，故意让出苻丕西返长安的道路。

也许，他的内心还是希望能保全苻丕的性命。

但这么做的负面效应显然也是很明显的。

正如球场上的久攻不下会让观众心生不满一样，对邺城的久攻不下也让丁零人翟斌对慕容垂越来越不满。

本来，投靠慕容垂就并非翟斌的本意，而是被慕容凤等部下逼宫的结果。

后燕建立后，他虽然被封为河南王，看着地位挺高，但很不实惠，除了在主席台上有个位子，但既不掌握票子，也不掌握枪杆子，根本没什么实权。

现在见战事不顺，他开始觉得这个慕容垂水平也不过尔尔，虽然名声挺大，实际上却是个气球——都是吹出来的！

他越来越后悔自己的选择，渐渐产生了二心。

这当然是可以理解的。

本来是说话等于圣旨的公司老板，现在成了另一家公司说话等于放屁的空头顾问，而且这个公司看起来还没什么发展前途，谁又会甘心呢？

翟斌的心事当然瞒不过慕容家那么多人精的眼睛。

太子慕容宝劝慕容垂先下手为强，除掉翟斌。

但慕容垂却不同意：现在翟斌并没有明显的反状，如果就这样杀了他，别人必然会说我猜忌功臣，显得我心胸狭隘，不利于我们招揽天下英雄。更何况，就算他真有造反的阴谋，我们只要防着他就好了，他又能有何作为？孙猴子是跳不出如来佛的手掌心的——不好意思，最后那句是我虚构的，那个时候慕容垂应该没看过《西游记》。

范阳王慕容德、陈留王慕容绍、骠骑大将军慕容农等人也纷纷劝说慕容垂：翟斌等人居功自傲，狂妄无礼，不可不除，否则必然后患无穷。

慕容垂笑道：上天欲使其灭亡，必先使其疯狂。这只会让他失败得更快，有什么好担心的。他对我们确实有功，还是让他自取灭亡好了。

之后，他对翟斌反而更加推崇礼遇，吃饭必请他坐上位，开会必让他坐主席位，出门必让他走在首位。

翟斌把慕容垂的尊重当成没种，把慕容垂的示弱当成虚弱，此后果然更加骄狂。

不久，他又指使党羽推荐他出任尚书令（最高行政长官，相当于现在的国务院总理）。

但这回他却碰了个钉子。

慕容垂很客气地回绝说：以翟王的功劳，担任这样的职务自然是没问题的，不过目前我们还未设置尚书台，饭得烧好了才能吃，女人得结婚了才能睡，尚书令也得等设了尚书台才能任命。我看，还是等将来平定天下后再说吧。

翟斌不由大怒——这算什么屁话？没设尚书台你设一个就是了，偏要这么拐着弯子搪塞！

一怒之下，他决定和慕容垂彻底决裂。

既然你不让我当尚书令，我就要你的命！

他偷偷派人和邺城城内的符丕联系，打算和其里应外合，消灭慕容垂。

但翟斌的一举一动早就在慕容垂严密监控之中，拿到他通敌的证据后，慕容垂马上命人把他和他的两个弟弟以谋反罪抓起来处死，对其他人则概不追究。

不过，慕容垂的宽大政策似乎并没有收到理想的效果。

当天晚上，后燕军中的丁零部众大都在翟斌之侄翟真的带领下脱离了后燕阵营，跑到了邯郸（今河北邯郸）。

慕容垂派太原王慕容楷、骠骑大将军慕容农率部前去讨伐。

翟真放弃邯郸北逃。

后燕军紧追不舍，很快就追上了丁零人。

慕容楷下令马上发起攻击，慕容农提醒他说：敌军阵中似乎多是老弱，恐怕会有埋伏。

但慕容楷立功心切，根本不听，结果果然中了对方的埋伏，大败而归。

经此一战，翟真在河北站稳了脚跟，他把自己的大本营设在承营（今河北定州东南），从此成为后燕的一个劲敌。

慕容楷的这次失利，让后燕失去了把丁零人扼杀在萌芽状态的机会，这让慕容垂不免有些失望。

好在他得到的并不全是坏消息。

据可靠情报称，在被围困半年多后，邺城城内的前秦军粮草已经濒临断绝，只能用松树枝来喂马，就快要撑不住了！

眼看成功在望，后燕将士都颇为振奋。

但接下来发生的事却让他们大跌眼镜。

慕容垂竟然命令他们解围！

众将都十分不解。

送到嘴边的肥肉，居然不吃；唾手可得的胜利，居然不要。

大王的脑子到底是被门夹了还是被驴踢了还是被那个呆头呆脑的慕大云淡心远附体了？

慕容垂对他们解释说：苻丕穷困以极，却仍然负隅顽抗，他必然不会投降。我之所以要这么做，是想让开他西返的通道，给他一条生路，以报答秦王昔日对我的恩情。同时也能让我们集中力量来对付翟真。

当晚，他就率部离开了邺城，前往不久前他命人修建的新兴城（今河北肥乡）驻扎。

然而苻丕却并没有领慕容垂的情。

也许他的能力谈不上有多过人，但他的意志力绝对称得上是超人！

愈挫愈奋，百折不回！

不到黄河不死心，到了黄河还是不死心！

在如此艰难的境况下，他非但不肯退出邺城，他竟然还要对慕容垂进行反攻！

慕容垂撤军后，他立即遣使到承营和翟真结成联盟，同时主动出击，派部将邵兴带数千骑兵去河北招揽各郡县，打算与翟真南北对进，合击后燕军。

但这种自不量力的行为，得到的只能是自取其辱。

很快，苻丕就遭到了打击——邵兴被慕容隆等人率军消灭，而派去联络翟真的使节也无功而返！

苻丕还不甘心，又派人到晋阳向前秦并州刺史王腾、骠骑将军张蚝求援。

王腾、张蚝两人推脱兵少，不肯来。

苻丕大失所望。

面对里无粮草、外无救兵的窘境，他心急如焚，却无计可施。

雪上加霜的是，此时又一个他不愿听到的消息传到了他的耳朵里——东晋军也已逼近了邺城！

在谢玄的指挥下，东晋北伐大军势如破竹，连战连捷。

当时龙骧将军刘牢之率部抵达了黄河南岸的碻磝（qiāoáo，今山东茌平），另两名将领颜肱、刘袭甚至已经渡过了黄河，在北岸扎下了营寨！

苻丕慌忙派部将桑据前往黎阳（今河南浚县）抵挡东晋军。

但此时的前秦军已经饿得连走路都跟醉鬼一样晃晃悠悠了，哪还有多少战斗力？

很快，桑据就被刘袭击败，黎阳宣告失守。

苻丕大为恐慌，他知道自己无论如何也应付不了东晋和后燕的两路夹攻，无奈只好采用引虎入室、驱虎吞狼之策，派使臣向谢玄求和，同时请求东晋军能在后燕军攻击自己的时候提供帮助。

使臣刚走不久，他最担心的事就发生了。

慕容垂见苻丕不肯离开，又再次引兵南下，再次包围了邺城。

但他还是在西面留下了一个口子，让苻丕可以从那里退走。

苻丕当然不会走。

他一面咬牙坚持，一面怀着那种少女第一次和男网友见面的复杂心情盼望着东晋援军的到来——既怕他不来，又怕他乱来。

盼望着，盼望着，东风来了，春天的脚步近了。

晋军也终于来了。

谢玄不仅派刘牢之率两万北府兵精锐前来救援，还送来了2000斛苻丕最需要的粮食！

公元385年4月，刘牢之率部到达邺城郊外，随即对围城的后燕军发动猛攻。

如果把慕容垂的麾下比作"狮子率领的绵羊"（后燕军大多是新招募的杂牌军）的话，那么刘牢之统领的北府兵就是"狮子率领的狮子"，"狮子率领的绵羊"也许可以战胜"绵羊率领的狮子"，但遇到"狮子率领的狮子"却还是毫无胜算的。

后燕军抵挡不住北府兵的凌厉攻势，节节败退。

慕容垂只好率部北撤。

为了尽可能多占地盘，刘牢之没有通知苻丕，率部紧紧追赶。

苻丕当然不希望好处都被东晋军占了，也带兵紧随其后。

原本协同作战的两支军队，现在为了争夺胜利成果，玩起了赛跑。

和饿了很长时间肚子的前秦军比，刘牢之的北府兵当然跑得更快。

他们不顾连续作战的疲劳，急追200里，终于在五桥泽（今河北广宗）追上了后燕军。

出现在他们眼前的，是后燕军落在后面的辎重部队。

看见追兵来了，这些人立马如小贩看见城管一样一哄而散。

辎重当然是不要了，粮食、绢帛甚至各种金银细软，扔得到处都是。

晋军士兵见状大为兴奋。

发财的机会来了！

他们争先恐后地开始哄抢财物，有些人为了拿东西方便，甚至还丢了兵器——书到用时方恨少，东西到抢时方恨自己没多长几只手脚！

场面一片混乱！

看过《三国志》或者《三国演义》的人对这一幕一定很眼熟。

是的，文丑就是这么被杀的！

然而晋军毕竟没多少人看过《三国志》——那时的书都是手抄的，跟现在的名人书画一样珍贵，不是贵族是见不到的；当然更没人看过《三国演义》——那时候还没这本书呢，所以他们当然不知道有这样的前车之鉴。

更重要的是，他们之前屡战屡胜，未尝败绩，难免会产生轻敌思想，认为敌军一定不敢找他们麻烦，警惕性早就被抛到了外太空。

他们你争我夺，大呼小叫，手忙脚乱，每个人都是那么兴高采烈。

但他们忘了，这毕竟不是抽奖现场，而是危机四伏的战场！

就在场上的气氛嗨到极点的时候，突然鼓声大噪，伏兵四起！

慕容垂指挥着后燕军从各个方向铺天盖地地向东晋军杀来！

尽管北府兵战力很强，但他们之前一直处于捡钱的放松状态，要切换成打仗的紧张状态，就和从醉酒状态切换到清醒状态一样，是需要一定的时间的，仓促之间哪里来得及？

加之他们阵形已乱，缺乏有效指挥，所以很快就被后燕军分割包围，分批歼灭。

刘牢之杀出重围，单人匹马向南奔逃。

但跑不多远，却被五丈涧（具体地址不详，顾名思义大概是宽五丈的一条山涧）拦住了去路。

眼看后面大批后燕追兵已到，刘牢之一咬牙，把缰绳一拉，战马腾空跃起，竟然跳过了宽广的五丈涧！

他终于逃过了一劫！

过五丈涧后，刘牢之继续南行，半路上碰到了符丕的部队。

得知晋军失败的消息，符丕也不敢再战，和刘牢之一起退回了邺城。

在邺城收集部分亡散余众后，刘牢之退回了东晋。

因为刘牢之的这次失利，加上不久后谢安去世导致的东晋朝廷内部冲突加剧，晋军的这次北伐就这样草草结束了。

西燕东归

而慕容垂在五桥泽一战后也并未乘胜南下，再攻邺城。

一方面是他知道符丕在失去了东晋支持后，肯定坚持不了太久；另一方面，是因为邺城附近在经过了持续一年多的战乱后，早已残破不堪，连蚂蚁都快饿死了，哪里还能提供后燕军所需的军粮？

这从不久前慕容垂发布的一个军令可以看出来。

他要求禁止百姓养蚕，以桑葚作为自己的军粮。

落到了和虫子争食的地步，可见此时后燕军的境况有多窘迫！

经过再三考虑，慕容垂决定率部北上中山（今河北定州）。

中山离丁零人翟真的根据地承营（今河北定州东南）很近，此前翟真已多次被后燕乐浪王慕容温（慕容晔之弟）击败，实力大损，现在得知后燕主力要来，翟斌哪敢应战，慌忙率部放弃承营，转移到了行唐（今河北行唐）。

一个不断亏损的股票经纪人必然会被客户抛弃，一个不断失败的领导人也肯定得不到下属的拥护——翟真的司马鲜于乞觉得跟着翟真这种怂货实在没什么前途，便发动叛乱，杀死了翟真自立。

没过多久，鲜于乞又被忠于翟真的人干掉，另立翟真的堂弟翟成为主。

这么一折腾，相当于屋漏再逢连夜雨，体弱又被重病磨，丁零人的势力更加衰微。

很快，他们就被后燕军包围在了行唐。

不久，翟成被部下所杀，余众向慕容垂投降。

也许吸取了上次赦免丁零人反而造成后患的教训，这次慕容垂对他们不再宽容，竟然下令将这些丁零部众全部活埋！

在围困翟成的同时，慕容垂还派人收复了幽州（治所今北京）和包括慕容部的龙兴之地龙城（今辽宁朝阳）在内的平州（治所今辽宁辽阳）。

这些地方原本是前秦幽州刺史王永（王猛之子）和平州刺史苻冲的辖地。

之前苻冲和王永率部南下攻打后燕，因屡次战败无法立足，被迫西撤到了壶关（今山西壶关）。

幽州、平州等地就这样轻松地落到了后燕手中！

公元 385 年 8 月底，慕容垂又收获了一个大礼包——如他之前所料，邺城的苻丕终于支撑不住了！

顽强的苻丕虽然还想再继续坚持下去，但在饥荒遍野的情况下，意志毕竟不能当饭吃，最终他的求生欲还是战胜了求胜欲，不得不弃城而逃。

苻丕先是到了王永等人所在的壶关，接着又被王腾、张蚝等人迎入了晋阳（今山西太原）。

这时他才得知长安失守、苻坚被杀的消息，随后在王永等人的拥戴下，在晋阳继位。

苻丕没有再用苻坚用过的"天王"这个称呼，而是改称皇帝，同时给他父亲也升了个级——苻坚被追谥为宣昭皇帝，庙号世祖。

苻丕称帝后，前秦在各地的残余势力如左将军窦冲、秦州（治所今甘肃天水）刺史王统、河州刺史毛兴（治所今甘肃临夏）等人纷纷派出使节向苻丕表示效忠。

不过，苻丕念念不忘的，还是要打回关中老家。

他让王永传檄各州郡，号召大家共讨姚苌、慕容垂等叛贼，复兴前秦。

可惜各地对他的忠诚度和我对老婆的誓言差不多——只是敷衍一下、走个过场而已，他的檄文得到的响应并不热烈。

不仅如此，晋阳政权内部也是矛盾重重，苻丕对之前拥兵自重的王腾、张蚝并不信任，而不久前从关中过来的原前秦尚书令苻纂更是让他非常猜忌。

难啊，要防火防盗防王腾防张蚝防苻纂……

无奈，他只好用"赶骡子要闻得了屁，当皇帝要受得了气"来给自己打气。

但即使是这样憋屈的日子，对苻丕来说也没有持续多长时间。

公元 386 年 9 月，苻丕迎来了一个劲敌——东归的西燕大军！

此时，西燕的首领已经不是那个小鲜肉慕容冲，而是他的远房堂叔——他的曾祖父慕容廆之弟慕容运的孙子慕容永。

自从公元 385 年 7 月前秦太子苻宏放弃长安后，长安就落到了西燕军的手中。

慕容冲放纵士兵大肆抢掠，城中火光不绝，死者无数。

抢得差不多了，财也发得差不多了，西燕军开始思乡了——富贵而不还乡，像吃了大餐却不发朋友圈炫耀，那有什么意思！

他们大多是鲜卑人，都渴望早日回到自己的关东老家，但慕容冲却不想回去，准确地说，是不敢回去——他知道在打仗上，自己和用兵如神的叔叔慕容垂比，也就是学前班的水平，肯定不是对手！

他命人在长安大建宫室，看那个样子，是打算在关中长期落户了。

士兵们都对他怨声载道。

在那样的乱世，军心不稳往往意味着性命不保。

公元386年2月，西燕发生军事政变，慕容冲被杀，随后乱兵立大将段随为主。

对这样的结果，慕容家族当然不服。

这是我们姑苏慕容的家产，怎容得你大理段氏来撒野！——不好意思，串词了，那是《天龙八部》里的台词，这里应该是：这是我们大燕慕容家的家产，怎能容你姓段的鸠占鹊巢！

不久，仆射慕容恒、尚书慕容永两人合谋，杀掉了段随，立前燕宜都王慕容桓（慕容垂之弟）之子慕容颢（yǐ）为燕王。

随后慕容恒和慕容永带着鲜卑男女数十万人离开长安，踏上了东归的旅程。

半路上这支鲜卑还乡团又发生了多次内讧。

先是慕容颢为慕容恒之弟慕容韬所杀，接着慕容恒又拥立慕容冲之子慕容瑶为帝，但慕容永对此不予承认，另立慕容泓之子慕容忠为帝，后来慕容永杀死了慕容恒、慕容瑶等人，成为了最终的胜利者。

之后慕容永带着部众继续东进，走到闻喜（今山西闻喜），他停了下来——再往前，就是苻丕的控制区，他过不去了。

随后慕容永在闻喜筑城，并驻军于此。

6月，慕容永杀慕容忠自立。

他去了帝号，自封为使持节、大都督中外诸军事、大将军、大单于、河东王，同时向后燕称臣。

10月，慕容永遣使向苻丕请求借道东归——这当然只是个借口，他是没有胆量和慕容垂争夺河北的，他看中的其实是苻丕手中的这块地盘！

苻丕勃然大怒——对西燕这个夺取长安、逼走苻坚的死仇，他早已恨之入骨！

他不但不愿让路，还想把这些可恨的鲜卑人全部送上黄泉路！

他亲率4万大军，从平阳（今山西临汾）出发，前去讨伐慕容永。

两军在襄陵（今山西襄汾）大战，前秦军大败，左丞相王永、大将俱石子等人战死。

经此一败，符丕只剩下了数千人。

由于害怕那个留守晋阳、手握重兵的大司马符纂会杀他夺位，他没敢回晋阳，而是突发奇想，率残部南下，企图偷袭此时被东晋占领的洛阳。

可惜现实毕竟不是奇幻小说，通常情况下突发奇想基本相当于痴心妄想——还没等他到洛阳，就遭到了东晋将领冯该的截击。

勇气可嘉、智商可怜、屡战屡败的愣头青符丕这次遭到了他生命中的最后一次失败——全军覆没，自己也在阵前被杀。

而慕容永在襄陵大捷后又乘胜北上，进逼晋阳。

那个让符丕感到非常害怕的前秦大司马符纂感到非常害怕，居然不战而逃，与其弟符师奴率数万兵众弃城西逃到了杏城（今陕西黄陵）。

其余的前秦王公百官以及后妃都落入了慕容永的手中——不知张蚝、王腾、符冲是否也在其中，3人此后都不再见于史书。

就这样，西燕夺取了原先在符丕控制下的并州地区，从此在太行山以西站稳了脚跟。

慕容永实力大增，胃口自然也大了起来。

几天后，慕容永正式称帝，定都于长子（今山西长子）。

他看中了符丕皇后杨氏的美色，将其纳入后宫。

没想到杨氏居然趁机拔出偷藏的剑，想要刺杀慕容永。

可惜她毕竟是个弱女子，不是慕容永的对手，最终杨氏还是死在了慕容永的刀下。

小人姚苌

西燕东归，最大的受益者当然是后秦。

所谓螳螂捕蝉，黄雀在后，现在西燕这只螳螂和前秦这只蝉都不在了，后秦这只黄雀当然要跳出来接收胜利果实了。

鲜卑人离开长安后，姚苌乘虚而入，不费吹灰之力就占领了长安。

随后姚苌在长安正式称帝。

新朝开国，自然要大宴群臣。

酒酣耳热之际，姚苌得意扬扬地问手下那班大臣：诸卿皆与朕北面秦朝，今忽为君臣，得无耻乎！——当初诸位和朕一样，都是秦朝（前秦）的臣子，现在朕和你们却成了君臣的关系，你们有没有感到羞耻啊？

大臣们面面相觑，不知该如何不伤姚苌自尊地回答这个伤自尊的问题。

最后还是大臣赵迁打破了沉默：天不耻以陛下为子，臣等何耻为臣！——上天对陛下这样的人当他的儿子都不觉得羞耻，我们怎么会耻于当您的大臣呢？

任何智商正常的人都听得出，赵迁这是在讽刺姚苌，您自己都那么无耻了，我们当然也就无所谓了。

气氛顿时紧张起来。

是啊，历朝历代，哪个臣子敢用这样的口气和皇帝说话？

换成是在电视剧里边明君多多的大清，赵迁就算有10个脑袋都不够砍的，就算有10族都不够灭的，还得全部是凌迟那种！

但姚苌的反应却出乎所有人的意料。

他不但没有大怒，反而是大笑，哈哈大笑！

对姚苌的行为，历来有两种完全不同的解读。

有人说，姚苌是无耻到家的小人，脸皮厚得连X光都射不穿，在他看来，你说我无耻就无耻吧，根本不放在心上；

还有人说，姚苌虽然做过些不地道的事，但他的胸怀还是很宽广的，颇有明君之量，确有过人之处。

当然了，不管后人怎么评价，有一点是很清楚的。

姚苌这个皇帝位子坐得并不舒服。

因为此时关陇一带还有众多不服从他的前秦残余势力。

其中最令他头疼的一个，是前秦的宗室苻登。

苻登是苻坚的族孙，却只比苻坚小了5岁，史载其性情粗豪，不拘小节，外表看起来像个粗人，形象大概和《水浒传》里的李逵差不多，所以年轻时并不被人重视。

苻坚时代他曾担任过羽林监、扬武将军、长安令等职，后因犯事被贬职为狄道（今甘肃临洮）长，当了个小小的县令。

苻坚死后，关中大乱，苻登弃职前去投奔在枹罕（今甘肃临夏）的前秦河州刺史毛兴，很受毛兴赏识，在其手下担任司马一职。

后来毛兴被部下所杀，苻登被推举为这支部队的领袖。

虽然只是前秦皇室的疏宗——他和苻坚的关系应该已经很疏远了，估计也就比刘备和汉献帝之间近点，但苻登的革命意志却非常坚强，一心想要收复关中，复兴前秦。

刚上任不久，他就率部东进，攻占了南安（今甘肃陇西），归附他的夷夏部众有3万多户，他也因此被当时在晋阳的前秦皇帝苻丕封为征西大将军、南安王。

之后，苻登又进军秦州（今甘肃天水）。

秦州原本是前秦秦州刺史王统的辖地，但王统在不久前已经降了后秦，如今驻守秦州的是姚苌的弟弟姚硕德。

姚硕德挡不住符登的攻势，连忙向哥哥求援。

姚苌亲自率军来救，却在胡奴阜（今甘肃天水西）被符登打得大败，损失两万多人，姚苌本人也中箭受了重伤。

此战后，符登声名大振，一跃成为西北各路前秦诸侯中实力最强、威望最高、风头最劲、号召力最大的领袖人物！

符丕败亡后，他的大臣把他的两个儿子渤海王符懿、济北王符昶送到了符登那里。

符登这才知道符丕的死讯，打算让符懿继承帝位。

但众人都认为符懿还是个未成年的小屁孩，应对吃喝拉撒也许勉强能行，但应对现在这种错综复杂的局势是万万不行的，纷纷请求符登继位。

公元386年11月，符登正式登基，成为前秦的第六任君主。

他深知自己资历尚浅，要想增加部队的凝聚力，必须借助符坚的威名。

因此他专门在军中设立了符坚的牌位，将其放在一辆装有黄色旗帜、蓝色车盖的豪车之中，并派300名虎贲军护卫，每次作战或决策之前，都要举行隆重的仪式，向符坚的神主报告。

称帝不久，他就宣布要亲率5万大军东征，讨伐后秦。

出征前夕，符登召集全军，召开誓师大会。

他在符坚牌位前慷慨激昂地发誓要消灭姚苌，为符坚报仇。

励志话一段接一段，排比句一串又一串。

鸡汤与鸡血齐飞，泪水共汗水一色。

在场的将士无不深受感染，激动万分，纷纷在自己的铠甲上刻上"死""休"两个字，表示坚持到底、至死方休的决心。

符登不仅是个励志大师，还是个战术大师。

他创造性地发明了一种全新的阵法——方圆大阵。

按照史书的记载，这种阵形由分执长矛和弯刀的士兵组成，使用起来效果极佳，只要阵中的任何一处受到攻击，其他人员都可迅速支援，作战时几乎无坚不摧，宛如古代的坦克集群。

就这样，符登带着这支复仇之师踏上了复仇之路。

风萧萧兮渭水寒，不破后秦誓不还！

凭借旺盛的士气和先进的战术，前秦军势如破竹，很快就进抵位于关中腹地的胡空堡。

胡空堡位于今陕西彬县，是原前秦屯骑校尉胡空所建的一座坞堡，在其附近还有另一位前秦将领徐嵩所建的坞堡称徐嵩堡。

长安失守后，徐嵩和胡空两人各自结垒自保，同时对后秦称臣，向姚苌迎回了苻坚的遗体，以王礼安葬于两个坞堡之间。

得知苻登大军到来，这两位前秦旧将立即归降了苻登。

苻登封徐嵩为雍州刺史，胡空为京兆尹，随后又按照天子的规格，重新为苻坚举行了隆重的葬礼。

苻登大军的长驱直入让姚苌深感头痛。

更麻烦的是，他的敌人还不仅是苻登。

此时原苻丕的大司马苻纂和其弟苻师奴率苻丕残部占据了长安北面的杏城（今陕西黄陵），原前秦将领窦冲、杨定等人也都接受苻登的领导。

一时间，初生不久的后秦帝国四面受敌，危机重重！

公元387年8月，就在姚苌率后秦军主力驻于阴密（今甘肃灵台），与在瓦亭（今宁夏泾源北）的苻登大军相持的时候，杏城的苻纂决定出手了。

他和原前秦冯翊太守兰椟合谋，打算趁姚苌率军在外、长安空虚之际，共同出兵，一举攻取长安！

显然，一旦后秦都城长安落入前秦军手中，前线的后秦军必然人心动摇，姚苌将极有可能面临不堪设想的后果！

前秦的中兴似乎已经初现曙光！

然而，正所谓不怕神一样的对手，就怕猪一样的队友。

在这个关键时刻，苻纂的弟弟苻师奴就完美地诠释了猪队友这一角色，彻底葬送了这一好局！

之前苻师奴对苻登这个资历浅、血缘远的苻家远亲当皇帝很是不服，曾多次劝苻纂自立，苻纂一直没有听从。

也不知苻师奴的糨糊脑子到底是怎么运作的，他居然在这个节骨眼上发动叛乱，杀了大哥苻纂，并自立为秦公！

正如在足球场上如果来之不易的绝佳得分机会被自己人破坏，必然会让其他队员心情沮丧一样，苻师奴的这一愚蠢行为，也让他手下那帮前秦军的士气降到了冰点。

毕竟，谁都知道，跟着这么个成事不入流、败事超一流的傻瓜肯定是没有前途的！

兰椟对苻师奴也极其不满，与其断绝了来往。

这给了姚苌各个击破的机会。

得知这个消息后，他立即决定从阴密率部东进，攻打符师奴。

部下纷纷劝阻他说：陛下您千万不可轻举妄动。符登大军离我们不远，很可能会乘虚袭击我们身后。

但姚苌却丝毫不为所动：符登人多势众，不是我们短期内就能消灭的。不过，他这个人处事不果断，常常贻误战机，我料他必然不会轻军深入。何况我两个月内就能回来了，他又能有什么作为！

他赌赢了。

果然如他所料，他离开后，符登并未像人们所担心的那样乘虚而入，而他在此期间却大有斩获，先是击败了早已军心涣散的符师奴，收编其部众，接着又生擒了兰椟，占领了符纂之前的大本营杏城，解除了自己在北面的后顾之忧。

与此同时，后秦军在西线也取得了很大的进展。

后秦大将姚方成攻陷了前秦雍州刺史徐嵩据守的徐嵩堡，徐嵩被俘。

姚方成指责徐嵩反复无常，罪不容诛。

徐嵩厉声反驳道：你家的姚苌才是罪该万死！当初他本来是要被斩首的，是主上（符坚）救了他的命，还对他委以重任，荣宠到了极点！狗马还知道报恩呢，可是姚苌却连狗马都不如，竟然对恩人下黑手！你们这些羌人哪里还能算是人！快点杀我，让我早点去见先帝，好取姚苌的狗命于地下！

姚方成恼羞成怒，当即极为残忍地将徐嵩先砍掉手脚，再拦腰切断，最后又斩下他的头，把他的头骨涂上漆当尿壶。

姚苌得知后，觉得这还不够解气，又让人把符坚的遗体从墓中挖出来，先用鞭子抽了无数遍，再剥去其衣服，用荆棘包裹，随便挖了个坑草草埋葬。

我觉得，用"丧心病狂"来形容姚苌的这种卑劣做法，就如用缓刑来判罚杀人狂魔一样——实在是量刑太轻了。

也许正是因为他这些令人不齿的行为，才导致了这样一种结果：

他和慕容垂同样都在淝水战后背叛了符坚，同样都创建了一个新王朝，但两人在后世的声誉却有着牛粪与香氛般的巨大差异！

符坚被鞭尸的消息传来，符登忍不住放声大哭，随后立即率军来找姚苌报仇。

两军多次交战，互有胜负。

半年多后，符登、姚苌才各自退兵。

姚苌退回到安定（今甘肃泾川），符登则率军到新平（今陕西彬县）休整。

临撤军前，符登还想恶心姚苌一回，带着一万多骑兵绕着姚苌的营地号啕大哭。

姚苌听了当然不爽，但他却并没有率军出击，而是以毒攻毒，以哭攻哭，命令全军也用哭来对付符登。

大概是姚苌的部下人更多，符登哭不过后秦军，最后只好引军退去。

这应该是中国历史上绝无仅有的哭战吧。

休整了一段时间后，两军又再次交战，姚苌多次失利，后秦军士气低落。

姚苌觉得可能是符坚的神灵在保佑符登，便打算以牙还牙，以祈祷治祈祷。

出人意料的是，他选择的祈祷对象竟然也是符坚。

他仿效符登，在军中设立了符坚的神像，并对着神像祈祷：您在新平遇难的事可不能怪我啊。当年我兄长姚襄北渡黄河只是想回到故乡，您却和符黄眉一起把他截杀了，是姚襄托梦给我让我给他报仇的，不是我的罪过。符登不过是陛下您的远亲，尚且要为您报仇，我为哥哥报仇，于情于理都没什么不妥啊。再说，您当初封我为龙骧将军时，不是说过让我仿效你以龙骧将军创建大业吗？我现在不是按照您的指示在做吗？您现在虽然离开人世成了神，也不能忘了自己说过的话呀。现在我诚心地为陛下立下神像，请您在此好好休息，不要再计较我的过错……

要被害人保佑杀害他的凶手，连这种事都干得出来，我想说，如果地球上有脸皮厚度世锦赛的话，姚苌毫无疑问会是夺冠大热门！

好事不出门，怪事传千里。

姚苌这一不可理喻的奇葩行为很快就传遍了关中各地，成为广大吃瓜群众的笑谈。

符登当然也知道了。

他登上营中指挥楼的最高处，对着后秦的军营大声喊话：自古以来，哪有弑君的臣子反而祈求被弑的君主保佑的！他会保佑你这个逆贼吗？

姚苌：我这不也是狗急乱跳墙，病急乱投医，试试而已嘛。不尝试，怎么知道到底有没有用呢？毕竟，妄想还是要有的，万一实现了呢？

当然他这个话是不能说出口的，所以他什么都没说。

见姚苌不吭声，符登气势更盛，又继续大呼：弑君贼姚苌，你快给我滚出来，和我单挑一决胜负！免得伤害无辜！

姚苌当时已经60岁了，比符登大了十几岁，和符登单挑明摆着吃亏，当然不可能答应。

所以他还是一言不发。

不过，他还是书读得少了。

事实上，其实早在近600年前，汉高祖刘邦在面对同样的问题时，就曾给出过这么个教科书般的答案：吾宁斗智不斗力！

显然，在局外人看来，这次嘴仗中，姚苌的表现只能算是完败。

不仅如此，在此后的多次交战中，姚苌在战场上也没占到什么便宜，依然屡屡受挫，而且自从立神像以来，他晚上还经常做噩梦，老是吓出一身冷汗。

这样一来，姚苌觉得向苻坚祈祷似乎不起任何作用——除了副作用。

于是，他只好承认试验失败，又把苻坚神像的头砍下来送给了苻登。

苻登连战连捷，顺风顺水，胆子也肥了起来。

公元389年初，他把全军的辎重、家眷和部分老弱残兵留在大界（在今陕西彬县、甘肃泾川之间），自己亲率精锐骑兵数万人北上进攻姚苌的大本营安定（今甘肃泾川）。

两军又数次大战，姚苌还是屡战屡败。

他想了个花招——派儿子姚崇率军南下，打算偷袭大界这个苻登的后勤基地。

没想到苻登早就料到了他这一手。

姚崇在途中遭到了前秦军的截击，大败而回，损失惨重。

接着，苻登又乘胜率部西进，攻占平凉（今甘肃平凉）。

随后他驻军于苟头原（今甘肃泾川西北），继续对后秦军保持咄咄逼人的进攻态势。

此时的苻登真可谓是春风得意。

但人一得意，往往就容易大意。

一大意，往往就容易出大问题。

远的，有关羽在水淹七军威震中华后一时大意被吕蒙偷袭荆州；近的，有我在连签两个大单连续两个美女给我敬酒后一时大意晚上回家一脚踩到了臭水沟里。

现在，苻登也在他踌躇满志、信心满满的时候因一时大意摔了个大跟头。

姚苌趁其不备，再次出兵偷袭了他的大本营——大界，并且一击得手，苻登的皇后毛氏及皇子苻弁、苻尚等人都成了姚苌的俘虏。

毛氏武貌双全——不仅人长得漂亮，而且极为勇武。

她一直跨马弯弓，与后秦军死战，直到最后才力竭被擒。

姚苌一眼就看上了这个不寻常的女子——马上功夫这么好，床上功夫估计也不会差，便想纳她为妾。

毛氏一边狠狠地瞪着姚苌——那目光凌厉得简直能剐下一块肉来，一边厉声痛斥：姚苌老贼，你之前杀了天子，现在又想侮辱皇后，皇天后土，岂能容你！

姚苌大怒，当即将毛氏诛杀。

之后，后秦众将请求趁此机会出击，一举消灭苻登。

但老谋深算的姚苌却不同意：符登的军队虽然受挫，但如今怒气正盛，不可轻敌。

而前秦军在得知大界被袭的消息后军心大乱，符登也只好退兵，回到了自己的大本营胡空堡（今陕西彬县）。

公元390年3月，姚苌遣军攻下了前秦将领齐益男驻守的新罗堡（今陕西眉县东南）。

来而不往非礼也，符登当然也要还以颜色，率部进攻后秦将领张业生驻守的陇东（今甘肃庆阳）。

姚苌亲自领兵来救。

而之前一直咄咄逼人的符登这次却一反常态，竟然没有应战就仓促退兵了。

不是他不想战，而是他不能战。

毕竟，这种旷日持久的战争，比拼的主要还是国力。

当时包括长安在内的800里秦川大部分都是后秦的国土，而符登的领地，大多是鸟不拉屎的边远山区，大多是粮不够吃的国家级贫困县，自给尚且不足，怎么可能源源不断地支持他发动绵绵不绝的战事？

在经历了将近4年的连续征战后，前秦的国力已经基本被耗尽，很多地方都到了"千山鸟飞绝，万径人踪灭""白骨露于野，千里无鸡鸣"的地步。

巧妇难为无米之炊，硬汉难打无后勤之战。

面对残酷的现实，符登也不得不低下他坚毅的头颅，从之前的全面进攻转成了被动防守，从之前的下山猛虎变成了现在的缩头乌龟。

姚苌则趁机腾出手来，剪除了关中各地的反抗势力，在与前秦的对抗中占据了明显的上风。

公元391年底，两军在安定（今甘肃泾川）城外再次交战，后秦军再一次获胜。

战后，姚苌举办庆功会，大宴诸将。

姚苌自然是得意扬扬，大臣们自然是马屁连连。

不过，正如再完美的程序有时也免不了会有Bug一样，再和谐的场面有时也免不了会有不那么入耳的声音。

有个将领借着酒意，对姚苌提出了婉转的批评：如果是魏武王（即姚襄，姚苌称帝后追谥其为魏武王）还在世的话，符登这个逆贼肯定是不会活到今天的，陛下您还是太过谨慎了。

姚苌笑着说：我当然不如我的亡兄，具体来说至少有4点，身长8尺5寸，手垂过膝，令人望而生畏，这是其一；领10万之众，争衡于天下，无人可挡，这是其二；温古知今，讲论道理，招揽英才，这是其三；统率大军，人人都尽死力，这是其四。

我之所以还能建立些微薄的功业，不过是在谋略上稍微还有一点长处而已。

这番话让大臣们心悦诚服。

然而人生无常。

眼见得后秦的形势不断向好，胜利已然在望，但姚苌的身体却突然变差，很快就一病不起。

苻登闻讯大喜。

趁你病，要你命！

他马上向苻坚的神位报告此事，随后统军再次进攻安定，在城外 90 里扎营。

姚苌强撑着病体，亲自率部出城迎敌。

苻登也引兵出营，准备与后秦军决战。

此时他突然得到消息，说姚苌派了支偏师绕到了他的军营后方，似乎又要端他的老巢。

苻登之前吃过一次亏，现在当然不敢掉以轻心，慌忙带兵返回营地。

姚苌则趁夜率军紧跟在苻登身后。

苻登在大营中严阵以待，夜不能寐，一直在为天明后与后秦军的战事绞尽脑汁费尽心机想尽办法，总共想了 36 种方案 72 个对策 108 条注意事项。

没想到第二天早上，他却发现后秦军已经不知去向。

苻登忍不住长叹道：这个姚苌到底是个什么鬼啊！走的时候我不知道，来的时候我也不能察觉，传闻说他快死了，却突然又在战场上出现了。我与这个羌人生活在同一个时代，真是倒了八辈子大霉！

他不敢再战，连忙撤兵回到了雍城（今陕西凤翔）。

姚苌也退回了安定。

之后他的病势日渐沉重。

公元 393 年 10 月，姚苌不得不拖着病体从安定回到了都城长安。

12 月，姚苌在长安去世，享年 64 岁。

太子姚兴秘不发丧。

但世上毕竟没有不透风的墙，姚苌的死讯还是很快就传到了苻登那里。

得知死敌姚苌这次终于成了真正的死敌——死去的敌人，苻登的感觉就仿佛令人生畏的情敌自动退出，自己轻而易举就抱得美人归——这酸爽，简直让他不敢相信！

天是那么蓝，空气是那么清新，热血是那么沸腾，高潮是那么迭起，骨头是那么轻飘飘。

他兴奋得几乎坐卧不安：姚兴不过是个乳臭未干的小儿，我折下根树枝就能痛打他一顿！

他按捺不住激动的心情，马上下令，留弟弟苻广守雍城，太子苻崇守胡空堡（今陕西彬县），自己则集结军队，率全部主力倾巢而出，前去攻打长安。

他要在姚兴立足未稳之际，一举将后秦打垮！

但苻登实在是太小看对手了！

要知道，致命的车祸，往往不会发生在拥挤狭窄的小巷，而是多发在宽阔平直的高速公路！

他的这次轻敌，让他付出了无法挽回的惨重代价！

公元394年4月，苻登大军和后秦军在马嵬堡（今陕西兴平西北）大战。

仓促出动的前秦军被以逸待劳的后秦将领尹纬打得大败，几乎全军覆没。

苻登侥幸杀出重围，单骑逃出。

然而等他好不容易逃回到雍城后却发现自己已经成了丧家之犬——根本没有地方可以落脚了。

原来，苻广、苻崇两人得知苻登大败的消息，居然全都弃城而逃了。这些地方都已经被后秦占领！

苻登无奈，只得收集部分残兵，逃到了马毛山（今宁夏固原西南）中。

姚兴当然知道"斩草不除根，春风吹又生"的道理，亲率重兵前往围剿，不久就将苻登擒斩。

苻登之子苻崇逃奔到了湟中（今青海湟中），得知父亲的死讯后，他宣布继位，但几个月后就被陇西鲜卑所杀。

至此，立国44年的前秦彻底灭亡。

在经过长达9年的征战后，后秦终于灭掉了前秦，成为了最后的胜利者。

不过，后秦并不是此时西北地区唯一的政权。

与后秦并立的，还有割据陇西的西秦和占有凉州的后凉两个国家。

西秦由陇西鲜卑首领乞伏国仁所建。

前面讲过，淝水之战后，乞伏国仁即在勇士川(今甘肃榆中)脱离了前秦的控制，自称大将军、大单于。

3年后，乞伏国仁去世，其弟乞伏乾归继位，称河南王，并迁都金城（今甘肃兰州）。

苻登败死后,乞伏国仁趁机尽取陇西之地,实力大增,并于394年年底改称秦王,史称西秦。

后凉的创建者则是原前秦大将吕光。

公元383年初，吕光奉苻坚之命率军征讨西域，一路势如破竹，降焉耆（国都今新疆焉耆），破龟兹（国都今新疆库车），威震西域诸国。

吕光出征在外的这段时间，前秦国内发生了翻天覆地的变化，叛乱四起，四分五裂。

就像被病痛折磨得生不如死的人不大可能有精力去关注非洲的动物保护一样，自身焦头烂额的苻坚完全没有余力去顾及西域这么遥远的地方。

吕光所部就这样和前秦本土失去了联系，成了一支孤军。

在龟兹，他遇到了和慕容冲一样的问题。

虽然他想要留在西域——西域的美女还是很吸引人的，但他的部下却都想东归——西域的气候实在是不习惯。

最终吕光做出了和慕容冲不一样的选择——率部东返。

公元385年9月，他击败了原前秦凉州刺史梁熙，进入姑臧（今甘肃武威），夺取了凉州，自任凉州刺史。

386年，苻坚的死讯传到凉州后，吕光大赦改元，自任大将军、凉州牧，几年后称三河王，后来又改称天王，国号大凉，史称后凉。

第二十五章　枭雄出少年

十六岁的建国者

接下来，让我们再次把目光聚焦到关东。

在姚苌和苻登争夺关中的这些年，慕容垂当然也不会闲着。

公元386年正月，61岁的慕容垂正式称帝，定都中山（今河北定州）。

有权就要任性，他不顾礼法和大臣们的反对，坚持追尊自己的生母兰氏为皇后，配享父亲慕容皝，同时又借此机会把他深恶痛绝的仇人可足浑氏废为庶人，另追尊段昭仪为皇后，配享兄长慕容俊——他到底是个性情中人，有时候做事情是不太在乎别人的看法的。

随后他又加封在这次复国行动中功劳最大的3个儿子为王——慕容农为辽西王，慕容麟为赵王，慕容隆为高阳王。

当年8月，慕容垂命太子慕容宝和赵王慕容麟留守中山，自己亲率范阳王慕容德、高阳王慕容隆等人南征，太原王慕容楷出任前锋，目标是割据黎阳的丁零人翟辽。

翟辽是前丁零首领翟真的堂兄，翟真死后，翟辽带着部分部众南逃到了黎阳（今河南浚县），投奔了东晋黎阳太守滕恬之。

翟辽这人的打仗水平怎么样我不知道，但他的拍马屁水平绝对是出神入化，没几天工夫，他就博得了滕恬之的信任，成为其心腹爱将。

滕恬之喜欢游猎，对部下颇为苛刻，士兵们都对他怨声载道。

翟辽趁机收买人心，随后发动兵变，生擒滕恬之，占领了黎阳。

就这样，他反客为主，无中生有，借鸡生蛋，空手套白狼，实现了从打工者到董事长的华丽变身，挖到了他的第一桶金。

光一个黎阳当然满足不了翟辽的胃口。

由于之前领教过慕容垂的厉害，后燕他是不敢碰的，要扩张，对象只能是东晋。

恰好此时东晋在谢安去世后内部矛盾加剧，朝臣们都忙着争权夺利，对他们来说，黄河沿岸那些新收复的北方领土就像我的微信公众号一样——很少有人关注。

翟辽这人是属泥鳅的——有空子就钻，当然不会放弃这样的好机会。

他通过各种手段不断挖东晋的墙脚，很快就占领了泰山（今山东泰安）、高平（今山东巨野）等地，成为夹在后燕和东晋之间的一大独立势力。

不过，就凭他这区区几个郡县，要想与强大的后燕军相抗衡，相当于想用一个鸡蛋与推土机的巨轮相抗衡——完全是痴人说梦。

更重要的是，他的部众之前大多是前燕的子民，对已故的前燕太宰慕容恪非常爱戴，得知前来征伐他们的后燕前锋是慕容恪之子慕容楷，都争先恐后地前去降附。

还没交手，人都快跑光了，仗当然是打不下去了。

翟辽本来就不是认死理的人，投降对他来说，就像分手对渣男来说一样——轻车熟路，完全没有任何心理障碍。

他知道自己大势已去，便马上遣使向慕容垂投降。

慕容垂封翟辽为徐州牧、河南公，随后收兵北返。

说实在的，慕容垂的这一做法让人很难理解，费这么大劲南征，结果只是在面子上捞了点好处——翟辽名义上表示臣服，而翟辽除了丢点面子（面子对他来说，就如同美女对太监来说一样——根本是无所谓的），几乎毫发无伤。

慕容垂也许很快就会后悔这个决定——因为翟辽以后还会给他带来更多的麻烦。

也就在这次南征期间，还发生了两件值得一提的事。

一是之前一直滞留在西燕军中的慕容垂之子慕容柔和孙子慕容盛、慕容会3人从西燕都城长子（今山西长子）逃出，回到了后燕。

慕容垂喜出望外，特意从前线赶回中山，并为此大赦天下。

相比之下，另一件事则对后来的历史影响更大。

就在慕容垂刚出发不久，他见到了一个来自北方的使者。

使者是替刚成立不久的北魏王国来向后燕求救的。

北魏的建立者是代国末代国主、鲜卑拓跋部首领拓跋什翼犍的孙子拓跋珪。

按照《魏书》的记载，什翼犍共有9个儿子。

庶长子拓跋寔君，这个人咱们之前提到过，公元376年底，苻坚派兵北伐代国，就是他在大敌当前时发动政变杀死了父亲和诸弟，直接导致代国为前秦所灭，他自己也被苻坚处死；

次子拓跋寔，慕容后（慕容皝之女）所生。作为嫡长子，本来他应该是什翼犍无可争议的接班人，可惜却是接班未成身先死——在公元 371 年发生的一次未遂政变中，他为救父亲而身负重伤，不治身亡。

拓跋寔娶了贺兰部首领贺兰野干的女儿为妻，在他死后两个月，他的遗腹子拓跋珪才出生。

三子拓跋翰，也是慕容后所生，他原生有两子拓跋仪、拓跋烈，在哥哥拓跋寔死后，他又娶了寡嫂贺兰氏（拓跋珪的生母），生子拓跋觚（gū）。

四子拓跋阏婆、五子拓跋寿鸠、六子拓跋纥根、七子拓跋地干、八子拓跋力真这 5 个人在史书上没留下任何事迹，唯一可以肯定的是代国灭亡的时候他们都已不在世上——可能死于拓跋寔君之手，也可能之前就死了。

幼子拓跋窟咄，在拓跋寔君之乱时侥幸逃脱，成为什翼犍唯一幸存的儿子。

当时他的年龄应该已经不小了，苻坚不放心拓跋氏有这么个成年的继承人留在代国旧地，便把他迁到了长安，表面上是入太学读书，实则作为人质看管起来。

必须说明的是，以上这些只是《魏书》的一面之词。

事实上，《魏书》中关于北魏前期记载的真实性一直备受质疑——北魏太武帝拓跋焘在位时期，名臣崔浩曾负责主编《国书》，记录北魏皇族的起源，崔浩"尽述国事，备而不典"，被认为是"暴扬国恶"而遭到诛杀。

可见北魏皇室对修史是高度关注的，之后在北魏流传下来的应该只是经过美化的历史——就像经过美颜处理过的照片一样。

因此，在很多历史学家的眼里，这些记载的水分含量可能比西瓜还高，可信度也就和周正龙的老虎照或者如今的某些抗日神剧差不多。

《晋书》《宋书》《南齐书》等史书的记载与《魏书》则截然不同。

比如《晋书》中说什翼犍根本就没死，而是被其子翼圭绑起来送到了长安，之后苻坚还安排什翼犍到太学读书，翼圭则被流放到了蜀地。

有人说，其实这个翼圭才是拓跋珪真正的父亲，而拓跋寔君、拓跋寔、拓跋翰这些人其实根本就不存在，是《魏书》创造出来的——一个重要原因是什翼犍的其余几个儿子的名字拓跋阏婆之类的一看就是音译，而这三个却完全是汉名；

有人说，其实这个翼圭就是拓跋珪——6 岁的孩子就能干这样的事，实在是太匪夷所思了；

也有人说，拓跋珪确实是什翼犍世子拓跋寔的遗腹子，不过拓跋寔为救父去世后，什翼犍就把儿媳妇贺兰氏纳入了后宫，为拓跋珪生了 3 个同母异父的弟弟拓跋仪、拓跋烈和拓跋觚；

还有人说，拓跋珪根本不是什翼健的孙子，而是他的儿子——他和拓跋仪、拓跋烈、拓跋觚都是什翼健和儿媳贺兰氏乱伦所生的……

316

事情的真相到底是什么？

我不知道。

我只能这么说，此事的真相就像太监的命根子一样——当初是有的，可是现在已经不知所踪了。

只有一点是毫无疑问的——拓跋珪肯定是代国王族名正言顺的正宗传人。

代国灭亡后，苻坚接受代国降臣燕凤的建议，把原属代国的地盘一分为二，黄河以东属独孤部首领刘库仁，黄河以西则由铁弗部首领刘卫辰统领。

铁弗部我们之前曾提到过，正是它投靠了前秦，并充当带路党帮助前秦灭了代国，从此成为拓跋部的世仇。

独孤部也是塞北草原3大部之一（另两个是铁弗部和贺兰部），独孤部长期与拓跋部通婚，关系比较密切，现任首领刘库仁就是什翼健的外甥。

同样是在燕凤的建议下，年仅6岁的拓跋珪没有和拓跋窟咄一样被迁到长安，而是留在了塞北。

他和拓跋仪、拓跋觚等小伙伴一起，在母亲贺兰氏的保护下，依附于刘库仁。

刘库仁对拓跋家族颇为忠心，拓跋珪也因此得以在独孤部顺利成长。

但在淝水之战后，这种平静的生活被彻底打破了。

当时前秦各地四处皆反，就在别人都争先恐后逃离前秦这艘正在下沉的破船的时候，刘库仁这个和前秦本来并无多大瓜葛的外人却坚定不移地选择了忠于前秦。

最终他为自己的选择付出了生命的代价——他先是发兵救援前秦幽州刺史王永，后来又准备大举出兵讨伐慕容垂，但由于征发过急，导致部下兵变，自己也被乱兵杀害。

刘库仁死后，其弟刘眷代领其部众。

公元385年8月，刘库仁之子刘显又杀掉了叔叔刘眷，成为独孤部的新任首领。

刘显对拓跋珪的态度，和他的父亲完全不同。

在他看来，拓跋部建立的代国曾雄踞代北多年，号召力极大，而拓跋珪又是拓跋部最根正苗红的继承人，且现在已即将成年，对自己显然是个潜在的巨大威胁。

他打算杀掉拓跋珪，以绝后患。

幸亏贺兰氏人脉深厚，消息灵通，提前得知了刘显的阴谋。

在她的策划下，拓跋珪逃出了独孤部，投奔贺兰氏的娘家贺兰部。

此时贺兰部的首领是贺兰氏的哥哥贺兰讷。

贺兰部本来也是和独孤部、铁弗部实力相当的一大部族，代国被灭后，根据苻坚的安排，独孤部和铁弗部两家瓜分了代国的几乎全部遗产，贺兰讷虽然也被封为东部大人、鹰扬将军，但其地位比起独孤部的刘库仁、铁弗部的刘卫辰来说，还是差了不少。

　　这让贺兰讷怎么可能服气？

　　不过碍于前秦的强大武力，他心里再怎么不服，也只能把气往肚子里咽，眼看着肚子是越来越鼓了。

　　而现在前秦已彻底土崩瓦解，贺兰讷仿佛被压在五指山下 500 年的孙悟空再次重获自由一般的轻松——终于可以扬眉吐气，不用再看前秦的脸色了！

　　海阔凭鱼跃，天高任鸟飞，草原广袤随便我贺兰讷尽情驰骋！

　　恰巧此时拓跋珪来投，贺兰讷觉得自己正好可以借外甥代国嫡系继承人的名头震慑诸部，那叫一个喜出望外。

　　他对拓跋珪说：复国之后，可别忘了老臣！

　　拓跋珪虽然年少，却极为老成——说话得体，脸上不写悲喜。

　　他恰到好处地回答道：如果真的应了舅舅的吉言，我当然不会忘记！

　　之后，贺兰讷便打出了拓跋珪的金字招牌，大力招揽代国旧部。

　　很快，大量代国旧人就如蜜蜂闻见花香一样纷至沓来。

　　当然，他们不是来归顺贺兰部的，而是奔着拓跋珪来的。

　　贺兰讷的弟弟贺兰染干对此很是不满。

　　这里是贺兰部的地盘，你拓跋珪怎么能干出这种鸠占鹊巢的事来了呢？

　　他派人刺杀拓跋珪，因消息走漏而没有得手，之后他干脆一不做，二不休，率军包围了拓跋珪的住地，想要袭杀拓跋珪。

　　关键时刻，贺兰氏紧急赶到，严厉斥责染干的行为。

　　染干不敢得罪自己的姐姐，无奈被迫退兵。

　　拓跋珪这才再次逃过一劫。

　　公元 386 年正月，在贺兰讷以及代国旧臣长孙嵩、叔孙普洛等人的拥戴下，16 岁的拓跋珪正式登上了代王的宝座。

　　不久，大概是不想寄生于贺兰部篱下，拓跋珪又带着部众南迁到了代国旧都盛乐（今内蒙古和林格尔），同时改国号为魏，史称北魏。

好风凭借力，送我上青云

　　北魏的建立，让独孤部的刘显深感不安。

刘显清楚地知道，自己和拓跋珪早就结下了不可弥合的梁子，一旦让拓跋珪成了气候，他绝对没有好果子吃。

何以解忧？

唯有先下手为强，把新生的北魏政权扼杀在襁褓里！

然而，拓跋部之前世代都在塞北称王，是草原各部的共主，独孤部当初也是其下属。如果现在发兵攻打拓跋部后人建立的北魏，似乎听上去像是叛臣反噬旧主——实在是不那么名正言顺。

但一个人的到来解决了刘显的问题。

此人就是拓跋珪的叔叔拓跋窟咄。

拓跋窟咄之前一直以留学生的身份居住在长安，后来他怀着对前秦的仇恨加入了反秦的西燕军，并跟着慕容永一起东返，如今被慕容永任命为新兴（今山西忻州）太守，离独孤部的根据地马邑（今山西朔州）很近。

近水楼台先得月，近食堂的先吃饭，刘显很快就得到了这个消息。

他敏锐地感觉到这是一张可以利用的好牌，便立即派人与慕容永联系，提出想迎回拓跋窟咄的请求。

慕容永也有与独孤部结盟的想法，双方当即像插头和插座一样一拍即合。

很快，拓跋窟咄就作为大礼被送到了独孤部。

刘显派大军护送拓跋窟咄北返故国，支持他与拓跋珪争位。

拓跋珪虽然是拓跋什翼犍的嫡孙，但他当时毕竟才 16 岁——如果生活在现代也就是个初中生，北魏内部很多人都对他能否当此重任持怀疑态度。

这当然不难理解，让一个初中生当你们国家的最高领导你放心吗？

之前大家之所以会支持他，并不是因为有多么爱戴他，主要是因为没得选——桌上就一个菜，你爱吃不吃！

但现在可不一样了。

拓跋窟咄是拓跋什翼犍唯一在世的儿子，名分上并不比拓跋珪差，年龄又大了不少，还是个接受过国际化教育的海归精英，吃过的盐比拓跋珪吃过的粮还多，经过的事比拓跋珪见过的事还多。

无论是资历还是阅历，无论是学历还是经历，这个拓跋窟咄看起来似乎都比嘴上没毛的拓跋珪要靠谱得多。

一时间，北魏内部人情骚动，不少人都产生了异心。

大将莫题暗中派人向拓跋窟咄送信表忠心，在信中他这样评价自己的主公：3岁的小牛犊，怎么可能拉得动重载的车子？

拓跋珪身边的随从于桓等人甚至密谋要把拓跋珪抓起来送给窟咄。

好在拓跋珪吉人天相，这次又有人提前把消息透露给了他。

关键时刻，他临危不乱，表现出了和年龄完全不相称的冷静和果断。

他马上把于桓等人杀掉，对莫题等重臣则未作处理，只当不知道。

同时他清楚自己手下这支队伍目前军心不稳，难以与独孤部匹敌，遂放弃盛乐北上，再次投奔舅家贺兰部。

除此以外，他还作出了一个至关重要的决策——派外朝大人安同向后燕慕容垂求救！

安同是拓跋珪相交多年的心腹，其父又曾担任过前燕殿中郎将，在燕国有一定人脉，无疑是出使后燕的最佳人选。

当时慕容垂正在率部南征的路上，安同是怎么找到他的，因史书缺载我们不得而知，只知道慕容垂立即答应了拓跋珪的请求，并马上命留守中山的赵王慕容麟率军救援北魏。

慕容垂的这个决策如果从之后的历史来看，简直是错得不能再错了——因为未来让后燕败亡的，正是他此次倾力帮助的北魏！

但我们也不能过于苛求古人——毕竟，做事后诸葛亮的难度是要远远低于做诸葛亮的。

举个例子来说，我能很轻松地说出圆周率到小数点后二十位，祖冲之穷尽一生也只能算到小数点后七位，但你绝不能说祖冲之在数学上的造诣不如我，同样，我们也绝不能说慕容垂在那个时候做出这样的决定有多么不合理。

事实上，当时慕容垂之所以会这么做也是有其充分理由的。

首先是拓跋珪和慕容垂有较近的亲戚关系——拓跋珪的奶奶慕容氏是慕容垂的姐妹，慕容垂算是拓跋珪的舅爷爷；更重要的是，拓跋窟咄和后燕的死敌西燕渊源深厚，慕容垂当然不希望代北以后被西燕的盟友所占领！

就这样，后燕的援兵在慕容麟的率领下从中山出发了。

此时拓跋珪的形势已经是危在旦夕。

一方面，刘显和拓跋窟咄的联军已经占领了盛乐，正在继续向北推进，对拓跋珪步步紧逼；

另一方面，早就想置拓跋珪于死地的贺兰染干也趁火打劫，处处都与拓跋珪过不去。

北魏内部更是人心离散。

大家都不傻，知道仅凭北魏自己的那点实力肯定不是独孤部的对手，而拓跋珪之前和后燕又没什么交情，得到后燕救援的可能性并不比在路上捡到钱的概率高多少。

夫妻本是同林鸟，大难临头尚且各自飞，何况是北魏这样一个刚草创不久的草台班子？

将领们纷纷开始寻找退路。

北部大人叔孙普洛等 13 人甚至集体叛逃到了拓跋部的死对头铁弗部刘卫辰那里。

内外交困中的拓跋珪如坐针毡，度秒如年，眼看就快要完蛋了。

幸亏慕容麟的脑子够活络，提前让安同先日夜兼程回去向拓跋珪报信。

得到后燕援军很快就会来的确切消息，北魏的军心才安定下来。

随后，慕容麟和拓跋珪合兵一处，联手向刘显、拓跋窟咄发动反攻。

刘显根本想不到后燕会出兵，一时猝不及防，被打得大败，狼狈逃回了自己的老巢马邑（今山西朔州）。

混乱中拓跋窟咄和刘显的军队失散，西逃到了铁弗部，不久被刘卫辰杀掉。

就这样，凭借后燕的拔刀相助，拓跋珪度过了自己立国以来最大的一次危机。

而慕容垂则在不经意间为自己培养了未来的掘墓人。

但人不可能预知未来，慕容垂当然也不可能料到以后发生的一切。

事实上，他当时的目的应该是想在塞北草原扶持一个亲后燕的卫星国。

也许正是出于这样的原因，之后不久慕容垂就遣使封拓跋珪为西单于、上谷王。

拓跋珪拒绝了。

这个信号很清楚地表明，拓跋珪并不甘心当后燕的小弟。

但慕容垂对此却似乎并未给予足够的重视。

事实上，对此时的北魏，慕容垂根本就没有放在眼里。

正如一般人没时间也没兴趣去关注蝼蚁的行为一样，那时的慕容垂没时间也没兴趣去分析拓跋珪的动机。

几个月后，北魏的使臣安同又再次来到了后燕。

还是原来的配方，还是熟悉的味道——安同这次又是来请求慕容垂出兵帮助的。

原来，独孤部首领刘显在上次失败后并不甘心，依然一心想要灭掉新生的北魏，回去后就大力搜刮百姓，扩军备战，穷兵黩武。

本来他在新败之后已经威信大减，这样一搞，更是弄得民怨沸腾，内乱不已。

见此情景，北魏长史张衮向拓跋珪进言：刘显亡我之心不死，如果不趁此机会灭掉他，必为后患。不过目前以我们的实力要对付他还稍显不足，不妨请求慕容垂和我们共同出兵。

拓跋珪深以为然，便再次派安同出使后燕。

安同这次来得正是时候——此时慕容垂对刘显也恰好极其不满。

这事的起因还得从铁弗部首领刘卫辰说起。

刘卫辰这个人打仗水平很渣，之所以在乱世能够立足靠的主要是他抱大腿的水平。

之前他主要依靠前秦的苻坚，苻坚死后他先是归顺了后秦——被姚苌封为大将军、河西王，接着又向西燕称臣——被慕容永封为大将军、朔州牧。

但刘卫辰还觉得这还不够，又攀上了后燕这棵大树，为表诚意，他还特意送了3000匹战马作为见面礼。

不过，铁弗部的大本营在河套地区（今宁夏东北、内蒙古西南一带），要到后燕的都城中山，必然要途经位于今山西北部、内蒙南部的独孤部所在的地盘，此时的刘显正忙于加强战备，见到这么多战马从自己身边经过，如同色鬼见到垂涎已久的美女主动投怀送抱一样，哪里还把持得住？

他当即精虫上脑，不管三七二十一，把这些战马全都抢了过来，据为己有。

得到战马被抢的消息，慕容垂不由得勃然大怒。

即使没有拓跋珪的请求，他也有意要去好好教育下这个不知好歹的刘显，何况现在还多了个帮手呢？

那还有什么好犹豫的！

他立即下令命太原王慕容楷、赵王慕容麟两人率军前去讨伐刘显。

刘显慌忙率大军迎击，被打得大败，只好率残部逃到马邑西部的山区。

但慕容麟根本不给他喘息的机会，继续穷追猛打。

此时魏王拓跋珪也引兵来会。

在燕、魏联军的合力打击下，刘显最终全军覆没，他本人只身逃到了西燕，投靠慕容永。

草原三大部之一的独孤部就此灰飞烟灭，其领土和人口全部被后燕和北魏所瓜分。

不过，独孤部的后代后来也出了不少名人，比如南北朝时的西魏名将独孤信以及他的女儿——隋文帝皇后独孤伽罗，也许，还有传说中的大侠独孤求败——如果真有这个人的话。

宿敌独孤部覆灭之后，初生的北魏在塞北算是彻底站稳了脚跟。

但年轻气盛的拓跋珪并不满足。

初生牛犊不怕虎，少年壮志不言愁，他的目标不仅是要称雄塞北，甚至想要一统整个北方！

公元388年8月，拓跋珪派堂弟拓跋仪出使后燕，目的是试探后燕的虚实。

63 岁的慕容垂亲自在宫中接见他。

大概是仗着辈分高，名望大，又对拓跋珪有救命之恩，慕容垂的话有些不太客气：魏王为什么不自己来？

拓跋仪不卑不亢地说：我们的先王当初和你们燕国一起尊奉晋朝，世代都情同兄弟，我这次奉命出使贵国，并不失礼。

慕容垂反驳道：我如今威加四海，怎么能和过去相比！——潜在的意思是：我们后燕如今极为强盛，你们北魏不过是靠我们帮助才得以生存下来的寄生虫，怎么配和我们平起平坐呢？

那语气，仿佛赵老太爷在训斥阿 Q：你也配姓赵？

但拓跋仪不是阿 Q，他还是寸土不让，说话还是那么硬气：如果你们燕国不讲道义，只炫耀武力，那是将帅们的事，不是我这个使臣所能了解的。

回到盛乐后，拓跋仪对拓跋珪说：燕主已经年老体衰，太子慕容宝是个无能之辈，范阳王慕容德自负才高，不会是少主的忠臣。我觉得等燕主百年之后，后燕内部必然会发生动乱，到时我们就能算计他们了，现在还不是时候。

不得不说，拓跋仪的眼光还是很准的。

慕容垂这段时间的身体状况可能确实不太好。

这从他在这年 3 月的一个命令可以看出来——他加授太子慕容宝为录尚书事，把朝政全部交给他处理，自己则不再过问。

慕容宝这个人有点小聪明，史书上说他"工谈论，善属文"——口才不错，文章也写得很好。有这样的专长，在现在这种和平年代当个婚礼司仪或者像我一样在网上写点小文章什么的挺适合，但要在那样一个乱世号令群雄，光凭这些显然还是远远不够的。

当时不少人并不看好他，其中就包括慕容垂的皇后段元妃。

必须说明的是，段元妃并不是那个跟着慕容垂逃到前秦的那个大段妃的妹妹小段夫人（可怜的小段夫人自从淝水战后就从史书中消失了），而是大段妃的哥哥段仪之女。

段元妃的经历也颇为传奇。

据说她从小就眼光很高，经常对妹妹段季妃说：我终不做凡人妻。

段季妃也不甘示弱：妹亦不为庸人妇。

两个人煞有介事，一唱一和，邻人都传为笑谈。

没想到姐妹俩后来都如愿以偿。

段元妃嫁的果然不是凡人，是名震天下的慕容垂。

更不凡的是，慕容垂是她的亲姑夫！

段元妃在慕容垂回到关东复国称燕王后被纳入后宫，从此姑夫变丈夫，很是恩爱，后来慕容垂更封段元妃为皇后。

而段季妃则嫁给了慕容垂的弟弟慕容德——后来的南燕开国皇帝。

段元妃对慕容垂说：太子虽然气度雍容，但我感觉他这个人似乎比较柔弱，不够果断，如果在太平盛世他应该可以做个仁君，但如今国家多难，他恐怕并非济世之雄。辽西王慕容农、高阳王慕容隆都有贤能，最好在他们两人中选一个继承大业。赵王慕容麟奸诈阴险，将来必为大患，最好早点除掉他。

慕容垂不听。

后来段元妃又再次进言，没想到这次慕容垂居然甩出了这么一句狠话：你难道想让我当晋献公吗？——春秋时晋献公因听信宠妃骊姬谗言，迫使太子申生自杀，另两个儿子重耳、夷吾逃亡，导致国家大乱，史称骊姬之乱。

满怀好心被当成包藏祸心，肺腑忠言被当成小人谗言，甚至还被比作祸国妖姬骊姬，你让段元妃还能再说什么呢？

她只能泪如雨下，哭着退下。

难道凭慕容垂的智商，真的看不出段元妃所说的问题吗？

我想答案应该是否定的。

他之所以执意要让慕容宝当太子，一方面是因为慕容家一向都有立嫡长子的传统——从慕容廆到慕容暐，概不例外；另一方面，还因为慕容宝的母亲是慕容垂一生中最爱且为他献出生命的女人大段妃。

慕容宝是大段妃留在世上的唯一的骨肉，爱屋及乌，爱母及子，慕容垂对慕容宝的感情当然也绝非其他儿子可比。

酷爱抽烟的人对抽烟的危害往往并不是不知道，而是抱有侥幸心理，总认为这些危害不会发生在自己身上。

同样，对慕容宝寄托了某种特殊感情的慕容垂对慕容宝的缺陷，也并不是不知道，而是抱有某种侥幸心理，总认为段妃的预言不会真的发生在慕容宝身上——在他的潜意识里，他似乎还是相信，如果有合适的人辅佐，慕容宝是完全有可能成为一个合格的君主的。

这段时间，后燕天下初定，但和任何一个政权的早期一样，仍有不少地方叛乱不断，慕容垂只好分派慕容楷、慕容隆、慕容麟等子侄率军四处救火。

刚归顺不久的翟辽见此情景，认为有机可乘，又开始不安分了。

他再次叛燕，联络叛军，到处煽风点火，同时在后燕边境四处劫掠。

之后见叛乱逐步被平定，变脸比洗脸还快的他又再度变脸，遣使向慕容垂谢罪，表示要痛改前非，从此一心一意当后燕的忠臣。

但这次慕容垂对翟辽这个反复小人算是彻底看透了，他当即将使者斩首，严词拒绝了翟辽的投降要求。

翟辽知道自己前途不妙，便本着"过把瘾就死"的心理，决定先过把瘾再说。

他自称大魏天王，设置百官，定都黎阳，不久又迁到了滑台（今河南滑县）。

他建立的这个仅有弹丸之地的小政权，史称翟魏，不在十六国之内。

但慕容垂的反应却大大出乎翟辽和所有人的预料。

在长达三四年的时间里，他对翟辽居然一直不管不顾。

也许，在他的心目中，翟辽根本算不上是一个够级别的对手。

对他来说，对付翟魏就像考试时遇到的送分题一样——什么时候做都能手到擒来，根本无关紧要。

他现在需要把更多的精力用在内政上——毕竟，此时后燕建立才刚刚几年的时间，统治还很不稳固。

就在慕容垂致力于巩固内政的同时，魏主拓跋珪却在北方展开了一系列大刀阔斧的扩张行动。

他先后击破库莫奚、解如、高车、吐突邻等塞北诸部，接着又在后燕的帮助下，吞并了自己的舅家贺兰部，实力大增。

逐渐强大起来的北魏也引起了后燕一些有识之士的警惕。

赵王慕容麟就是其中一个。

作为后燕在西北方面的主帅，慕容麟多次率军和北魏一起作战，与拓跋珪接触很多，对其人相当了解。

慕容麟对父亲说：我仔细观察了拓跋珪的举动，觉得这个人很不一般，将来肯定会成为我国的大患。不如趁现在两国关系较好，让他来中山朝见，将他扣押，另立其弟主持魏国政事。

但慕容垂没有接受。

公元391年7月，一件意外事件的发生标志着燕、魏两国的蜜月期彻底成为了历史。

当时慕容垂正在范阳（今河北涿州）一带视察，不在都城中山。

拓跋珪同母异父的弟弟拓跋觚奉命到后燕朝贡，主持朝政的太子慕容宝大概是对贡品不太满意，把拓跋觚扣了下来，要拓跋珪拿良马来赎人。

后燕的国土大多位于华北一带，并非马的传统产地，战马一直都非常紧缺，相比之下，地处草原的北魏则有大量的马场。

慕容宝觉得，后燕对北魏有再造之恩，这个要求并不过分。

在慕容宝眼里，拓跋珪不过是自己的一个马仔，马仔对老大的指令，自然要不折不扣地执行——有条件要执行，没有条件创造条件也要执行；有困难要执行，没有困难创造困难也要执行！

别说是要你的马，就是要你的妈，你也必须乖乖送来！

然而让慕容宝意外的是，这次拓跋珪不仅拒绝送马，还不顾弟弟的死活，悍然宣布和后燕断绝关系！

拓跋珪这么做当然不会是一时冲动。

除了他自认为羽翼渐丰、不想再仰后燕的鼻息以外，拓跋觚和他的微妙关系，可能也是一个重要原因。

拓跋觚是拓跋珪的同母弟，而拓跋部之前向来有兄终弟及的传统——拓跋珪的祖父什翼犍就是在兄长拓跋翳槐死后登上代王之位的，因此拓跋珪对拓跋觚一直是颇为猜忌的。

现在拓跋觚被后燕扣押，对他来说，其实是正中下怀！

这样一来，他既能找到足够的理由来和后燕绝交，又能借刀杀人解决拓跋觚这个隐患，正好是一举两得！

当然，惯于过河拆桥的拓跋珪虽然有些缺德，但从来不缺心眼。

他知道光凭自己一家还难以与强大的后燕相抗衡，便又派心腹谋士张衮前往长子，与后燕的死敌西燕结盟。

这一切发生的时候，慕容垂并不在京城，对此毫不知情，等他回去的时候，两国关系早就如摔碎的玻璃一样再也无法复原了！

不过，既然忘恩负义的拓跋珪率先撕破了脸，慕容垂当然也不可能再给他好脸。

绝交就绝交吧！我难道还会怕你不成！

水能载舟，也能煮粥；刀能帮人，也能杀人；我能扶持你，我也能毁灭你！

两国交恶，拓跋觚自然也不可能回去了，从此作为人质被留在了中山。

称雄塞北

尽管之后失去了后燕的援助，但拓跋珪依然在塞北高歌猛进。

贺兰部灭亡后，塞北各部大多已对北魏表示臣服，仍然与北魏为敌的只剩下了铁弗部及其附庸——那时还很不起眼的柔然。

公元391年10月，拓跋珪率部讨伐柔然。

柔然抵挡不住北魏的攻击，仓皇向北逃走。

拓跋珪率部紧追不舍，一连追了600里，依然没追上。

诸将都说：敌人已经逃远了，我军粮食也吃完了，还是回军吧。

拓跋珪问左右：如果杀掉副马（骑兵长途奔袭时带的备用马），够不够 3 天的军粮？

在得到肯定的回答后，拓跋珪又下令继续追击。

果然没过多久就追上了柔然人，柔然人只得投降。

战后，拓跋珪对诸将说出了他这么做的原因：柔然人带着牲畜逃了这么远，必然会在有水草的地方停留，我有足够的把握在 3 天之内追上他们。

众将都深表叹服。

柔然是铁弗部的小弟（当时的柔然远没有后来那么强大），刘卫辰当然不可能坐视不管。

就在拓跋珪北征柔然的时候，刘卫辰派其子刘直力鞮率军乘虚而入，侵入了北魏的南部边境。

但刘卫辰的这一举动早在拓跋珪的预料之中。

他在击败柔然后立即率精锐骑兵 6000 人倍道兼程回师讨伐。

两军在铁岐山（今内蒙古固阳西南）南展开了一场恶战。

按照《魏书》中的记载，刘直力鞮的铁弗军有八九万之多，但这一数字似乎是大有问题的——因为《晋书》里说铁弗部的兵力总共只有"控弦之士三万八千"，考虑到刘卫辰的地盘不大，我个人感觉这还是比较可信的。

《魏书》中所谓铁弗军有八九万人的说法，应该和某神剧里"我爷爷 9 岁时就被鬼子杀害了"的台词差不多——只能当笑话看。

至于这次铁弗军到底出动了多少人，已经无法考证了。

个过这一战的结果肯定是毫无疑问的。

战斗力一向很渣的铁弗人这次的发挥还是一如既往的稳定——被打得落花流水，几乎全军覆灭。

刘直力鞮只身逃走。

在拓跋珪的字典里，从来没有"见好就收"这几个字，他完全不给铁弗人任何喘息的机会，马上乘胜追击，渡过黄河继续穷追猛打，以迅雷不及掩耳之势径直杀入了铁弗部的地盘。

铁弗人的精锐主力大多已在铁岐山被歼，留在家里的不是缺胳膊少腿的残疾人就是缺牙齿老寒腿的老年人，加上又是猝不及防，哪里会是北魏军的对手？

北魏军势如破竹，很快就进抵刘卫辰的老巢悦跋城（又名代来城，今内蒙古鄂尔多斯东胜区）。

尽管刘卫辰在后秦和西燕都拜了码头，交了不少保护费，但拓跋珪这次来的实在是太快了，那时候又没有空降兵，怎么可能来得及救他？

无奈，刘卫辰父子只好仓皇出逃。

拓跋珪分派将领率轻骑追击。

几天后，刘卫辰在逃亡途中被部下杀死，刘直力鞮及其宗族都被追兵抓获。

拓跋珪对当初为前秦灭代充当带路党的铁弗人恨之入骨，下令将刘卫辰的宗族、亲友、同党5000余人全部诛杀后扔进黄河，就连已死的刘卫辰也没能幸免——拓跋面前死，做鬼也倒霉，他的尸体也被拉出来重新斩首。

不过，似乎拓跋珪的这次屠杀做得并不十分彻底——刘卫辰的第三子刘勃勃就逃脱了。

短短两个月的时间，拓跋珪破柔然，灭铁弗，威震塞北，同时还缴获战马30多万匹，牛羊400多万头，大大扩充了自己的实力。

至此，之前在代北草原三足鼎立的独孤、铁弗、贺兰三大部彻底成为了历史，成立仅五年的北魏成了草原上无可争议的王者！

不过，对年仅21岁的拓跋珪来说，这还远远不是他的终点。

成功？我才刚上路呢！

志存高远的他已经把庞大的后燕帝国视为自己的下一个猎物。

第二十六章　用兵如神

计破翟魏

此时的后燕皇帝慕容垂已经 66 岁了。

自从公元 387 年他亲自率兵降服翟辽之后，除了配合北魏在代北打了几场仗以外，他已经好几年没有发动大规模的军事行动了。

公元 392 年初，慕容垂又再次踏上了征途，目标是那个像老鼠一样虽然小却极为烦人的翟魏。

由于翟辽已于一年前去世，此时翟魏的当家人是翟辽的儿子翟钊。

得知慕容垂亲统大军前来攻打自己的消息，翟钊大惊失色，慌忙向自己的盟友西燕的慕容永求救。

但慕容永很清楚自己的斤两，正如买菜车一般不敢去招惹劳斯莱斯一样，他也不敢招惹强大的后燕，没发一兵一卒去救援。

翟钊非常失望。

靠不了天地也靠不了爹娘，靠不了慕容永这个白眼狼，只能够咬着牙硬着头皮扛！

他决定依托黄河天险，作困兽之斗。

翟钊放弃了黄河以北的所有据点，把黄河上的船只全部拉到了南岸，集中全部主力在黄河南岸严密布防。

6 月，慕容垂率军抵达了北岸的黎阳（今河南浚县），同时命人赶制了大量牛皮筏子，摆出一副随时要渡河的样子。

翟钊不敢有丝毫大意，伸长脖子，瞪大眼睛，屏住呼吸，对北岸实施 24 小时不间断 360 度无死角的严密监控，连一只蚊子也不放过。

正所谓功夫不负有心人，这天傍晚，他果然有了重大发现——只见后燕大军拔营而起，全军出动，浩浩荡荡地向西行进，直奔上游 40 里外的西津渡口。

同一时间，河面上的数百艘牛皮筏子也溯流而上，方向也是西津渡口。

翟钊见状，也连忙随之而动，率翟魏全军沿黄河南岸往西急速行进，第一时间赶到西津渡口的对岸布防。

不过，很多时候眼见未必为实。

正如魔术大师给观众看到的其实只是他精心布置的假象一样，战术大师慕容垂让翟钊看到的也绝不可能是所有的真相。

实际上，后燕军并没有全部开往西津，在黎阳还埋伏下了一支部队。

当天晚上，这支后燕军在主将慕容镇等人的率领下，凭借夜色的掩护，神不知鬼不觉地渡过了黄河，在南岸扎下营寨，并迅速修好了防御工事。

直到第二天早上，翟钊才得知后燕军已经在黎阳渡河，顿时方寸大乱，慌忙率军火速赶回，猛攻慕容镇的军营。

慕容镇按照慕容垂的指示，坚守不战。

疲于奔命的翟魏军早已疲惫不堪，在短时间内根本无法攻下后燕军营，士气也更加低落。

而在翟钊回军后，西津渡口又出现了空档，慕容垂当然不会放过这样的机会，立即派慕容农率后燕军主力从西津渡过了黄河，随后挥师东进，与慕容镇两面夹击，大败翟魏军。

翟钊侥幸逃脱，逃回了滑台。

他知道自己大势已去，只好带着妻儿和少量残兵，弃城出逃。

这家伙胆子极大，明知山有虎，偏向虎山行，居然迎着后燕军的方向，趁乱北渡黄河，逃到了白鹿山（位于今河南辉县）。

等后燕军发现的时候，他早已经躲进了深山。

只在此山中，云深不知处。

后燕军对他的抓捕工作一时陷入了困境。

但慕容农却胸有成竹：翟钊没有军粮，绝对不可能在山中长期待下去。

他率部撤退到山外，只留下几个侦察兵埋伏在下山的路口。

不久后，翟钊果然出了山——没办法，醉过才知酒浓，爱过才知情重，饿过才知实在是受不了。

慕容农立即回军，很快就全歼了翟钊的部众。

但滑得像泥鳅一样的翟钊却奇迹般地再次逃脱，单枪匹马投奔西燕，不久因谋反（至于是不是真的谋反，恐怕只有天知道了）被慕容永所杀。

在夹缝中存在了 4 年多的翟魏至此正式灭亡。

巧灭西燕

现在，慕容垂离他"恢复前燕旧境"的目标已经很近了——整个关东地区，没纳入后燕国境的，只剩下一个西燕了。

公元 393 年 10 月，慕容垂终于把平定西燕提上了议事日程。

他召集文武大臣，商议讨伐西燕的问题。

但众将却大多对此投了反对票：慕容永并没有什么挑衅之举（这倒确实是实话），人畜无害，而我军连年征讨，士卒疲敝，这段时间还是不要再发动战争了。

但范阳王慕容德却力排众议，以不容置疑的口气说道：慕容永是皇家的疏宗，却僭越本分，妄自称帝。如果不把他除掉，怎么能让天下明确大燕的正统所在？世界上只有一个燕国，并州是大燕不可分割的一部分。我们绝不能容忍慕容永制造"两个燕国"的分裂行径，虽然我军现在的确是有些疲惫了，但这个仗，我们却不能不打！

在慕容德发言后，慕容垂随即旗帜鲜明地表明了自己的态度：司徒（慕容德此时的官位是司徒）所言，正合我意。我虽然年老，但拍拍口袋，觉得我囊中那点智谋还足以对付此贼，绝不能将他留下来祸害后世子孙！

征伐西燕的决策就这样定了下来。

正如售楼小姐在推销房产前必须先介绍其所处的地段一样，我在介绍接下来的这场战事前也必须先让大家了解一下相关的地形。

在西燕和后燕之间，横亘着一个易守难攻的天然屏障——太行山脉。

太行山呈南北走向，北起今天的北京西山，南达河南北部的黄河北崖，绵延 400 多公里，大部分海拔都在 1200 米以上，是中国东部一条重要的地理分界线。

太行山的东面是华北平原，地势低平，西面是黄土高原，地势较高，因此其山势西面较缓，东面则极其陡峭，要想穿越巍巍太行山，唯有通过因河流切割而形成的几条东西向横穿山脉的谷地。

在太行山脉中，这样的咽喉要道主要有 8 条，即所谓的太行八陉，从南到北分别是：轵关陉、太行陉、白陉、滏口陉、井陉、飞狐陉、蒲阴陉、军都陉。

这八陉大都狭窄逼仄，险峻无比。

三国时的曹操在征讨袁绍余部时曾从白陉穿越太行山，他在诗中详细描述了太行山陉道的艰险：北上太行山，艰哉何巍巍！羊肠坂诘屈，车轮为之摧。树木何萧瑟，北风声正悲。熊罴对我蹲，虎豹夹路啼……

这样的道路对进攻方来说，显然是个极大的挑战。

毫无疑问，对实力处于相对劣势的慕容永来说，只要能准确判断出后燕军主力的进军路线是八陉中的哪一条，就很可能凭借地理上的绝对优势，实现御敌于国门之外的目标。

不过，这样的判断并不轻松，尤其对手是那个腹中的花招比王府井的店招还要多得多的老狐狸慕容垂！

但此时的慕容永已经别无选择。

对他来说，不能猜中谜底，只能脑袋落地！

很快，慕容垂开始出招了。

11月，他派大将慕容瓒、张崇率偏师出井陉，进攻由慕容永之弟慕容友镇守的晋阳，大将平规则进驻沙亭——沙亭位于今河北临漳西南，是进出滏口陉的东面门户，慕容垂本人也亲率步骑7万从中山南下，抵达沙亭附近的邺城。

慕容永连忙接招，一方面加强晋阳防务，另一方面马上派尚书令刁云、车骑将军慕容钟率军5万进驻潞川（今山西浊漳河南，即王猛破慕容评之地），以防范后燕军从滏口发动的进攻。

公元394年2月，慕容垂再放大招。

他征发了司州、冀州、青州、兖州四州的兵力，大张旗鼓地调兵遣将。

他命令太原王慕容楷率部出滏口，辽西王慕容农自白陉入壶关，其余后燕军主力则由他自己亲自统领，驻于沙亭，作为后继部队。

这次布置慕容垂故意弄得声势很大，一直密切关注后燕军动向的慕容永闻讯不敢怠慢，连忙派出重兵，严密把守白陉、滏口陉的各处要地，同时为了便于后勤支援，他把粮草辎重都集中在距离两陉都不远的台壁（今山西黎城西南），由自己的侄子小慕容逸豆归（当时西燕有两个同名的慕容逸豆归）等人率万余精兵守卫。

部署停当，慕容永总算稍微松了口气。

但出乎他预料的是，转眼一个多月过去了，却什么也没有发生。

没有预想中的腥风血雨，只有春天里的和风细雨。

没有激烈的刀光和铿锵的剑影，只有和煦的阳光和蹁跹的蝶影。

这里的黎明静悄悄。

每天的黎明都是静悄悄。

但局势越是平静，慕容永的脑海越是不平静。

时间越是流淌，慕容永的心中越是焦虑。

这太反常了！

这个慕容垂葫芦里到底卖的是什么药？

他绞尽脑汁，挖空心思，殚精竭虑，却依然百思不得其解。

332

好在天道酬勤，在一个又一个不眠之夜后，他终于取得了重大研究成果。

那一瞬间，他脑子里突然灵光一闪，想到了两年前慕容垂对付翟钊时那次"声东击西"的举动，顿时恍然大悟：这个老狐狸是要故技重演！

怪不得他要那么卖力地公开宣传他的军事部署，原来是虚晃一枪！

想到这里，他忍不住有点佩服自己了。

任你慕容垂奸似鬼，也休想把我带偏轨！

他无比肯定地认为，慕容垂在滏口陉、白陉这边只是虚张声势，实际上的进攻方向绝对不在这里！

会在哪儿呢？

他判断是在南边的轵关陉或太行陉，二者必居其一！

十万火急，他不敢耽搁，立即亲自率西燕军主力火速南下，开赴轵关陉和太行陉，只留下少量军队驻守在台壁这一后勤要地。

在第一时间赶到轵关陉和太行陉并布好防线后，慕容永悬在空中的心终于落下了。

他由衷地为自己的聪明感到无比的庆幸！

但他错了。

他那不是聪明，而是自作聪明！

实际上，在对外公开发布了那个根本没有被执行的命令后，慕容垂和后燕军的主力哪都没去，一直都在邺城附近休整，同时密切关注着慕容永的一举一动。

得到慕容永和西燕军主力南下的消息后，慕容垂满是皱纹的脸上露出了一丝难以察觉的微笑，但他依然没有马上行动。

直到几天后，他估计慕容永已经到了轵关一线，离自己很远了，这才以雷霆万钧之势猛然出手！

公元394年4月20日，慕容垂突然率后燕大军从邺城出发，轻而易举地突破了滏口陉，进入了太行山以西的西燕腹地。

随后他挥师猛扑西燕军辎重所在地台壁，将台壁团团围住。

慕容永闻讯大惊，慌忙率在轵关陉、太行陉布防的西燕军主力5万，北上救援台壁。

但还没等赶到台壁，他又听到了一个他不愿听到的消息——驻守在潞川的西燕尚书令刁云、车骑将军慕容钟率部投降了后燕！

这两人都是慕容永的心腹重臣，位高权重，在西燕影响力极大，他们的叛变让本就风雨飘摇的西燕上下更是人心惶惶。

慕容永毫不犹豫地下令将刁云和慕容钟的妻儿全部诛杀，杀一儆百，以此来警告部下不要步两人的后尘。

他知道如今自己已危如累卵，唯一的出路只能是拼死一搏！

绝望中寻找希望，危机中创造转机！

他率领自己所能集结的几乎全部主力，与后燕军在台壁以南展开了一场生死决战。

慕容垂对此早有准备，他事先派部将慕容国率精锐骑兵埋伏在附近的山涧下，自己则亲率慕容楷、慕容农等人迎战慕容永。

战不多时，慕容垂佯装不敌，且战且退。

杀红了眼的慕容永紧追不舍。

捉奸要捉在床，擒贼要先擒王，到了这步田地，自己唯有一鼓作气，活捉慕容垂，才有可能反败为胜！

虽然这很难，但有句名言不是说了：梦想还是要有的，万一实现了呢？

当然，在99.99%的情况下，万一的事情是不会发生的。

不幸的是，慕容永就是这99.99%中的一个。

在他追了数里后，突然一声炮响，伏兵四起，后燕军从四面八方向西燕军发起了猛攻。

很快，西燕军就被分割包围，逐个歼灭。

此役西燕军被斩首八千余级，其余则大多成了俘虏，只有慕容永和少数残兵逃回了都城长子。

得知皇帝惨败的消息后，西燕晋阳守将慕容友也吓破了胆，仓皇弃城而逃，后燕军兵不血刃就拿下了重镇晋阳。

之后慕容垂又乘胜率后燕大军继续进军，包围了长子。

由于主力已经在台壁被歼，慕容永觉得自己大势已去，打算弃城突围，投奔后秦。

但他的侍中兰英却激励他说：当初石虎攻打龙城，形势十分危急，但太祖慕容皝却一直坚守不去，最终反败为胜，才成就了大业。如今慕容垂已经是个70老翁（慕容垂当时已经69岁了），精力有限，不可能长期围困我们。只要我们不抛弃，不放弃，我相信，胜利一定属于我们！世界上最强大的武器就是豁出去的决心！有志者，事竟成，破釜沉舟，百二秦关终属楚；苦心人，天不负，卧薪尝胆，三千越甲可吞吴！……

这一大桶鸡血的效果那是相当明显，那一刻慕容永只觉得心脏在狂跳，热血在燃烧，即使让他当场裸奔他也不会犹一秒豫，即使让他上刀山下火海他也不会皱一下眉。

他当即打消了逃跑的念头，决定誓死坚守。

同时他派人带着厚礼向东晋和北魏求援。

东晋和北魏都不愿看到后燕做大，果然都派来了救兵。

但已经太晚了。

没等救兵到达，长子城内就出了叛徒。

西燕太尉大慕容逸豆归的部将伐勤等人打开城门，放后燕军入城，慕容永和西燕王公大臣悉数被俘。

慕容垂下令将慕容永以及其尚书令刁云（白投降了）、太尉大慕容逸豆归等30多名高官处死。

西燕就此灭亡。

第二十七章　参合陂悲歌

慕容宝挂帅

之后，慕容垂又派慕容农等人乘胜南下攻打东晋，一路势如破竹，很快夺取了廪丘（今山东郓城）、阳城（今山东茌平）、高平（今山东巨野）、泰山（今山东泰安）、琅琊（今山东临沂）、临淄（今山东淄博）等大片土地。

至此，经过10年的不懈奋斗，慕容垂终于实现了自己当初定下的复国目标——基本恢复了前燕全盛时的疆域。

战场如麻将场。

麻将场上一个人的大赢特赢，总是意味着他的对手形势不妙；战场上后燕的节节胜利，对视后燕为对手的拓跋珪来说，当然也不是个好消息。

他清醒地知道，如今他已与慕容垂彻底撕破脸，不久前他悍然发兵援救西燕的举动，更是加深了双方的敌意。

他可以肯定，自己和强大的后燕迟早必有一战！

事实很快证实了他的判断。

公元395年5月，慕容垂果然下达了讨伐北魏的命令。

他任命太子慕容宝为主帅，督率辽西王慕容农、赵王慕容麟等人统兵8万作为西征主力，此外还有范阳王慕容德、陈留王慕容绍所率的一万八千人作为后续部队，总兵力达九万八千人。

这个配置堪称豪华至极，是当时后燕所能拿出的最高等级的全明星阵容——看看，战功卓著的慕容农，智计百出的慕容麟，老成持重的慕容德，作风稳健的慕容绍，全都是慕容家的翘楚，人人都是一等一，个个都是VIP。

除了镇守故都龙城（今辽宁朝阳）的高阳王慕容隆、抱病在身的太原王慕容楷（一个月后他就去世了），慕容垂子侄辈中最出色的人才几乎全部出动了。

之所以会做出这样的人事安排，慕容垂当然有他自己的用意。

此时他已经年满70，老病缠身，自感时日无多的他知道自己需要考虑身后事了。

对他来说，当前最迫切的，是要让太子慕容宝顺利接班，实现政权的平稳过渡。

慕容宝当时已经41岁了，称得上是年富力强，表现也算是中规中矩，但和几个兄弟慕容农、慕容隆、慕容麟相比，除了投胎功夫高出一筹（他的生母是慕容垂最爱的大段后）外，无论是能力还是功绩，他似乎都要略逊一筹，尤其还有个明显的短板——缺乏军功。

枪杆子里面出政权，将来若是没了父亲这个保护伞，在军中缺乏威望的慕容宝在这样的乱世，能镇得住场面吗？

慕容垂对此很是担心。

思来想去，他觉得必须要趁自己还在世时，设法让慕容宝立下一个拿得出手的战功，为将来掌权做准备。

那么，该拿谁来给慕容宝练手呢？

在慕容垂看来，北魏显然是最合适的目标。

一方面，他觉得拓跋珪忘恩负义，确实需要教训；

另一方面，他也觉得拓跋珪实力有限，应该不难教训。

这种想法当然是可以理解的。

毕竟，之前北魏之所以能在代北快速崛起，一个很大的原因是后燕的多次援助。

这不免让包括皇帝慕容垂在内的后燕上下对北魏的实力都有些轻视，颇有一种恩主对乞丐、主人对宠物的优越感——你所有的一切都是我给的，没有我，你早不知死多少次了！

你拓跋珪不过是我扶持起来的代理人，却不自量力不识好歹不知死活不撒泡尿自己照照，居然敢跳出来和我这个幕后老板作对，岂不是活得不耐烦了么！

不过，话虽这么说，考虑到慕容宝毕竟没有战争经验，为保险起见，慕容垂又给他配备了这么一大批慕容家的优秀人才作为助手。

用这些久经战阵的精兵强将，来对付拓跋珪这么个初出茅庐的毛头小伙，慕容垂觉得，这简直是牛刀杀鸡、博士生对付小学一年级数学题——肯定是手到擒来，不费吹灰之力！

经过这么一番精心的安排，他放心了。

但散骑常侍高湖（按《北齐书》记载，他是后来的北齐实际创建者高欢的曾祖父）却不放心。

他劝谏说：燕魏两国世代联姻，交好多年。如今虽然有些矛盾，但主要原因是我们索要战马不成而扣留其弟所造成的，说起来也是我们理亏。更何况拓跋珪这个人虽然年轻，却自幼经历了很多磨难，有勇有谋，兵强马壮，千万不可小视。太子年轻气盛，又初次统率大军，恐怕难免会轻敌。这次出征万一要是出了点什么差错，不但折损兵力，太子的威望也会严重受损，请陛下三思。

慕容垂不听。

高湖再三进言，言辞极为激烈，最后惹得老皇帝恼羞成怒，老脸拉得比驴脸还要长，竟当场将其免官。

这样一来，自然没人敢再说什么了。

慕容宝就这样带领后燕大军踏上了征途。

面对来势汹汹的后燕军队，拓跋珪接受谋士张衮的建议，决定采取以空间换时间的策略——当然，这是比较书面的说法，如果换成通俗的用语，那就是逃！

他把自己的部众分为3大块，西边诸部由东平公拓跋仪率领，向西北方向撤退；

东面诸部由略阳公拓跋遵（拓跋珪的叔父拓跋寿鸠之子）率领，往东北方向躲避；

而包括拓跋本部在内的其余大部分部众，则由拓跋珪本人亲自带领，一口气西撤了1000余里，并在河套（今内蒙古西南、宁夏东北一带）渡过黄河，跑到了原先刘卫辰的根据地悦跋城（今内蒙古鄂尔多斯东胜区）附近。

参合陂之战

后燕军长驱直入，如入无人之境，不，确切地说，是入无人之境——一路上不要说是人影了，甚至连一个畜生的影子都看不到。

天苍苍，野茫茫，风吹草低无牛羊。

7月，后燕军在越过已成空城的北魏都城盛乐（今内蒙古和林格尔）后又继续西进，抵达五原（今内蒙古包头一带），在那里，他们总算见到了人烟——收降了北魏别部3万多户，还收获了拓跋珪逃走时没来得及收割的100多万斛杂粮。

大概是从这些降人的口中，慕容宝得知了拓跋珪的准确动向，原来他现在离自己仅有一河之隔——拓跋珪在黄河的南面，后燕军在黄河以北。

踏破铁鞋无觅处，得来全不费工夫！

慕容宝大喜，立即下令在黄河北岸扎营，同时命人打造战船，准备渡河。

拓跋珪知道自己此时已经躲无可躲——再过去就是后秦的地盘了，便也干脆把心一横，率部来到黄河南岸，与后燕军隔河对峙。

338

他一面派司马许谦向后秦求救，一面在各渡口修筑高台，以监控敌军的行动，同时又在黄河南岸近千里的范围内遍插锦旗，以虚张声势，迷惑慕容宝。

此外，据《魏书·太祖纪》记载，他还派出陈留公拓跋虔（拓跋珪叔父拓跋纥根之子）率军5万东渡黄河，骚扰后燕军的后方；原先在西北躲避的拓跋仪率军5万返回五原以北（这一数字在《魏书·徒河慕容廆传》中又翻了一倍，变成了10万），威胁后燕军的北面；原先在东北方的拓跋遵也率部7万回师，切断后燕军的归路。

按照这个说法，北魏军光这三路偏师的兵力就达17万或者22万之多，加上拓跋珪率领的北魏主力，其总兵力远远超过了不到10万的后燕军！

这么夸张的数据，不要说是一个正常人，就是脑子进了5吨水的猪恐怕也不一定会相信吧。

如果北魏真的有这么强的实力，向来胆大的拓跋珪为什么还要望风而逃？

慕容垂又怎么敢让慕容宝这个没有任何实战经验的儿子去找这么强大的敌人刷经验？

而且，同书的《拓跋遵传》还明确记载，后来拓跋遵参加了参合陂之战，他参战的兵力是多少呢？

700人！

一会儿说是7万，一会儿说是700——你要是打个三折我也就忍了，可是在一折的基础上还得再打个一折，这也实在是太扯了。

可以说，这样的数据要是靠得住，偏瘫的母猪都能够爬上树！

不过，尽管拓跋仪、拓跋虔、拓跋遵所率的部队数量肯定是要远远少于《魏书》的记载，但拓跋珪这一举措的效果还是非常明显的，尤其是处于北魏军后方的拓跋虔部和拓跋遵部完全切断了五原的后燕军和国内的联系，来往于五原和后燕都城中山之间的使节，居然全都被北魏军擒获，一个漏网之鱼都没有。

这样一来，后燕军就如同被屏蔽掉了所有信号的手机——再也无法得到后方的任何消息了。

而他们的战事也进行得十分不顺。

可能是慕容宝被拓跋珪那种虚张声势的行为唬住了吧，后燕军在到五原后长达几十天的时间里，竟然没有什么实质性的行动。

一直磨蹭到了9月，他们才开始试探性地渡河。

没想到船刚解开缆索，还没来得及出发，就突然刮起了一阵罕见的大风，把几十艘战船全都吹到了黄河南岸，船上的300多名燕军士兵都成了北魏的俘虏。

拓跋珪对他们好酒好菜热情款待，然后把他们全都放了回去，临走时还貌似关心地向他们透露了一个重要信息：你们的皇帝去世了，你们不晓得吗？

339

这些人回去后，这个令人震惊的消息立刻在后燕军营中传了开来。

慕容垂当时已七十高龄（在那个普遍短命的年代，这几乎相当于现在的百岁老人了），而且在后燕军出发的时候，据说他的身体状况已经不太好了，加上此时后燕军很久都得不到国内的讯息，对此根本难辨真假。

难道那个战无不胜、在他们心中神一样存在的皇帝，真的已经不在人世了？

后燕将士开始人心惶惶。

之后拓跋珪又让被俘虏的后燕使者隔着黄河多次向对岸的慕容宝喊话：我是中山来的使者，你父亲已经死了，你为什么还不回去呢？

正所谓三人成虎，在这种不断的强化下，后燕军中有越来越多的人相信了这个消息——无风不会起浪，无花不会结果，没有点事实依据肯定不会有这样的说法！

恐慌的情绪如冬日南下的西伯利亚强冷空气一般迅速席卷了整个后燕大军。

人人心神不宁，个个忐忑不安。

显然，在这样的心态支配下，这支后燕军队在战场上的前景肯定是不容乐观的——就像临高考前得知父母发生车祸生命垂危的学生在考场上的发挥定然会大打折扣一样。

术士靳安看到了这一点，便向慕容宝进言说：现在的天象对我们极为不利，一定会大败，必须马上撤退，方可免除此灾。

但慕容宝却依然下不了决心。

靳安失望至极，回去后便对左右说：看来我们这些人都要暴尸荒野了！

时间在慕容宝的犹豫中一天天地过去。

时局在慕容宝的踌躇中一天天地恶化。

20多天后，后燕军中发生了一次兵变。

赵王慕容麟的部下慕舆嵩等人认为慕容垂肯定是死了，密谋作乱，打算杀死慕容宝，拥立慕容麟，不过由于他们虑事不密，这事还没来得及发动就失败了，慕舆嵩等人被杀。

虽然没有确切的证据表明慕容麟参与了这次行动，但这一事件还是让慕容宝和慕容麟等高层领导之间产生了难以弥合的裂痕。

虽然表面上他们还是勾肩搭背，但内心却是钩心斗角；

虽然表面上他们还是你好我好，但内心却恨不能你死了才好……

到了这个地步，慕容宝就是再榆木脑袋，也知道自己必须马上撤军了——再在这里这样拖下去，恐怕不但立不了功，位子都可能保不住，脑袋都可能保不住！

还是早点回去吧！

10 月 25 日，他下令烧毁所有船只，趁夜撤兵。

当时的天气还不是很冷，黄河上只有一层很薄的浮冰，尚未完全冻结，正是渡河最困难的时候——渡船开不了，冰层的厚度又负担不了人的体重，因此慕容宝认为北魏军无法过河，便没有在自己身后布置斥候（古代的侦察兵）。

没想到 8 天后的 11 月 3 日，寒潮骤至，温度骤降。

仅仅一夜的时间，黄河就被冻得严严实实——不要说是走人了，就是走满载的集装箱大卡车也完全没有问题！

真乃天助我也！

拓跋珪大喜，立即率部跑过了黄河，随后留下辎重，挑选了两万精锐骑兵，昼夜兼行，前去追击后燕军。

同时他还派人通知东面的拓跋遵，让其率部与自己配合作战。

而此时的后燕军却对此毫不知情，依然在缓缓撤退。

11 月 9 日下午，他们来到了一个叫参合陂的地方。

参合陂的具体位置现在已不得而知，目前学术界有两种说法，一说是在今内蒙古凉城东北，一说在今山西阳高。

结合史书的相关记载，我个人估计，参合陂大概是一个坡度不大的山丘，其东面有座山叫蟠羊山，蟠羊山的南面有一条河流。

后燕军走到参合陂的时候，突然天色大变，狂风大起。

一时间，飞沙走石，天昏地暗，能见度瞬间降低！

更诡异的是，天空中竟然有一道浓重厚密如堤坝一样的黑气从大军后方涌来！

在这种恶劣的天气下，站都站不稳，路都看不清，还怎么行军？

看看时间也不早了，慕容宝便下令在参合陂以东、蟠羊山以南靠近水边的地方扎营，打算休整一晚后再继续东归。

在他看来，这个背山面水的地方是个理想的宿营地，南面的河流提供了充足的水源，而西面和北面的山坡则正好可以挡住肆虐的风沙。

不过，他万万没想到的是，这些山坡不仅能挡住风沙，也挡住了自己的视线！

随行的和尚支昙猛对慕容宝说：风云突变，这是敌军将至的征兆，咱们千万不能掉以轻心，必须派兵准备抵御。

慕容宝笑了。

这怎么可能？

北魏军还在黄河对岸，根本就过不了河，更何况就算他们现在能过河，自己已经走了十几天了，他们又没长翅膀，怎么可能追得上？

对支昙猛的谏言，他的处理方式和我对骚扰电话的处理方式是一样的——设置成屏蔽黑名单模式，无论对方怎么说都毫无反应。

但支昙猛还是不肯放弃，苦苦劝谏，喋喋不休。

旁边的慕容麟火了。

前段时间他因部下兵变的事情和慕容宝闹得有些不愉快，现在大概是为了缓和双方的关系，便帮着慕容宝对支昙猛大发雷霆：以太子殿下的英明神武，军队又是如此强大，足以横行沙漠，索虏（拓跋部人有索头即留辫子的习俗，所以中原人蔑称其为索虏）怎么敢远来送死？你如此妖言惑众，应该斩首示众！

支昙猛急得流下了眼泪：当年符坚有百万雄兵，却惨败于淮南，就是因为恃众轻敌，我们可不能再重蹈覆辙啊！

经验丰富的慕容德也赞同支昙猛的看法。

在他的极力劝说下，慕容宝才勉强同意派慕容麟率 3 万兵马殿后，以防备北魏军可能的偷袭。

但这个安排显然是大有问题的。

让一个极其反感女人的人去和女人结婚，他肯定只能是做做样子，不可能和对方发生实质性的关系；让慕容麟这么一个强烈反对派兵殿后的人去执行殿后任务，他肯定也只会是敷衍了事，不可能真的会去认真警戒。

事实上，慕容麟根本就没把这事放在心上，他带着部下一边四处游荡一边四处游猎，随便走了 10 余里，就找了个偏僻避风的地方解鞍下马休息去了。

而就在当天晚上，拓跋珪也赶到了参合陂以西。

先期派出的侦察兵向他汇报，后燕军就驻扎在参合陂东面！

拓跋珪连夜召集诸将，议定作战方案，分派作战任务，随后北魏军人衔枚，马束口，在漫天风沙的掩护下，悄悄进入了指定的攻击阵地。

10 月 10 日清晨，持续了一夜的风沙终于停了。

太阳出来了，空气清新了，天色大亮了，休息了一个晚上的后燕将士也纷纷伸着懒腰起床了，准备吃完早饭继续向东开拔。

突然，有人无意中回头发现，后面的山上，漫山遍野都是敌军骑兵！

不会看错吧！

他不敢相信自己的眼睛，揉了揉惺忪的睡眼。

没错！

不会是做梦吧！

他还是不敢相信自己的眼睛，又掐了掐鼻下的人中。

没错！

千真万确！

他顿时大惊失色，不由得发出一阵惊呼！

其他的后燕军听到后也纷纷回头，也看见了同样的一幕。

但还没等他们回过神来，北魏军已经如神兵天降般从山上俯冲下来，杀到了他们的面前！

仓促之间，后燕军甚至连甲胄都来不及穿，连武器都来不及拿，更不要说列阵迎敌了，只能在求生本能的控制下，拼命奔逃。

跑得慢的，自然成了北魏军的刀下之鬼。

跑得快的，前景也好不到哪儿去。

前面就是河流，河水早已冰冻。

后燕士兵跑到冰上后，往往不是四仰八叉地滑倒就是被后面的人推倒，前仆后继，前倒后踩，自相践踏而死的不计其数。

那些侥幸没死的幸运儿好不容易逃到了河对面，一颗悬着的心刚想放下来，瞬间却又马上提到了嗓子眼！

因为他们惊恐地发现，北魏大将拓跋遵早已率军截断了去路！

才出虎穴，又入狼窝！

刚得了脑溢血好不容易被抢救回来，又马上被查出是胰腺癌晚期！

算了，还是认命吧！

早已魂飞魄散的他们只好放下武器，束手就擒。

这哪里是打仗啊，简直比赶鸭子还轻松！

也就一顿饭的时间，这场一边倒的战事就彻底结束了。

后燕军遭到了前所未有的惨败。

包括慕容垂的侄子陈留王慕容绍在内的数万人阵亡；此外还有 5 万人被俘，其中包括鲁阳王慕容倭奴、桂林王慕容道成、济阴公慕容尹国等数千名文武官员；仅有数千人得以生还，慕容宝、慕容农、慕容德等人都是只身逃出。

拓跋珪这一战赢得可谓酣畅淋漓。

战果之丰厚，甚至远远超出了他自己的预料。

但幸福来得太快太突然太猝不及防，有时也常常会带来幸福的烦恼。

就像意外接到大单后，你必须要面对如何保证供货的问题一样，在取得这场意外的大胜后，拓跋珪也必须要面对如何处理这 5 万名俘虏的问题。

据说，经过一番考虑后，拓跋珪拿出的方案是这样的：

除挑选出代郡太守贾闰等部分人才收为已用外，其余的俘虏全都发给路费放回去。

但中部大人王建却极力反对这个做法：燕国国势强盛，这次他们以倾国之兵入侵，我们能够取胜很大程度上是靠了上天眷顾，怎么可以把这些人放走呢？不如把他们全部杀掉，这样燕国的实力就会大大削弱，我们再打他们就容易多了。

拓跋珪还是不同意：不行啊，这样做的话恐怕将来中原人会仇视我们。

然而王建却依然固执己见，加上又有很多人都赞成王建的看法，最后拓跋珪实在不得以，只好被迫下令处决全部俘虏。

必须强调的是，以上所述拓跋珪的决策过程来源于对拓跋氏极力美化的《魏书》，而《魏书》里的拓跋珪形象就像经过磨皮美白、瘦脸瘦身、祛斑祛痘祛黑眼圈等各种美颜处理过的照片一样——完美却看上去很假。

对这种记载，我只能说，信不信由你，反正我是不信的。

因为，向来杀伐果断的拓跋珪突然变身为宅心仁厚的唐僧，难免让人有种狼披上羊皮装无辜的感觉！

当然，不管这是不是王建的主意，其结果都是确凿无疑的——除了拓跋珪打算收为已用的代郡太守贾闰、太史郎晁崇等少数几个后燕大臣外，其余的近 5 万名后燕俘虏被悉数坑杀！

随后，拓跋珪率军凯旋而归，返回了都城盛乐。

传奇谢幕

与此同时，慕容宝也回到了中山。

他这才知道，原来父亲还活得好好的！

为了挽回面子，他厚着脸皮请求再次率军进攻北魏。

对这个不仅不成器还不知轻重的继承人，慕容垂也只能无语了。

和慕容宝相比，司徒慕容德的谏言就要中肯多了：魏虏因为参合陂的大捷，已经对我们造成了巨大的威胁，看来陛下您只有亲自出马才能制服他们了，否则后患无穷。

慕容垂陷入了沉默。

良久之后，他才站起身来，长长地叹了口气：唉，看来也只能如此了！

那种后继无人的悲凉，如胃中泛酸一样从他心中不断泛起，让他感到无比酸楚。

他苍老的身影瘦削而又孤独，仿佛一棵枝叶凋零的冬日老树！

由于后燕中央军的主力在参合陂一战中几乎损失殆尽，想要再次攻打北魏兵力已经不足，慕容垂只能选择从边镇调兵。

他下令由清河公慕容会（慕容宝次子）代替高阳王慕容隆镇守故都龙城（今辽宁朝阳），阳城王兰汗（慕容垂的堂舅）代替长乐公慕容盛（慕容宝庶长子）镇守幽州治所蓟城（今北京西南），而慕容隆和慕容盛则统领原先驻防龙城和蓟城的全部精锐，南下中山。

除此以外，他还下令征召驻冀州（治所信都，今河北衡水冀州区）的征东将军平规所部。

公元 396 年正月，慕容隆所率的龙城兵正式到达中山。

慕容隆白马银枪，威风凛凛走在前面，士兵们紧随其后，旌旗遮天蔽日，刀枪密集如林，步伐整齐划一，军容鼎盛，气势威武，给还沉浸在失败中的中山军民以极大的鼓舞。

但从冀州传来的消息就不太妙了。

平规不但不接受征召，居然造反了！

其弟平翰也在辽西（今河北迁安）起兵响应。

慕容垂果断率军亲征，很快就平定了平规的叛乱，而一向受他器重的孙子慕容会也不负所望，击败了平翰。

平规是当初慕容垂在关东反秦时最早响应的人之一，之后屡立战功，算得上是后燕的开国元勋。

这样一个人，为什么会在这个关键的时候造反？

这个问题史书上并未给出明确答案，我个人推测，也许这和后燕的用人政策不无关系。

大概是因为亲眼看到了符坚大量重用外人导致覆灭的惨痛教训，慕容垂在用人上极为保守，始终高举着任人唯亲的大旗。

他的用人理念是：不任人唯亲，难道让我任人唯疏？

在用人的开放程度上，慕容垂治下的后燕不要说和前秦比了，就是和前燕比也差距极大——前燕慕容俊死时留下的 4 大辅臣中至少还有阳骛和慕舆根两个外人，而后燕呢，核心领导层几乎全都是慕容垂的兄弟子侄，其他人根本难以染指。

不姓慕容，朝堂难容！

作为一个有野心的人，平规对此自然愤愤不平，很可能就是因为这样，他才会铤而走险！

平规的这次叛乱，持续时间很短，影响也不大，但正所谓一叶知秋，从这起事件可以看出，由于慕容垂在用人上的局限，后燕的凝聚力是很成问题的，除了慕容家人，其他臣民对慕容氏政权并无多大感情。

这也许是后燕在核心人物慕容垂死后不久就迅速衰亡的重要原因之一！

解决平规后，慕容垂立即秘密掉转马头，踏上了讨伐北魏的征途。

为了实现出奇制胜的目的，他没有走常规路线，而是翻越青岭（今河北易县五回岭），经过天门（今河北涞源），凿山开道，硬是在崇山峻岭间开辟了一条新路，然后穿过猎岭（今山西代县夏屋山），进入代北。

之后，慕容农、慕容隆率数万后燕精锐，神不知鬼不觉地来到了北魏重镇平城（今山西大同）的城外。

镇守平城的是拓跋珪的堂弟陈留公拓跋虔。

按照《魏书》的记载，拓跋虔勇冠三军，武力绝伦，由于嫌一般的兵器不称手，因此他用的槊是请人特制的加长加重版，但饶是这样，他还是觉得太轻，又在刃下加了个铃铛以增加其分量。

打仗时他常常一马当先，用槊将敌人刺穿，高举在头顶挥舞示众。

与其对阵者无不胆寒。

据说有一次他把槊插在地上，自己假装败退，追过来的敌人争着抢他那把槊，但竟然没人能拔出来！

他乘机在远处放箭，居然一箭就射死了两三个人！

其余敌军吓得一哄而散。

在中国历史上，能一箭双雕的有长孙晟、高骈、李克用等多人，但这样一箭双人的，除了抗日神剧外，似乎只有拓跋虔一个！

当然，这可能是拓跋虔确实这么牛，也可能是《魏书》的作者魏收在吹牛。

但无论如何，拓跋虔的勇武是毋庸置疑的。

如果当时的北魏有类似评书《隋唐演义》一样的排名，他肯定可以毫无争议地名列第一条好汉，是当之无愧的北魏第一猛将！

得知后燕军来袭的消息，拓跋虔顿时蒙了——这些后燕军是怎么冒出来的？怎么无声无息就突然出现了？是跟孙悟空一样从石头缝里蹦出来的还是和雨后的蘑菇一样从地里长出来的？

他想破脑袋想到头昏也没能想明白。

这当然是可以理解的。

就像顶级魔术师的高超手法绝非常人所能轻易破解一样，晚年已入化境的慕容垂的绝妙用兵技巧岂是他所能轻易理解的？

不过，尽管人已蒙，尽管头已昏，自恃骁勇的拓跋虔还是硬着头皮率军出城迎敌了。

346

但常言说得好，成功总是青睐有准备的人，这一战，有备而来的慕容隆率其麾下的龙城精锐奋力冲杀，大破毫无准备仓促出战的北魏军，斩杀北魏头号猛将拓跋虔，顺利拿下了平城，收编了北魏在平城的 3 万多户部落。

得知慕容垂奇袭平城、拓跋虔全军覆没的消息后，代北各地人心惶惶，原本被北魏征服的漠北各部落也大多起了二心，纷纷准备叛离北魏。

谁都知道，慕容垂在当时就是无敌的代名词，只要他出手，绝对不失手。

要想战胜他，就像要想发明永动机一样——完全是痴心妄想。

即使那个人是之前战果辉煌的拓跋珪！

他们想得没错。

在这个时候，拓跋珪本人似乎也已经不知所措了。

他虽然绞尽脑汁，却依然无计可施。

他虽然穷尽所想，却依然无法可想。

他虽然尽力想表现从容，却依然显得无所适从。

谁都能看得出来，只要慕容垂继续挥军北上，北魏帝国就很可能彻底分崩离析！

拓跋珪遇到了继 10 年前窟咄之乱后的又一次面临生死存亡的巨大危机！

那一次，是慕容垂出手救了他。

现在，又有谁会是他的救星呢？

还是慕容垂！

慕容垂病倒了。

在取得平城大捷后，慕容垂率部继续进军，经过参合陂的时候，他看见那里的尸骸依然堆积如山，脚步一下子停了下来，心情一下子沉重下来，眼泪也一下子流了下来。

可怜参合陂边骨，曾是自己麾下人。

那都是跟随他多年南征北战出生入死的后燕子弟兵啊！

他下令设置祭坛，并亲自主持仪式，祭奠阵亡将士的忠魂。

全军恸哭，声震山谷。

慕容垂也老泪纵横，难以自已。

一时间，无数的往事涌上心头。

猛然间，腥热的感觉涌上喉头。

随着一大口鲜血的喷出，早已老病缠身的他终于再也支持不住了。

在身边众人的惊呼中，慕容垂伟岸的身躯轰然倒地。

他从此一病不起，后燕大军进军的步伐也被迫停了下来。

347

慕容垂病重的消息很快传到了盛乐，甚至有传言说他已经去世。

拓跋珪闻讯喜出望外，本来已经陷入绝望的他顿时又燃起了对胜利的渴望。

他马上下令集合三军，准备追击。

但出发不久后，他听说后燕军并未撤退，还驻扎在平城一带，便又开始犹豫起来——慕容垂向来诡计多端，万一他这次只是装病，我现在这样草率出击会不会正好中了他的计？

踌躇再三，他觉得还是不要冒这个险，便又率部退了回去。

与此同时，慕容垂在平城西北 30 里的地方休整了 10 天，但他的病却不但不见任何好转反而日趋沉重。

他自知不免，便下令在那里修筑燕昌城以威慑北魏，随后班师回国。

公元 396 年 4 月 10 日，慕容垂在返回的途中病逝于沮阳（今河北怀来），享年 71 岁。

一代战神慕容垂就这样结束了自己的一生。

他的人生，有着太多的传奇。

对家人的有情有义；和苻坚的惺惺相惜；在枋头的气势如虹；复国时的酣畅淋漓；打翟魏的声东击西；讨西燕的以静制动；参合陂的悲壮落幕……

他的人生，有着太多的无奈。

他深爱自己的妻子，却只能眼睁睁看着妻子被害死；他深爱自己的祖国，后来却被迫叛国；他是少有的军事天才，盛年时却很少有用武之地；他本可以在自己的有生之年消灭北魏这个大敌，却在胜利在望的时候被残忍的命运夺去了生命……

他的人生，也有着太多的波折。

他是皇族骄子，年少得志，成年后却饱受打压；他饱受打压，危难之际却挺身而出，挽救国家；他挽救了国家，不久却被迫逃亡敌国；他逃亡敌国，却依然屡受陷害，只求平安；他只求平安，最终却又应时而动，复国成功；他复国成功，却只不过是昙花一现，死后不久就灰飞烟灭……

第二十八章　拓跋珪马踏中州

有权就要任性

对不起，好像剧透了，还是让我们把视线转回到他去世时的那个春天吧。

慕容垂死后，太子慕容宝遵照其遗命秘不发丧，在回到都城中山后才对外正式发布了慕容垂的死讯，追谥其为成武皇帝，庙号世祖。

随后慕容宝正式即位。

他任命叔父范阳王慕容德为都督冀·兖·青·徐·荆·豫6州诸军事，镇守邺城，以防范南方的东晋；弟弟辽西王慕容农为都督并·雍·益·梁·秦·凉6州诸军事，镇守晋阳，防范北方的北魏；另两个弟弟赵王慕容麟和高阳王慕容隆则分别出任尚书左仆射和尚书右仆射。

新帝上任三把火。

第一把火就烧向了他的继母段元妃。

前面说过，段元妃之前曾多次劝慕容垂改立太子，心胸狭隘的慕容宝对她一直恨之入骨，只是苦于父亲在世而无法发作，只能强忍在心里。

正如忍尿忍了很久的人一找到厕所便迫不及待地一泻为快一样，忍气忍了很久的他一掌握权力就迫不及待地下令赐死段氏。

他派同样对段氏不满（段氏之前曾说过慕容麟奸诈阴险）的慕容麟前去执行。

慕容麟扬扬得意地对段氏说：你常说当今皇上难以继承大业，现在怎么样？你还是早点自裁吧，以保全段氏宗族！

段氏冷冷地说：你们兄弟逼杀自己的继母倒是不难，可是这个样子就能守住社稷？我并非怕死之人，只是可惜国家就快要灭亡了！

说完她立即愤而自尽。

慕容宝的第二个大动作是校阅户口。

349

当时很多文武官员和豪强大族都有不少依附人口，户口隐漏现象非常严重，极大地影响了国家的财源和兵源，而后燕在参合陂又损失了大量军队和辎重，财力、兵力都十分吃紧，因此慕容宝上台后不久便下令在全国范围内核查户口。

这个做法当然不能说是不对——200年后的隋文帝杨坚就干过与此类似的事（参见我之前出版的作品《被低估的圣王——杨坚大传》），很见成效。

但正所谓"此一时，彼一时"，同样的一件事在不同的时间干，其结果往往大相径庭。

同样是跑马拉松，如果在身体健康的时候跑，可以很好地强身健体；如果是在得了癌症刚做完手术和化疗、虚弱无比的时候跑，则绝对是有害无益，甚至会危及生命——因为马拉松的运动量极大，对身体各方面的机能要求很高！

同样是校阅人口，杨坚选择在国家稳定的时候推行，极大地增强了国力，而慕容宝选择在国家刚经历了一场大败和一场大丧、人心不稳的时候强行实施，结果搞得天怒人怨——因为校阅人口这样的事容易造成社会矛盾激化，对国家的控制力要求很高！

按照史书的记载，被慕容宝这么一折腾，后燕内部"士民嗟怨，始有离心"——百姓怨声载道，开始离心离德。

除此以外，慕容宝还干了件大事——册立太子。

慕容宝的儿子不少，庶长子慕容盛和次子慕容会当时都已24岁，两人均以精明强干而著称，其中慕容会尤其得到祖父慕容垂的喜爱，慕容垂甚至一直把他当作接班人培养。

慕容宝率军伐魏时，慕容垂就命慕容会总管太子府的事务，礼遇一如太子，后来又让他镇守慕容氏的龙兴之地龙城，临死前还再三叮嘱慕容宝，要求务必立慕容会为太子。

但已故父亲的遗言对如今大权在握的慕容宝来说，不过就相当于烟盒上印的"吸烟有害健康"或者桑拿包房中贴的"禁止卖淫嫖娼"标语——完全是个摆设，根本没有任何约束力。

比起慕容会，他更喜欢当时年仅11岁的小儿子慕容策，因此登基不久后他就宣布册立慕容策为太子。

有权就要任性！

这就是慕容宝的人生信条。

继位几个月来，他一直是跟着感觉走，凭着喜恶做，为所欲为，快意恩仇，想灭哪个就灭哪个，想干什么就干什么！

他觉得，天是那么豁亮地是那么广，情是那么荡漾心是那么浪，就这个Feel，倍儿爽！

然而他忘了，自己身边有个危险的敌人——拓跋珪！

锐不可当

在得到慕容垂去世的确切消息后，拓跋珪立即开始厉兵秣马，准备大举南下，吞并后燕，实现自己入主中原的目标。

即使其母贺兰氏的死，也没有延缓他的计划。

按照《魏书》的说法，贺兰氏是因思念自己被扣在后燕的小儿子拓跋觚而得病去世的。

在这件事上，她对大儿子拓跋珪肯定是非常不满的——难道弟弟的安危还不如马重要？

而贺兰氏和拓跋珪的冲突还不止于此。

比如，拓跋珪曾强娶姨母。

贺兰氏有个妹妹，长得极为漂亮，拓跋珪在贺兰部避难时见到后就一直念念不忘，一心想要据为己有。

贺兰氏极力劝说儿子：阿珪，这样不行啊。太美的女人不吉利，而且她已经有丈夫了——她并没有任何指责儿子乱伦的言语，可见在当时的塞外民族眼里，对乱伦这种事可能比转车轮还要司空见惯。

但拓跋珪想要得到的东西，从来就没有人能够阻止——即使是母亲也不行。

他全然不顾贺兰氏的反对，悍然派人杀了他的姨夫，强行将自己的姨妈娶回了家，还和她生了个儿子（当然也可以说是表弟）拓跋绍。

此外，拓跋珪对舅家（当然也可以说是老丈人家）贺兰部的态度也让贺兰氏感到心凉。

在兼并贺兰部后，鉴于贺兰部人数众多，实力颇强，为了彻底消除它对拓跋部的威胁，拓跋珪强力分拆了其原先的部落结构，包括贺兰讷在内的部落首领都成了普通编户，不但失去了自己的部民，还必须接受拓跋珪任命的官员管理。

尽管这个措施大大地增强了中央集权，从而使得北魏政权迅速实现了从原始部落社会向封建社会的转型，但这对贺兰氏来说，还是有着很大打击的——毕竟，自己的娘家从此失去了世代沿袭的部族首领地位！

就这样，在生命的最后几年，贺兰氏一直郁郁寡欢，以至于积郁成疾，一病不起，最终在公元396年6月撒手人寰。

母亲的死，在拓跋珪的心里根本掀不起任何波澜——就仿佛一根羽毛落在大海里一样。

他对此毫不在意，依然在紧锣密鼓地推进自己的大业。

7月，也就是母亲去世仅仅一个月后，他就在群臣的拥戴下，正式建天子旌旗，并改元皇始。

8月，他又亲自率军南下，大举伐燕。

首当其冲的是奉命驻守并州（治所晋阳，今山西太原）的后燕辽西王慕容农。

慕容农之前在后燕复国时表现突出，屡建奇功，颇有乃父慕容垂的风范，这或许也是他被慕容宝委以如此重任的主要原因。

不过，并州之前一直是西燕的地盘，归属于后燕仅有两年的时间，后燕在此地的统治基础并不稳固，而慕容农到并州更是才有3个月的时间，屁股还没坐热，脚跟还没站稳，就遭到了北魏的疯狂进攻。

他不得不仓促领兵出战，然而毕竟寡不敌众，他被打得大败，被迫逃回晋阳。

没想到留守晋阳的司马慕舆嵩见北魏军势大，竟心生异志，关闭城门，不让慕容农入城。

无奈，慕容农只好带着自己的妻儿和数千残兵，狼狈向东逃窜。

拓跋珪派大将长孙肥率军紧追不舍，在潞川（今山西长治浊漳河）追上了慕容农一行。

最终慕容农全军覆没，妻儿都被北魏军俘虏，只有他本人和3个部下逃回了中山。

得知并州丢失的消息后，慕容宝大为震惊。

他之前也许预想过拓跋珪会入侵，却绝对想不到拓跋珪来得会这么快！这么势不可当之猛！

他之前也许预想过慕容农会失败，却绝对想不到慕容农会败得这么快！这么毫无还手之力！

这就仿佛乒乓球团体比赛时，己方派出的头号种子选手居然被对方以3个"21∶0"这种剃光头的比分连落三盘干脆利落地击败，怎么能不让人感到意外！

他慌忙召集文武，商议对策。

有人提议在太行要道凭险据守，有人提出要坚壁清野，还有人说干脆集中大军和对方决战，大家众口不一，难以达成统一。

最后慕容宝采纳了慕容麟的意见——放弃太行山，集中力量守卫中山等几个重要城池。

这当然也是无奈之举。

毕竟当时距参合陂惨败还不到一年的时间，后燕军的元气尚未恢复，兵力捉襟见肘而且士气十分低落，如果想要分兵把守太行山各个关隘，派的人少了无济于事，派去的人多了则中山等河北腹地必然空虚，如此一旦被敌军突破太行山，大势去矣！

公元 396 年 10 月，拓跋珪以大将王建、李栗领兵 5 万为前锋，自己亲率大军为后继，经太行八陉之一的井陉（今河北井陉）东进，直扑河北。

北魏军出井陉后，先是顺利拿下了河北重镇常山（今河北正定），随后分兵略地，一路势如破竹，河北各郡县大多望风而降，只剩下中山、邺城、信都（今河北冀州）3 个最重要的城池还控制在后燕手中——中山是后燕都城，邺城是前燕旧都、河北南部重镇，信都是冀州刺史治所。

拓跋珪命堂弟拓跋仪率军五万攻打邺城，大将王建、李栗进攻信都，自己则亲率主力进军中山。

北魏军将中山城团团围住，随即发动猛攻。

后燕军则在高阳王慕容隆等人的带领下顽强防守。

不过，北魏军大多是骑兵，野战得心应手，但攻城却是新手，骑马射箭样样精通，搭云梯爬城墙却是一窍不通。

让这些来自草原的骑手去攻城，类似于让姚明去参加跳水世锦赛——完全是用非所长，因此尽管北魏军在中山城下付出了不少学费——尸体，却依然是毫无进展。

考试时碰到不会做的难题，我们通常都会跳过去先做后面的送分题。

拓跋珪显然也是这么想的，见强攻中山难以奏效，他解除了对中山的包围，率军南下，打算先拿下邺城和信都，最后再打中山。

他让舅舅贺兰卢（贺兰讷之弟）统兵二万增援围攻邺城的拓跋仪，自己则率北魏军主力，会同王建、李栗等人一起攻打信都。

在拓跋珪的亲自指挥下，北魏大军发动了一轮接着一轮连续不断昼夜不停的猛攻。

坚守了两个多月的后燕信都守将慕容凤终于再也支持不住了。

他挡得住一次进攻，两次进攻……一百次进攻，却无论如何也挡不住无时无刻无休无止无穷无尽无数次的进攻！

无奈他只好趁夜突围，逃奔中山。

信都城就此陷落。

但北魏军在邺城却遇到了麻烦。

后燕邺城守将慕容德毕竟久经沙场，经验丰富，他不但防守防得滴水不漏，还常常派敢死队出城偷袭北魏军，给北魏军以很大杀伤。

而北魏军不光战事不顺，两位主将拓跋仪和贺兰卢还不和。

贺兰卢认为自己辈分居长，不愿听拓跋仪的，拓跋仪认为自己是宗室，自然也不会让步，两人闹得不可开交，最后竟然因害怕对方火并自己而产生了误会，各自率军撤退。

慕容德乘机派兵追击，大破北魏军。

几乎就在邺城失利的同时，拓跋珪又听到了一个他最不愿意听到的消息——后院起火了！

北魏国内发生了叛乱！

这下内外交困的拓跋珪再也坐不住了，便派人向慕容宝求和，打算撤军回国平乱。

但慕容宝却不同意。

他不仅严词拒绝了求和的提议，还专门派使者到北魏军营，大骂拓跋珪忘恩负义。

光过嘴瘾当然不能让慕容宝解气，他还想要一雪前耻！

他拿出了自己手头几乎全部的本钱——步骑 15 万（其中很大一部分是新招募的），由他本人亲自率领，进到柏肆（今河北藁城），打算在那里伏击拓跋珪。

几天后，拓跋珪果然率部西撤到了柏肆。

慕容宝在军中选拔了万余名敢死队，让他们趁夜偷袭魏军大营。

借着夜色的掩护，后燕军顺利攻入了魏军营内，随后到处放火。

一时间，北魏军营内火光冲天，一片混乱。

后燕大将乞特真杀进了拓跋珪的寝宫，却只找到了其鞋子和衣服。

原来梦中惊醒的拓跋珪竟然连鞋子也来不及穿，就光着脚逃了出去！

不过，拓跋珪到底是一代枭雄，在这种突如而来的危机面前，他依然毫不慌乱，还亲自在营外击鼓召集部下。

鼓声阵阵，急促而又沉稳。

很快，在他的身边就聚集了一大批从营帐中逃出来的将士。

见魏王依然是一副"一切尽在掌握"的样子，士兵们本来惶恐不安的心也定了下来——仿佛风雨中的小船进入了港湾。

此时拓跋珪惊喜地发现，军营里的后燕军由于在黑暗中分不清敌我，竟然在自相残杀！

机不可失！

他立即让士兵们在大营四周点起火把，随后一马当先，亲自率领麾下的铁骑向后燕军发起潮水般的反攻。

后燕军在之前的内斗中已经耗尽了体力，加上见周围尽是火把，以为敌军人数众多，斗志顿失，哪里可能是北魏军的对手？

很快他们就溃不成军，除了少数逃回外，其余大多被歼灭。

拓跋珪就这样实现了大逆转！

得知前线失败的消息后，慕容宝彻底失去了和拓跋珪较量的勇气——连偷袭都打不过，何况是鼓对鼓锣对锣的对攻？

此时的他，就像面对老流氓的小女生，根本就不敢反抗——越反抗人家越嚣张，只能一步步往后退，一直退到墙角。

他慌忙率部向中山撤退。

拓跋珪领兵追击，连战连胜。

败退中的后燕军又碰到了大风雪，士兵冻死无数。

慕容宝怕被北魏军追上，竟然抛弃大军和全部兵器甲仗，只率两万骑兵狼狈逃回了中山。

这场大胜也让拓跋珪改变了回国的主意。

他派大将庾岳率一万骑兵回去平乱，自己则率大军再次包围了中山。

中山城内人心惶惶。

高阳王慕容隆自告奋勇，请求率军出击。

他说：拓跋珪虽然获得了一些小胜，但其部下死伤也不少，且顿兵城下已久，人心思归，内部又发生了叛乱，这正是我们破敌的机会。如果再这样拖下去，恐怕局面对我们会越来越不利。

慕容宝同意了。

但慕容麟却跳出来极力反对，结果变心比川剧变脸还要快的慕容宝马上又动摇了。

慕容隆的出击计划也被迫终止。

不久，困境中的慕容宝又有了求和的想法。

他派使者来到北魏军营，表示愿意割让常山（今河北正定）以西地区，并送还拓跋珪的弟弟拓跋觚，以此来换取拓跋珪退兵。

拓跋珪同意了。

但变心比川剧变脸还快的慕容宝却又反悔了——我刚一出价，对方居然不按套路杀价，马上答应，我这个出价是不是太高了点？

不行，还是算了吧。

和谈自然也就此不了了之。

时间一天天地过去。

转眼到了公元 398 年的 3 月。

3 月的天，一会儿热，一会儿冷，一直冷热不定。

慕容宝的心，一会儿想战，一会儿想和，总是犹豫不决。

时间一天天地过去。

中山城内人们的耐心也一天天地失去。

尚书郎慕舆皓密谋刺杀慕容宝，拥立慕容麟，事情败露后被迫出逃，投奔了北魏。

深感不安的慕容麟决定亲自动手。

他劫持了统领禁军的北地王慕容精，胁迫其刺杀慕容宝，在遭到拒绝后他恼羞成怒，杀了慕容精，随后斩关出城，逃到了附近的山中，依附丁零余众。

但慕容宝此时并不知道慕容麟的去向。

他很担心慕容麟会先他一步，北上占据慕容氏的老巢龙城，那样的话，他就彻底无家可归了！

这并不是没有可能的。

因为当时龙城并无得力将领驻守，原本受命驻防龙城的清河王慕容会（慕容宝次子）已经离开了那里！

原来，在得知北魏大举入侵的消息后，慕容会主动请缨，表示要率军勤王，救援中山。

慕容宝当然求之不得，立即批准，要求他迅速南下。

但慕容会因为没有当上太子，其实早就有了异心，他的这番表态，就和香港三级片里那些不可描述的镜头一样——只是做做样子而已，根本当不得真！

然而出乎他意料的是，慕容宝竟然当真了。

无奈慕容会只得率部往中山进发，一路拖拖拉拉，磨磨蹭蹭，走走停停，花了好几个月的时间才到了蓟城（今北京）。

而让慕容宝不安的，还不只于此。

他和慕容会之间已经很久没有通过消息，万一狡猾的慕容麟诈称自己的旨意，夺掉慕容会的兵权，那可如何是好？

想到这里，慕容宝的心立即悬了起来。

一个念头如榴莲被切开后的臭味一样迅速占领了他的脑海，挥之不去。

必须离开中山这个险地，尽快和慕容会会合，然后退保龙城！

　　他马上找来两个弟弟慕容农和慕容隆，商议此事。

　　慕容隆长长地叹了口气道：先帝历经磨难才完成了中兴大业，可是他驾崩不到一年形势就坏到了这样的地步，我们这些做儿子的真是对不起他啊。如今外敌气势正盛，内部又骨肉相残，百姓惶恐，这种情况下要想取胜的确是不太容易，北迁旧都龙城也是可行的。不过希望陛下你到了龙城后，励精图治，这样以后有机会的话依然可以南下恢复中原。

　　慕容宝听到"北迁旧都龙城也是可行的"这几个字——别的估计他都选择性忽略了，不由得大喜：你说得太对了，我都照你说的做！

第二十九章　南北二燕

北归龙城

放弃中山的决策就这样定了下来。

但当时中山城内军民很多都是参合陂死难军人的家属，对北魏军恨之入骨，他们大都不愿离开中山，一心想和北魏军决一死战，为死去的亲人报仇！

他们迫切需要一个领袖，就像火车需要车头一样。

在他们的眼里，声威卓著的慕容农显然是最适合的人选。

于是他们推举慕容农的部将谷会前去挽留慕容农，希望他能够留在中山，带领他们抗击北魏侵略军。

但慕容农却让他们失望了。

他无论如何也不愿接受，说得非常绝情：让我这么干，还不如让我去死！

公元398年3月14日深夜，慕容宝与太子慕容策、辽西王慕容农、高阳王慕容隆、长乐王慕容盛（慕容宝庶长子）等人带着万余名骑兵逃出中山城，一路向北而去。

慕容宝出城后，中山城内群龙无首，但军民们依然不愿投降北魏。

由于慕容垂的直系后代都跑光了，他们只能秉承"捡到篮里都是菜，见到慕容都拥戴"和"关了灯都差不多"这两个基本原则，随便找了个后燕宗室慕容详（慕容皝的曾孙），立其为主，继续与北魏军对抗。

这样的情形显然大出拓跋珪的意外——他本来以为慕容宝不在了，中山城是唾手可得的。

为了解开心中的疑惑，他派人登上高处，拿着喇叭对城内大声喊话：北方最邪恶的政权燕国已经倒闭了，王八蛋老板慕容宝带着他的家人跑了，抛弃你们了，你们现在这样拼命是为了谁呢？

城中异口同声地回答说：我们之所以这么做，只是怕遭到和参合陂一样的下场！

拓跋珪的脸顿时僵住了，完全无言以对。

正好参合陂首倡杀降的王建就在他身后，他忍不住回过头去，朝王建劈头盖脸狠狠地吐了一大口口水！

之后拓跋珪一面继续猛攻中山，一面派大将长孙肥等人率轻骑兵追赶慕容宝一行。

此时慕容宝已经被慕容会迎入了蓟城。

一路上他带出来的兵众纷纷逃亡，到蓟城时已经所剩无几！

慕容宝几乎成了真正的孤家寡人。

这让本来就不安的他更没有了安全感。

他发现慕容会对自己并不恭敬，似乎充满怨恨，前不久刚经历了慕容麟叛变后的他对慕容会也不放心了。

于是他打算剥夺慕容会的全部兵权，将其转交给慕容隆。

但慕容隆却坚辞不受。

无奈，慕容宝只好退而求其次，将慕容会的部分军队分给了慕容农和慕容隆。

在蓟城仅停留了两天，慕容宝就带着那里的所有财物和军队，继续北上，往龙城进发。

走了不远，慕容宝惊恐地发现，北魏的追兵来了！

年轻气盛的慕容会主动请战，与慕容农、慕容隆合力，大败北魏追兵，斩首数千级。

正如被困浅滩多时后再次进入大海的鲸鱼总要尽情遨游一样，被束缚多日后再次踏上战场的慕容隆总想尽情杀敌——在战斗结束、北魏军败逃后，他还意犹未尽，又独自率部追击了几十里才回。

他流着泪对左右说：当初中山城中有几万精兵，我却没有施展才能的机会。今日虽胜，我仍有遗恨！

是啊，参合耻，犹未雪。臣子恨，何时灭？

他多想再为国家痛快淋漓地和敌人打一仗啊！

长刀在手，斩尽敌首！

一展平生所长，一泄胸中不快！

壮志饥餐索虏肉，笑谈渴饮拓跋血！

可惜，他已经没有时间了。

慕容隆是死在慕容会手里的。

在那场阻击战胜利后，慕容会自认为据有头功，骄狂更甚，走路都是横着走的，看人都是朝着天的。

刚直的慕容隆自然要训斥他几句。

慕容会对此极为不满。

他其实并不愿意跟随父亲到龙城去。

因为他知道，慕容农、慕容隆之前都曾镇守过龙城，两人无论是资历、战绩还是威望都要高于自己，到了那里，他肯定只能居于他们之下。

这让心高气傲的他怎能心甘？

更何况，现在他已经处处受到慕容隆的管制了，以后他还会有好果子吃吗？

不行，一定不能和他们一起回龙城！

慕容会暗自下了决心。

他让他的部下去向慕容宝请愿，请求让他率军南下救援中山。

慕容宝对慕容会早就有了戒心，当然不许。

慕容会更加怨恨。

从父亲对他那种比北极还冷的态度上，他清楚地认识到，要想让父亲改变主意传位给自己，简直比让地球改变转动方向还要难！

自己动手，丰衣足食。

既然你不愿意给我，那我就自己来拿吧！

慕容会决定铤而走险。

他的目标是杀二王（慕容农、慕容隆），废太子（慕容策），架空皇帝（慕容宝），自己以太子的身份代行天子职责！

这天，全军在广都黄榆谷（今辽宁建昌境内）扎营休息。

夜半时分，慕容会派他的党羽仇尼归等人分道袭击慕容农、慕容隆等人。

睡梦中的慕容隆当场被杀，慕容农则身负重伤，头骨被击碎，连脑浆都露出来了。

随后慕容会恶人先告状，向慕容宝诬告二王谋逆。

慕容宝当然不会相信他的鬼话，于是他先是用言语稳住慕容会，暗中却派亲信将领慕舆腾刺杀他，但慕容会早有防备，逃了出去。

这下父子两人算是彻底撕破了脸。

慕容会立即召集部众，宣布讨伐慕容宝。

慕容宝这个人，要论打仗，他似乎从没得手，要论逃跑，他倒是从不失手。

这次他又成功地带着数百骑兵抢先逃到了龙城。

慕容会一不做二不休，下令进攻龙城。

但龙城是慕容氏经营了几代人的坚城，哪里是那么容易攻下的？

叛军死伤惨重，加上毕竟名不正言不顺，士气日渐低落。

城中大将高云趁机在夜间率敢死队出城偷袭叛军，叛军全军溃散，走投无路的慕容会只身逃往中山，后被慕容详杀死。

此时的慕容详可谓是春风得意。

前面说过，在慕容宝逃出中山后，他猴子称霸王，成了中山城的最高领导人，凭借城中百姓的死战，多次打退了北魏军的进攻。

久攻不下的拓跋珪军粮告急，无奈只好撤除了对中山的包围，率部到河间（今河北河间）一带征粮。

慕容详做梦也没想到，北魏军居然被自己赶跑了！

他兴奋得不知所以，走路都是飘起来的，连猪在他眼里都是双眼皮长睫毛瓜子脸白皙丰满性感迷人风情万种的。

真是不逼自己一把，永远不知道自己有多优秀！

原来自己居然比拓跋珪还强！

慕容宝跟自己相比，那更是苍蝇比苍鹰，完全不是一个级别！

既然这样，自己取代慕容宝担任大燕皇帝，岂不是理所应当！

在北魏退兵仅仅几天后，慕容详就正式称帝，同时为了表示自己与北魏势不两立，他又下令杀死了被扣在中山多年的拓跋觚。

如果一个人看到刮风下雨就以为自己能呼风唤雨，那他一定是疯了。

慕容详把拓跋珪的主动放弃当成自己的非凡能力，显然也和这差不多。

他完全丧失了理智，自认为无所不能，无人可比，嗜酒荒淫，杀戮无度，集昏君和暴君于一身，很快就惹得天怒人怨。

得知慕容详已经众叛亲离，慕容麟趁机率丁零军队进入中山，不费吹灰之力就灭掉了慕容详，随后自立为帝。

慕容麟终于实现了他的皇帝梦。

但他很快发现，自己好不容易抢来的帝位似乎是个烫手山芋——不，山芋还不如，那至少还能吃，而他现在却要饿肚子！

由于持续多时的战乱，中山城内的饥荒越来越严重，开始还可以靠野菜野果来勉强维持，到了9月，连这些也没了。

与其在家饿死，不如出去找死——不，找食吧。

慕容麟放弃了中山，带着城内两万多余众来到新市（今河北正定东北）一带寻找食物。

拓跋珪当然不会放弃这样的机会，打算率军进攻慕容麟。

太史令晁崇劝阻说：今天是甲子日，当初商纣王就是在甲子日败亡的，故而甲子日向来为兵家所忌，万万不可出兵！

拓跋珪似乎深谙"力的作用是相互的"这一物理学原理，不容置疑地反驳道：纣王在甲子日败死，那周武王不也是在甲子日兴起的吗？怎么能说是不吉利！

随后他马上点起兵马前往攻打新市。

后燕军饿得连打鼾的力气都没有了，哪里还有力气打仗？

很快，后燕军就全军覆没。

慕容麟侥幸逃脱，前往投靠邺城的慕容德。

中山城自然也落入了北魏军的手中。

拓跋珪下令挖出慕容详的尸体，将其斩首，算是为弟弟拓跋觚报了仇。

中山失守后，邺城无疑会是拓跋珪的下一个目标。

慕容德忧心忡忡。

慕容麟劝他弃守邺城，南迁到黄河以南的滑台（今河南滑县），凭借黄河天险阻拦北魏军。

慕容德也知道凭自己那点实力要想挡住北魏的倾国之师显然比云淡心远得诺贝尔奖的可能性还小，故而他虽不死心，但也只好采纳了慕容麟的建议。

公元398年正月，慕容德带着邺城的4万多户军民，渡过黄河，南下到了滑台。

至此，黄河以北尽归北魏所有。

而后燕则被分割成了互不相连的两小块，北面是占据龙城的慕容宝，南面则是滑台的慕容德。

滑台和龙城相距千里，慕容宝当然无法管辖到那里。

在慕容麟等人的拥戴下，慕容德自立为燕王，十六国之一的南燕政权自此建立。

史书记载，不久后反骨仔慕容麟再次图谋反叛，被慕容德处死。

不过我个人觉得，此事的真实性似乎是很值得怀疑的。

慕容麟此时寄人篱下，没有一兵一卒，怎么可能造反？

也许，作为被慕容麟逼死的段元妃的妹夫，慕容德是在为段元妃报仇吧。

为了减轻自己面对的压力，慕容德还多次派出使臣前往龙城，谎称自己仍在坚守邺城，且拓跋珪已经率北魏主力回到了代北，河北空虚，居心叵测地劝慕容宝南下，收复中山。

慕容宝这个人脑子简单如婴儿,似乎没什么分辨能力,做事全凭本能,看到馅儿饼就往回拿,见到陷阱就往里跳。

得到慕容德提供的讯息后,他心中大喜,没有多加考虑就立即下令在辽西征集军马,准备南征恢复中原。

慕容农、慕容盛等人极力劝谏,但慕容宝却根本不听。

公元 398 年 2 月,慕容宝命慕容盛留守龙城,自己则带着慕容农等人统率大军踏上了征途。

但后燕军早已对常败皇帝慕容宝失去了信心。

出发仅仅 3 天后,厌战已久的士兵们就在军官段速骨等人的带领下发生了哗变,慕容宝、慕容农等人狼狈逃回龙城。

此时慕容宝面临的形势非常严峻——毕竟城内留守的兵马不多,很难挡住叛军的攻击。

真是屋漏偏逢连夜雨,心梗又得脑中风,就在慕容宝坐困愁城、惶惶不可终日的时候,在此时的后燕军中有很大实力的顿丘王兰汗(慕容垂的堂舅,同时也是慕容盛的岳父)又加入了叛军阵营!

更为严重的是,一向以忠诚著称的慕容农竟然也在兰汗的引诱下,趁夜偷偷出城投奔了叛军!

他的这一行为出乎了所有人的预料。

不仅当时的人无法相信,就连千年之后的我们也很难理解。

难道是他得到了兰汗的某种立他为后燕新领导人的承诺而鬼迷心窍?

可是,以他的智商,难道不知道即使叛军兑现了承诺他也只能是个傀儡?

对了,提到智商,难道是他在上次头部受到重创后脑子出了问题导致智商断崖式下跌让他从男神变成了男神经病?

说实在的,我宁可相信他之所以会这么做,并不是出自他的本意,而是被叛军绑架去的,虽然我知道这完全没有根据——就像我宁可相信我之所以没有发大财,并不是我能力不行,而是没有足够的运气,虽然我知道这纯属自欺欺人一样。

当然,不管是什么原因,他的这次倒戈都是铁一般的事实。

第二天,在攻城久攻不下的时候,叛军首领段速骨把慕容农作为秘密武器推了出来——就如"二战"时美军把原子弹拿出来威慑日本差不多。

慕容农的威力显然并不亚于原子弹——看到威名赫赫的辽西王出现在叛军阵中,城内守军斗志顿失,竟然不战而溃,慕容宝、慕容盛等人不得不率轻骑仓皇南逃。

龙城就这样落入了叛军的手中。

此后不久,叛军内部又发生了内讧,一派想立慕容农为主,另一派主张立慕容隆之子慕容崇，结果拥慕容农的这派失败，慕容农被杀。

可叹慕容农在慕容垂生前是那么英明神武，但后来却如失去翅膀的雄鹰一般能力尽失，甚至连死，都死得如此窝囊！

慕容农死后，兰汗又除掉了段速骨，成为叛军的最高领导人。

他派人前往奉迎慕容宝，声称要请他回来重登帝位。

慕容宝动心了，但慕容盛却认为兰汗动机不明，回去很可能是自投罗网，劝他南下到慕容德那里去。

一行人风餐露宿，东躲西藏，经过一个多月的艰难跋涉，总算来到了黎阳（今河南浚县），躲藏在黄河北岸，随后派使者去通知慕容德。

慕容德对群臣说：嗣帝回来了，我打算去迎接他，大家觉得怎么样？

慕容宝早就即位当了皇帝，慕容德在话里却称其为嗣帝——皇位继承人，其用意简直比穿低胸装的丰满少女俯下身时露出的事业线还要明显！

大臣们都不傻，当然都说不可。

将军慕舆护更是主动请缨：嗣帝放弃国都，自取败亡，他难以承受一国之君的重任，是显而易见的。更何况使者所说的还不知道是真是假，不如先让我去探探虚实吧——探虚实是委婉的说法，其实他此行的真正目的是要置慕容宝于死地！

慕容德心领神会，当即表示同意：好好干，不要让我失望！

然而慕舆护却扑了个空。

原来，使者走后，慕容宝从当地一个樵夫那里听到了慕容德已经自立称王的消息，顿时吓出了一身冷汗，赶紧和慕容盛等人北返。

途中慕容宝听说兰汗掌权后依然祭祀燕国宗庙，看上去并不像个逆臣，对他又产生了好感，便决定再回到龙城。

到了城外，慕容宝派人前去通知兰汗，兰汗立即遣使出来迎接。

这个使臣的口才极佳，反复盛赞兰汗的忠诚，很快把慕容宝说得蠢心大悦，当即决定马上入城。

慕容盛苦苦劝谏，但慕容宝就是不听。

果然，慕容宝甚至连城都没能进得去——他在龙城郊外被兰汗之弟兰加难杀死，太子慕容策等人也同时被杀。

此时距慕容垂去世，才刚刚过了短短两年的时间！

这两年里，慕容宝这个败家圣手所做的一切只要一个词语就能概括：糊里糊涂——糊里糊涂地干事，糊里糊涂地待人，糊里糊涂地治国，糊里糊涂地打仗，糊里糊涂地逃亡，直到糊里糊涂地死于非命！

王子复仇记

慕容宝死后，逃过一劫的慕容盛决定要进城奔丧。

部下纷纷劝阻：殿下，千万不能去送死啊！

但慕容盛的态度却无比坚决，如同出膛的子弹般没有任何回旋的余地：兰汗顾及我和他女儿的情分，一定不会杀我，只要给我十天半月的时间，我就能扭转乾坤！

不过，话是这么说，可事实上他的心里也没有底。

然而如今慕容家精英尽失，政权被篡，已经到了最危险的时候，如果他再不留下来冒险一搏，祖辈创下的大业将彻底葬送！

他当然知道这样做有多么危险。

但他更知道，唯有这样做自己才有一丝翻盘的希望！

他义无反顾地进了城。

此时兰汗已经正式自立，称大将军、大单于、昌黎王。

见到兰汗后，慕容盛立即放声大哭，磕头求饶，他的岳母也就是兰汗的老婆乙氏也为女婿说情，其妻兰妃也流着泪请求她的兄弟。

兰汗心软了，不仅饶恕了慕容盛，还把他留在了宫内，任命他为侍中。

慕容盛很会来事，兰汗要睡觉，他递枕头；兰汗要打人，他送砖头……

就这样，他很快取得了兰汗的信任。

兰汗的哥哥兰堤性情骄横，对兰汗颇为无礼，慕容盛凭借朝夕相处的机会，多次不露痕迹地离间兰汗和兰堤、兰加难等人的关系。

很快，兰汗兄弟之间开始互相猜忌。

慕容楷的儿子慕容奇，因为是兰汗的外孙（兰汗和慕容家的关系实在是够复杂，他本人是慕容垂的堂舅，其女儿却分别嫁给了慕容垂的孙子和侄子），也没有被杀，慕容盛悄悄和他会面，让他逃出龙城，去外地联络慕容盛的老相识张曹。

在张曹的帮助下，慕容奇拉起了一支数千人的队伍起兵反对兰汗。

兰汗派他哥哥兰堤前去平叛。

慕容盛对兰汗说：慕容奇不过是个小孩，不可能有这么大的能耐，我们内部肯定有内鬼在支持他。兰堤这个人难以信任，千万不能把这么多军队交给他。

兰汗连忙收回已经发出去的命令，免去了兰堤的军权，改派另一名手下出任主帅。

兰堤对兰汗大为不满。

而兰汗和另一个兄弟兰加难之间也出了问题。

当时龙城已经连续几个月没下雨了，古人迷信，兰汗觉得可能是自己杀慕容宝得罪了上天，便到供奉着慕容宝牌位的后燕神庙前去祈祷，把责任全部推到了兰加难身上：别怪我啊，我什么都不知道，这都是兰加难这家伙干的！

兰加难得知后大怒，便干脆和兰堤两人起兵造反。

兰汗只好又命儿子兰穆前去征讨。

兰穆比老爸清醒，觉得慕容盛的行为非常可疑，出兵前力劝父亲除掉慕容盛。

兰汗耳根子又软了，打算把慕容盛召来杀掉他。

没想到这事被他女儿兰妃知道了，兰妃大惊，连忙告知自己的丈夫，慕容盛推托有病，没有应召，这才逃过一劫。

之后，大概是在妻子女儿的劝说下，兰汗又打消了杀慕容盛的念头。

趁兰穆领兵在外的这段时间，慕容盛在宫中偷偷联络了不少自己的故旧，暗中做好了起事的准备。

不久，兰穆平定了两个叔叔的叛乱，凯旋而归。

兰汗设宴为他接风，两人都喝得大醉。

当天夜里，慕容盛发动兵变，先杀掉了兰穆，随后又攻杀了兰汗。

由于兰汗所为不得人心，加上慕容家数十年来建立的威望，这次起事的过程非常顺利，几乎没遇到像样的抵抗。

慕容盛就这样一举灭掉了仇人，复国成功！

什么叫绝地反击！

这就是！

之后，慕容盛宣布以长乐王的身份代摄国政。

公元398年10月，他在龙城正式称帝，同时尊慕容宝的皇后段氏为皇太后，伯父慕容令的妃子丁氏为献庄皇后（有人据此认为慕容盛有可能被过继给了早死的慕容令）。

相比苦尽甘来的丁氏，慕容盛的正妻兰妃就惨了。

由于其父兰汗的原因，慕容盛甚至想将她诛杀，只是因丁氏为她求情，兰妃才得以免于一死，但皇后之位当然是与其无缘了。

慕容盛就此成了后燕的第三任皇帝。

不过，虽然历史上都称其为后燕（其实我个人认为应该算是北燕了），但此时的后燕和慕容垂在世的时候已经完全无法相提并论了——正如菜场小贩和上市公司实际控制人，虽然都称为老板，但实际上根本不是一个层次一样。

如今的后燕帝国，只剩下了辽西一地，基本回到了前燕南下中原前的状态。

真是辛辛苦苦几十年，一夜回到了解放前！

进军青州

当然，除了局促于辽西的后燕帝国，此时在南方还有另一个慕容氏政权——南燕。

比起后燕，南燕慕容德的实力更弱一筹，仅有以滑台（今河南滑县）为中心的 10 个小城，军队则只有一万人。

这样一个夹在三大强敌东晋、北魏和后秦之间的小国，显然是很难生存的。

南燕国内也有人这么想。

公元 399 年初，趁着慕容德率南燕军主力在外平叛、内部空虚的时候，其部将李辩竟然献出了滑台城，投降了北魏！

失去根据地的慕容德一时不知何去何从，只好召集部下商议。

有人主张回攻滑台，有人建议进攻彭城（今江苏徐州）。

尚书潘聪则认为二者皆不可取：滑台地处四战之地，四面皆敌，并非理想的建国之处，而彭城向来是东晋重镇，很难攻取。

他提出了一个完全不同的方案：青州（今山东半岛中部）是齐国旧地，沃野千里，户口 10 余万，东有大海之富饶，西有山河之险要，广固城（今山东青州）为西晋末年曹嶷所筑，坚固险峻，足以为帝王之都。且青州的东晋守将辟闾浑是我们燕国旧臣，我们可以先对他晓以利害，劝他投降，如其不从，取之也易如反掌。

但慕容德还是拿不定主意。

题不会，扔硬币；看不准，问鬼神。

无奈之下，他只好找了个叫竺朗的和尚占卜——和尚算命，竺朗也算是跨行业多元化经营的祖师爷了。

竺朗给慕容德提供了一个好消息和坏消息。

好消息是他说此时进军齐地，正合天象，必能成功；坏消息是到齐地后，燕国的寿命只有一纪（12 年），传位只能传到第二代。

不过，就像饥寒交迫的失业人员在找工作的时候根本无法获知能干多久一样，此时正面临生存危机的慕容德在找地盘的时候当然也不可能挑剔国运有多长，他马上就下定了决心。

去青州！

随后慕容德率部东进，果然如竺朗所预言的那样顺利，很快就攻占了琅邪（今山东临沂）、莒城（今山东莒县）等地，其余各地大多传檄而定。

辟闾浑见大势已去，弃城而逃，被南燕军俘斩。

当时东晋内部纷争不已，朝廷焦头烂额，根本顾不上青州这块远在北方的边角料，对慕容德的这次入侵，居然像是被迷奸了一样——不仅没有任何反抗，甚至没有任何反应。

公元 400 年，慕容德正式称帝，定都广固。

至此，南燕政权才算是基本稳定下来了。

就这样，距慕容垂去世还不到 3 年，后燕这个曾经的北方第一强国就已经彻底分崩离析，虽然尚有关外的慕容盛和青州的慕容德这两个地方性政权存在，但一加一却远远小于一，二者加起来也不过是当初的一个零头！

与后燕的衰落形成鲜明对比的是，差不多同时建立的羌人后秦帝国此时依然在高歌猛进。

第三十章　雄主变菩萨

称霸西北

后秦主姚兴和其父姚苌似乎是一对反义词——姚苌是一副小人嘴脸，而姚兴却是一派君子风范。

他虽然是个羌人，却早已汉化，自幼熟读经史，一心想成为一代圣君。

他是这么想的，也是这么做的。

他重视人才，从善如流，任何大臣在上书中提出的建议只要合理，他都能虚心接受，进谏者不仅能得到褒奖，有时甚至还能得到越级提拔。

兵部郎边熙认为军令烦苛，他马上采纳，根据其建议删除了过滥过重的内容；城门校尉王满聪在他出游晚归时，严格执行相关规定，坚决不肯为他打开城门，他不但没有生气，还升了王满聪的官。

他关心民间疾苦，曾经发布命令要求对那些因灾荒而被迫自卖为奴的百姓，一律免除奴隶身份。他本人也厉行节俭，所用的车马器物从不用金银装饰，在他的带动下，后秦上下形成了"以节约为荣，以奢侈为耻"的良好风尚，即使是达官贵人也很少铺张浪费。

他重视教育，大力兴办学校，天水姜龛、东平淳于岐、冯翊郭高等当时著名的学者云集长安，讲学授徒，慕名而来的各地学生有数万人之多。姚兴本人在政事之余也常在内宫召见各路学者，和他们一起讨论道义名理，有些文采好的人才还得到重用，被他安排在身边，负责起草诏书，参与机密。

总之，自继位以来，他一直是以孔孟之道、仁爱思想为指导，坚持勤政爱民，为全面建成他理想中的大同社会而努力奋斗。

在姚兴的精心治理下，饱受战乱之苦的关陇地区在短短几年间经济就迅速恢复，呈现出一片繁荣景象。

内政上励精图治的同时，姚兴在军事上也颇有建树。

平定前秦苻登后，他先是扫除了关陇一带的多个割据势力，接着又派大将姚硕德（姚兴的叔父）西征，拿下了秦州（今甘肃天水）。

他对于出击时机的把握，堪比天生善于捕猎的狮子——总是那么精准。

西燕灭亡的时候，他审时度势，果断派兵西渡黄河，一举夺取了原属西燕的河东地区（今山西西南部），大得其利。

之后姚兴又把触角伸向了东晋。

当时东晋在位的，是在中国皇帝白痴排行榜上勇夺桂冠的晋安帝司马德宗，此人的智商估计还不到当初以愚笨闻名的西晋惠帝司马衷的千分之一。

不要以为这是我夸张，有书有真相——史书上明确记载：帝不惠，自少及长，口不能言，虽寒暑之变，无以辩也。

连话都不会讲，生活都不能自理，国家他怎么可能会治理？

皇帝如此傻帽，引无数阴谋家竞折腰。

晋安帝在位期间，东晋爆发了一波又一波如滔滔江水连绵不绝的动乱。

趁东晋内部矛盾极其尖锐、无暇他顾的机会，公元 397 年，姚兴派兵东进，一路势如破竹，很快拿下了原属东晋的弘农（今河南灵宝）、陕城（今河南三门峡西）、上洛（今陕西商洛）等要地，接着又命其弟姚崇率军攻打洛阳，尽管未能成功，却得到了流民两万多户，大大充实了关中的人口。

两年后，姚兴又卷土重来，再次派姚崇和大将杨佛嵩进军洛阳，经过 3 个多月的苦战，终于攻克了洛阳这座名城。

这让后秦声威大震，东晋淮河、汉水以北诸城大多望风归附。

之后，志向高远的姚兴又把目光转向了自己的西边。

那里现在的形势和几年前又大不一样了。

除了原有的西秦和后凉，凉州这个弹丸之地如今螺蛳壳里做道场，小房变成群租房——居然一下子又多了好几个国家：南凉、北凉、西凉。

这 3 个小国都是从后凉分出去的。

后凉主吕光在公元 396 年称天王的时候已经 60 岁了——按照现在的政策已到了退休年龄。

岁月是把杀猪刀——它能把美女变成老太婆，也能把英雄变成老糊涂。

随着年纪越来越老迈，吕光变得越来越昏庸，越来越猜忌，越来越爱听信谗言，越来越喜欢滥杀无辜，搞得内部离心离德，本就成立不久、统治尚不十分稳固的后凉政权一下子变得危机四伏。

公元397年正月，吕光亲率大军前去讨伐西秦，没想到战事失利，其弟吕延战死，伤亡惨重，导致国力大损。

这次战败，仿佛一颗火星掉入了易燃易爆品仓库，马上让后凉帝国四处起火，扑救不及。

首先起事的是河西鲜卑首领秃发乌孤。

秃发部据说和拓跋鲜卑同源——"秃发"很可能是"拓跋"的同音异译。

他们原本居于漠北，大概在三国时迁到了河西（今青海、甘肃两省黄河以西地区）。

吕光占据凉州后，他们不得不臣服于后凉，但其内心却并不服气——就如正常男人的某个器官一样，虽然平时看似安分，但只要有合适的机会，就会立马爆发。

得到后凉战败的消息后，早有异心的秃发乌孤立即宣布独立，自称大都督、大单于、西平王，定都廉川堡（今青海民和）。

十六国之一的南凉就此成立。

吕光派部将前去征讨，却被秃发乌孤击败，大败而回。

更让他难受的是，这边的葫芦还没有按下，另一边竟然又浮起了瓢——此时后凉的北部又出了问题！

那里又成立了一个新的国家——北凉！

北凉的首位君主是汉人段业，不过在其中起主导作用的却是卢水"胡人"（据说是以匈奴人为主体的西北少数民族之一，因早期居于卢水附近而得名）沮渠部。

相传沮渠部的先祖曾世代担任匈奴左沮渠这一职位，后人遂以此为姓。

当时的沮渠部首领沮渠罗仇曾任后凉尚书，参与了后凉与西秦的战事，后凉军失败后他被吕光当作替罪羊处死。

这让沮渠部族人极为愤慨。

沮渠罗仇的侄子沮渠蒙逊在伯父的葬礼上聚众起兵，很快就攻占了临松（今甘肃民乐）、金山（今甘肃山丹）等地。

沮渠蒙逊的堂兄沮渠男成闻讯后也起兵响应，大概是考虑到自己实力不足，他推举后凉地方实力派之一的建康（今甘肃高台）太守段业为大都督、凉州牧，自己则担任辅国将军，掌握军政大权。

十六国之一的北凉就此建立。

沮渠男成这边进展顺利，声势颇大，而首义的沮渠蒙逊却不幸吃了败仗，无奈只得率众前来归附，被段业任命为镇西将军。

吕光命其庶长子吕纂率军前来讨伐，却被打得落花流水。

此时后凉政权的内部又发生了以大臣郭黁（nún）为首的叛乱，吕光疲于应对，焦头烂额。

趁你乱，用力踹。

南凉主秃发乌孤乘虚而入，率部攻下了原本属于后凉的乐都（今青海海东乐都区）、湟河（今青海化隆）、浇河（今青海贵德）等郡县，实力大增。

北凉当然也不会放过这个趁火打劫的好机会，段业派沮渠蒙逊出兵，连夺后凉的西郡（今甘肃永昌）、张掖（今甘肃张掖）诸郡，西面的敦煌等地也纷纷归降北凉。

公元399年，段业正式改称凉王，定都张掖。

这年年底，内忧外患中的吕光得了重病，他自知不久于人世，为了避免诸子争位，他创造性地发明了提前传位的办法（在中国历史上他是首开先河）——立太子吕绍为天王，自己改称太上皇帝。

临终前他专门召来吕绍和吕纂、吕弘等几个儿子，苦口婆心地叮嘱他们一定要团结。

说完这些话的当天，吕光就去世了，享年63岁。

然而吕光虽然煞费苦心，但其效果却等同于用女色引诱太监——完全是白费力气。

他刚死没几天，吕纂就联合吕弘发动了政变，吕绍被逼自杀，吕纂随即登上天王之位。

不久，吕纂和吕弘两人又开始互相猜忌，吕弘起兵叛乱，最后兵败被杀。

后凉动乱不已，北凉那边也不太平。

公元400年，在北凉的西部居然又出现了一个新的政权——西凉！

西凉的创立者是汉人李暠（hào）。

李暠是陇西成纪（今甘肃秦安）人，这个人的身份可不一般，按照他自己的说法，他是西汉名将李广的嫡传后裔；按照后来李唐皇室的说法，他还是李唐皇族的直系祖先。

李暠年轻时就以文武全才而著称，北凉建立后，他被段业任命为效谷（今甘肃瓜州）县令，在那里他干得不错，很得人心。

一年后，敦煌太守孟敏去世，李暠被部下推举为敦煌太守。

开始的时候，段业对李暠的行为也是认可的，还给李暠发来了正式的委任状，可是后来他的亲信索嗣看中了这个职位，他的态度又变了。

在索嗣的怂恿下，段业出尔反尔，又收回成命，改任索嗣为敦煌太守。

没想到段业的圣旨在李暠那里竟然还不如手纸管用——李暠非但不接受任命，还悍然派兵击败了索嗣。

索嗣只得狼狈逃回了张掖。

之后软弱的段业不得不承认了这个既成事实，为了笼络李暠，他不仅派使者去向其道歉，还加封李暠为镇西将军。

不过，段业的绥靖政策不仅没收到理想的效果，反而让李暠看穿了他的无能，做事也更加肆无忌惮——好吧，既然你喜欢被打脸，那就不妨继续对你蹬鼻子上脸！

不久，在李暠的策动下，北凉晋昌（今甘肃瓜州东南）太守唐瑶也宣布背叛北凉，归附李暠。

在唐瑶等人的拥戴下，李暠在敦煌自称冠军大将军、沙州刺史、凉公，改元大赦。

十六国之一的西凉就此建立。

凉州的连年纷乱，也让一直觊觎这里的后秦主姚兴找到了可乘之机。

他决心出兵凉州，一统西北！

首当其冲的自然是离后秦最近的西秦。

公元400年5月，姚兴派大将姚硕德统兵5万西征。

西秦主乞伏乾归慌忙征集兵马，率部抵抗。

两军相持不下之际，姚兴亲自率大军前去增援，对外却秘而不宣。

乞伏乾归猝不及防，当即被打得大败，被俘三万六千人。

对西秦这样的小国来说，三万六千人差不多算得上是全部家当了，此役之后，乞伏乾归如输光赌本的赌徒一样彻底失去了翻本的本钱，只能到处逃亡——他先是狼狈逃回都城苑川（今甘肃榆中），之后又辗转多地，最后实在无路可走，不得不向姚兴投降。

立国15年的西秦就此灭亡。

占领西秦后，凉州诸国无疑将会是后秦的下一个目标。

然而，尽管大敌当前，他们却对此视而不见，依然秉承着"今朝有权今朝争，明日愁来明日愁"的乐观精神和"国家不亡，内讧不已"的顽强毅力，继续热火朝天地不停内斗。

在后凉，上位刚满一年的后凉天王吕纂被其堂兄弟吕隆、吕超联手推翻，吕隆成为后凉新的天王。

吕纂走得并不孤独。

仅仅数月后，北凉王段业也遭到了同样的命运。

他的掘墓人是沮渠蒙逊。

沮渠蒙逊对段业这个无功受禄的家伙本来就不服气，段业的愚蠢决策导致西凉从北凉分裂出去后，他更是再也无法容忍了。

烂泥糊不上墙，朽木当不成梁，这样的怂人怎么能做领头羊！

沮渠蒙逊找到堂兄沮渠男成，提出了自己想与他一起发动政变的建议。

和蒙逊不同，沮渠男成是个厚道人，认为段业对他们兄弟还不错，没有答应。

然而开弓没有回头箭，江水不能倒着流，沮渠蒙逊当然不可能就此罢休。

不过他深知沮渠男成在军中威望极高，只要他支持段业，自己就很难有胜算。

除非先除掉男成！

既然老兄你不愿和我联手，就别怪我对你背后下狠手！

他很快就想出了一条毒计。

他先是和沮渠男成说好日期，约定一起到兰门山（今甘肃山丹南）祭祀，但随后却又偷偷派人告诉段业说：沮渠男成将会在某月某日借休假的机会造反，如果他向您请假要在那一天去兰门山祭祀的话，那臣的话就能应验了。

几天后，沮渠男成果然向段业请假，说自己某月某日要去兰门山祭祀。

段业早有准备，当即下令把沮渠男成拿下，并勒令其自杀。

沮渠男成这才知道自己上了蒙逊的当，连忙对段业说：我是被沮渠蒙逊陷害的，他早有反意，只是因为有我在，生怕部众不跟从他，所以才设计害我。大王可对外假称我已被杀，蒙逊一定会造反，然后你再命我率兵讨伐他，这样肯定能成功……

但在段业看来，男成的这番话如缺了3条腿的桌子般完全站不住脚——既然你早就知道沮渠蒙逊有反意，为何到现在才说？蒙逊造反，还让我派你这个当哥的去打他，你当我傻呀，你们要是合兵一处怎么办？……

因此，无论沮渠男成说得多么感人，他都只当他是个死人；无论沮渠男成说得多么激动，他都丝毫不为所动。

就像钓鱼的人根本不会在意被钓起的鱼的挣扎一样，他完全无视男成的任何辩解，坚持将男成赐死。

得到沮渠男成被杀的消息后，沮渠蒙逊马上召集部众，流着眼泪对大家说：男成对段王忠心耿耿，但段王却无故杀了他，诸位愿意与我一起为他报仇吗？

沮渠男成在军中深得人心，他的冤死让士兵们义愤填膺，因此他们全都异口同声地表示愿意跟随蒙逊讨伐段业。

在得到将士的支持后，沮渠蒙逊立即点起兵马，杀气腾腾地杀向都城张掖。

段业早已失去了人心，他的部下纷纷倒戈，沮渠蒙逊几乎兵不血刃就攻下了张掖，杀掉了段业。

之后沮渠蒙逊自立为大都督、大将军、凉州牧、张掖公，成为北凉的第二任君主。

就在沮渠蒙逊上台后不久，凉州的局势就发生了翻天覆地的变化。

后秦军来了！

公元401年5月，姚兴命大将姚硕德率步骑6万，进军后凉。

后秦军从金城（今甘肃兰州）渡过黄河，随后一路西行，中途经过南凉控制的广武（今甘肃永登），南凉主秃发利鹿孤（秃发乌孤已于两年前去世，其弟利鹿孤继位）深知后秦的手指比自己的腰还粗，哪里敢与其对抗，连忙撤回守军，给后秦军让道。

后秦军长驱直入，很快就抵达后凉都城姑臧（今甘肃武威）城外。

后凉主吕隆无奈，只好硬着头皮派其弟吕超等人率军阻击，结果自然如三轮车撞集卡一般毫无悬念——被打得大败，伤亡惨重。

随后后秦军把姑臧城团团围住。

见后秦军势大，凉州诸国全都吓坏了，南凉的秃发利鹿孤、西凉的李暠、北凉的沮渠蒙逊争先恐后地派出使臣，向姚硕德纳贡称臣，表示愿意听后秦的话，照后秦的指示办事。

几个月后，姑臧城中的吕隆终于再也撑不下去了，被迫向后秦投降。

不久，姚硕德率军凯旋，吕隆则被姚兴封为镇西大将军、凉州刺史、建康公，让他继续镇守姑臧。

两年后，姚兴征召吕隆入朝，立国17年的后凉自此彻底灭亡。

这几年的姚兴真可谓是春风得意。

自从继位以来，他先后平苻登，取河东，占洛阳，亡西秦，灭后凉，无坚不摧，无往不利，如同一列高铁在成功路上风驰电掣地飞奔。

直到他遇到了拓跋珪。

柴壁争锋

拓跋珪这段时间当然也没有闲着。

公元398年7月，他把都城从盛乐（今内蒙古和林格尔）迁到了离中原更近的平城（今山西大同），并在那里营建宫殿，建立宗庙。

当年12月，拓跋珪在平城正式登基称帝。

他光宗耀祖的愿望似乎特别强烈，之前一般开国皇帝大多只是追尊父祖数代，现在我们骂人最多也只是骂到别人的祖宗十八代，而拓跋珪却一口气追尊了整整27代——从500多年前尚处在原始社会的远祖拓跋毛开始一直到其父拓跋寔的27代祖先，全都被追尊为了皇帝！

之后的数年，拓跋珪把主要的精力放在了内政上，分派群臣逐步完成了立官制、建礼仪、定律令等各项工作。

得到后秦在西北大获成功的消息后，拓跋珪开始坐不住了。

他知道，一山不容二虎，一个北方不容两个霸主，他和姚兴之间必有一战！

北魏和后秦的矛盾其实由来已久。

比如，正是因为有了姚兴的庇护，依附于后秦、被姚兴封为高平公的鲜卑破多兰部首领没奕干才敢于收留北魏的世仇铁弗部刘卫辰之子刘勃勃，甚至还将他招为女婿。

这让拓跋珪十分不满，但由于那个时候他主要的敌人还是后燕，为了避免腹背受敌，他只能把满腹的怨气硬是憋了回去——但这显然只是暂时的，正如憋的尿迟早得要宣泄出来一样，他的不满肯定也是迟早要爆发的。

后来发生的另一件事更是让双方的关系从临界点降到了冰点。

可能是听说姚兴的女儿长得不错，拓跋珪特意遣使向后秦求婚。

姚兴得知他已立慕容宝之女为后（在攻下中山后，拓跋珪俘获了慕容宝的小女儿，将其纳入后宫，并在公元400年立为皇后）后，顿时大为恼火——在你的眼里，我姚兴的女儿居然还不如慕容宝的女儿！

这句话如果提取公因式，那就是：在你的眼里，我姚兴居然还不如那个败家子慕容宝！

此时正是姚兴最志得意满的时候，所谓财大则气粗，意满则气傲，一怒之下，他不仅严词拒绝了拓跋珪的求婚请求，还悍然扣留了北魏的使臣。

这下终于彻底惹毛了拓跋珪。

既然你对我如此无礼，我不报复岂不是显得我很无力！

西北无老虎，姚兴称霸王。遇我拓跋珪，打得你叫爹娘！

公元402年初，拓跋珪对后秦发起了突袭。

不过他并没有直接入侵关中，而是先来了个敲山震虎——对姚兴在北方的几个小弟下手。

他命大将拓跋遵率部进攻破多兰部的没奕干，大将和突则出兵讨伐后秦的另两个附属部落黜弗、素古延。

与此同时，拓跋珪在国内大量选拔将士，并在并州各郡县征集了众多粮草，将这些物资全部集中在平阳（今山西临汾）附近的乾壁（今山西襄汾东南阎店村）城内。

拓跋珪此举的目的，《魏书》上说他是为了防备后秦可能的进攻，但现在也有人认为，拓跋珪在乾壁城积聚如此多的粮草，似乎并不像是为了防守，而更像是在为进攻后秦做准备。

北魏军初期的进展颇为顺利。

和突大破黜弗、素古延两部，拓跋遵则在高平（今宁夏固原）大败没奕干，没奕干、刘勃勃等人仓皇逃到了秦州（今甘肃天水）。

随后拓跋遵率部进逼瓦亭（今宁夏泾源）。

与此同时，北魏平阳太守贰尘也奉拓跋珪之命，率军对后秦的河东地区发起进攻。

一时间，后秦国内人心惶惶，关中各城池大白天都不敢开门。

面对北魏的疯狂挑衅，之前一直所向披靡的姚兴当然也不会示弱。

他立即征集兵马，在长安城西举行大规模阅兵，准备以攻对攻，亲自出马，率军伐魏！

群臣纷纷劝阻他不要亲征。

但姚兴却坚决不听：王者当以廓清天下为己任，我焉能推辞！

公元402年5月，姚兴命尚书令姚晃辅佐太子姚泓留守长安，自己则亲率大军东渡黄河，进入河东，踏上了伐魏的征途。

他命其弟义阳公姚平、大将狄伯支率步骑4万为前锋，日夜兼程，以迅雷不及掩耳之势直扑北魏军的辎重要地乾壁。

姚兴置西北地区入侵的北魏军拓跋遵、和突所部于不顾，而是采取围魏救赵之策，直捣并州，显然是出乎拓跋珪的预料之外的。

后秦军也由此占据了主动。

经过多日激战，姚平顺利攻克乾壁，取得了第一阶段的胜利。

不过，拓跋珪这个人最大的特点是善于打逆风仗，在他30多年的人生旅途中经历过无数次的大风大浪，早就习惯了在激浪中弄潮，风雨中奔跑。

越是身处险境，他的头脑越是冷静；越是面临危机，他越是能创造奇迹！

这次他的反应依然是非常迅速，在得到后秦军进入并州的消息后，他马上令毗陵王拓跋顺（拓跋珪叔叔地干之子）、大将长孙肥为前锋，自己亲领大军为后继，南下救援乾壁。

7 月，北魏军进至离平阳仅百余里的永安（今山西霍州）。

当时姚平派出 200 名精锐骑兵前去侦察敌情，被北魏大将长孙肥发现，将他们全部俘虏。

拓跋珪由此掌握了后秦军的兵力、部署、位置等信息。

随后北魏军继续向南进军。

见对方来势汹汹，姚平不敢恋战，急忙放弃乾壁南撤，打算向姚兴和后秦主力靠拢。

拓跋珪立即率军全速追赶，最终在汾河东岸的柴壁（今山西襄汾新城镇柴庄村）追上了姚平军，将其包围。

姚平只得一面依托柴壁城死守，一面苦苦等待姚兴来救。

关键时刻，姚兴却犹豫了。

可能是在思考更好的方案，也可能是在等待更多的军队，当然更可能是因为忌惮北魏军的强大，姚兴在蒲坂（今山西永济）一带一直逡巡不前，拖了很多天后才开始率军北上。

和对手拓跋珪相比，也许姚兴的智力、魅力、统率力、用人能力都不一定逊色，唯一不如的，就是果决。

但这却是致命的。

因为，一个人最强大的武器，就是豁出去的决心！

正是姚兴在蒲坂的拖延，让拓跋珪有了从容布置的时间。

他在柴壁城外构筑了多道长墙，以阻止姚平的突围和姚兴的救援。

谋士李先建议，在姚兴军抵达之前，抢先占领汾河西岸的要地天渡。

大将安同也持相同的看法，他说：汾河东岸有天险蒙坑（柴壁城南的一道天然鸿沟，沟深近百米），无法行军，姚兴要来，肯定只会从汾河西面逼近柴壁，我们应在包围柴壁的长墙南北两端各修建一座浮桥，在西岸也修建长墙，把对柴壁的包围圈扩大到汾河西面，这样姚兴就必然无所作为了。

拓跋珪依计而行。

一切布置妥当之后，拓跋珪终于可以放心大胆地对付姚兴的援军了。

他亲率 3 万步骑南下，占据有利地形，准备阻击姚兴。

8 月 28 日，姗姗来迟的姚兴率四万七千大军终于逼近了柴壁，但刚到就遭到了北魏骑兵的伏击。

立足未稳的后秦军当然不是以逸待劳的北魏军的对手，被打得大败，后撤四十多里。

初战告捷后，拓跋珪依然没有大意。

他分派部队驻守各处要地，把姚兴救援柴壁的各个要道全部堵得滴水不漏，连一只蚂蚁也钻不过去。

而姚兴则率部驻扎在汾河西岸，与北魏军对峙。

为了突破北魏军的防线，他可谓是动足了脑筋。

他先是命人砍伐了大量树木，把它们捆绑在一起，从汾河上游投入水中，企图以此来冲垮北魏军修建的浮桥。

凭借水流的推动，无边落木萧萧而下，直奔浮桥而去！

然而拓跋珪对此早有准备，命士兵们用钩子把这些树木全部钩到了岸边。

后秦军辛辛苦苦砍下来的树木，就这样成了北魏军取暖做饭的薪柴——而且还是包邮！

姚兴当然不会就此罢休，他又乘夜派部队前去偷袭北魏军在西岸的防线。

没想到拓跋珪再次想到了姚兴的前头，提前加高了那里的长墙。

后秦军带来的梯子短了一截，够不着墙顶，只能无功而返。

无奈，姚兴只好不再取巧，采用笨办法率军沿着汾河西岸步步推进，经过不懈的努力，总算逼近到了北魏军包围圈外面。

但他们到了那里就再也无法前进一步！

尽管他们发动了一次又一次的攻击，但在北魏军无懈可击的防守面前却完全是徒劳，如同苍蝇在没有任何缝隙的玻璃窗前嗡嗡乱撞——除了碰得头破血流，什么也得不到。

多次攻击未果后，他们也只能像撞玻璃撞累了的苍蝇一样停了下来，与汾河东面柴壁城中的姚平隔河相望。

两支后秦军之间，离得是那么近，似乎一伸手就能够着。

两支后秦军之间，离得又是那么远，仿佛一辈子都够不着！

时间就这样一天天地过去。

尽管姚兴费尽了心思，竭尽了全力，却依然无法取得任何进展——如同一台系统濒临崩溃的电脑，尽管一刻不停地在全速运转——CPU 和内存使用率都达到了 100%，但其屏幕上却始终是毫无反应，什么都没变。

到了 10 月，柴壁城内粮食将尽，被逼上绝路的姚平只能殊死一搏，趁夜率部向西南方向突围。

姚兴也集结部队，在汾河西岸列阵，高举火把，大声鼓噪，为其声援。

拓跋珪则在南面的浮桥及其两端派驻了大量精锐，重兵布防，严阵以待。

两支后秦军只能遥相呼应。

姚兴在这边拼命擂鼓呐喊，指望姚平能拼力死战，突破重围。

而姚平本来是打算力战突围的，但在听到对岸震耳欲聋的鼓声和呐喊声后，却误以为姚兴正在外面进攻来解救自己，顿时松了口气，指望着姚兴和后秦军主力能撕开北魏军防线。

如果有了手机这样的现代化通信工具，也许他们就不会有那样的误会了。

可惜那时候离手机的发明还差了整整 1571 年，所以两支后秦军只是在汾河两岸呼叫相和，都在等着对方行动，而自己却都没有全力进攻北魏军的防线。

随着时间的不断前行，姚平的信心也在逐步归零。

最后他终于彻底绝望了——绝望地带着身边的 30 多人跳入了滚滚汾河。

部将雷重等 4000 多名将士也紧随其后，企图游过河去，侥幸生还。

但 10 月的河水冰冷刺骨，在这个时候跳河与从 10 楼跳楼基本没什么区别——很难不死。

包括主帅姚平在内的后秦军大多很快就溺水而死，极少数百里挑一的没死的幸运儿也都被拓跋珪命人用长钩钩了起来，一个也没有逃脱。

见此情景，姚平麾下其余的 3 万多后秦将士彻底失去了斗志，全都束手就擒，其中包括后秦大将狄伯支、唐小方等 40 多位四品以上将军。

而此时姚兴和西岸的后秦军只能眼睁睁看着自己的兄弟和战友惨死在自己的面前，却完全无能为力，只能一起放声恸哭。

一时间，哀号声响彻山谷，悲鸣声直入云霄！

见识了拓跋珪厉害的姚兴再也不敢打下去了，一面赶紧退兵一面多次遣使向拓跋珪请和。

拓跋珪当然不会答应。

他乘胜继续进军，攻打河东重镇蒲坂（今山西永济）。

后秦守将姚绪（姚兴的叔叔）坚守不战。

北魏军一时无法攻下，加上担心自己后方的柔然会乘机进犯，拓跋珪也就没再坚持，率军班师。

回军路上，拓跋珪一直在思考一个问题：姚兴此次来攻，为什么会这样不管不顾不偏不倚直捣乾壁这个自己的要害之地？其目标之明确，动作之迅捷，让人简直要怀疑他有传说中的千里眼和顺风耳！

此事必有蹊跷！

拓跋珪秘密命人展开调查，很快就查明了真相。

原来是太史令晁崇和其弟晁懿给姚兴提供了这个绝密的情报！

他立即下令将晁崇、晁懿两人处死。

这就是史上著名的柴壁之战。

这一战是十六国后期一个重要的分水岭——之前的北方大地上是北魏、后秦双雄并立，之后就变成了北魏的一骑绝尘！

就像世界杯淘汰赛总是胜者进入下一轮、败者则从此彻底出局一样，后秦在这次强强对决中的完败，也导致了它的上升势头从此戛然而止，开始掉头向下，仿佛进入下降通道的股票一样屡创新低，一蹶不振！

由盛转衰

更重要的是，这一战不仅重创了后秦的国力、军力，还重创了姚兴的信心。

习惯了温暖环境的热带鱼一下子放到冰水中必然难以存活，习惯了百战百胜顺风顺水的姚兴一下子遇到这样惨重的失败，也肯定是无法适应的。

他虽然还活着，但他的心已经死了。

那种称霸天下的雄心已经彻底从他的基因里消失了。

他觉得，有拓跋珪在，自己再怎么努力奋斗也肯定不会有什么前途，正如有太阳在，路灯再怎么努力发光也依然会被人忽视一样！

口中无味的人往往渴求味觉的刺激，事业无望的姚兴当然也急需精神的寄托。

他选择了佛教。

此后，那个心比天高、锐意进取的一代雄主不见了踪影，取而代之的，是一个看破红尘、慈祥和蔼的出家法师。

他在佛教上的导师是一代名僧鸠摩罗什。

鸠摩罗什祖籍天竺（印度古称），出生于西域龟兹国（今新疆库车一带），是当时誉满天下的著名高僧。

相传吕光在平定西域见到鸠摩罗什后如获至宝，把他带到了凉州当作国宝供奉起来，这次后秦吞并了后凉，姚硕德又专门把他作为高端引进人才送到了长安。

现在的姚兴像以前沉迷于政事一样沉迷于佛事，他把鸠摩罗什奉为国师，经常把皇宫的殿堂当成寺庙的佛堂——在宫里率群臣听鸠摩罗什讲授佛经。

在姚兴的身体力行和积极倡导下，佛教在后秦境内极为风行。

仅长安一地，据说就有和尚 5000 多人，史载各地信奉佛教的人甚至达到了"十室而九"（每十户人家中有九家）的地步！

不知是不是受佛家教义的影响，姚兴也变得越来越仁慈，不仅对自己人，甚至对外敌也慷慨得让人几乎难以理解。

公元 405 年，东晋朝廷遣使前来访问，请求归还南乡（今河南淅川）等九个郡县。

姚兴不顾群臣的强烈反对，不仅全部答应了东晋的要求，还本着做好事不嫌多的精神额外多给了 3 个名额——把南乡、新野（今河南新野）、舞阴（今河南泌阳）等 12 个郡还给了东晋。

当然了，这种事就和出轨一样，有了第一次，往往就难免会有第二次。

一年后，姚兴居然把当初费尽九牛二虎之力才弄到手的凉州（治所姑臧，今甘肃武威）也送掉了。

凉州孤悬西北，离后秦的大本营关中距离极为遥远，且一直不大安定——周围南凉、北凉、西凉这 3 个后秦名义上的小弟老是打架。

为防守和治理凉州，姚兴不得不投入了大量的人力物力。

时间长了，他对这块地盘渐渐失去了兴趣，就像并购了一个徒有虚名却财务不良、债务繁重的公司一样——颇有得不偿失之感。

他开始有了甩掉这个包袱的想法。

此时善解人意的南凉主秃发傉檀（秃发利鹿孤已于 402 年去世，其弟秃发傉檀继位）看出了姚兴的心思，主动上表请求让他接管凉州，为宗主国分忧。

一开始姚兴并没有答应。

公元 406 年 6 月，秃发傉檀给后秦进贡了 3000 匹马、3 万只羊，姚兴吃人嘴软，拿人手短，一时心软，便同意把凉州赏给了他。

他任命秃发傉檀为都督河右诸军事、凉州刺史，驻守姑臧，将他原先派驻姑臧的凉州刺史王尚召回长安。

此令一出，顿时舆论大哗。

不仅群臣纷纷表示异议，甚至连凉州百姓也派出代表向姚兴情愿，极力要求留在后秦。

这样一来，姚兴本人也感觉到自己是做错了，连忙派人前去制止秃发傉檀。

然而木已成舟，葡萄已成葡萄酒，暗恋的少女已成他人妇，哪里还来得及？

当时秃发傉檀已经带兵到了姑臧附近，得到姚兴的通知后，他非但没有撤兵，反而加速前进，迅速占领了姑臧城。

姚兴也只能承认了这个既成的事实。

他对自己当初作出的决定感到无比悔恨。

好在这种负面情绪持续的时间并不长。

正如很多时候人之所以不再思念旧情人，往往是因为找到了一个更好的情人，姚兴之所以不再为凉州的事烦恼，是因为他碰到了一个更大的麻烦！

深受他信任的刘勃勃居然造反了！

第三十一章　旧的去，新的来

恩将仇报刘勃勃

前面说过，刘勃勃是铁弗部首领刘卫辰之子，公元391年铁弗部被北魏攻灭时，刘勃勃侥幸逃脱，几经辗转投奔了依附于后秦的鲜卑破多兰部首领没奕干。

刘勃勃身材高大，长相英俊，加上天性聪慧，能言善辩，没奕干对他非常喜欢，还把自己的女儿嫁给了他。

姚兴对刘勃勃也很器重，经常与他一起讨论军国大事。

但姚兴的弟弟姚邕却对此有不同的看法，劝他不要宠信刘勃勃。

姚兴反驳道：勃勃有济世之才，我正要与他一起平定天下，你为何要妒忌他！

他打算任命刘勃勃为安远将军，协助没奕干镇守高平（今宁夏固原）。

但姚邕却坚持认为不可，再三劝谏。

姚兴不耐烦了：你凭什么说刘勃勃不能重用？

姚邕回答说：刘勃勃对上级态度傲慢，对下属手段残忍，贪婪狡猾，不讲仁义，而且轻于去就，这种人如果让他掌握实权，将来必为大患。

迫于弟弟的面子，姚兴才取消了对刘勃勃的任用。

然而，江山易改，本性难移，红颜易凋，姚兴想起用刘勃勃的心思难变。

一段时间后，姚兴还是忍不住对刘勃勃委以了重任——他任命刘勃勃为安北将军、五原公，把西北地区5个鲜卑部落以及部分杂胡共两万多户交给他统领，让他镇守朔方（治所今内蒙古磴口）一带。

公元407年5月，越来越爱好和平的姚兴主动遣使要求与北魏讲和。

拓跋珪同意了。

两国自此结束了持续多年的敌对状态，恢复了邦交，后秦把之前扣在长安的北魏使臣贺狄干送回了北魏，北魏也把在柴壁之战中俘获的后秦将领狄伯支等人交还给了后秦。

姚兴对自己这个化干戈为玉帛的举措非常满意。

这样一来，可以少杀多少生、多积多少德啊！

信佛多年，他觉得自己越来越像个菩萨了。

他的感觉是对的。

因为，正是他的这一善举，让他从此变成了泥菩萨！

泥菩萨过河——自身难保！

得知后秦和北魏交好的消息后，刘勃勃大为震惊——要是拓跋珪让姚兴把自己送过去呢？姚兴会不会这么干？

他顿时吓出了一身冷汗，马上决定反叛后秦。

正好当时柔然给后秦进献的数千匹战马经过他的防地朔方，他立即派兵阻击，横刀夺马——将这些战马据为了己有，随后又召集部众，假装去岳父没奕干所在的高平附近打猎，借机杀死了没奕干，吞并了他的部众。

演完这出现实版的"农夫与蛇"——袭杀自己的救命恩人兼丈人后，公元407年6月，刘勃勃自称天王、大单于，设置百官，他宣称匈奴是夏禹之后（至于你信不信，反正他是信了），故定国号为大夏。

十六国之一的胡夏自此建立。

刘勃勃对外宣称，他之所以要起兵，是因为后秦和自己不共戴天的仇人——北魏结盟，敌人的朋友就是敌人，因此他必须与后秦为敌，为父亲和死去的家人报仇！

不过，这理由听起来似乎很是站不住脚——冤有头，债有主，要报仇，你刘勃勃应该找自己的杀父仇人拓跋珪去啊！

为什么终其一生你一直都对拓跋珪及其子孙畏之如虎，而只会对当初救了你的丈人没奕干和栽培你的恩人姚兴如狼似虎？

小子我觉得，这样的人，如果要能算是好汉，那些在外受了别人的欺负屁都不敢放而只会回家对老婆家暴的人岂不个个都是英雄？

称王后，刘勃勃先是征服了周边的鲜卑薛干部等3个部落，收降了一万余部众，接着又进攻后秦三城（今陕西延安东南）以北的几个边境要地，擒斩后秦将领多人。

他部下的将领大多劝他在高平定都，然后以那里为根据地，逐步向外扩张。

但刘勃勃的看法却与众不同：我如今只是大业初创，士众不多，姚兴也是一时之雄，兵多将广，如果我们只是固守一个城池，他一定会全力进攻，那样我们就危险了。不如我们发挥骑兵的机动优势，出其不意，敌救前则击后，救后则击前，使敌军疲于奔命,而我则行动自若,不出10年,岭北(今陕西礼泉九嵕山以北地区)、河东之地将尽归我所有。等到姚兴死后,姚泓不过是个平庸小儿,我就能有机会夺取长安了,这些我都早就计划好了!

众将纷纷叹服,自愧不如。

的确,刘勃勃的人品虽然令人无法不鄙视,但他的见识却令人不能不仰视。

之后,刘勃勃带着他的骑兵队伍,用他独创的游击战术不断侵扰后秦的岭北之地,你来我就拜拜,你走我就拽拽,来去如风,神出鬼没,搞得岭北各城池大白天也不敢开门。

他就像一只马蜂,在后秦这个壮汉身上到处乱蜇。你一赶,它就飞走;你一停,它又来了!

姚兴对刘勃勃烦不胜烦,却一筹莫展,只能无奈地叹息:我不用黄儿(姚邕的小名)之言,以至于此!

除了后秦,受到刘勃勃打击的还有南凉。

其实一开始刘勃勃本想和南凉结盟一起对付后秦,请求与南凉主秃发傉檀联姻。

没想到傲娇的秃发傉檀拒绝了。

刘勃勃大怒——既然你对爱搭不理,就别怪我把你揍到卧床不起!

他立即率两万骑兵入侵南凉,劫掠了数万百姓和大量牛羊后从容返回。

秃发傉檀率军追赶,两军在阳武下峡(今甘肃靖远)一带大战,南凉军大败,伤亡万余人。

刘勃勃下令将敌军尸体堆积成山,称之为"骷髅台"。

之后,刘勃勃又多次击败后秦军,越打越强,成为姚兴在北方的一大劲敌。

拓跋珪之死

世界有时就像天平,有人得意,就有人失意。

就在刘勃勃向人生巅峰不断迈进的时候,他的杀父仇人——仅比他年长10岁的拓跋珪却已经走到了人生终点。

近几年来,拓跋珪本来就桀骜不驯的性格似乎变得越来越喜怒无常。

之所以会这样,史书记载说是因为服用了寒食散。

寒食散在当时的说明书是这样的:

别名:五石散。

配方:钟乳、硫黄、白石英、紫石英、赤石脂。

功效:提高情绪,让人身心愉悦;增强体力,让人身轻如燕;美容养颜,让人肤白如玉；催情壮阳，让人久战不疲……

不良反应：尚不明确。

注意事项：该药药性燥烈，会使人浑身发热，必须通过吃冷食、散步等步骤才能将其毒性发散掉。如不散发，则需用药发之，否则可能会造成生命危险。

相传寒食散之方始于汉代，不过真正流行起来是在魏晋时期，据说以风度闻名的曹魏清谈家何晏是寒食散最早的提倡者，之后寒食散迅速在贵族圈中流行开来，嵇康、裴秀、王羲之等诸多顶级名士都是寒食散的忠实拥趸。

因寒食散价格昂贵，发散起来又极为讲究，非富贵之家不能承受，故而主要盛行于上流社会。

正如锥子脸是如今网红必不可少的标配一样，寒食散也是当时成功人士必不可少的标配。

拓跋珪是从何时开始服用寒食散的，由于史书的缺载我们不得而知。我们只知道最初凭借太医令阴羌的精心调理，他似乎没出什么问题，但在阴羌死后，就再也没人能控制寒食散的毒副作用了。

他的行为举止开始越来越乖张，精神状态也越来越不正常。

而那几年北魏国内雷击、暴雨等天灾频发，天上也经常出现奇异的星象，这让拓跋珪的心里更加不安。

他有时整夜不睡觉，有时几天不吃饭，有时则不停自言自语。

他本来就猜忌多疑，现在更是怀疑一切。

他本来就残忍嗜杀，现在更是随意诛杀。

常山王拓跋遵因酒醉失礼于太原公主而被赐死；

大将庾岳因衣服华丽、行为举止像君主而被杀；

大臣贺狄干因穿着和言语类似羌人而被诛；

大将莫题因被人告发在家里傲慢、形同人主而被杀；

卫王拓跋仪见皇帝如此暴虐，心情不安，害怕受到牵连而逃亡到了外地，被拓跋珪派人追上将其赐死……

这些功臣被杀的罪名不止是莫须有，甚至可以说是莫名其妙——完全是有理由要杀，没有理由捏造理由也要杀！

按照史书上的解释，似乎他们的枉死只是因此时的拓跋珪因服用寒食散后导致神经错乱而造成的——精神病杀人嘛，当然是不需要任何原因、不需要负任何责任的！

但我个人认为，事实也许并不仅仅是这么简单。

北魏源于漠北鲜卑拓跋氏所建的代国，代国虽然名义上是个王国，但实际上只是一个以拓跋氏为核心的部落联盟。

在这种部落联盟中，君主并没有绝对的权威，很多决策都是由各部首领集体作出的；君位的继承也不是在中原普遍采用的嫡长子继承制，兄终弟及的事经常发生，母族、妻族的势力对继承人的确立也有极大的影响，这使得代国由君位传承引发的动乱十分频繁。

这一切，与拓跋珪心目中君主高度集权的封建国家相去甚远。

他决心要改变这种现象。

也许，正是为了巩固君主的权力，树立君主至高无上的权威，他才会不惜采用严刑峻法，大肆诛杀或废黜对他和他的后人可能造成威胁的宗室近亲或功臣勋贵！

他要做一股势不可当的泥石流，不讲任何道理，不顾任何人情，不管任何阻力，不惜任何代价，以雷霆万钧之势将那些已经过时的一切彻底毁灭！

为了杜绝母族干政，拓跋珪还为他的帝国制定了极为残忍的"子贵母死"（也称立子杀母）制度。

尽管在他起家的过程中，他的母族贺兰部起到了至关重要的作用，但作为拓跋部的带头人，他并不希望这种现象在他的子孙身上重演，于是便琢磨出了这个"子贵母死"制——立谁为太子，就先赐死其母亲。

其实这一做法并非拓跋珪首创，其始作俑者是汉武帝刘彻。

汉武帝临死前立幼子刘弗陵为太子。由于刘弗陵年幼，为了防止后宫干政，他事先赐死了刘弗陵的生母钩弋夫人。

立子杀母，在之前的历史上就发生过这么唯一的一次，但拓跋珪却硬是只见树木不见森林——把这个之前的孤例变成了固定的制度。

公元 409 年秋，他决定正式册立 18 岁的长子拓跋嗣为太子，便先逼迫其生母刘贵人（独孤部前首领刘眷之女）自杀。

随后他把拓跋嗣召来，轻描淡写地对他说：汉武帝当初为了防止外戚专权，杀了钩弋夫人。我打算让你继承我的大业，所以为了国家的长治久安，我仿效了武帝的做法。

拓跋嗣对母亲极为孝顺，听到这个消息顿时如五雷轰顶，忍不住哭泣不止。

这让拓跋珪很是恼火——干大事就要冷酷无情，当初老子我死了亲妈只当是死个青蛙，根本毫不在意！这小子怎么一点都不像我！如此多愁善感，怎么能继承我的大业！

更令他不爽的是，在回到自己的寝宫后，拓跋嗣依旧日夜痛哭。

拓跋珪不由得大怒，又下令召见拓跋嗣。

拓跋嗣非常害怕，他知道自己的父亲在暴怒之下，是什么事都干得出来的，便不敢去见他，带着两个随从王洛儿、车路头逃走了。

拓跋嗣的出逃，让拓跋珪更是生气。

人一生气，自然要找人出气。

这次他把气撒在了妃子贺兰氏身上，大骂一顿后打算杀掉她，不过看看天色已晚便先把她关了起来，打算第二天再执行。

这个贺兰氏就是咱们前面提到过的拓跋珪的亲生姨母，她和拓跋珪生了个儿子清河王拓跋绍。

必须说明的是，以上拓跋珪要杀贺兰氏的原因来自《魏书》，现在也有人认为拓跋珪是在拓跋嗣出走后，想立拓跋绍为太子，所以才把其母贺兰氏抓起来准备杀掉的。

当然了，不管怎么说，贺兰氏面临生命危险肯定是事实。

看到情况危急，贺兰氏偷偷派人传话给儿子：儿啊，快想办法救我！

拓跋绍时年不过16岁，是个血气方刚的愣头青。

初生牛犊不怕虎，一心只想救生母，在得到母亲的求救信息后，他没有多加考虑便马上带着自己帐下的几个武士和宦官，乘着夜色攀墙进入了拓跋珪所住的寝宫。

正在熟睡中的拓跋珪从床上惊醒过来，想找自己的弓箭和佩刀来防卫，却哪里还来得及？

一代雄主就这样惨死在了儿子的手下，时年39岁。

拓跋珪也许不是个好儿子——对母亲并不孝顺；不是个好丈夫——杀了拓跋嗣的生母刘贵人，还想杀妃子贺兰氏；不是个好兄弟——间接导致同母弟拓跋觚的被杀，还杀了自己的堂兄弟拓跋遵、拓跋仪（有人认为拓跋仪也是拓跋珪的同母弟）；不是个好外甥——杀死姨夫、强占姨母；不是个好上司——晚期曾大杀功臣；甚至也很难说是个好人——视道德如无物、视信用如放屁、视人命如草芥……

但我们却不得不承认，对北魏帝国来说，他是个居功至伟的好领袖、好皇帝。

他从一个除了名分什么都没有的寄人篱下的落魄王子起家，凭借自己非凡的智力，顽强的毅力，过人的魄力，出众的能力，雷厉风行的执行力，以及翻脸比翻书还快的流氓气，借力打力，过河拆桥，审时度势，纵横捭阖，带领着拓跋鲜卑及其附属部落从漠北走向中原，从游牧走向定居，从原始走向文明，从落后走向发达，建立了当时最强大的帝国，为30年后他的孙子拓跋焘统一北方奠定了坚实的基础！

然而，在浩瀚的历史长河中，再强悍的人也只不过是匆匆过客。

拓跋珪死了，但地球依然在照常转动，时间也依然在照常流动。

很快就到了第二天。

整个上午，北魏的宫门一直没有开。

直到中午，拓跋绍才宣称有重要的诏书要传达，把百官召集到了皇宫前。

随后，他把宫门打开了一条缝，从门缝中对大臣们说：我有叔父（这似乎也可以证明拓跋珪并非只有拓跋觚一个同母弟，某些学者据此认为拓跋仪及其弟拓跋烈很可能也是贺兰后所生），也有哥哥，你们打算听谁的？

这句话没头没脑，无缘无故，但其却所传递出的信号却比1080P的视频还要清晰——拓跋珪已经去世，拓跋绍成了宫中的新主人！

在场的所有人都惊呆了。

现场一片沉默。

气氛无比紧张。

良久之后，老臣长孙嵩的声音才打破了这种难堪：听大王的。

其他大臣则依然没有说话，算是对此表示默认。

只有拓跋仪的弟弟拓跋烈放声大哭而去。

不过，尽管从表面上看，拓跋绍似乎是得到了群臣的认可，但很多时候表面上的东西是和事实背道而驰的——比如，很多女优外表清纯，实际上却是饱满得让人瞠目结舌；很多贪官表面上看着似乎是道貌岸然两袖清风，实际上却是道德败坏贪腐成风……

是啊，拓跋珪死得不清不楚、不明不白，加上拓跋绍不仅年轻，而且既没名分又没威望更没有自己的班底，怎么可能服众？

一时间，北魏内部群情汹汹，人心浮动。

更让拓跋绍担心的是，有关他是弑父凶手的消息没过几天就传遍了整个京城。

这当然是可以理解的。

毕竟，由于事发仓促，他这次行动并未经过精心准备，而这种未经周密策划的阴谋的真相，就如未经严格密封的粪坑的臭味一样——是必然要泄露出去的。

无奈，拓跋绍只能病急乱投医，狗急乱跳墙，忙不迭地拿出宫中的大量布帛，赏赐给各级官员，以图收买人心。

但在这个时候做这样的事，就仿佛被抓的小偷用赃款去收买围观者——除了显示他的做贼心虚，是不会有任何作用的！

此时，京城发生的一切也传到了逃亡在外的拓跋嗣那里。

他立即带着王洛儿等随从偷偷潜到了平城郊外，白天躲藏在山里，晚上则住在王洛儿家中，同时命王洛儿四处奔走，联络北新侯安同等众多朝廷重臣。

390

安同是拓跋珪的亲信，对拓跋家族一向忠心耿耿，在得到拓跋嗣的消息后，马上表示愿意拥戴拓跋嗣。

在安同等人的大力支持下，拓跋嗣很快就掌控了京城的局面，而众叛亲离的拓跋绍则被禁军将士抓住送给了拓跋嗣。

随后，拓跋嗣下令将拓跋绍和其母贺兰氏处死，同时诛杀了参与谋逆的武士和充当内应的宦官10余人。

公元409年10月17日，拓跋嗣正式继位，是为北魏明元帝。

他继位后的第一件事就是拨乱反正，把拓跋珪晚年贬斥的大臣全都重新召回，同时重用长孙嵩、安同、奚斤、崔宏等8位元老重臣，称其为"八公"。

北魏的朝政很快就稳定了下来。

第三十二章　金刀太子

奸尸情圣慕容熙

接下来，趁着这段时间北魏没事，让我们把视线转向辽东。

那里这些年也发生了很多变故。

前面我们讲到慕容盛忍辱负重，复国成功，成为了后燕的第三任君主。

他这个人有勇有谋能文能武，但却有一个致命的缺点——猜忌多疑，刻薄寡恩。

就像经历过太多渣男的女人往往会认为男人没有一个好东西一样，自幼见到太多阴谋、经历太多背叛的慕容盛对任何人都不再信任。

只要对部下稍有怀疑，他就毫不犹豫地加以诛杀，不论是对近亲还是功臣都绝不手软。

未雨要绸缪，未反须先杀！

明犯天子之疑者，虽远必诛！

宁可错杀一千，也不放过一个！

且看史书上的这些记录：

公元 398 年 12 月（此时距他上台仅仅一个月），幽州刺史慕容豪、尚书左仆射张通、昌黎尹张顺坐谋反，诛。

公元 399 年正月，右将军张真、城门校尉和翰坐谋反，诛。

4 月，散骑常侍馀超、左将军高和等坐谋反，诛。

10 月，中卫将军卫双有罪，赐死。

公元 400 年 4 月，襄平令段登等谋反，诛。

…………

短短数年间，后燕的旧臣几乎被杀了个遍，其中很多都是当初为慕容盛复国立下大功的功臣！

在慕容盛的严刑峻法下，后燕上下人人自危。

任何一种可燃的气体长期处在极限的高压状态，迟早会爆炸；任何一个国家的臣民长期处在极限的高压状态，也迟早会造反。

公元401年8月的一个深夜，禁军将领段玑等人发动兵变，慕容盛被叛军刺伤，不治身亡，年仅29岁。

尽管慕容盛生前已经立了儿子慕容定为太子，但大臣们大多认为他年纪太小，难以承担这样的大任，便上书丁太后（此时慕容宝的正妻段太后已去世，丁太后成了后宫主宰），请求从皇室成员中找一个年纪大点的人做继承人。

这正合丁太后之意。

因为她有一个秘密情人——慕容垂的幼子，时年17岁的河间公慕容熙。

恋爱中的女人，总是愿意为悦己者容，也愿意为悦己者付出，这样的机会，丁太后当然要给自己的情人！

这是世界上最珍贵的礼物，万年一遇！

她是世界上最慷慨的女人，没人能比！

沉浸在幸福中的她立即下令废黜太子慕容定，迎接慕容熙进宫。

其实本来大臣们心目中理想的人选是慕容盛的弟弟慕容元，没想到第二天却惊奇地发现坐在龙椅上的是慕容熙！

但考虑到生米已经煮成熟饭，自己再反对恐怕会成囚犯，他们也只能无奈地承认了这个既成事实。

就这样，慕容熙凭借吃软饭成为了后燕的第四任皇帝。

丁太后本以为慕容熙会知恩图报，对自己会更好更温存更体贴更关心，但她却失望了——自从上位以来，慕容熙就对她越来越疏远！

其实只要稍微想想，就知道这是必然的。

毕竟，丁太后已经人老珠黄，而慕容熙也不是马克龙，他和大多数男人一样，信奉"一白遮三丑，一老毁所有"——更喜欢年轻的女子。

更重要的是，靠和太后私通上位，毕竟是很不光彩的，正如那些靠不正当手段发家的人致富后总要想方设法洗白自己一样，为了维持自己的形象和地位，慕容熙也不得不和丁太后保持一定的距离。

因此，在当上皇帝后，慕容熙就冷落了丁氏，转而宠幸一对新纳入后宫的姐妹花——前中山尹苻谟（前秦宗室，后投降后燕）的两个女儿苻娀娥和苻训英。

丁太后当然不能接受这样的现实——我送了你这么大的礼物，你居然把我视若无物！没想到我的痴心，换来的竟然是你的变心！

慕容熙，你的良心被狗吃了！

她越想越不平衡，便和自己的侄子尚书丁信等人密谋想废掉慕容熙，没想到虑事不密，被慕容熙发觉。

慕容熙毫不犹豫就赐死了这个老情人。

问世间情为何物，不过一物降一物。

对丁太后，慕容熙是绝对的负心汉；对苻氏姐妹，却是当之无愧的好男人。

对丁太后，慕容熙是翻脸无情辣手摧花；对苻氏姐妹，却是一片痴情一心护花。

为了讨好她们，他不惜大兴土木，征发两万民夫，构筑了方圆10多里的龙腾苑，又在苑里又修建了一座高达17丈的人工假山，取名景云山，此外还建造了逍遥宫、甘露殿等数百间亭台楼阁，同时还开凿水渠，引水入宫，建成了曲光海和清凉池。

两姐妹中，妹妹苻训英尤其得宠，慕容熙封她为皇后，姐姐苻娀娥则被封为昭仪。

也许是红颜薄命吧，姐姐苻娀娥不久后就得了重病，有个叫王温的人自称能治好，慕容熙立即让他诊治，可还是回天乏术，苻昭仪很快就香消玉殒了。

慕容熙大怒，下令将王温肢解并挫骨扬灰。

此后苻训英自然是独宠后宫。

有宠就要任性，她曾经在夏天想吃冻鱼，冬天又要吃8月份才有的生地黄，慕容熙对她有求必应，立即命令有关部门弄来，可那时没有冰箱，这种有违时令的东西官员们哪里找得到？

但慕容熙不管，严令他们“没有任何借口”“只为成功想办法，不为失败找理由”，只要完不成任务一律斩首。

苻训英觉得待在宫里太闷，慕容熙就带着大军陪着她四处游玩散心，据说一路上被野兽所害和冻饿而死的士卒就有5000多人。

但苻训英还觉得不够刺激，小嘴噘得比猪鼻子还高。

玩什么才刺激呢？

苻训英不爱红妆爱武装——要玩打仗。

打谁呢？

北魏当然是不敢惹的，好在后燕身边有两个实力相对较弱的邻居——高句丽和契丹。

于是慕容熙带着苻皇后率军讨伐高句丽，攻打辽东（今辽宁辽阳）城。

又是冲车，又是云梯，又是挖地道，着实让苻训英大开眼界。

在付出了巨大的代价后，后燕军终于打开了城池的缺口。

眼看胜利在望，没想到慕容熙却下了一道令人匪夷所思的命令：谁都不允许先登城，等把城墙铲平后，让我和皇后乘车先进去！

后燕军被迫停止了攻击，高句丽人则利用这个宝贵的机会，重新修好了城墙。

经过这么一折腾，后燕军士气大跌——我们拼命杀敌报效国家，你个狗皇帝却把这当成是过家家！

将士无心恋战，城自然是攻不下来了，加上天气恶劣，雨雪交加，慕容熙也只得退兵。

过了段时间，慕容熙又带着符皇后北上去打契丹。

到了那里后，他发现契丹人多势众，看上去不太好惹，因而心生怯意，便想班师回家。

然而符训英却不开心了，跑这么远的路，啥好戏都没看到就回去，实在是太扫兴了。

好男人当然不会让心爱的女人受一点点伤，慕容熙于是又下令掉转枪口，抛弃辎重，急行军 3000 多里，去打高句丽的木底城（今辽宁新宾）。

一路上，士兵们又累又冷，怨声载道，这样的军队能有多少战斗力？

结果当然是可以预见的——后燕军攻城受挫，慕容熙只能再次悻悻而还。

符皇后很不过瘾，还想让慕容熙带她再次出征，然而上天却没能给她这样的机会。

公元 407 年 5 月，符皇后因病去世，情圣慕容熙悲痛无比，哭得死去活来——这不是夸张，史载慕容熙真的是哭到昏死过去，很久后才苏醒。

更夸张的一幕出现在大殓时，恋恋不舍的慕容熙居然命人重新打开了棺材盖，然后褪去其衣衫，含着眼泪和他最心爱的女人的尸体做了最后一次告别爱！

梦里不知卿已死，一晌贪欢。

流水落花春去也，天上人间！

慕容熙大概是历史上唯一一个奸尸的皇帝吧。

他不仅自己伤痛欲绝，还命令大臣们都必须陪着他一起哭——而且还不能假哭，他派人一个个地检查，谁没有掉泪的就要治罪。

无奈，大臣们只好在嘴里含上辣椒以刺激自己的泪腺。

为了让符训英在九泉之下能有个伴，慕容熙还残忍地杀害了以贤惠著称的嫂子——慕容隆的王妃张氏，为其殉葬。

当年 7 月，符皇后正式出殡。

慕容熙披头散发，光着脚跟在灵车的后面，由于灵车太过高大，出不了城门，慕容熙毫不犹豫地下令拆毁北门。

但他也许做梦都不会想到，自己这次出去后就再也回不来了！

因为，慕容熙刚一出城，龙城城内就发生了政变！

政变的策划者是汉人冯跋。

冯跋祖籍河北信都（今河北冀州），祖父因避乱而迁居上党（今山西长治），其父冯安曾在西燕慕容永手下担任将军，西燕灭亡后，冯家又迁到了后燕旧都龙城。

冯跋自慕容宝时期就一直担任中卫将军这一要职，他深沉大度，在军中颇有威望。

不久前，冯跋不知什么原因得罪了皇帝慕容熙，慕容熙想杀掉他，他被迫和其弟侍御郎冯素弗等人逃亡到了山中。

志存高远的冯跋当然不会甘心当一个山贼，便与堂兄冯万泥等22人密谋，决定铤而走险，推翻慕容熙。

与其像现在这样躲躲藏藏等死，不如轰轰烈烈战死！

与其像现在这样胆战心惊苟活于世，不如把生死置之度外干一番大事！

之后冯跋等人偷偷潜入龙城，四处联络左卫将军张兴等亲朋故旧，凭借他在军中的影响，很快就发展了一大批支持者。

这次慕容熙出城送葬，他和张兴等人趁机在城内起兵造反。

由于慕容熙极其不得人心，冯跋这次起事的过程甚至比起床还要轻松——兵不血刃人不出汗时间不到一个钟头就彻底控制了整个龙城！

但老谋深算的冯跋在政变成功后并未直接走上前台，而是推自己的好友——慕容宝的养子慕容云为主。

慕容云原名高云，这个人其实咱们之前曾提到过——当初慕容宝之子慕容会造反，慕容宝困守孤城，危在旦夕，正是高云率军趁夜出城突袭慕容会，才让慕容宝得以转危为安。

他也因此而备受信任，不仅被赐爵夕阳公，封建威将军，还被慕容宝收为养子，改名为慕容云。

在冯跋等人的拥戴下，慕容云自称天王，大赦改元，十六国的最后一个国家北燕就此建立。

而在得到都城发生政变的消息后，慕容熙慌忙率部赶回，反攻龙城，但此时大局已定，他哪里还能翻得了盘，很快便兵败被杀。

此后慕容云恢复了自己的原名高云，冯跋则身兼都督中外诸军事、侍中、录尚书事等要职于一身，掌握了北燕实际上的军政大权。

公元409年10月，高云遇刺身亡（有人认为这有可能是冯跋策动的），众望所归的冯跋在部属推举下继位，成为北燕的第二任天王。

显然，如今的北燕虽然依然沿用了"燕"这个国号，但和慕容氏早已没有任何关系了。

除了眼前的苟且，还有叔和远方

接下来，让我们把视线转向慕容氏建立的另一个国家——南燕。

处事谨慎的慕容德在青州称帝后，一直没怎么对外扩张（当然事实上也没这个实力），而是把主要的精力都放在了内政上。

在他的精心治理下，南燕的形势很快就稳定了下来。

慕容德对此也有些沾沾自喜。

在一次宴会上，他对群臣说：朕虽然德行不够，但也能做到身处高位而不骄傲，处理政务兢兢业业，你们觉得朕可以和古代哪些君主相提并论呢？

大臣鞠仲连忙拍马屁说：陛下是中兴之主，堪比夏朝的少康、东汉的光武帝刘秀。

慕容德命左右赏赐鞠仲 1000 匹绢帛。

这个数目实在是多得太离谱了，鞠仲连忙推辞。

慕容德这才笑着说：既然你可以调侃朕，难道朕就不能调侃你吗？你回答我的不是实话，所以我也是骗你的，这叫以牙还牙，以忽悠还忽悠，哈哈。

在大庭广众之下马屁被揭穿，相当于在大庭广众下内裤被剥掉——是极其让人难堪的，更何况那个揭穿他的人还是皇帝！

鞠仲尴尬无比，脸上红一条白一条的——仿佛马竞的队服。

大臣韩范进谏道：天子无戏言，忠臣不妄对，今日的事，臣觉得陛下和鞠仲君臣两人做得都不妥。

慕容德对韩范所言大加赞赏，并当即下令赏赐给韩范 50 匹绢。

有了韩范和鞠仲这一正一反两个典型做示范，南燕朝中敢于直言的谏臣越来越多，巧言令色的马屁精越来越少，国势自然也就蒸蒸日上起来。

不过，尽管这几年的发展颇为顺遂，但慕容德也有自己的烦心事——那就是继承人的问题。

他称帝的时候就已经 65 岁了——是到那时为止中国历史上登基年龄最大的皇帝（之后似乎也只有女皇武则天打破了这个纪录），随着时间的不断推移，随着他的日渐衰老，这个问题也变得越来越突出。

因为他的身边，并无任何子嗣！

其实他本来也是有儿子的，公元383年时任前秦张掖太守的他奉命随苻坚南征，参加淝水之战，他的母亲、儿子以及同母兄长慕容纳都留在了张掖（今甘肃张掖）。

临别前，他特意留下一把随身佩带的金刀给母亲，作为纪念。

没想到张掖一别，就再也没有机会相见！

这些年他一直是戎马倥偬，漂泊不定——先是跟着慕容垂在关东南征北战，后来又在青州建立了自己的基业。由于中间不仅隔着千山万水，还隔着后秦等多个政权，他留在张掖的家人从此就像马航MH370一样，和他彻底失联了。

但他无时无刻不在想念着他们，尤其是夜深人静的时候。

这些年凉州一带战乱频仍，他们还好吗？

不，他们还在吗？

慕容德非常挂念。

在称帝后不久，他就派出使臣西行入关，前去打探家人消息，不料使臣却在途中被盗贼所杀，没能完成任务。

直到公元403年，有个旧人从长安过来，他才得到了家人的确切消息。

原来，慕容德在关东起兵反叛前秦后，他的哥哥慕容纳和他的几个儿子就都被当地的前秦官员杀害了，只有他的母亲公孙氏因年老、慕容纳的妻子段氏因有孕在身而没被处决，被关在了狱中。

好在这个监狱有个叫呼延平的狱卒，之前慕容德曾救过他的命，为了报恩，呼延平把公孙氏和段氏都放了出去，带着她们躲到了羌中（今青海一带）。

在那里，段氏生下了慕容纳的遗腹子，取名慕容超。

慕容超10岁的时候，公孙氏因病去世了，临死前她把金刀交到了慕容超的手中，对他说：这是你叔叔慕容德当初留下的信物，如果以后路上太平了，你一定要拿着它到东方找你的叔叔去。

从此，在慕容超幼小的心里，埋下了一个坚定的信念：生活不止眼前的苟且，还有叔和远方……

公孙氏死后，大概是为了想让孩子受到更好的教育，呼延平又咬咬牙买了后凉都城姑臧（今甘肃武威）的房子，带着慕容超母子搬到了姑臧。

后来，后凉被后秦灭掉，他们又和姑臧的众多百姓一起被迁到了长安。

这样一来，学区房自然是白买了，也许是受不了这个刺激，没过多久，呼延平就死了，段氏为慕容超娶了他的女儿为妻。

当时慕容德已经建立了南燕，慕容超一心想去投奔，可后秦和南燕的关系并不好，为了避免被姚兴扣押充当人质，慕容超开始装疯卖傻，在长安街头行乞。

当时人对慕容超都很看不起，但姚兴的叔父东平公姚绍却还是注意到了他，对姚兴说：慕容德的这个侄子姿貌魁伟，不像是真疯，陛下应让他做个小官，并对他严密监控，千万不能让他跑到东边去。

于是姚兴便召见了慕容超。

慕容超故意装傻充愣，目光呆滞，嘴巴歪斜，口水横流，回答问题也大多是牛头不对马嘴——你问他东，他回答西；你问他鸭，他回答鸡；你问他天王盖地虎，他回答三七二十一……

姚兴对慕容超的表现非常鄙视，忍不住对左右发出了这样的议论：谚云"妍皮不裹痴骨"，妄语耳！——所谓"好皮囊不包蠢骨头"这句俗话，看来完全是胡说八道啊！

言下之意是：别看慕容超长得倒是挺帅，但其实智商还不如一头蒜！

从此，姚兴便不再去管慕容超的去留——这样一个废物，留着除了浪费粮食，又能有什么价值！

一步登天

而这时慕容德也得知了哥哥慕容纳有个遗腹子在长安的消息，暗中派使者前去寻访。

见到使者，慕容超如被拐妇女见到来解救的警察一般激动，顾不上告知自己的母亲和妻子，就立即跟着使者潜往南燕。

吃够了千辛万苦，穿越了千山万水，躲过了后秦的千军万马，慕容超总算抵达了南燕境内的梁父（今山东新泰）。

然而，镇守此地的南燕南海王慕容法却对这个突然冒出来的皇亲很是不感冒：过去汉朝就有人冒称是卫太子（汉武帝长子刘据），怎么知道这家伙是不是冒牌的呢？

因此，慕容法对慕容超完全不当回事，说话的口气冷冷的，提供的饭菜冷冷的，连安排的房间也是冷冷的。

慕容超的心头不由得蒙上了一层阴影。

好在慕容德对他倒是深信不疑。

还没到南燕都城广固（今山东青州）呢，慕容德已经派300精骑前来迎接了。

见面后，慕容超立即献上祖母留下的金刀——证实了自己的身份。

叔侄二人百感交集，抱头恸哭。

见慕容超仪表堂堂，风度翩翩，慕容德一下子就喜欢上了他，当即封他为北海王，兼领侍中、骠骑大将军。

由于慕容德年事已高又没有自己的儿子，便有意把这个唯一的亲侄子作为继承人来培养——是啊，老婆是别人的好，但接班还是自己人好！

而慕容超的表现也让慕容德非常满意，不仅在宫里侍奉他十分周到——他要吃饭就帮递筷子，他要睡觉就帮盖被子，他要临幸就帮扶妹子……而且在外面也是谦恭待人，礼贤下士，很得朝廷内外的人心。

公元405年8月，年老体弱的慕容德得了病，且日趋加重。

到了10月1日，他自知不免，便强撑着病体，在宫中召见群臣，正式宣布册立慕容超为太子。

当天夜里，他就去世了，享年70岁。

随后慕容超正式继位，成为南燕的第二任皇帝。

一把钥匙开一把锁，一朝天子用一朝臣。

慕容超上台后，立即提拔重用了公孙五楼等一批新贵作为亲信，而对北地王慕容钟、南海王慕容法等慕容德时代的重臣则日趋疏远。

慕容钟对此极为不满，慕容法更是因为之前曾得罪过慕容超而内不自安，两人一拍即合，便干脆纠集另一名大将段宏起兵造反。

幸亏慕容德还给慕容超留下了韩范、慕容镇等一批忠心耿耿的老臣，在韩范等人的努力下，慕容超最终还是顺利平定了慕容法等人的叛乱，涉险过关。

但经过这么一番折腾，南燕本来就不是很强的国力也折损了不少。

大概是为了弥补小时候吃过的苦，当上皇帝后慕容超就把政事全部交给公孙五楼处理，自己则开始肆意追求享受。

白天逛逛街打打猎，晚上喝喝酒泡泡妞。谈笑有美女，往来无白丁。有丝竹之绕耳，无案牍之劳形……

这样的日子，真是爽啊！

不过，在享福的同时，慕容超倒也并没有忘记尚留在后秦的母亲和妻子。

上台后不久他就向后秦派出使臣，请求后秦主姚兴高抬贵手，放她们到南燕来和自己团聚。

姚兴提出的条件是：当初前秦灭亡时，宫中的太乐乐队都落到了你们燕国手里，你必须把这些乐师和歌伎都送给我，同时向我称藩，我才能答应。

从这里也可以看出，姚兴是个深受儒家影响的货真价实的文化人。

儒家提倡礼乐治天下，宫廷御用的太乐被认为是国家统治的象征，地位极为重要，而包括后秦在内的北方各胡族政权极度缺乏这样的音乐人才，所以姚兴才会有这样的要求。

思母心切的慕容超对此当然不可能拒绝，很快，他就以120人的太乐乐队和向后秦称藩为代价，迎回了自己的母亲和妻子。

转眼到了 409 年正月，慕容超照例要举行新年庆典，大宴群臣。

在这样的场合，音乐当然是少不了的。

但慕容超越听越感觉不舒服，怎么这么难听啊？

同样的曲子，原来那些乐师演奏起来是仿佛大珠小珠落玉盘，现在这批人弹起来却恍如大猪小猪进猪圈——又乱又嘈杂！

人总是在失去后才会想到珍惜。

正如失去健康的病人总是会后悔自己过去的不良生活习惯一样，失去了那些高水平乐师的慕容超也开始后悔自己当初做出的决定了。

然而，送出去的乐师泼出去的水，无论如何也不可能再返回。

以后怎样才能再次听到悦耳的音乐呢？

思来想去，慕容超终于有了主意。

音乐这玩意儿南方的汉人比较擅长，还是派兵到东晋去抢些人来吧。

说干就干，慕容超立即派大将慕容兴宗等人率军南下，进攻东晋的宿豫（今江苏宿迁），掳掠了大批百姓，并从中挑选了 2500 名男女交给宫中的乐师训练。

不久，凭借初生牛犊之勇、贵州毛驴之猛，慕容超又再度出兵寇掠东晋边境，再次掳获了数千东晋边民。

但他做梦也不会想到，正是由于这两次对东晋的骚扰，加速了自己的灭亡！

因为，现在的东晋，早已不是几年前任人欺负的一盘散沙，现在那里执掌朝政的是一个叫刘裕的军事天才！

第三十三章　气吞万里如虎

战神的前半生

刘裕，祖籍彭城（今江苏徐州），自其曾祖南渡以来一直世居京口（今江苏镇江）。

虽然刘裕自称他出身于官二十二代——汉高祖刘邦之弟楚元王刘交的二十二代孙，但实际上到他父亲那一代早已是标准的寒门小户，其父刘翘是郡里的小吏，收入微薄，母亲赵氏则在他出生时死于难产，由于没钱请奶妈，刘翘甚至一度有了将亲生儿子抛弃的念头。

幸亏孩子有个姨妈颇有爱心，主动拔乳相助，用自己的奶水喂养了小刘裕，刘裕才得以避免了"婴"年早逝的悲惨命运。

由于从小一直寄养在亲戚家，他也因此得了个小名叫"寄奴"。

在这样的家庭长大，刘裕当然也不可能受到什么良好的教育——按照现在的说法是远远地输在了起跑线上，他识字不多，是个半文盲，成年后一直从事卖草鞋这个很有前途的职业（三国蜀汉皇帝刘备、西燕皇帝慕容永等大人物在发迹前都干过这一行）。

除此以外，他还有个不良爱好——赌博。

然而，他似乎对这些都不太在行——卖鞋他总是亏多赚少，赌博也总是输多赢少。

后来眼看自己越混越惨——从平民混成了贫民，又从贫民混成了饥民，为了吃饱肚子，已经三十好几的刘裕被迫投军，加入了北府兵。

那个时候，可能他自己也不知道，虽然他在做生意上无能为力，但在军事上却拥有超强能力！

他这一被动的选择，正好让他这个在黑暗山洞中四处乱撞却完全没有方向的雄鹰碰巧撞到了一个正确的出口——从此开始一飞冲天，扶摇直上！

公元 399 年，东晋爆发了由五斗米道首领孙恩发动的叛乱，叛军声势浩大，部众甚至一度达到数十万人之多！

朝廷急调北府军主帅刘牢之率军前去镇压。

作为刘牢之麾下的一名参军，37 岁的刘裕也参加了这次战事，并一战成名。

当时刘裕奉命率数十人前去侦察敌情，没想到却遭遇了一支数千人的叛军大部队。

尽管刘裕率部拼力死战，但毕竟众寡悬殊，他的部下不久就伤亡殆尽，刘裕本人也因一脚踩空，跌落到了河岸下面。

此时无数叛军蜂拥而至，在岸上居高临下，想要击杀刘裕。

但刘裕却依然毫不畏惧。

不在绝境中爆发，就在绝境中灭亡！

要想绝处逢生，唯有奋不顾身！

他挥舞着长刀仰着头奋力砍杀，连杀岸上的叛军数人。

趁叛军稍有退却，他又一跃而起，一下子跳到了岸上。

此时他早已把生死置之度外，一边厉声高呼，一边冲入叛军阵中，所到之处如入无人之境，人挡爆头，车挡爆胎，长刀与头颅齐飞，战袍共鲜血一色……

叛军虽然人多势众，但大都是没经过训练的乌合之众，从来没见过这样的猛人。

一时间他们被刘裕的气势吓住了，竟然全都四散而逃——仿佛鸡群遇到闯入的老虎一样！

此时刘牢之的儿子刘敬宣因刘裕很久没回，担心出事，率大军赶来救援，却惊讶地见到了刘裕一个人驱赶数十人的震撼场面！

刘敬宣当然不可能放过这种痛打落水狗的机会，也立即率部加入战斗。

叛军大败，被斩杀千余人。

经此一战，刘裕声名大噪——从籍籍无名变成了天下闻名！

之后的数年，他更是连战连捷，所向无敌。

先是在句章（今浙江宁波北），以数百人击败孙恩大军的围攻；接着又在海盐（今浙江海盐）祭出空城计再次以少胜多大破孙恩叛军；随后孙恩率军从水路进逼建康，又是刘裕率部入援京师，大败叛军，把孙恩赶回了海岛。

孙恩自此一蹶不振，而刘裕则凭借对叛军的不败战绩被封为建武将军、下邳太守，成为了北府军中最闪亮的一颗将星！

从某种程度上来说，孙恩可以算是刘裕发迹史上的第一个贵人，没有孙恩这个对手，他绝不可能这么快就在军中崛起。

而接下来刘裕碰到的第二个贵人，更是让他从一名新秀将领一跃成为了整个东晋朝廷的主宰！

这个人就是桓玄。

桓玄是桓温的幼子，凭借桓氏家族多年来在荆州的势力和影响，他利用朝廷忙于应付孙恩无暇他顾的机会攻灭了荆州刺史殷仲堪和雍州刺史杨佺期，并迫使政府承认他为荆、江二州刺史，之后他在荆州召集流民，训练兵马，自行任命官员，根本不听朝廷号令。

执政的东晋宗室司马元显对此忍无可忍，于公元402年初下令讨伐桓玄。

桓玄则针锋相对，发兵东下。

东晋朝廷此时所倚仗的军事力量主要是刘牢之统率的北府军，但早就对司马元显不满的刘牢之却临阵倒戈投降了桓玄。

桓玄也因此得以顺利诛杀了司马元显父子。

不过，他对刘牢之并不信任，一掌权就下令将其外放，不再让他带兵。

刘牢之当然不愿意，又想起兵反抗桓玄，却因无法得到部下的支持而被逼自杀身亡。

之后，桓玄彻底把持了东晋朝政。

本来民众对身为名臣之后的桓玄也曾寄予厚望，可惜希望越大，失望越大——桓玄当政以来，穷奢极欲，朝令夕改，充分证明了他只是个不堪大用的纨绔子弟。

大家都对他怨声载道。

然而桓玄却仿佛自带屏蔽功能——完全接收不到外面的任何反应，依然自我感觉极佳。

公元403年年底，他又悍然废掉了晋安帝自己登基，改国号为楚。

显然，这种不顾民众意愿的篡位行径就如不顾女人意愿的强暴行为一样，是必然会招致反抗的！

公元404年2月，刘裕和何无忌、刘毅等27人联手在京口起兵，宣布讨伐桓玄。

凭借在军中无人可比的巨大威望，刘裕毫无争议地被众人推为盟主。

他身先士卒，每战必一马当先冲在最前面。

在他的率领下，义军势如破竹，仅用了不到一个星期的时间就攻进了建康！

桓玄仓皇逃回江陵，不久被杀。

刘裕也凭此大功出任都督荆、司等十六州诸军事、兖州刺史，3年后又被加封为侍中、车骑将军、扬州刺史、录尚书事，执掌了东晋的军政大权，成为东晋帝国近百年来第一位寒门出身的执政者。

南燕覆灭

为了进一步提高自己的威望，和当初的桓温一样，刘裕也产生了北伐的念头。而此时不知好歹的慕容超对东晋的两次入侵，正好给了他出兵的口实。

公元 409 年 3 月，刘裕上表朝廷，决定北伐南燕。

他的进军路线是先走水路到达下邳（今江苏睢宁），随后弃舟登岸，步行抵达琅琊（今山东临沂）。

为防止后路被断，他还在沿路多地修筑城池，派兵驻守。

从琅琊再往前，就是号称齐地天险的大岘。

大岘又名穆陵关，是位于今山东沂水与临朐交界处古大岘山山口的一处关隘，始建于战国时的齐国，地势险要，易守难攻。

有人对刘裕说：如果南燕军固守大岘，或者坚壁清野，那我们怎么办？

刘裕看上去似乎胸有成竹，一副"手里有粮，心里不慌"的样子：我已经都考虑过了，慕容超那个小儿生性贪婪，目光短浅，必然不可能据守险关，更舍不得田中的禾苗。他认为我们孤军深入不能持久，我敢肯定他最多只会据守临朐（今山东临朐）或者都城广固（今山东青州），你们放心好了！

与此同时，南燕主慕容超也在宫中召集群臣商议应对之策。

他的宠臣公孙五楼率先发言，提出了上中下三策：敌军远道而来，利在速战，我们应据守险关大岘，拖延时日，待其锐气尽失之后再派遣两支奇兵，一支断其粮道，一支绕到背后对其夹击，这是上策；命令各郡县各自据守，除了留足自己所需的粮食，其余全部焚毁，同时割掉田野中的禾苗，坚壁清野，这样最多十天半月，敌军就会陷入困境，这是中策；放敌军进入大岘，在城下决战，这是下策。

自幼在市井中长大的慕容超从来没上过战场，只上过菜场；从来没打过仗，只打过嗝。

不过他对自己的军事才能倒是有着蜜汁自信。

他无比坚定地认为，就像苹果树苗长大后必然会结出苹果而绝不可能是红薯一样，他这个将星辈出的慕容家族的后人也必然有天生的军事才能而绝不可能对此外行！

年轻气盛的他想要的，不仅是赢，而且还必须赢得漂亮！

因此，他对据守大岘和坚壁清野这两种魔力鸟式的保守战术完全没有兴趣，毫不犹豫地选择了公孙五楼所说的下策：我有五州之地，铁骑数万，为什么要割掉庄稼迁徙百姓，未战就先向敌人示弱呢？不如放他们通过大岘，进入平原，然后我再用铁骑去冲击，何愁不胜！

从北魏叛逃过来的广宁王贺赖卢深知皇帝这个决策不靠谱，苦苦劝谏。

然而无论他怎么说，都如同用氯霉素眼药水帮兔子治疗红眼一样——根本不起任何作用。

桂林王慕容镇也进谏说：既然陛下认为骑兵适合平原作战，那我们也应该到大岘以南与敌作战，这样即使不胜还可退守，千万不可纵敌入关，自弃险固啊！

但倔强如驴的慕容超还是坚决不接受。

慕容镇在退下后忍不住长叹道：主上的这个做法，酷似三国时的刘璋。看来我肯定是难逃国亡身死的命运了！

慕容超闻讯大怒，这个老家伙，仗还没打居然就敢咒我输！

盛怒之下，他当即下令将慕容镇逮捕下狱。

随后他把驻守各地边境的部队都调回都城广固，同时大修城池，准备与刘裕决战。

而此时的东晋军也已经顺利通过了大岘山，进入了南燕腹地。

见远处蔚蓝天空下，涌动着金色的麦浪，之前似乎一直平静如水的刘裕突然一反常态，双手指天，喜形于色——看起来很像当初巴西球星卡卡进球后的庆祝动作。

可是，正常情况下，庆祝不应该是球进门了、仗打胜了才能做的事吗？

左右都觉得很奇怪，忍不住问：我们现在连敌人的影子都还没见到，大人为什么就如此兴奋呢？

刘裕笑着说道：如今我军已过险关，将士有必死之心；田野里到处是庄稼，又无断粮之忧，敌虏已经逃不出我的手掌心了！

之后，他继续率军向临朐方向挺进。

临朐位于大岘西北，是广固南面的屏障。

慕容超早已派大将公孙五楼、段晖、贺赖卢等人率步骑5万驻守临朐严阵以待，现在得知晋军逼近，又亲率4万兵马前来支援。

这几乎是慕容超所能拿出的全部本钱了。

显然，他的意图是在这里集中主力，利用骑兵的优势和有利地形，将以步兵为主的晋军一举击垮！

就如大餐之前一般先要上开胃菜一样，大战之前两军也先进行了一次接触战。

当时公孙五楼奉慕容超之命率南燕军占据了城外40里的水源地巨蔑水（今弥河），晋军前锋沈田子、孟龙符两人率军奋力拼杀，最终将其击退，却也付出了不小的代价——骁将孟龙符战死。

突破巨蔑水后，晋军进抵临朐城南。

为了应对鲜卑骑兵的冲击，刘裕做了充分的准备——他将 4000 辆战车分成左右两翼，每辆战车均布以帷幔作为防护，晋军的主力步兵手持长槊位于方阵中间。而为数不多的骑兵则被配置在战车周围，承担了机动巡逻的任务，以随时增援可能出现的险情。

整个东晋大军步伐铿锵，队形齐整，号令严明，戒备森严，向临朐城缓缓行进，宛如一座移动的城堡。

本来，慕容超想当然地以为，在广袤的大平原上，以步兵为主的晋军战斗力和自己的铁骑相比，完全是"关公门前耍大刀，金莲面前卖风骚"——根本不是一个档次，没想到晋军竟然摆出了这么个出人意料的怪阵！

不过现在大敌当前，他也来不及多做思考了，便命大将段晖为主帅，率南燕军主力倾巢而出，在城外迎战晋军，自己则站在城头观战。

在段晖等人的带领下，鲜卑骑兵如潮水般冲向晋军。

晋军则以战车为掩护，在大将刘藩、刘道怜（刘裕之弟）、刘敬宣等人的率领下拼死抵抗。

战斗一直持续到日头偏西，依然未分胜负。

参军胡藩对刘裕说：燕军精锐尽出，临朐城中必然空虚，请让我率一支奇兵绕过敌军阵地，乘虚袭击临朐城，当年韩信在井陉大破赵军就是这样获胜的！

刘裕大喜，立即派胡藩和檀韶、向弥三将率骑兵从阵后悄悄撤出，神不知鬼不觉地绕到了临朐城下，一面立即攻城，一面又大声嚷嚷，声称自己是从海道过来的东晋援军。

临朐南燕守军本来人就不多，本来就猝不及防，本来就已经慌了手脚，现在又听说对方还有大批援军，那感觉就如本来还在海水中苦苦挣扎的溺水者又碰到了 10 级台风掀起的巨浪——除了放弃，再无任何念想。

晋军因此轻松攻克了临朐，在城头插上了自己的旗帜。

慕容超别的本事不怎么样，但逃跑却是强项。

临朐城陷之际，他单骑逃出，到城外投奔了段晖军。

得知后方的临朐失守，南燕军顿时军心大乱。

机不可失，刘裕立即亲自击鼓，命晋军发起总攻。

失去斗志的南燕军哪里抵挡得住，很快就兵败如山倒，包括主将段晖在内的 10 多员大将都被晋军斩杀。

而慕容超却再次施展他出类拔萃的逃生大法——闪展腾挪鸡飞狗跳狼奔豕突

鼠窜，最终又成功脱逃，带着部分残兵逃回了广固。

然而他刚回到家刚关上门，惊魂还未定、喘息还未平、屁股还未坐热、厕所还未来得及上，就发现刘裕居然已经率军追来了！

在东晋军的攻击下，广固外城很快失守，慕容超被迫退守内城。

刘裕下令在内城外面修建了一道长墙和3条壕沟，将其团团围住。

慕容超一面依托坚城苦苦坚守，一面派尚书张纲去向自己不久前刚认的宗主国后秦求救。

然而后秦主姚兴此时正在准备全力以赴征讨胡夏的刘勃勃，根本没有余力顾及远在千里之外的南燕，张纲只得空手而回，没想到在广固城外被晋军擒获，送到了刘裕那里。

作为一个识时务的俊杰，张纲毫不犹豫就换了老板。

刘裕命张纲登上楼车，让他对城内高喊：刘勃勃大破秦军，救兵来不了啦！

南燕守军闻听后无不大惊失色。

而张纲的作用还不只于此。

他是当时享有国际盛誉的工程技术人才，但慕容超却把这样一个机械工程专家当外交家去使用，这相当于是让志玲姐姐去参加举重比赛——根本就是用非所长，如今在刘裕麾下，张纲终于得以一展长才，每天拿着丁字尺不停地画各种三视图，为刘裕设计制造了大量飞楼、云梯等各种攻城器械，尤其是他独创的新型冲车，更是包含了多项发明专利和各种前沿技术，其顶层部分由木板和皮革经特殊工艺复合制成，无论是抗拉强度、抗压强度、屈服强度、硬度、韧性还是阻燃性都无与伦比，无论是碰到滚木、擂石、箭雨还是火攻都毫发无损。

慕容超恼羞成怒，竟然将张纲的母亲押到城头肢解泄愤。

但这毕竟解决不了问题，眼见形势越来越不妙，慕容超派使臣向刘裕请和，表示愿意割让大岘以南地区，同时向东晋称臣。

正如有志于考上清华的人绝不愿意被保送到一个大专学校一样，志在灭燕的刘裕当然也绝不可能答应慕容超这样的要求。

无奈，慕容超只好又厚着脸皮派尚书令韩范等人作为第二批使者再度向后秦求救。

韩范是南燕名臣，声望颇高，姚兴对他非常敬重，因此虽然当时他自己手头的兵力也是捉襟见肘，但看在韩范的面子上，还是派出了大将姚强率一万军队随韩范东进，让他会同洛阳守将姚绍（姚兴的叔父）一起去救援南燕。

然而在姚强出发后不久，由于后秦军在和刘勃勃的交战中遭到惨败，姚兴又派人把姚强追了回去。

不过，姚兴觉得，作为一个负责任的大国，也不能对自己的小弟完全置之不理，便派使者给刘裕带了封恫吓性的书信：燕国和我大秦是友好邻邦，我们不会坐视不管，如今我已经在洛阳集结了10万大军，如果你们不立即退兵，我们就马上会挥师东进！

就像玩具手枪不可能骗得了资深警察一样，姚兴这种伎俩当然也不可能对刘裕起任何作用。

刘裕毫不客气地对使者说：告诉你家姚兴，我本来准备在灭燕后休整3年，再发兵夺取你的关中，现在既然你自己急着送死，就快点来吧！不来没有小鸡鸡！

使者只好悻悻而退。

此时，刘裕的心腹刘穆之（他一直在刘裕手下负责后勤，其地位类似于汉初的萧何）听说后秦使者来了，也匆匆赶了过来。

刘裕把自己所言全都告诉他。

刘穆之急得直跳脚：哎呀，你怎么能这么说呢，这不是激怒姚兴吗？现在广固未下，万一秦军真的来了，我们该怎么应对？

刘裕笑道：兵贵神速，如果姚兴真想来救燕，一定会怕我知道，怎么可能先派使者来通知我！毫无疑问，这只是他故意装腔作势夸大其词而已！

随后，刘裕指挥部队继续攻城。

然而广固城背山临河，易守难攻，加上慕容超十分顽强，强攻谈何容易？

在多次受挫后，为了减少伤亡，刘裕不得不放缓了攻势，改用长围久困的策略。

就这样，转眼几个月过去了，慕容超在战火中又迎来了新的一年。

公元410年正月初一，他还是按照惯例召集群臣，举行了新年朝会。

登上城楼，举目远望。

只看见：黑云压城城欲摧，城外皆敌铁桶围。四面边声连角起，千嶂里，长烟落日孤城闭！

此情此景，怎能不让人悲从中来？

他忍不住泪流满面。

大臣董诜趁机劝他投降，慕容超顿时大怒，立即下令将其抓起来下狱。

他早已下定决心，要战斗到最后一刻！

就算是做不成大丈夫，也绝不能做个懦夫！

2月，慕容超像即将没顶的溺水者一样进行了最后一次垂死挣扎——他派公孙五楼、贺赖卢等人率部开挖地道，突袭城外的晋军。

但就和几乎所有的垂死挣扎者一样，这次行动除了耗尽自己的最后一点力气外，没有起到任何作用。

此时城内已经到了山穷水尽的地步——不仅粮草濒临断绝，更严重的是，城中军民大半都得了软脚病（大概是因为长期营养不良缺乏某种微量元素），站都站不了，怎么还能战？

到了这个份上，谁都知道城破已经是三五天太久只争朝夕的事了，出城投降的人络绎不绝。

尚书悦寿委婉地劝慕容超说：如今我们困守孤城，将士凋零，又没有外援，天时人事由此可知。如果真的是气数已尽，那么即使是尧舜也不得不退位。陛下也该考虑下变通的办法了。

慕容超毫不含糊地打断了他的话：废兴自有天命，我宁可持剑战斗而死，也绝不口衔玉璧投降以求生！

城内此时的困境当然逃不过刘裕那锐利的眼睛，他立即下令晋军发起总攻。

早已摇摇欲坠的广固城哪里还经受得起这样的打击，很快有人打开了城门，放晋军入城。

广固就此陷落。

慕容超带着数十名随从突围而出，被晋军追上抓获，带到了刘裕面前。

刘裕对他厉声斥责。

慕容超神色自若，除了把母亲委托给刘裕麾下的大将刘敬宣（刘敬宣在其父刘牢之死后曾一度流亡南燕，和慕容超算是老相识了）照顾外，始终一言不发。

因恼恨广固久攻不下，为了泄愤，刘裕一度曾打算屠城，后来经人劝谏才没有实施，但他仍将被俘的南燕干公以下 3000 人悉数处死。

慕容超则被送到建康，斩于闹市中，死时 26 岁。

立国 12 年的南燕就此灭亡。

第三十四章　北伐后秦

每况愈下

曾经叱咤风云近百年涌现了无数英雄创造了无数传奇的鲜卑慕容氏从此淡出了历史舞台。

在这个世界上，从来都没有常开不谢的花朵，没有常晴不雨的天气，也没有常盛不衰的家族！

后秦主姚兴对这一点一定也深有体会。

曾经的他，是那么无往不利无坚不摧，现在的他却是那么无能为力无可奈何！

曾经的他，是要风得风要雨得雨如有神助，现在的他却是喝水塞牙吃豆腐卡喉咙似有鬼缠！

自从刘勃勃的胡夏建立以来，姚兴多次派兵征讨，然而收获的却是除了失望还是失望，除了失败还是失败。

胜利对现在的他来说，就像初恋对现在的我来说一样——都是很久很久以前的事了。

大概是对胡夏的连战连败让貌似强大的后秦露出了纸老虎的原形，当初曾经归顺后秦的鲜卑乞伏部也有了异心。

原西秦国主乞伏乾归之子乞伏炽磐召集了两万多旧部，攻克了陇西重镇枹罕（今甘肃临夏），随后让人告知在后秦都城长安担任主客尚书（接待办主任）的父亲乞伏乾归。

乞伏乾归偷偷潜回陇西，并于公元409年7月再度称王，定都度坚山（今甘肃靖远），不久又迁到了苑川（今甘肃榆中）。

西秦就此宣告复国。

随后乞伏乾归率军四处扩张，先后攻克后秦的金城（今甘肃兰州）、略阳（今甘肃秦安）、南安（今甘肃陇西）等郡县，实力大增。

正如抢救危重病人时的医生不可能顾及病人手上的小疮疤一样，此时正准备全力肃清刘勃勃这个心腹大患的姚兴也不可能顾及僻处西部边疆的西秦，便不得不对乞伏乾归的独立采取了忍让的态度，遣使册封其为大单于、河南王，算是默许了其独立地位。

公元 409 年 9 月，姚兴亲自出马讨伐刘勃勃。

他命大将姚详、敛曼嵬等人率部督运粮草，自己则带领直属部队进抵贰城（今甘肃平凉东南），在那里等待各地兵马前来会合，准备大举进兵攻打胡夏。

然而，让他做梦也没想到的是，他等来的竟然不是自己的部下，而是那个神鬼莫测、来去如风的刘勃勃！

沧海横流方显文人本色，危急关头才知姚兴胆略。

姚兴毕竟是个很少亲临战场的书生，纸上谈兵虽然常常有理有据，但突遭大敌却难免紧张恐惧。

由于当时贰城的部队不多，他方寸大乱，打算舍弃步兵，率轻骑兵前去投靠附近的姚详。

仗还没打，皇帝就要逃，这怎么行？

群臣纷纷劝谏。

然而无论他们说什么，姚兴根本听不进去，执意要走。

好在后来大臣韦华的话一针见血地击中了他的要害：陛下您车驾一动，军心必然大乱，甚至不战自溃，这样您恐怕根本无法到达姚详那里！

姚兴这才不得不打消了逃跑的念头。

他派勇将姚文宗、齐莫率军出城迎敌，两人拼力死战，终于击退了胡夏军。

见本方获胜，姚兴的畏敌情绪一扫而空，取而代之的是轻敌——轻率地命将军姚榆生前去追击。

没想到姚榆生中了刘勃勃的埋伏，全军覆没。

得知这个消息后，姚兴不敢再战，留下大将姚详镇守贰城，自己回到了长安。

此后刘勃勃又不断地率军侵扰后秦的平凉（今甘肃平凉）、定阳（今陕西宜川）、杏城（今陕西黄陵）等地，所到之处如蝗虫过境，将人畜全部抢掠一空，留给后秦的，只有一座座残破的空城。

除了得到大量的财物，在此期间刘勃勃还得到了一个堪比后赵张宾的人才——原后秦镇北参军王买德，此人足智多谋，很受刘勃勃的器重，被任命为军师中郎将，成为其首席智囊。

就像人长大了就不能再穿幼年时的衣服一样，如今实力早已今非昔比的刘勃勃也开始改变自己刚起家时那个不设都城、游击作战的策略。

公元413年，他任命叱干阿利为将作大匠（官职名，主管宫室修建），征发10万民工，在朔方水以北、黑水以南的地方（今陕西靖边北）修建国都。

刘勃勃将自己的都城命名为统万，意为"统一天下，君临万邦"！

叱干阿利是个极为严苛的质量总监，据说他的工作原则是：视质量如生命，视生命如草芥（大家觉得，这句话是不是逻辑上有点问题？）。

在验收时，他只要发现锥子能从城墙外面刺进去一寸的长度，就会立即把筑城的工匠杀掉并将其尸首砌进城墙中。

叱干阿利的这个做法虽然堪称人渣，却也保证了此项工程不可能是豆腐渣。

统万城因此修建得异常坚实，固若金汤。

刘勃勃对叱干阿利的工作非常满意，又把监造兵器的任务也交给了他。

叱干阿利的检测方法还是一如既往的残忍：如果弓箭射不穿铠甲，就杀死做弓箭的工匠；如果弓箭射穿了铠甲，则杀死做铠甲的工匠。

因此，他打造出的武器都十分精良，而付出的代价则是无数工匠的生命！

在营建统万城的同时，刘勃勃还做了另一件大事——改姓。

秉承"人有多大胆，姓有多老卵"的宗旨，他放弃了"刘"这个源自汉人母系的姓氏，把自己和整个皇族的姓氏改成了"赫连"，意思是"帝王为上天之子，其显赫与天相连"！

刘勃勃从此变成了听上去更加野心勃勃的赫连勃勃。

有得必有失，此长则彼消。

赫连勃勃春风得意，他的对手姚兴自然是无比失意。

这几年来，后秦对外连战连败，不断丧师失地，领土和鼎盛期相比，几乎减少了一半。

而令姚兴烦恼的，还不只这些——除了外患，更有内忧。

剧情很老套——还是继承人的问题。

据史书记载，姚兴至少有十几个儿子。

他的长子姚泓，按照礼法自然是继承人的不二人选，可是按照能力却似乎是继承人的不当人选。

姚泓这个人不仅性情柔弱，体质也很柔弱，三天两头生病，简直就是个男版林黛玉，因此姚兴对他很不放心，犹豫了很久才在柴壁之战前夕仓促将其立为太子。

不过，立是立了，但姚兴对姚泓的怀疑却从来没有停止过。

这样一个老实人，能在这种乱世负起领导国家的责任吗？

也许正是他这种含糊的态度，让他其余的儿子产生了这样一种感觉——姚泓的太子之位，只不过是写在草稿纸上的征求意见稿而已，并不是不可更改的标准答案！

这不免引起了他们的觊觎之心。

尤其是最受姚兴宠爱的第三子姚弼。

姚弼原本在外面担任雍州刺史，驻守在安定（今甘肃泾川），在身边谋士姜纪的策划下，他用重金买通了一批姚兴身边的近臣。

经过这些人的不断美言，本来就对这个儿子特别钟爱的姚兴对姚弼更加看重。

不久，姚弼就被调回长安，出任尚书令、侍中、大将军，集军政要职于一身。

凭借姚兴对他的信任和自己手中的权力，姚弼一边在朝中大力培植党羽，安插亲信，提拔了尹冲、唐盛等一大批嫡系；一边又大肆排斥异己，打压政敌。

比如左将军姚文宗和太子姚泓关系不错，姚弼对他很是忌恨，便在姚兴面前诬陷他，对姚弼言听计从的姚兴当即便将姚文宗赐死。

如此一来，姚弼的势力迅速膨胀，风头俨然盖过了太子姚泓。

然而姚弼忘了，他并不只有姚泓一个对手，还有姚懿、姚洸、姚宣、姚谌、姚裕等一大批兄弟。

姚兴喜欢以宗室尤其是自己的儿子们镇守各边镇，如姚懿镇守蒲坂（今山西永济）、姚洸驻防洛阳、姚谌坐镇雍城（今陕西凤翔）、姚宣驻守杏城（今陕西黄陵）……

因此这些人大多手握重兵，实力不俗。

姚懿等人对姚弼的所作所为都极其不满。

你姚弼之心，路人皆知！

你想当太子，难道我们就不想吗？

同一个世界，同一个梦想！

公元414年5月，姚兴突然得了重病。

这让姚弼焦急万分——如果父亲就这样死了，皇位肯定就顺理成章地落到姚泓手上了，那自己这几年的努力岂不是白忙一场！

不入虎穴，焉得虎子；不冒风险，焉做天子！

他立即纠集了数千部众，准备发动政变。

但这事不知怎么被其弟姚裕知道了，姚裕立即将此信息告知了在外驻防的姚懿等人。

于是，蒲坂的姚懿、洛阳的姚洸、雍城的姚谌、杏城的姚宣等人相继起兵，宣称要赴京勤王，讨伐姚弼这个乱贼！

然而，正如诗人所言：有的人死了，他还活着——谁也没有想到，此时在儿子们心中早已经是个死人的姚兴居然又神奇地活过来了！

可怜姚兴大病初愈，迎接他的，不是儿子们的嘘寒问暖，而是他们的悍然造反！

他大为震惊，连忙召集群臣，商议此事。

由于姚弼反状已露、谋逆在先，右仆射梁喜、京兆尹尹昭等人都请求诛杀首恶姚弼，以平息事变。

但姚兴对姚弼的感情已经达到了"即使全世界都与你为敌，我也要站在你身边"的地步，他根本不忍心杀掉这个爱子，只是迫于众怒难犯，才不得不解除了姚弼尚书令的职务，但仍然保留了他的爵位，让他以广平公、大将军的身份暂时回家避避风头。

这当然不能让一心想要置姚弼于死地的姚懿等人满意。

因此，姚懿、姚洸、姚谌、姚宣4人又一起来朝，求见父亲姚兴，在姚兴面前诉说姚弼的罪状，强烈要求将这个十恶不赦的反贼明正典刑，以儆效尤。

其中尤以姚宣的表现最为激烈，涕泪横流，唾沫横飞，大有不杀姚弼决不罢休之势。

最后姚兴只好搪塞说：这件事我一定会处理好的，你们不用担心。

在官场混过的人都知道，这样的话肯定只是句空话。

事实也是如此，姚兴一直没有对姚弼做出任何进一步的处理决定。

时间一长，这事自然也就不了了之了。

从这里可以看出，在姚兴还活着的时候，他的这些儿子们已经水火不容了，要想在他死后保持团结，岂不是白日做梦痴人说梦？

我不知道姚兴有没有考虑过这个问题，只知道他在不久后就重新起用了姚弼，而且对他信任如初，之前发生的事就如石头落入湖水一样——虽然当时动静颇大，但水面很快就会恢复平静，仿佛什么都没发生。

东山再起的姚弼当然不会忘记报复，他在姚兴面前多次进谗言诬陷上次反对自己最力的姚宣。

对他言听计从的姚兴立即派人去杏城把姚宣双规，并将其带回长安关了起来。

公元415年9月，姚兴因药物中毒又再一次病倒了，昏迷不醒，姚弼以为这次父亲应该是必死无疑了，便又再次召集军士准备谋反。

不料姚兴居然很快又苏醒了——剧透一下，如果用"一波三折"来形容他的去世过程的话，这其实只能算是第1.5折。

可是姚弼毕竟不是穿越小说的主人公，当然不会知道这一点，于是正当他造反造得汗流浃背热火朝天的时候，传来了姚兴再次病愈的消息。

他顿时吓得魂飞魄散。

后果果然很严重——这次姚兴非常恼火，一怒之下，他下令将姚弼的几个党羽处死，同时把姚弼也抓了起来，打算杀掉他。

然后怒火过后，爱子心切的姚兴又心软了，数日不决。

此时之前一直置身事外的太子姚泓却恰到好处地出现了，流着眼泪为一心要推翻自己的仇人姚弼求情。

姚兴当然也就坡下驴，一方面表扬姚泓宽宏大量，太子肚里能撑船，一方面又顺理成章地再次赦免了姚弼。

姚泓的这一做法看起来似乎有违常理，这会不会是出于姚兴的暗示？

不知道，但不无可能。

第二年也就是 416 年的 2 月，姚兴到华阴（今陕西华阴）休养，临行前命太子姚泓留守长安，主持朝政。

想不到刚走没几天，姚兴又病重了，只好再返回长安。

随行的黄门侍郎尹冲等人是当初姚弼提拔的死党，看到皇帝不行了，他们又一次起了异心，打算趁姚泓出宫迎接的时候杀死姚泓，迎立姚弼。

不过姚泓的身边也不是没有明白人，在他们的劝阻下姚泓并未出迎，尹冲等人的阴谋自然也就流产了。

已经病危的姚兴就这样顺利回到了宫中，并且连颁 3 条圣旨：

让太子姚泓兼任录尚书事，执掌最高行政权力；

命东平公姚绍（姚兴的叔父）、右卫将军胡翼度统领禁军，驻防宫城；

派殿中将军敛曼嵬率兵搜查姚弼住所，收缴所有武器。

不过，任何智商不是负数的人都能看出，这里边的最后一道命令与姚兴之前对姚弼的态度实在是太矛盾了——就如同对襟大马褂和性感小短裙穿在同一个人身上一样的不协调。

有人据此认为这些命令可能并非姚兴的旨意，而是姚泓矫诏所为。

如果这是真的话，那么姚泓这个人很可能也并不像表面看上去那样单纯。

这个命令非常明显地传递出了一个信号：姚泓要对姚弼动手了！

气氛陡然紧张起来！

恰好此时姚兴的妹妹南安公主进宫探病，姚兴的幼子姚耕儿（看起来有点像小名）也偷偷混了进去。

远远看见父亲人事不省，对南安公主的问话毫无反应，姚耕儿以为姚兴已去世，便立即跑出去告知了哥哥南阳公姚愔：父皇已经驾崩了，快点行动吧！

与其他几个兄弟不同，姚愔和姚耕儿两人是姚弼的铁杆。

得到这个消息后，姚愔立即与尹冲合谋，以最快的速度召集死党，攻打皇宫。

由于遇到禁军将领胡翼度、敛曼嵬等人的殊死抵抗，姚愔等人无法攻入宫门，便改变了策略，攀到墙上，随着沿着屋檐行进，抵达了通往后宫的马道。

不料在那里他们又遭到了太子右卫率（东宫卫队长）姚和的阻截，仍然无法前进一步。

就在两帮人杀得难解难分之际，令姚愔意想不到的事情发生了——姚兴居然又一次在别人以为他已死的时候活了过来！

得知姚弼的党羽又一次造反，他终于再也无法忍受了！

在宫人的搀扶下，已经奄奄一息的老皇帝强撑着病体来到了前殿，在大庭广众之下用颤抖的声音下令将姚弼赐死。

见到皇帝出现，叛军斗志顿失，很快就溃不成军。

政变就此宣告彻底失败，主谋姚愔也在逃到骊山后被抓获处死。

病重之际又遭到了这样的打击，姚兴的病情迅速恶化，第二天他就去世了，时年 51 岁。

网上有人把姚兴称为缩小版的苻坚，平心而论，两人确实有不少相似之处，都以宽厚仁慈著称；都是在前期辉煌，后期迅速衰落……

如果在十六国的所有国君中举行"苻坚模仿秀"的话，姚兴估计能拿冠军吧。

五路并进

姚兴死后，太子姚泓继位，成为后秦的第三任君主。

不过他这个皇帝可不好当，上任不久后秦内部就连续发生了多起叛乱，夏王赫连勃勃也趁火打劫，进攻安定（今甘肃泾川）等地。

好在凭借老臣东平公姚绍等人的努力，至当年 6 月，姚泓总算讨平了叛乱，击退了夏军，暂时稳定了局势。

然而他还没来得及松一口气，就得到了一个更加惊人的消息——东晋的刘裕入侵了！

6 年前，刘裕在灭掉南燕后，就立即马不停蹄地率军赶回建康，平定了孙恩余党卢循的叛乱；接着又先后铲除了刘毅、诸葛长民等国内的潜在对手，同时还派大将朱龄石等人领兵西征，灭掉了割据巴蜀的谯纵（注：公元405年东晋益州刺史毛璩率部东下讨伐桓玄余党桓振，蜀兵对此不满，攻杀了毛璩等人，拥立谯纵为主，称成都王，后又被后秦主姚兴封为蜀王，史称谯蜀）；之后又在公元415年讨平了担任荆州刺史的东晋宗室司马休之，从此消灭了朝中几乎所有异己，彻底掌控了东晋所有实权。

如果把东晋政府比作一个股份公司的话，那么刘裕之前充其量只能算是个大股东——另外还有刘毅、司马休之等众多拥有一定比例股份的中小股东，而现在，经过多次强行兼并后，刘裕已经成了其唯一的股东，或者说，现在的东晋成了刘裕全资控股的一个私人公司！

虽然此时东晋朝廷名义上的最高领导还是那个不会说话不辨冷热不知道一加一等于几的白痴皇帝司马德宗，但几乎任何人都明白，刘裕才是那个真正的老板！

如果现在刘裕要篡位的话，简直比自慰还要容易！

不过，刘裕想得到的，绝不仅仅是那个已成囊中之物的皇位，他还想建立更大的功业！

姚兴死后那个风雨飘摇的后秦政权，对雄心勃勃的刘裕来说，有如美食之对吃货、美景之对驴友、美女之对云淡心远一样——吸引力实在是太大了。

光复中原，收复两京（洛阳、长安），此时不为，更待何时！

公元416年8月，刘裕让世子刘义符和他最信得过的心腹刘穆之留守建康，自己则亲率大军，踏上了北伐后秦的征途。

这是自东晋建立以来第一次举全国之力发动的北伐，因此其规模比7年前征讨南燕要大得多。

晋军在长达千里的战线上，从东到西排开了5路大军。

第一路由刘裕本人亲自统领，老将冀州刺史王仲德担任前锋，从彭城（今江苏徐州）出发，然后开通巨野泽到黄河的旧运河（即40多年前桓温伐燕时所开凿的水道，当时已淤塞），从那里进入黄河，再逆流而上，直指洛阳；

第二路由建武将军沈林子和彭城令史刘遵考（刘裕族弟）为主帅，自彭城出发，率水军沿汴水往西，经石门（今河南荥阳北）入黄河；

第三路由龙骧将军王镇恶和冠军将军檀道济指挥，从寿阳（今安徽寿县）出发，率步兵沿淮河、淝水西进，进取许昌、洛阳；

第四路由新野太守朱超石、宁朔将军胡藩统率，自襄阳（今湖北襄阳）出发，进军阳城（今河南登封东南）；

第五路由振武将军沈田子（沈林子之兄）、建威将军傅弘之带领，从襄阳出发，

418

沿汉水、丹水挺进，直抵关中东南的门户武关（今陕西丹凤）。

除此以外，刘裕还命别将姚珍、窦霸两人各领一支数千人的偏师，分别从子午谷和骆谷（二者都是穿越秦岭的谷道）进军，从南面威胁长安。

在刘裕的安排中，前4路无疑是主力，虽然其出发点和路线各不相同，但殊途同归，如经过凸透镜的多条平行光线一样最后都聚焦在了同一个地点——西晋故都洛阳，随后在攻占洛阳后再合兵一处杀向长安；而第五路沈田子、傅弘之部和姚珍、窦霸的两支偏师则主要是作为疑兵，用来牵制关中的后秦军主力，使其无法分出重兵来救援洛阳。

晋军此次北伐出动的总兵力，史书上并未明确记载，后人估测应在10万到20万之间。

这些将领中，除了王仲德、檀道济两人是曾参加过讨伐桓玄的老资格外，其余大多是刘裕掌军后新提拔的少壮派，这里边尤其值得一提的是王镇恶。

王镇恶是前秦名相王猛的孙子，13岁时因前秦败亡而跟随叔父王曜一起来到了东晋，他虽然骑马射箭水平稀松，但兵书战策却样样精通。

公元409年刘裕攻打南燕时，他经人推荐加入了刘裕的麾下，并很快就崭露了头角。

在平定刘毅、司马休之等战事中，他或是出任前锋，或是独当一面，智计迭出，奇谋不断，立下了赫赫战功。

刘裕对他极其欣赏，连连点赞：王镇恶是王猛的孙子，这就是所谓的将门有将啊！

这一次，王镇恶又再次被委以重任，出任了第三路军的主将。

临行前刘穆之对他说：当初晋文王（司马昭）把伐蜀之事交付给了邓艾，如今刘公又把伐秦的任务寄予了你，你可一定要努力啊！

王镇恶慷慨激昂地说：我如果不能光复关中，发誓不再回到江南！

王镇恶说到做到，一路势如破竹，很快就拿下了漆丘（今河南商丘东北）、项城（今河南项城）、新蔡（今河南新蔡）等地，随后又攻克许昌，擒获后秦颍川太守姚垣。

第二路的沈林子部进展也颇为顺利。

刚进入后秦境内，他就得到了当地豪强董神虎的响应，接着两人合兵一处进攻仓垣（今河南开封东北），驻守仓垣的后秦兖州刺史韦华迫于其声势，不战而降。

而第一路的王仲德此时也率水军从巨野泽进入了黄河，之后一路西进，很快就抵达了黄河南岸的重镇滑台（今河南滑县，因黄河改道，现在已经在黄河以北了）城下。

前面说过，滑台原为慕容德所建的南燕都城，后来被北魏占领，是北魏在黄河南面唯一的据点。

对晋军来说，滑台是必须要拿下的，否则后勤运输会面临很大的麻烦，但同时又绝对不能惹恼北魏，否则他们将会面临两线作战，这是刘裕所不愿看到的。

王仲德对此很是头疼——既要抢人家的地盘又不能得罪人家，这类似于既要马儿跑，又要马儿不吃草，几乎是不可能完成的任务。

不过，上天似乎总是那么顽皮，那么喜欢玩恶作剧，有时看似很容易的事情结果却出奇的麻烦——比如冠希哥修电脑的那次，而有时看似很麻烦的事结果却出奇的容易——比如王仲德打滑台的这次。

他还没到滑台呢，北魏滑台守将尉建居然就已经弃城而逃，仓皇退到了北岸！

晋军就这样不费一枪一弹不失一兵一卒就轻松占领了滑台！

得了便宜而不卖乖，相当于出国旅游而不发朋友圈——是需要很大克制力的。

王仲德可没那么低调，他第一时间就发布了这么一条信息：我们晋国本打算用7万匹布帛的价钱向你们魏国借道，没想到你们居然这么够朋友，连钱也不要就走了！

由于此时北魏朝廷尚未表明态度，为了慎重起见，之后王仲德并没有马上西进，而是停驻了在滑台。

那么，拓跋嗣的态度会是怎样的呢？

当然是大怒——不仅是因为丧土失地，更因为是颜面扫地！

他当即派当时正在河内（今河南沁阳）的大将叔孙建、公孙表领兵南下，前去兴师问罪。

叔孙建率军渡过黄河，来到滑台城下，当众把那个"对晋军太够朋友"的尉建斩首，并将其尸体抛入黄河，随后气势汹汹地质问王仲德为何要入侵。

本着不激怒北魏的原则，王仲德的答复相当客气：我们这次是去洛阳给我们晋朝的祖先扫墓的，并不是想和你们魏国作对。只是因你们的守将主动放弃了滑台城，所以才借这个空城暂时歇歇脚的，我们马上就会离开这里，绝对不会影响晋魏两国睦邻友好的大局。

不过拓跋嗣对这个回答似乎并不满意，又让叔孙建派人直接找刘裕交涉。

刘裕在重复了一遍和王仲德类似的话语后，又再三表示晋、魏两国是一衣带水的友好邻邦，自己向来珍惜与北魏的传统友谊，绝不会与北魏为敌。

420

拓跋嗣其实也并没有打算与晋军全面开战的意思，见刘裕给足了自己的面子，便也就没有再继续纠缠，只是派大将于栗磾率部在黄河北岸严阵以待，以防止晋军进攻黄河以北。

于栗磾是当时著名的猛将（后来西魏八柱国之一的于谨是他的六世孙），勇冠三军，善使一把黑槊，故刘裕在写给他的信上尊称其为"黑槊公麾下"，从此于栗磾便有了"黑槊将军"这个雅号。

就这样，刘裕和北魏算是暂时达成了和解。

当然，滑台城刘裕是不可能再还给北魏了，所谓的"借这个空城暂时歇歇脚"却一借就是多年，终刘裕之世，始终都没有归还——颇有现在某些老赖"借的钱下个月就还给你却终生都不还"的那种味道。

而与此同时，长安城内的姚泓也得知了晋军大举入侵的消息，连忙召集群臣商讨应对之策。

东平公姚绍（姚兴的叔父）说：如今我们面临的形势非常严峻，应收缩兵力，巩固根本。安定（今甘肃泾川）偏远孤立，不如把它放弃，把那里的镇户全部迁到长安，这样我们就能多出 10 万精兵，即使晋、夏交相入侵，我们至少还能保住关中。

但左仆射梁喜却给出了截然不同的意见：我认为不能这么做。现在镇守安定的齐公姚恢（姚泓堂兄弟）一向很得岭北人心，有他在，赫连勃勃就无法迫近长安，一旦放弃安定，夏军就能轻松进至郿城（今陕西眉县）、雍城（今陕西凤翔）。现在我们关中的兵力足以应付晋军，没必要先自残手足。

经过一番考虑，最终姚泓还是采纳了梁喜的意见。

但吏部郎懿横还是觉得不妥，便在会议结束后，又秘密找到了姚泓：姚恢当初在姚弼叛乱时，曾经立有大功，现在却被置之于死地，他心中能没有怨气吗？而且安定孤危，濒临强敌，那里的百姓大多希望返回关中。如果姚恢鼓动这些回乡心切的军民发动叛乱，后果不堪设想。我觉得还是得按东平公说的办，把姚恢调回长安为好。

姚泓沉默不语，良久后才发出了这样一声长叹：姚恢如果真的是心怀不轨，如果现在征召他，只能是加快灾难的到来罢了！

是啊，事到如今，他又能怎样呢？

征召姚恢回来，他有可能反得更快，但不征召，他还是可能造反，只是可能会晚一点。

这种情况，有点类似于一个面临治疗方案选择的晚期癌症患者——如果化疗，有可能身体承受不了死得更快；如果不化疗，可能还是会死，但至少可能会慢一点。

这几乎是个无解的难题。

他再怎么努力地思考都无法得到正确的答案——就如风再怎么努力地吹拂都无法抹平水上的波纹一样。

算了，还是听天由命吧。

当然关东也是不能不救的，姚泓派大将阎生、姚益男分别率骑兵3000、步兵一万前去救援洛阳，同时又命在蒲坂的弟弟姚懿率部南下陕津（黄河北岸古渡口，位于今山西平陆），作为声援。

然而，晋军的动作实在是太快了，还没等后秦援军赶到，王镇恶、檀道济已经率部从荥阳（今河南荥阳）、成皋（今河南荥阳西）逼近了洛阳！

后秦洛阳守将陈留公姚洸（姚泓的弟弟）大惊失色，连忙把部属找来研究商议对策。

宁朔将军赵玄说：如今晋军已深入国境，人心浮动，且我军兵力上也处于劣势，如果出城迎敌，一旦失利的话后果不堪设想。不如将外围守军全部撤回，固守金墉城，等待援军。只要金墉没被攻下，晋军必然不敢越过我们西进。这样对方困于坚城之下，时间长了必然疲敝，我们再寻机破敌。

金墉城之前我们也曾提到过，它是洛阳西北角的一座小城，在魏晋时期是专门用来关押顶级政治犯的，晋惠帝皇后贾南风、一度篡位称帝的赵王司马伦等众多在政治斗争中失败的大人物都曾享受过下榻于此的待遇，因而此城虽然不大，却异常坚固。

结合当时洛阳后秦守军兵微将寡的实际情况，这基本上是可行的最佳方案了。

可惜，这个世界上，千里马常有，而伯乐不常有。

赵玄的话音刚落，马上就有人提出了反对意见。

说话的是姚洸的司马姚禹：殿下英武过人，谋略超群，所以才被委以重任，独当一面。如果这样躲在城中不敢出战，岂不是有损威信，又怎能不受到朝廷谴责？

主簿阎恢、杨虔两人是姚禹的党羽，也纷纷附和姚禹。

早已没了主意的姚洸一看支持姚禹的人多，便马上采纳了他的意见——就仿佛在一个不熟悉的地方找饭店，看哪个店人多就去哪里吃一样。

然而姚洸不知道的是：姚禹见洛阳形势不妙，早就有了叛降之心，之前他已经和东晋主将檀道济暗中往来过了，现在当然要助晋军一臂之力！

就这样，在姚禹等东晋地下党人的极力鼓动下，姚洸不但没有集中兵力，还按照“在大海里打个鸡蛋让全世界人民都吃上蛋花汤”的思路，下令从本来就不多的洛阳守军中分兵防守外围各地。

其中赵玄的任务是率千余兵马防守柏谷坞（今河南偃师南）。

临行前赵玄流着泪对姚洸说：我深受国恩，甘愿以死相报，我死不足惜，只可惜殿下你不听忠臣之言，将来必悔之莫及！

赵玄刚到柏谷坞，晋军就已经打来了。

他带着那可怜的 1000 多人拼死抵抗，但毕竟寡不敌众，柏谷坞最终陷落，赵玄本人也身受十几处创伤，战死沙场。

随后晋军继续前进，由于洛阳外围的各地守将大多望风而降，很快就兵临洛阳城下。

就像很多懵懂少女在发现意外怀孕后第一时间总是要去找肇事者让对方负责一样，姚洸见大事不好也第一时间就派人去找姚禹——你出的主意，你可要负责啊！

但哪里还找得到？

姚禹早已经偷偷出城投奔了城外的檀道济！

这下姚洸更加手足无措，在思想斗争了两天后，他不得不打开城门，向晋军投降。

就这样，在被后秦占领 17 年后，洛阳再次被晋军收复！

洛阳失守，对已经危机重重的后秦帝国来说，无疑是一次重创，但令后秦主姚泓担心的，还不止这个。

在这个节骨眼上，他的弟弟——驻守蒲坂的并州牧姚懿又起了异心！

皇位如此多娇，引无数兄弟竞折腰！

别看姚懿当初反对姚弼篡权那么起劲，但其实他的野心并不比姚弼小，现在见大哥姚泓处境艰难，顾此失彼，觉得这正是自己突袭关中、夺取皇位的绝佳机会。

至于能在皇帝宝座上坐几天，他当然不会考虑——圣人不是说了吗：朝闻道，夕死可矣。就是过把瘾就死，这辈子也值了！

在司马孙畅的谋划下，起事之前，姚懿先下令开仓放粮，以争取人心。

左常侍张敞、侍郎左雅劝他不要这样慷国家之慨，姚懿勃然大怒，立即下令将两人鞭打致死。

虽然此时姚懿还没有正式宣布造反，但他又是放粮，又是杀人，动静搞得比奥运会开幕式还大，这下在长安的后秦主姚泓就算是想不知道都不可能了。

姚泓慌忙找来姚绍商量。

姚绍说：姚懿这个人向来见识浅陋，这一定是孙畅给他出的主意。陛下可以让抚军将军姚赞进驻陕城（今河南三门峡西），老臣我则前往潼关节度诸军。随后您下旨征召孙畅来京，如果孙畅肯来的话，那么姚懿就成了无舵之舟、无衔之马，只能乖乖跟着我们走，我正好带着姚懿的河东军队一起对付晋军；如果他执意不肯从命，则说明局势已经不可挽回，我就立即公布姚懿的罪行，就近率军讨伐他！

姚泓依计而行。

很快，姚懿就接到了孙畅的调令，也获知了姚绍统率的政府军在陕城、潼关一带集结的消息，他明白自己的意图已暴露，政府军已经有了准备，偷袭长安已不可能，但他却并未收手——毕竟，长期积攒的反意就和长期积攒的性欲一样是很难忍住不发泄出来的。

横竖横，拆牛棚，他干脆一不做二不休，在蒲坂就地称帝，同时传檄自己所管辖的河东各州郡，向他们征兵调粮。

但命令发布下去后，姚懿却彻底傻眼了——由于他的所作所为实在是太不得人心，不仅各地几乎没什么人听他的号令，而且在蒲坂城中居然还有人造了他这个造反者的反，包围了他的宅邸，把他困在了家中！

这样一来，不要说是造反了，就是做饭都成了问题！

接下来的事就简单了。

姚绍率军攻打蒲坂——不，准确地说应该是进驻蒲坂，轻而易举就抓获了已成瓮中之鳖的姚懿。

姚懿之叛平定的消息传到长安，已经是公元417年的正月了。

正月初一，按照惯例，姚泓在皇宫大殿举行了他担任皇帝以来的第一次新年朝会。

在这个本该欢庆的场景中，姚泓却一点都开心不起来。

钟声鼓声音乐声，声声刺耳；家事国事天下事，事事闹心。

这次第，怎一个愁字了得！

他忍不住泪如雨下，失声痛哭。

令姚泓伤心的，除了晋军的不断逼近之外，还有另一个原因。

当初他最担心的事现在终于发生了——驻守安定（今甘肃泾川）的齐公姚恢真的反了！

姚恢以"清君侧"为名，在安定起兵反叛，并随即挥师东进，杀向长安。

形势万分危急，姚泓慌忙再次向姚绍求救——姚绍现在是他唯一的救火队员，无论哪里着火都需要他去扑灭。

刚刚搞定姚懿的姚绍立即集结军队，日夜兼程从蒲坂赶回，潼关守将姚赞等人也纷纷率各自麾下的兵马回师勤王。

在姚绍的指挥下，后秦政府军最终在长安郊外一举将叛军击垮，姚恢和他的3个弟弟都被斩杀。

却月阵

但平叛的胜利，并没有让姚泓感到轻松。

因为就在此时，他又得到了另一个更加惊人的消息——东面的晋军从洛阳向关中杀过来了！

其实，原本刘裕的命令是要王镇恶等人在拿下洛阳后按兵不动，等待他所率的主力到来后再合力进攻后秦的老巢关中，但在得知潼关、蒲坂一带的后秦军主力都被调回关中平叛的消息后，在洛阳的晋军将领王镇恶、檀道济、沈林子等人改变了主意，决定按照"将在外帅命有所不受"的原则，乘虚而入，直捣关中！

晋军起初的进展颇为顺利，很快就攻克了宜阳（今河南宜阳）、渑池（今河南渑池）等地，随后他们兵分两路，一路由王镇恶统领，西进关中门户潼关（今陕西潼关），一路则由檀道济、沈林子率领，北渡黄河，进军河东重镇蒲坂（今山西永济）。

但大大出乎王镇恶预料的是，姚恢的表现看上去来头很大，但实际上却不堪一击，居然一眨眼的工夫就被 KO 了！

这样一来，等王镇恶信心百倍地率军来到潼关的时候，眼前的形势让他惊得差点从马上栽下来——姚绍已经带着 5 万后秦军主力凯旋，在那里严阵以待了！

世界上最遥远的距离，不是生与死，不是天各一方，而是预想那么可人，现实却如此残忍！

本以为能捏个软柿子，现在却发现居然是个铁柱子！

而檀道济、沈林子所部在蒲坂也遇到了麻烦。

由于他们部下的人数并不太多，蒲坂城又极其坚固，加上后秦守将尹昭比小强还顽强，他们一时根本无法攻克。

雪上加霜的是，不久后秦方面的援军又到了，与城内守军一起对晋军形成了夹击之势。

见形势不利，沈林子和檀道济商量后，决定放弃攻打蒲坂，率部南下潼关，与王镇恶会合。

得知檀、沈二将即将到来的消息后，之前一直顺风顺水、横扫叛军如卷席的后秦军主帅姚绍没有多加考虑就作出了决定：吃掉这支疲惫之师！

他当即亲率主力，出城迎击。

轻敌是失败之母。

檀道济、沈林子可不是姚懿、姚恢这些无能之辈能比的，一番大战下来，姚绍遭到了他近年来最大的一次失败，被迫放弃潼关关城，退守定城（今陕西华阴东）。

但他毕竟是百战老将，虽然首战失利却并不气馁，一路不通再走一路，一计不成又生一计，又派部将姚鸾率部出击，企图切断晋军的粮道。

然而王镇恶对此早有预料，不仅轻松挫败了他的图谋，还斩杀了姚鸾。

姚绍的如意算盘又一次落了空。

之后他不得不改变了自己的策略，凭借险要地形，坚守不战。

王镇恶等人由于兵力不足，一时也奈何不了他。

战局自此陷入了僵持。

而就在姚绍和王镇恶等人在潼关对抗的时候，晋军统帅刘裕也率主力从彭城出发了——乘船沿淮河、泗水进入黄河，再逆流而上，向洛阳进军。

为了避免北岸的北魏军干扰自己的行动，刘裕特意派使者出使北魏，正式向拓跋嗣请求借道。

与此同时，后秦主姚泓派来求救的使臣也到了北魏——之前后秦和北魏已经结亲，姚泓的妹妹西平公主嫁给了拓跋嗣，虽然因铸金人未成功而没被封为皇后，但却极受拓跋嗣的宠爱。

面对这两个完全相反的请求，拓跋嗣一时拿不定主意，便召集群臣商议此事。

多数大臣的见解相当一致：以水军为主的晋军要想突破潼关天险绝不是一件简单的事，但如果他们要调个方向，渡黄河北上，进攻我们魏国则要容易得多。刘裕虽然口口声声说要伐秦，但兵不厌诈，实际上他的真实意图很难判断，我们切不可掉以轻心，何况秦国又和我们有着姻亲之交，他们有难，我们理应救助。因此，我们认为应该发兵封锁黄河河道，阻止晋军的行动。

但一个皮肤白皙、貌若美妇的汉人文臣却给出了截然不同的意见。

此人名叫崔浩，出身于河北著名大族清河崔氏，是三国时曹魏司空崔林的七世孙。

其父崔宏，自幼就有冀州神童之称，曾先后出仕前秦、后燕，在当时名声很大，北魏占领河北后，他又深得拓跋珪器重，先后担任黄门侍郎、吏部尚书等要职，被封为白马公。

和父亲相比，崔浩的才学更是青出于蓝而胜于蓝，从诸子百家到阴阳五行，无所不通，从琴棋书画到诗词歌赋，无一不精。

凭借显赫的家世和出众的才华，崔浩很早就出仕了，在拓跋珪的身边担任著作郎。

拓跋珪晚年疯狂暴虐，很多近臣都对他避而远之，只有崔浩依然跟随在他身边，

426

一直兢兢业业，从不懈怠。

拓跋嗣继位后，他被提拔为博士祭酒（国子学最高长官），经常为拓跋嗣讲课。

拓跋嗣喜欢阴阳术数，正好崔浩在这方面很是精通，便经常为他答疑解难，很是灵验，因此拓跋嗣对他极为信任，各种军国大事都要与其商量。

这次，崔浩先是对局势进行了这么一番分析：刘裕早有吞并秦国之心，如今姚兴已死，姚泓懦弱无能，内部又纷乱不已，刘裕趁机伐秦，志在必得。如果我们发兵切断他的进军路线，他一定会迁怒于我，转而渡河北侵，那我们岂不是成了秦国的挡箭牌！如今柔然时常侵扰我们的北部边界，国内的收成也不好，到处都在闹饥荒，如果再与刘裕为敌，大规模发兵南下，那么柔然肯定会乘虚而入，我们就会陷入首尾难顾的困境。

随后他又提出了自己的应对之策：我看我们不如借道给刘裕，不要阻挡其西上，然后出兵控制他们东归的道路，如果刘裕获胜，他一定会感激我们；如果他败了，那我们也不失救秦之名。为国家谋划的人，应当把国家利益放在首位，怎能为了一个女人（指姚兴之女）而误了大事呢？

不过，在这个世界上，一个人说话的分量常常是和他的地位成正比的。

正如我这样的 Loser 即使戴正品的江诗丹顿腕表别人也往往会以为是假的一样，当时资历尚浅职位也不高的崔浩尽管讲得头头是道滔滔不绝振振有词，在场的众多重臣却依然对此不屑一顾。

他们仍然强烈主张必须要出兵阻击晋军：刘裕虽然声称要西讨，但实际的意图却很可能是北进。如果我们借路给他，放弃黄河的防御，那岂不是成了开门揖盗了！

可能是觉得双方的说法都有些道理，最终拓跋嗣采取了一个折中的方案：他既没有发兵阻断黄河上游，也没有痛痛快快地借道，而是派老将长孙嵩率步骑 10 万驻屯在黄河北岸，严密监测并伺机干扰晋军的行动。

长孙嵩把自己的大本营放在了畔城（今山东聊城）一带，同时又派出数千游动骑兵，如影子一般跟着黄河中的晋军船只一起移动，对晋军的行为进行抵近侦察。

晋军的大部队中有很多运输后勤辎重的船只，由于载货量大，又是逆水行舟，只能依靠南岸的人力拉纤前进，有时碰上风大水急，负载过重的纤绳难免会断裂，导致船只失去动力，被湍急的水流冲到北岸——当时正值初夏，常刮南风。

如同性感美女会激发男人的某个与生俱来的反应一般，这种送上门来的猎物也马上激发了北魏骑兵那种游牧民族与生俱来的劫掠本能。

他们立即出动，一拥而上，将船上的货物劫掠一空，船上的晋军士兵则全被残忍杀害。

这样的事一而再，再而三地发生了多次。

刘裕火了，便派部队渡河反击。

但这些北魏骑兵的机动性实在太强——看到晋军上岸，他们立即就远远遁走，而晋军大多为步兵，想追也追不上；等晋军一撤，他们又马上回到了岸边，继续从事打劫工作。

刘裕对此很是头疼，怎样才能给他们一点教训呢？

这事的难度在于：

此次行动晋军出动的军队不能太多，战事的规模不能太大，只能点到为止，小胜即安，否则就会和刘裕避免两线作战的基本战略相矛盾——这类似于教育熊孩子，既要打疼他，让他以后不敢再犯错，又不能狠到让他心生怨恨，影响两代人之间的感情。

可是，如果出兵太少，以步兵为主的晋军又如何才能战胜那些强悍无比且人数占优的北魏骑兵？

看起来，这似乎是个无解的难题。

但世上无难事，只怕有心人。

山峰再高也高不过天空，事情再难也难不倒刘裕。

刘裕很快就想出了办法。

这天，在黄河北岸出现了这样的一幕：

刘裕的亲兵队长丁旿带着 700 名勇士和 100 辆战车，在北魏军的眼皮底下，突然弃舟登岸，随后按照 7 人一车的原则迅速将这些战车排成了一个以河岸为底边向北凸出的圆弧形，弧形的顶部与河岸相距约百余步，两端则与河岸相连。

接着，丁旿一声令下，阵中竖起了一面白色羽旗。

看到旗帜升起，早已在河边船上待命的晋军大将朱超石立即率 2000 军士飞奔上岸，进入阵中，每辆战车配备的人数也随之增加到 27 人。

同时朱超石还带了巨弩一百张、大铁锤若干把、长槊千余支，也都平均分配到了每辆战车，而战车靠外的一侧车辕上则竖起了一排木制屏障，以护卫阵中的晋军士兵。

如果从空中往下俯瞰，晋军的排列就如一轮新月——这就是在后来史上赫赫有名的却月阵。

这一阵形之前从未出现过，一直在北岸跟踪晋军的数千北魏骑兵当然看不懂，便没有轻举妄动，只是派人向后方的主帅长孙嵩报告。

长孙嵩其实也不知道晋军葫芦里卖的什么药，但他相信一个道理：功夫再高，也怕菜刀；花招再多，不如人多！

我十几个打你一个，难道还会怕你不成？

他立即亲率 3 万骑兵前去增援，随即和之前的那些骑兵合兵一处，向晋军猛扑过来。

面对来势汹汹的北魏军，朱超石并不惊慌，下令向敌军放箭——用的，却是射程不远的软弓。

见对方射出的箭像柳絮一样轻飘飘软绵绵的，飞不了多远就纷纷落地，毫无威力，北魏军彻底放心了——本来还以为你们有多厉害，没想到竟然是这样人畜无害！

于是，他们争先恐后，以吃瓜群众围观车祸现场之势从各个方向冲向晋军。

见敌军离自己越来越近，朱超石把大旗一挥，晋军把软弓一下子全部换成了强弓。

由于距离实在太近，人员又实在密集，晋军想要射空简直比得诺贝尔奖还难——因此他们的每一箭几乎都能消灭一个敌人，北魏军死伤极为惨重。

而晋军则由于有战车和车辕上的木制屏障为掩护，北魏军的弓箭根本奈何不了他们，基本上毫发无伤。

但北魏军毕竟人多势众，且久经沙场，训练有素，因此虽遭大量杀伤，但依然前仆后继，如潮水般一浪接着一浪地涌向晋军。

晋军逐渐开始顶不住了。

千钧一发之际，朱超石使出了早就准备好的撒手锏。

他让部下把长槊折成三四尺长的短矛，再将其架到巨弩上，用大铁锤击发。

这种新式武器的威力十分巨大，一矛竟然可以洞穿三四个人——可见科技不仅是第一生产力，还是第一战斗力！

一时间，北魏军人仰马翻，到处都是人肉串！

这样的场面实在是太恐怖了。

正如领教到原子弹厉害的日本人很快就宣布投降一样，见识到晋军这种短矛发射器厉害的北魏军很快就崩溃了，全都四散奔逃，自相践踏而死的不计其数。

坐在战船中观战的刘裕见胜局已定，又派大将胡藩、刘荣祖率骑兵上岸增援，与朱超石一起乘胜追击，再一次重创北魏军。

然而此战获胜后，刘裕却不但没有继续北侵，反而还给北魏军主帅长孙嵩送上了酃酒（古代产于湖南衡阳的名酒）和各种江南的土特产：阳澄湖大闸蟹、无锡排骨、江阴马蹄酥、绍兴师爷、苏州红漆马桶……

长孙嵩把这些礼品悉数送到了平城。

拓跋嗣这才认识到刘裕确实没有攻打北魏的念头，下诏同意借道。

他对崔浩的远见卓识也越加佩服。

为此，他又专门召见了崔浩，问道：刘裕此次伐秦，你觉得能成吗？

崔浩的回答如冬笋般干脆：能成。

拓跋嗣又追问道：为什么呢？

崔浩答道：当初姚兴就喜虚名而不务实事，给继任者留下了个烂摊子，如今的秦国，不仅姚泓懦弱无能，而且兄弟相争，内乱频仍。刘裕乘人之危，又兵精将勇，怎么可能不胜？

拓跋嗣接着继续把话题引申开：刘裕之才，比慕容垂如何？

崔浩依然对答如流：刘裕更胜一筹，慕容垂凭借父兄之资，恢复旧有之业，国人归附他，就如同飞虫扑向光明、蜜蜂涌向鲜花，功业自然易成；而刘裕起自寒微，除了雄心一无所有，除了勇气一无所凭，却能讨灭桓玄，兴复晋室，北擒慕容超，南枭卢循，无坚不摧，所向无敌，如果不是他才智过人，怎么可能会有如此成就？

拓跋嗣不由地连连点头，随后说出了自己的想法：我打算等刘裕入关后，派遣精骑南下，直捣彭城、寿春，你觉得这样是否可行？

崔浩继续侃侃而谈：我认为还是静观其变比较好。刘裕灭秦后，必然会回去篡晋，然而关中华夷杂错，民风强悍，刘裕要想用南方的那套办法来治理这块地方，肯定是不行的，虽然他会留兵在那里镇守，但恐怕无法守住，关中早晚会落入我们的手中。

拓跋嗣先是对他的话点了个赞：你分析得很周详。

之后他又转换了话题：赫连勃勃这个人怎么样？

崔浩毫不掩饰地表达了他对赫连勃勃的轻蔑和不屑：赫连勃勃当初国破家亡，孤身一人寄食在姚氏门下，却负恩背主，盗有一方，结怨四邻，这样的无耻小人，最多只能横行一时，最终难逃覆灭的命运！

酒逢知己千杯少，话若投机分外多。

两人不知不觉就聊到了深夜。

拓跋嗣还意犹未尽，特意赏赐给崔浩好酒10瓶、精盐（应当是君王御用的戎盐，在当时很名贵）一两：听你谈话，就像品味这盐和酒一样的舒服。

王镇恶奇袭建功

而就在北魏君臣煮酒论英雄的时候，和北魏达成和解后的刘裕已经顺利率晋军大部队抵达了洛阳。

得到这个消息，在潼关前线苦苦支撑的王镇恶、檀道济等人终于松了口气。

这段时间，他们确实很不容易。

因为后秦军主帅姚绍坚守不战的乌龟战术正好点中了他们的死穴。

他们此次出击是在得知后秦内部发生了叛乱而提前发动的，根本就没想到预想中的突袭战竟然打成了持久战——这就相当于考前认真复习了地理结果发现考的却是物理，肯定是会让人感到措手不及、准备不足的！

由于本以为能够速战速决，并未准备太多的粮草，因此没过多长时间，他们就陷入了缺粮的困境。

王镇恶和檀道济商量，打算暂时先撤军，等和刘裕大军会合后再作打算。

但沈林子对此却坚决反对：如今许昌、洛阳都已收复，关中近在咫尺，我们怎能自己挫伤自己的士气，放弃即将到手的大功！更何况，刘公的大军离我们还很远，敌军还很强盛，就算我们要撤退，难道就一定能安全返回吗？

然而，粮食问题又该怎么解决呢？

王镇恶遣使向后方的刘裕告急，请求支援粮草和兵力。

但当时刘裕正在为北魏的骚扰而烦恼，心情很是不好，因此王镇恶得到的只是一番训斥：我叫你们在洛阳不要进军，你们偏偏要轻敌冒进！

好在王镇恶还有另一手。

他来到潼关附近的弘农（今河南灵宝），号召当地百姓捐献粮食。

由于他的祖父王猛在北方名望极高，爱屋及乌，当地人对他也颇有好感，加上他口才又极佳，演讲极富感染力，让台下的百姓从开始的一动不动到感动，再从感动到激动，从激动到心动，从心动到冲动，从冲动到行动——踊跃捐粮捐物。

晋军很快就征集到了大批粮草，解了燃眉之急。

如今得知大部队即将到来，王镇恶更是信心倍增。

与之形成鲜明对比的，是后秦军主帅姚绍的心急如焚。

他知道，现在光是面对晋军前锋，他就已经是很吃力了，如果接下来晋军主力到来，等着他和后秦军的，肯定只能是死路一条！

与其等死，不如拼死！

他决心铤而走险，力争在刘裕到达之前，先解决掉晋军的前锋部队！

不过，虽然他的决心很大，但他的脑洞似乎不那么大。

他想到的还是之前的老一套——断粮道。

姚绍派大将姚洽、唐小方等人率军北渡黄河，迂回到北岸的九原（今山西平陆），企图切断黄河水道，断绝潼关晋军的补给。

然而，一遍一遍地重复同样的过程，却想要得到不同的结果，可能吗？

毫无意外的，他这次又失败了——姚洽在渡河时被沈林子率军拦腰截击，最终全军覆没。

姚绍彻底绝望了。

身心早已严重透支的他终于再也支持不住了，在把兵权移交给东平公姚赞后，他很快就病逝了。

7月，刘裕大军到达了陕城（今河南三门峡）。

在那里，他又得到了一个好消息。

原本作为偏师使用的沈田子、傅弘之所部，一路过关斩将，此时已突破了关中东南的门户武关（今陕西丹凤），进抵青泥（今陕西蓝田南），距长安不过百里！

这下子，后秦主姚泓再也坐不住了。

但此时长安城内并没有多少兵马——后秦军主力大多在潼关前线，他只能四处招募，好不容易才凑齐了数万人。

而将领更是严重缺乏，没办法他只能硬着头皮亲自上阵。

尽管战场对他来说，就像女澡堂对我来说一样——只听说过，却从来没有见识过。

就这样，姚泓带着数万新军南下到了青泥。

他的如意算盘是：先凭借自己的兵力优势，歼灭人数较少的沈田子所部，然后再东进和定城的姚赞会合，与刘裕决战！

然而他的第一步就落了空。

因为他的对手是胆略过人的沈田子！

沈田子手下当时不过千余兵马，但在得知姚泓亲自来攻的消息后，却毫不畏惧，准备主动出击。

傅弘之连忙劝阻：敌众我寡，这样太危险了。

沈田子斩钉截铁地说：用兵贵在出奇，不必人多。何况如今众寡悬殊，如果等敌军修好了营寨，我军将士见对方声势浩大，肯定会产生惧怕之心，那样我们就完了。不如趁他们刚到，立足未稳，先发制人！

随后他一马当先，冲入后秦军阵中。

傅弘之也抛弃成见，带着晋军将士紧随其后。

不过，晋军毕竟人少，很快就陷入了重围。

沈田子对部众们高声呼喊：诸君弃家别子，冒险远来，为的不就是今天吗？封侯的大业，就在你们眼前了！

在他的激励下，晋军将士人人如打了鸡血般神勇无比。

而后秦军虽然人多，但大多是临时召集的新兵，其战斗力和久经沙场的晋军相比，有如羊群比猛虎、生铁比超高强度钢、津巴布韦币比美元……

在晋军的冲杀下，后秦军很快就溃不成军。

姚泓也狼狈逃回了灞上（今陕西西安东）。

此时沈林子带着援军也赶到了战场——原来刘裕担心沈田子兵少，特地派其弟沈林子前来支援。

兄弟两人合兵一处，继续追击，大有斩获。

这一战让沈田子威名大震，关中很多郡县都遣使向他请降。

见形势一片大好，沈田子不由得心潮澎湃，热血沸腾，决心乘胜进军，一举拿下长安。

但沈林子却阻止他说：枕头好不好取决于体感，人生成不成取决于位置感。兄长你所领的本是一支偏师，此次在青泥击败秦国皇帝已经是超额完成任务了，如果再攻克了长安，那就成了以一己之力平定敌国。这不仅是不世之功，更是不赏之功啊！

这番话像一剂退热贴，让沈田子本来有些发热的头脑一下子又恢复了冷静。

之后他按照沈林子的建议，一直按兵不动。

而此时刘裕也已带着晋军主力抵达了潼关，和王镇恶、檀道济所率的前锋部队实现了会师。

不过，尽管实力已大为增强，但由于他们面对的是后秦军主力，地形又易守难攻，僵持的局面一时还是难以打破。

经过深思熟虑后，王镇恶向刘裕提出了一条大胆的建议：我请求率领一支轻装水军，沿渭河西上，绕过敌军重兵把守的陆路，从水路直取长安！

刘裕同意了。

在一个风雨交加的深夜，王镇恶带着一批晋军精锐，分乘若干蒙冲小舰，从黄河进入渭河，踏上了征途。

这种蒙冲小舰，外形狭长，行动灵活，除了两舷开有若干供划桨的小孔外，其船舱全部由牛皮包裹封闭，具有极强的防御性和机动性。

北方人从来没有见过这样的怪物——居然连一个人都看不到却能行动如飞！

第一次见到蒙冲小舰的后秦将士都是一头雾水，根本不知道怎么回事。

过了很长一段时间后，他们才开始明白过来——那玩意儿很可能不是 UFO，而是晋军的战船！

反应最快的是原本驻扎在香城（今陕西大荔东南）的后秦将领姚难。

他慌忙退兵，驻防泾上（今陕西西安高陵区泾河与渭河的交汇处），企图凭借地利封锁渭河河道。

不过，这种仓促组织起来的防线类似于仓促写就的文章，当然不可能有什么质量可言。

王镇恶派部将毛德祖率军一通猛攻，很快就击垮了这支后秦军，姚强狼狈逃回了长安。

后秦军主帅姚赞闻讯也仓皇西撤，先是退到了郑城（今陕西渭南华州区），接着又退守灞东（今陕西西安灞河东岸）。

刘裕也随之率军步步推进，紧逼姚赞，使其不敢全力回援。

当时长安城内还有数万后秦守军，姚泓命其弟姚裕守卫皇宫，将军姚丕把守渭河河桥，大将胡翼度驻防石积（今陕西渭南华州区西南），他本人则驻守在长安城西的逍遥园。

公元417年8月23日凌晨，在夜色的掩护下，王镇恶的船队悄然抵达了长安城北的渭河河桥附近。

他先让士兵们在船上饱餐一顿，随后下令全军立即弃舟登岸，有后登陆的斩首！

晋军刚一上岸，那些无人操控的蒙冲小舰转眼就被渭河湍急的水流冲向下游，瞬间消失得无影无踪。

王镇恶对部下发表了激动人心的战前动员：我们的亲人和家园都在江南，这里是长安北门，离故乡有万里之遥！我们的衣服、食物和乘坐的船只，都已经顺流漂走。摆在我们面前的只有两个选择，打胜了，功成名就，永享富贵；打败了，葬身异乡，尸骨不返！大家一起拼吧！

说完，王镇恶一马当先，冲向渭桥边的后秦军大营。

见武艺一向差劲的主帅都如此奋勇，他麾下的晋军将士也全都群情振奋，紧随其后。

常言道：软的怕硬的，硬的怕横的，横的怕不要命的，早已军心涣散的后秦守军怎么可能敌得过这群拼命三郎？

没过多长时间，后秦军就如落叶遭遇秋风般被冲得七零八落，纷纷向城内溃逃。

此时城内的后秦主姚泓也得到了晋军在渭桥登陆的消息，慌忙集结部队赶来增援。

然而他们还没碰到敌军，就先遇到了那些从渭桥逃回来的自己人。

正所谓兵败如山倒，这些争相逃命的败兵的冲击力就如滑坡时倒下的山体一样势不可当，姚泓那支强度堪比豆腐渣的增援部队当然经受不住。

后秦军自相践踏，死伤惨重，姚泓的弟弟镇西将军姚谌等一大批高级将领都死在了乱军之中。

姚泓本人还算命大，总算是单骑逃回了皇宫。

而晋军则在王镇恶的指挥下顺势掩杀，尾随败兵从平朔门（长安北门）攻入了长安城内。

这时灞东的后秦军主帅姚赞听说长安告急，也连忙率军回援，但到了长安城外，他却一下子傻了眼——长安的各个城门都已经被晋军占领！

见此情景，本来就畏畏缩缩畏首畏尾的后秦军就如羚羊群看到了狮群，马上就一哄而散。

后秦军的最后一支主力部队就这样消失了。

8月24日，走投无路的姚泓不得不从自己的藏身之地走出来，向王镇恶投降。

立国34年的后秦就此灭亡。

9月，踌躇满志的刘裕进入了长安城。

他下令将后秦主姚泓送往建康，斩于闹市之中；其余投降的姚氏宗族百余人也悉数在长安被处死。

灭掉后秦后，东晋的疆域几乎已经三分天下有其二——按照司马光的说法就是：南国之盛，未有过于斯时者也。

而刘裕本人更是威震天下——按照云淡心远的说法就是：退北魏，灭后秦，无往不胜；克洛阳，拔长安，无坚不摧。慕容超、姚泓传首京师，拓跋嗣、赫连勃勃噤若寒蝉。气吞万里如虎，无人敢于争锋！

可以说，刘裕在当时的中华大地上的地位相当于如今动画界的宫崎骏、农业界的袁隆平、短跑界的博尔特——一骑绝尘，无人能比！

他的威名之盛，从北凉主沮渠蒙逊的反应就可以看出来。

得知曾经的北方霸主后秦为刘裕所灭，沮渠蒙逊自感前途不妙，成了惊弓之鸟。

此时正好有个叫刘详的汉人官员前来奏事，表情似乎显得挺愉快，沮渠蒙逊见状突然就发了神经，脸如刚被剥皮的蛇般扭成一团，身体如振荡器般不停颤抖：你……你……听说刘裕入关，竟然……这么高兴！

随后他下令将刘详斩首。

作为一个以狡诈著称的政治人物，沮渠蒙逊的恐惧当然不是毫无道理的。

实际上，刘裕并不满足于仅仅平定后秦，他的目标是统一天下！

他已经把北魏当成了自己的下一个对手。

为此，他决定把关中作为自己经营北方的根据地，一面安抚百姓，稳定民心，一面厉兵秣马，为征讨北魏做各种准备，同时还秉承"拉一个，打一个"的原则，遣使向北魏的世仇赫连勃勃通好。

第三十五章　泪眼望长安

刘裕班师

然而，玉不会完美无瑕，人不会事事顺心。

公元 417 年 11 月，一个意外彻底打乱了刘裕的部署。

留在建康为他全权处理后方事务的尚书左仆射刘穆之去世了！

对刘裕来说，刘穆之的地位相当于汉初的萧何——他既是刘裕最信任的心腹，又特别擅长内政，有他在，刘裕就完全不用担心后方有任何闪失，但偏偏在这个节骨眼上，刘穆之却突然去世了。

君今不幸离人世，后方有难能靠谁？

刘裕绞尽脑汁也无法找到一个合适的替代人选。

他出身低微，虽然凭借自己超人的能力硬是在世家大族把控的东晋杀出了一条血路（那里本没有路，走的人太强，才有了路），但在这一过程中他也不可避免地得罪了无数人，故而在看似他一手遮天的东晋朝中实际上却有着很多蠢蠢欲动的潜在敌人——就像表面上平静的海面下实际上却暗潮涌动一样。

如今他和他的嫡系部下大多远离朝廷，朝中又无人能挑大梁，这怎能让他放心？

江南是他的根本所在，他绝不能让它有任何闪失——因为地基一旦出现问题，大楼便可能会坍塌，江南一旦有失，他的一切便可能成为泡影！

考虑到后方不稳，加上由于在外征战已久，将士大多思归，最终刘裕不得不放弃了攻打北魏的计划，决定率大多数部队东返。

刚打下的关中当然也不可能放弃。

他任命其次子——年仅 12 岁的刘义真为安西将军、都督雍、梁、秦三州诸军事，作为晋军留守关中的最高领导——当然只是名义上的，太尉谘议参军王修为长史，实际负责关中的政务，王镇恶为司马兼冯翊（今陕西大荔）太守，实际负责关中的军事，沈田子、傅弘之、毛德祖等将领则分别担任始平（今陕西彬县）太守、天水（今甘肃天水）太守等职，受王镇恶节度。

这个阵容可谓名将云集——如果在当时全天下范围内评选最佳阵容 Top Ten，王、沈、傅、毛等将领都能毫无争议地入选，如果要从中再选出天下最佳，王镇恶、沈田子两人也毫无疑问会是最有力的竞争者之一。

不过，有时候明星多了也并不一定是好事。

1990 年世界杯的荷兰队就是这样的例子——虽然拥有巴斯滕、古利特、里杰卡尔德等多位超级巨星，却因为队内不团结不能形成合力而早早就被淘汰出局。

这次的晋军留守部队也是如此——内部矛盾重重，尤其是王镇恶和沈田子。

王镇恶的祖父王猛在关中享有极高的威望，他自身的魅力、能力也都非常出众，文能诗词歌赋，武能克敌制胜，上知天文地理，下知鸡毛蒜皮，这次又因率先攻占长安而声名大噪，因此他成了关中人眼里的传奇巨星，受尽追捧，出尽风头，春风得意马蹄疾，一时羡煞长安人。

这难免会引起晋军其他将领的不满。

更何况，王镇恶本人也不是没有缺点。

他非常贪财，在占领长安后捞了很多好处，而且他似乎不太乐意与人共享，喜欢被窝里放屁——独吞（也有人说他这么做可能是为了自污）。

史书上记载的下面这件事就充分说明了这一点：

刘裕到长安后，有人向他告发说王镇恶私藏了姚泓的御用辇（niǎn）车，有僭越之嫌，经调查却发现他只是拆走了车上装饰用的金银，那辆"裸车"则被丢到了城外的垃圾堆里！

也正因为如此，王镇恶在晋军将领中的人缘并不是那么好。

沈田子对他尤其不服气。

在王镇恶被任命为司马的消息发布后，他和傅弘之等人一起悄悄找到了刘裕：王镇恶是关中人，不能太信任他。

刘裕天性多疑，对"用人不疑，疑人不用"之类的鸡汤从来都是嗤之以鼻，他信奉的是"用人必疑，边用边防"，便回答说：我之所以留下你们这些将军，还有万余精兵，意思还不清楚吗？如果王镇恶真有异心，那也不过是自取灭亡罢了。你们不必再多说了。

为了更好地贯彻自己的用人原则，他在画蛇之外，还添了个足——私下对沈田子授意说：三国时的钟会之所以作乱没成，就是因为有了卫瓘。俗话说，猛兽不如群狐，你们十几个人，难道还怕对付不了王镇恶？

也许刘裕做梦都不会想到，自己的这句话未来会结出怎样的恶果！

437

当然了，这是后话，咱们还是先看眼前吧。

晋军将要班师的消息传出后，关中各地的百姓纷纷前往刘裕的大营前请愿。

他们流着眼泪说：我们这些遗留在北方的汉人接受不到朝廷的教化，已经有百年之久了，如今能再次见到汉家衣冠，人人都欢欣鼓舞。长安郊外的十陵（指西汉的十一座皇陵）是刘公您家的祖坟，咸阳的宫殿是您家的祖宅，您怎能舍此而去呢？

刘裕虽然也有些感动，但感动对向来冷酷无情的他来说，就相当于美酒对酒精过敏的我来说一样——根本就是毫无价值的。

他当然不可能为此而改变自己既定的决策：各位父老乡亲，你们对故国的深情厚谊，我非常理解。只是朝廷有命，我不得不回，我是朝廷一块砖，哪里需要哪里搬嘛。现在我留下我的次子和文武贤才共同镇守这里，希望你们能好好地配合他们！

公元 417 年 12 月 3 日，刘裕率部离开长安，踏上了归途。

气贯长虹的北伐至此戛然而止，一统天下的理想就此化为泡影！

刘裕的心情无比沉重。

他不甘心如此，却又不得不如此。

就像本有考上清华的实力却因为经济原因而不得不中途退学，这是怎样的一种遗憾！

800 多年后的诗人陆游也在诗里表达了他对刘裕此次撤军的惋惜之情：

萧相守关成汉业，穆之一死宋班师。赫连拓跋非难取，天意从来未易知。

苍蝇不叮无缝的蛋

接下来，让我们把视线转向统万城。

得知刘裕率部东归，夏主赫连勃勃大喜。

他对关中觊觎已久，早就打起了在姚兴死后袭取关中的如意算盘，没想到心动不如马上行动，竟然被实力强大的刘裕抢得了先机，他不得不把已经流到嘴边的口水又默默咽了下去——仿佛一只鬣狗只能眼睁睁地看着自己心仪的猎物被狮子猎取一样。

然而他并未丧失信心。

早在刘裕伐秦之初，他就对下属说了这么一番话：刘裕必能拿下关中，不过他肯定不会久留，只要他一走，我取关中就易如反掌了！

如今他的预言成真了，他怎能不欣喜若狂？

他第一时间召来了自己的头号谋士王买德：我想要夺取关中，说说你的办法。

王买德分析道：关中是形胜之地，刘裕却让一个黄口小儿来把守，大概是急于回去篡位，无暇顾及中原了。这是上天要把关中赐给我们，千万不可错过这样的良机。青泥（今陕西蓝田）、上洛（今陕西商洛）是沟通南北的要地，我们应该先派骑兵将其控制；同时又出兵拿下潼关，切断其水陆通道，使关中晋军孤立无援，然后陛下再传檄长安，恩威并施，刘义真独守空城，无处可逃，不出10天，必会被捆绑到陛下面前！

赫连勃勃依计而行，立即派第三子赫连昌率军直趋潼关，王买德统兵赴青泥，以切断晋军退路，同时命长子赫连璝（guī）担任前锋，率两万骑兵进逼长安，他本人亲统大军为后继。

公元418年正月，夏军前锋赫连璝进抵渭河北岸。

王镇恶命沈田子率军抵御。

见敌军来势凶猛，沈田子没有轻易出击，一面在渭河边的要塞刘回堡（今陕西兴平东南）严阵以待，一面遣使向王镇恶求援。

当着使者的面，心直口快的王镇恶在和长史王修讨论应对之策时毫不掩饰地表达了他对沈田子的不满：刘公把他10岁的儿子托付给我们，这是多大的责任！我们怎能不为此竭尽心力！如果像沈田子这样拥兵不进，怎么可能平定敌寇！

沈田子对王镇恶本来就很不服气，从使者口中听到这番话后更是怒不可遏。

想起刘裕临行前说的那一句"猛兽不如群狐"，错把杭州当汴州的沈田子自认为得到了尚方宝剑，立马下了决心：杀掉王镇恶！

很快，一条谣言开始在关中的晋军士兵中流传开来：王镇恶打算杀尽军中的南方人，把刘义真送回去，然后占据关中造反！

毫无疑问，这是沈田子的杰作。

但王镇恶对此却一无所知。

这段时间他一直忙于考虑作战，脑子里全是各种作战计划用兵策略，根本没有精力顾及别的东西——就像高考数学考试时全力以赴做数学题的学子，根本不可能顾及窗外树上小鸟的羽毛究竟是黄的还是红的一样。

虽然对沈田子的表现有些成见，但他并没有因私废公，还是率军前来援助沈田子。

两人合兵一处，驻扎于北地（今陕西铜川耀州区）。

这天，沈田子邀请王镇恶一起喝酒议事——为避免王镇恶起疑，他还煞费苦心地把地点安排在了另一名将领傅弘之的大营内。

席间，沈田子称自己与王镇恶有要事相商，把包括傅弘之在内的其他人员全都请了出去。

此时事先躲藏在隐蔽处的沈田子族人沈敬弘突然冲出，寒光一闪，鲜血四溅，毫无防备的王镇恶瞬间身首异处！

在自己的军营中发生这样的恶性事件，傅弘之大为震惊。

尽管沈田子宣称是奉了刘裕的密令，但他还是马上以最快的速度跑回长安，向刘义真和王修汇报了此事。

王修立即下令戒严，随后与刘义真等人召集部队，全副武装登上城门，严阵以待。

没过多长时间，沈田子带着数十人也来到了长安。

杀了自己的同僚，他当然也要来向刘义真汇报。

不过他自认为按照刘裕口令击杀被扣上"反贼"帽子的王镇恶不仅无过，而且有功，对此他有着蜜汁自信，所以自以为是的他才会这样只带了这么点人，大摇大摆地自投罗网。

王修当即命人拿下沈田子，以擅杀重臣的罪名将其斩首。

晋军两大王牌名将就这样在同一天因同室操戈而同归于尽。

之后，王修任命冠军将军毛修之为安西司马，接替王镇恶，傅弘之则临危受命，担负起了反击胡夏军的重任。

应该说，王修的举措还是比较恰当的——虽然经历了这样的剧变，但晋军的战斗力并没有受到太大的影响。

不久，傅弘之率5000晋军在池阳（今陕西泾阳）和寡妇渡（今甘肃庆阳西北）两次击败了赫连璝所率的胡夏军前锋。

习惯于欺软怕硬的赫连勃勃见识到了晋军的厉害，也不敢再战，率部撤军。

长安就此转危为安。

不过好景不长，仅仅9个月后，晋军的形势又再一次急转直下！

和上次一样，还是因为内讧。

这次作死的，是关中晋军名义上的最高领导刘义真。

刘义真不仅年幼，而且生于深宫之中，从小就娇生惯养，更从来没经过什么历练，这样一个屁都不懂的孩子现在却一下子成了大权在握的一方藩镇！

在这个世界上，只要有美色存在就不愁没男人追求，只要有利润可图就不愁没资本进入，只要有权力可用就不愁没马屁精包围，很快刘义真的身边就有了一大群趋炎附势的小人。

在他们的大肆吹捧下，刘义真更加不知轻重，经常毫无节制地胡乱赏赐这些人。

长史王修受刘裕之托，身负辅佐刘义真的重任，对此自然不能不管，便屡次制止他的胡作非为。

这样一来，刘义真身边的那些小人都恨透了王修。

他们一起向刘义真告状：王镇恶要造反，所以沈田子才杀了他，而王修又杀了沈田子，显然是他也想要造反。

刘义真小朋友掰着手指头算了半天：负负得正，正负得负，我昨天的小学 4 年级数学课上刚学过。

咦，好像确实是这个理啊。

他当即命令自己的亲信刘乞等人将王修处死。

王修是当时晋军在关中地区实际上的最高决策者，他这一死，小屁孩刘义真能管好自己的吃喝拉撒睡做到不拉裤子不尿床就算不错了，哪里能管得了纷繁复杂的财政人事宣传工商治安税务军事外交？

长安几乎成了无政府状态。

刘义真身边的那些下属趁机放纵手下到处抢掠，秋毫必犯，童叟必欺，搞得民怨沸腾，民不聊生。

很快，关中各地全都人心离散，乱作一团，百姓或四处叛逃，或各自为政，都不再听从长安的号令。

见情况不妙，刘义真惶惶不可终日，就如乌龟在面临危险时会本能地把四肢缩回去一样，他本能地下令放弃长安以外所有的城池，把全部兵力都撤回来以保卫自己的安全。

一直密切关注着晋军动向的赫连勃勃当然不可能放弃这样的机会，立即再度率军南下。

关中百姓对刘义真等人的倒行逆施早已深恶痛绝，纷纷向夏军投降。

赫连勃勃长驱直入，不费吹灰之力就占领了长安西北的咸阳，长安军民外出砍柴的路都被胡夏军切断了。

长安城内的晋军顿时陷入了困境。

事态严重，刘裕当然不能置之不理。

他立即命辅国将军蒯恩前往长安，护送自己的爱子刘义真回江南，同时又以爱将朱龄石为都督关中诸军事、雍州刺史，代替刘义真镇守长安。

临行前，刘裕叮嘱他说：你到长安后，一定要让义真轻装迅速返回，等出了潼关才能放慢脚步。如果你觉得关中守不住，也可以和他一起回来。

朱龄石走后，刘裕还是觉得放心不下，便又派朱超石（朱龄石之弟）前往洛阳以西，以安抚那里的民众，同时接应朱龄石。

朱龄石抵达长安后，刘义真如蒙大赦，立即往脚底抹油准备开溜。

不过他和他的亲信们并没有按照刘裕的命令轻装速行——他们不但不愿意放弃这段时间抢来的众多财物，还在出发前又对长安城及其附近进行了最后一次地毯式全方位不留死角的大洗劫，然后才意犹未尽地满载而归，缓缓向东南方向进发。

见此情景，奉命和蒯恩一起护送刘义真的大将傅弘之心急如焚，连忙对刘义真进谏说：刘公让我们务必要急速前行，可殿下您却带着这么多辎重车辆，一天都走不了10里，万一敌人前来追击，我们怎么办？殿下，快点下令放弃这些东西吧，这样才能早日脱险。

但要让刘义真那些爱财如命的下属放弃钱财，相当于让羚羊去进攻狮子——完全违背了其天性，当然是不可能的。

在他们的怂恿下，刘义真非常干脆地拒绝了傅弘之的建议。

然而现实是残酷的，傅弘之最担心的事很快就发生了。

有个对刘义真一伙恨之入骨的当地人向胡夏军报告了刘义真的行踪，赫连勃勃立即派长子赫连璝率3万骑兵前去追击。

没过多久，赫连璝就追上了刘义真一行。

傅弘之毕竟久经沙场，他毫不畏惧，与蒯恩两人一起率部断后，保护着刘义真等人且战且退，苦战多日，总算退到了青泥（今陕西蓝田）。

只听一声炮响，伏兵四起，原来王买德率领的胡夏军早已在此迎候多时！

前有堵截，后有追兵，早已筋疲力尽的晋军哪里还抵挡得住！

最终他们全军覆没，傅弘之、蒯恩、毛修之等晋军将领悉数被擒，只有刘义真躲在了草丛中，因人矮目标小加上天色已晚而没有被胡夏军发现，得以幸免于难。

战后，他被晋军另一名幸存者——参军段宏找到，两人共骑一马，逃回了江南。

和狗屎运冲天的刘义真相比，那些被俘晋军将领的命运可就惨多了。

猛将傅弘之本有活命的机会——赫连勃勃对勇冠三军的他颇为欣赏，极力想招降他，但傅弘之不仅坚决不降，还叫骂不停，最后惹得勃勃恼羞成怒，下令剥光他的衣服，将其赤身裸体置于雪地.之中活活冻死！

漫漫风雪中，傅弘之的体温越来越低，呼吸越来越困难，意识越来越模糊，身体越来越僵硬，但他至死都没有倒下！

同时被俘的蒯恩也不屈被杀。

除此以外，赫连勃勃还将晋军的死难将士全都砍下头颅，堆积成山，号称骷髅台，以炫耀自己的武功。

而晋军的悲剧到此还没有结束。

接下来轮到的是代替刘义真接管长安的朱龄石。

朱龄石本来还想力挽狂澜，尽力守住关中，但他很快就发现自己错了。

纸一旦被揉皱了就再也无法恢复到原先的平整，百姓对晋军的信任一旦被破坏了也再也无法恢复到原先那种鱼水深情。

由于刘义真一伙之前的所作所为对百姓的伤害实在太大，因此虽然朱龄石一再表示自己和他不一样，但根本没用，长安百姓早已对晋军恨之入骨，不断发起暴动。

朱龄石兵微将寡，面对一浪高过一浪的反对浪潮，就如小舢板面对海啸一样——完全无力应付。

既然无法拯救危局，那就拯救自己吧！

无奈，朱龄石只好率军退出长安，向潼关方向突围。

然而此时潼关已经被夏军攻陷，他无处可去，只好移军向北，投奔驻守在曹公垒（按《水经注》的记载，此地在黄河以南，是当年曹操讨伐马超时所筑）的另一名晋将王敬先，正在蒲坂的朱超石听说哥哥在曹公垒，也赶来与他会合。

但朱氏兄弟屁股还没坐热，胡夏大将赫连昌（赫连勃勃第三子）已经率大军赶到了。

他将曹公垒团团包围，并切断其水源。

饥渴难耐的晋军很快就失去了战斗力——成天喝不到水，哪能迈得动腿？

加上他们的人数本就远远少于胡夏军，曹公垒没过多久就失陷了。

朱龄石、朱超石等晋军将领全部被俘，随后被杀。

整个关中就此落入了胡夏之手。

进入长安的赫连勃勃大宴宾客，席间，他举杯对王买德大加赞赏：爱卿你往日所言，仅仅一年就应验了，真可谓算无遗策！

随后，他在长安正式称帝。

群臣都劝他定都长安，但赫连勃勃坚决不从，还是回到了旧都统万城。

西边日出东边雨。

这边的赫连勃勃意气风发，那边的刘裕却是心乱如麻。

得知关中大败、爱子刘义真生死未卜的消息后，刘裕大怒，下令克期再次北伐。

大臣谢晦、郑鲜之等人纷纷劝阻：现在士卒疲惫，还是等以后再说吧。

刘裕当然也知道他们说的都是实情——再好的车也需要保养，再强的军队也需要休整，在目前的情况下再次发动像去年那样大规模的北伐绝非易事，更何况，如今刘穆之不在了，后方又该如何安排才能维持稳定？

正好这时传来了刘义真安全返回的消息，综合考虑各方面因素后，刘裕最终还是放弃了北伐的念头。

他登上城楼，遥望北方。

想到好不容易得来的关中瞬间丢失，想到跟随自己多年的将士葬身异乡，想到那一个个熟悉的面孔：王镇恶、沈田子、朱龄石、朱超石、傅弘之、蒯恩……

他忍不住悲从中来，泪如雨下。

之后，已经 56 岁、自感身体大不如前的刘裕开始把自己的全部精力放在了禅代大业上。

公元 419 年 7 月，他被晋封为宋王。

次年 6 月，刘裕正式接受晋恭帝司马德文的禅让，登基称帝，改国号为宋，史称南朝宋或刘宋。

两年后，刘裕病逝，享年 60 岁。

第三十六章　战争狂人拓跋焘

攻略河南

得知刘裕去世的消息，北魏主拓跋嗣不由得深深地松了口气——仿佛被压在五行山下 500 年的孙猴子终于重获了自由。

之前由于畏惧刘裕的威名，他一直没有向南扩张，甚至连原本属于北魏的滑台也没敢讨回，憋气几乎憋成了内伤，现在他总算觉得自己扬眉吐气的时候到了。

他当即决定出兵进攻刘宋，目标是刘裕前几年刚从后秦和自己手里夺取的洛阳、虎牢（今河南荥阳汜水镇）、滑台（今河南滑县）等地。

我不但要让你把吃了我的给我吐出来，拿了我的给我还回来，还要讨回利息，而且是年息高达 1000% 的高利贷！

崔浩以礼不伐丧为由劝阻拓跋嗣不要攻宋。

拓跋嗣不听：当年刘裕也是在姚兴刚死的时候一举火掉的秦国，现在刘裕死了，我讨伐宋国，有何不可？

崔浩依然苦苦相劝：那是不一样的，当初姚兴死了，姚兴诸子相争，内讧不断，所以刘裕才乘机讨伐，而现在宋国内部无隙可乘，不好比的。

但拓跋嗣还是不从——什么无隙可乘！刘裕死了就是最大的可乘之隙！

他任命司空奚斤为主帅，统领大将周几、公孙表等人率军南下攻宋。

南征大军出发前，群臣在殿上讨论用兵策略，究竟是该先攻城还是先略地。

奚斤认为应该先攻城，崔浩又不同意：南人擅长守城，当初符坚攻襄阳打了一年多都没拿下。我们以大军攻城，如果不能很快攻克，会大大影响士气，敌军如果不断增援，我们就危险了。不如把大军迅速推进到淮河北岸，夺取淮北土地，这样一来，洛阳、虎牢、滑台等地孤悬我军后方，早晚会是我们的囊中之物。

但公孙表等将领都赞同奚斤的看法，认为必须先攻城。

本着少数服从多数的原则，拓跋嗣最终听从了他们的意见。

公元 422 年 10 月，奚斤率步骑 2 万，渡过黄河，进攻滑台。

刘宋滑台守将王景度一面固守，一面向驻在虎牢的司州刺史毛德祖求援。

毛德祖派部将翟广率军 3000 前去增援。

在宋军的顽强防守下，北魏军损失惨重，却毫无进展。

见前方战事不利，拓跋嗣又亲率 5 万大军南下助战。

11 月，在付出了巨大的伤亡后，奚斤终于攻下了滑台，随后乘胜西进，攻打虎牢。

宋军虎牢守将毛德祖毫不畏惧，不仅力保城池不失，还多次主动出击，重创北魏军。

除了有勇，他还有谋。

由于之前在北方时和北魏将领公孙表有旧交，他知道此人诡计多端，不可小视，便想出了一个借刀杀人之计。

他多次写信给公孙表叙旧。

出于礼节，公孙表也给他回了信，当然大多是"德祖兄，别来无恙"之类的套话。

然而，就像一般用户不会注意到很多恶意软件设下的后门一样，公孙表也没有注意到毛德祖设下的后门——信里的不少地方都有些涂涂改改。

不久毛德祖偷偷让人给奚斤透露消息，说公孙表和毛德祖暗中往来，图谋不轨。

奚斤把公孙表找来，询问是否真有此事。

为了显示自己的坦诚，公孙表慌忙把毛德祖给自己的信全都交给奚斤查看。

但奚斤看到信上有很多涂改得一塌糊涂的字迹，却顿生怀疑之心——你这不是欲盖弥彰吗？

他立即秘密向拓跋嗣汇报了此事。

拓跋嗣本来就对公孙表极为不满——当初就是他坚持要先攻城，搞得自己损兵折将，现在闻知这件事后自然更是恼火，便马上下令处死了公孙表。

随后拓跋嗣又多次派兵增援奚斤，虎牢城外的北魏军越来越多，攻势也越来越猛烈。

然而面对蒸不烂煮不熟槌不扁炒不爆响当当一粒铜豌豆般的毛德祖，北魏军依然只能一次次地铩羽而归。

不过，尽管在虎牢遇到了很大的麻烦，但作为一个合格的领袖，拓跋嗣的大局观颇强，并不会只盯着一城一地的得失不放。

在围攻虎牢的同时，他还派黑槊将军于栗磾率军进驻河阳（今河南孟津），准备伺机夺取洛阳，接着又开辟了东线战场——命大将叔孙建领兵从平原（今山东平原）渡过黄河，目标是刘宋的青州（治所东阳城，今山东青州）、兖州（治所今山东东阿）一带。

见北魏军势大，刘宋兖州刺史徐琰不战而逃，泰山（山东泰安）、高平（山东巨野）、金乡（今山东金乡）等郡全都落入了北魏手中。

一时间，刘宋帝国北部边境狼烟遍四起，到处告急。

刘宋朝廷派南兖州刺史檀道济、徐州刺史王仲德率军前去救援。

但形势依然在不断恶化。

公元 423 年正月，北魏于栗碑部攻占洛阳。

东线的叔孙建部也顺利夺取了临淄（今山东淄博东北），进逼东阳城。

刘宋青州刺史竺夔据城死守。

3 个月后，檀道济、王仲德等人的援军终于来到了离东阳城不远的临朐（今山东临朐）。

叔孙建闻讯率部往滑台方向撤退，随后又向西到虎牢城外与奚斤会合，与其一起攻打虎牢。

此时虎牢城已经被包围了 200 多天，几乎无日不战，城中的宋军将士虽然英勇抗击，不断重创北魏军，但对方的援军一直如长江后浪推前浪般滔滔不绝源源不断，杀敌一千，又来三千，越打越多，越打越强，而宋军却得不到任何补充，战死一个就少一个。

这是一场极其不公平的对决——对方的筹码无限供应，而你的筹码却十分有限！

这也是一场看不到希望的对决——就算你的胜率达到惊人的 90%，等待着你的依然只能是悲剧！

到这个时候，城中的精锐人多已经阵亡，但毛德祖依然不肯放弃。

外城被攻破了，他就在里面再筑了 3 道内城。

新筑的内城又被北魏军占领了两道，他还是凭借最后一道城墙死守不降。

在拓跋嗣的亲自督战下，北魏的倾国之师对小小的虎牢城不分昼夜地持续猛攻，城中的宋军将士根本得不到休息，眼睛都生了疮，但因为毛德祖深受士兵们爱戴，始终没有人有叛离之心。

当时宋军将领檀道济、刘粹、沈叔狸等人都率军驻扎在离虎牢不远的地方，却因惧怕北魏军的强大，都不敢前去救援。

到闰 4 月 23 日，虎牢城终于被北魏军攻破。

将士们劝毛德祖突围逃生，但毛德祖却斩钉截铁地拒绝了：我发誓与此城共存亡！

城陷了，他就巷战；马死了，他就步斗；枪断了，他就用佩剑；剑折了，他就肉搏；没力了，他就念咒语：画个圈圈诅咒你……

由于他的忠勇赢得了敌人的敬佩，拓跋嗣下令不准任何人伤害他，最终毛德祖没能实现自己战死沙场的愿望，力竭被擒。

此战之后，刘宋的司州、兖州、豫州等郡县全部被北魏占领，刘裕北伐后秦的成果至此全部丧失——关中被胡夏所得，包括洛阳在内的河南各地则落入了北魏囊中。

一波三折灭胡夏

不过，在此次南征中，北魏也付出了很大的代价，除了大量的战斗性减员，死于疾疫的也有十分之二三。

更严重的是，这场战争也极大地损伤了拓跋嗣原本就不大健康的身体。

正所谓有其父必有其子——拓跋嗣和其父拓跋珪一样都喜欢服用寒食散，药性频频发作，因此虽然他年纪尚轻，却一直疾病缠身。

也正是因为身体不佳，精力不足，他早在前一年就接受了崔浩的建议，立长子拓跋焘为太子，并让他监国，作为国家的副主，协助他处理政事。

公元423年11月，拓跋嗣因病去世，享年32岁。

年仅16岁的太子拓跋焘随即继位，是为北魏太武帝。

年轻的拓跋焘很快就表现出了他非同寻常的一面。

公元424年8月，北方的柔然可汗大檀趁北魏政权更迭之机，率军南下大举入侵——在他的眼里，治安总是在两地交界处最为薄弱，政权总是在两君交替时最为虚弱。

柔然军攻占了北魏旧都盛乐（今内蒙古和林格尔），大肆烧杀抢掠。

拓跋焘闻讯亲自率轻骑兵前去救援。

他昼夜兼行，仅用了三天两夜就赶到了前线，与敌军交上了火。

但由于初出茅庐，缺乏经验，拓跋焘此行所带的部队并不多，而他的对手却是大檀所率的柔然主力，很快他和他麾下的北魏军就陷入了柔然人的重围。

按照惯用"夸张"（也可以说是"吹牛不上税"）这种修辞手法的《魏书》记载：

当时拓跋焘本人所在的位置竟然被围了五十多重！柔然骑兵的马头都已经碰上了拓跋焘坐骑的马头！

这样的局面，对马的感情交流比如说接吻十分有利，但对拓跋焘的人身安全却是万分不利——可以说是危在旦夕！

眼看拓跋焘就要英年早逝以"最年轻的战死沙场的皇帝"而名垂青史，周围的北魏将士都大为恐惧，但第一次踏上战场的拓跋焘却毫不惊慌，泰然自若，表情依然是那么从容，目光依然是那么坚毅，似乎他看到的根本不是生命危险，而是风光无限！

他这种英勇无畏的表现，如惊涛骇浪中的定海神针安定了北魏军的情绪，如漫漫黑暗中的闪亮灯塔照亮了北魏军的前程，如茫茫沙漠中的突降甘霖滋润了北魏军的心灵。

在他的带动下，北魏军信心大振，勇气倍增，人人都奋不顾身，个个都英勇无比。

柔然人的作战原则向来就是"打得赢就打，打不赢就走，只捏软柿子，不碰硬骨头"，看见北魏军实在不好惹，他们逐渐萌生了退意。

在激烈的战斗中，柔然军中旗帜性的大将——大檀的侄子于陟斤被流箭射死，这成了压垮柔然人的最后一根稻草，他们再也无心作战，很快就如过境的台风般消失得无影无踪。

拓跋焘就这样创造了奇迹，完成了可能性只有 0.001% 的大逆转！

如果说莫扎特是为了音乐而生的，马拉多纳是为了足球而生的，徐霞客是为了旅游而生的，那么，拓跋焘就是为了打仗而生的！

在他的眼里，战场比游乐场还要好玩，打仗比打游戏还要有趣，他喜欢战争，享受杀戮，酷爱亲自出马东征西讨，嗜好亲冒矢石南征北战。

《宋书·索虏传》中这样描述这位北魏皇帝：（拓跋焘）壮健有筋力，勇于战斗，忍虐好杀，夷、宋畏之。攻城临敌，皆亲贯甲胄。

他是天生的战争狂人！

就像游戏狂人总是渴望通过一次次的打怪完成通关，他无比渴望通过一场场的战争，去征服所有不服，完成统一整个北方的大业！

当然，在这之前，他先要打服柔然，安定自己的后方。

公元 424 年 11 月，拓跋焘命大将长孙翰、尉眷率军北上，攻打柔然，大获全胜。

第二年 10 月，他又亲自率军北征，兵分五路，再次讨伐柔然。

见北魏军声势浩大，柔然各部大为惊慌，仓皇向北逃窜。

经过这两次大规模的军事行动，柔然人见识到了拓跋焘的厉害，一时不敢再轻举妄动。

这让拓跋焘得以腾出手来，开始推进自己的统一大业。

当时的北方大地，除了北魏帝国外，还有 4 个比较大的政权：胡夏、北燕、北凉、西秦。

与 10 年前相比，少了 3 个国家：后秦、南凉、西凉。

后秦亡于刘裕，这个我们之前讲过，在此不再赘述。

南凉亡于西秦。

话说南凉主秃发傉檀继位后，一直穷兵黩武，连年与周边的北凉、西秦等国作战。

然而好色者并不一定就威猛，好酒者并不一定就能喝，好战者也并不一定就善战。

秃发傉檀的战绩如车祸现场般惨不忍睹，屡战屡败，越打越衰，后来甚至连其都城姑臧（今甘肃武威）也被北凉攻占，只好迁到了乐都（今青海海东乐都区）。

公元 414 年，在秃发傉檀西征鲜卑乙弗部的时候，西秦主乞伏炽磐率军乘虚而入，攻占了乐都。

秃发傉檀无处可去，只好投降了西秦，后被毒死。

立国 18 年的南凉就此灭亡。

西凉则是被北凉所灭。

公元 417 年，西凉开国君主李暠病死，其子李歆继位。

公元 420 年，李歆听说北凉主沮渠蒙逊率军攻打西秦，便打算效仿乞伏炽磐灭南凉之计，率 3 万兵马前去偷袭北凉。

不料这正中沮渠蒙逊的下怀——其实他打西秦是假，诱西凉才是真。

得知李歆出兵，他立即迅速回军，同时却放出风声说他还在西秦境内作战。

李歆闻讯大喜，率部继续进军，结果在都渎涧（今甘肃张掖西）中了沮渠蒙逊的埋伏，最终全军覆没，李歆本人也死在了乱军之中。

随后沮渠蒙逊又乘胜进军，攻克了西凉都城酒泉。

但李歆的弟弟李恂不久又夺取了敦煌，继续打着西凉的旗号与北凉对抗。

公元 421 年，沮渠蒙逊率军攻占敦煌，李恂自杀。

西凉至此彻底灭亡，立国 22 年。

当然，西凉、南凉这样的偏远小国就算现在还继续存在，相比庞大的北魏帝国，也不过是弹弓比大炮——完全就不值一提。

在此时的拓跋焘眼里唯一还能算个对手的，是盘踞在关中一带的胡夏帝国。

不过，在攻取长安后的这几年，胡夏皇帝赫连勃勃并没有什么大的作为。

他天生狂妄自大，虽然什么事都不干，但什么牛都敢吹——他亲自给都城统万的 4 个城门命名，东门为招魏门，南门为朝宋门，西门为服凉门，北门为平朔门。

除了特别自大，他还特别残暴。

就像现在人随身总是带着手机一样，他无论走到哪里，他身边都带着弓和剑。

每次心情不爽的时候，他就亲自动手，杀人泄愤。

他的各种刑罚琳琅满目，只有你想不到的，没有他办不到的——群臣中有斜眼看他的，他就挖掉其眼珠；有笑他的，他就用刀划开其嘴唇；有敢进谏的，他就拔掉其舌头……

他不仅杀人随心所欲，处理政事也是同样随心所欲——甚至连换太子也比换衣服还随意。

他本来已经立了长子赫连璝为太子，但后来又喜欢上了小儿子赫连伦，便马上决定废掉赫连璝，改立赫连伦。

正所谓有其父必有其子，赫连璝也是个桀骜不驯的主，当然不会乖乖从命。

得知此事后，他立即从驻地长安领兵北上，攻打统万。

赫连伦受命率军迎击却兵败而死。

关键时刻，赫连勃勃的第三子赫连昌挺身而出，击败赫连璝，将其斩杀。

凭借立下的这个大功，赫连昌也顺理成章地成为了胡夏帝国新的太子。

公元 425 年 8 月，赫连勃勃在统万去世，享年 45 岁。

他的一生充满了传奇——从一个国破家亡的浪子，到一个称雄西北的开国君主，这世上有几人能够做到？

他的一生也充满了罪恶——对他来说，杀人比杀鸡还要随便，背叛比吃饭还要寻常，承诺比一元面额的津巴布韦币还要廉价！

他是无可置疑的人杰，但也是如假包换的人渣！

赫连勃勃死后，太子赫连昌随即继位。

赫连昌年轻气盛，颇有建功立业之心。

当然，秉承父亲传下来的"欺软怕硬"的优良传统，东面强大的北魏他是不敢主动去招惹的，只能把注意力放在了西面。

在那里，凉州诸国中硕果仅存的西秦和北凉两国为了争夺霸主之位一直打得不可开交。

公元 426 年 8 月，西秦主乞伏炽磐率部讨伐北凉，一路势如破竹，一直打到了位于北凉腹地的西安（今甘肃张掖东南）。

北凉主沮渠蒙逊一面拼命抵抗，一面向胡夏帝国求援，请求赫连昌乘西秦国内空虚之际，出兵攻打西秦国都枹罕（今甘肃临夏）。

赫连昌对此求之不得，自然立即答应，他派大将呼卢古、韦伐等人率军西伐，目标直指枹罕。

正如螳螂捕蝉的时候不会想到黄雀在后，他也万万没有想到，在他乘虚偷袭西秦的时候，有人会乘虚来打他自己！

此人正是北魏国主拓跋焘。

事实上，在赫连勃勃死去的消息传到北魏后不久，两征柔然刚刚班师的拓跋焘就已经把讨伐胡夏列入了议事日程。

他召集群臣商议。

老臣长孙嵩对此表示反对：不可，统万城极其坚固，易守难攻，如果我军久攻不下，柔然得知后乘虚入寇，那我们可就麻烦了。

崔浩则站出来力挺皇帝：臣夜观天象，发现近年来火星一直在羽林一带运行，这表示秦地的国家将会灭亡，而且今年金木水火土五星同时出现在东方，有利于向西讨伐。这是上天在指示我们，机不可失！

这番话正合拓跋焘之意，他当即拍板决意西征。

但长孙嵩依然坚持己见：陛下，这样真的很危险！

拓跋焘不听：该冒的险总还是要冒的。不倒翁虽然不会摔倒，但也不会前进一步！

而不识相的长孙嵩却还是不肯罢休，还在喋喋不休。

拓跋焘的忍耐力就和早泄患者的持久力一样——是极其有限的，他哪里受得了这些，很快就勃然大怒，大脑内指向"暴虐"分区的开关也被瞬间接通。

他当即命武士把长孙嵩的头按在地上，狠狠地羞辱了一番。

长孙嵩是北魏开国元老，历仕三朝，年高望重，在拓跋焘的父亲拓跋嗣继位时就曾名列"八公"之首，是朝中首屈一指的重臣，连他都遭到了如此的下场，还有谁敢再反对？

当年10月，拓跋焘命司空奚斤率军4.5万人南下攻打河东重镇蒲坂（今山西永济），大将周几率军一万奔袭关中西面的门户陕城（今河南三门峡西），随后再合兵一处，夺取长安。

他自己则亲率主力直扑胡夏国都统万城。

11月初，拓跋焘的大军抵达了黄河重要渡口君子津（今内蒙古清水河西北）。

当时正好寒潮骤至，气温骤降，河面被冻得严严实实，拓跋焘大喜，当即率两万轻骑踏冰渡过黄河，随后日夜兼程，驰往统万。

11月初七，北魏军如神兵天降般出现在了统万城下。

这一天正好是冬至，夏主赫连昌当时正在大宴群臣，酒酣耳热之际，突然闻知北魏来攻，他不由得大吃一惊。

不过自恃战斗经验丰富的他还是马上决定率部出城迎击——古有关云长温酒

斩华雄，今看本皇我热菜退魏军！

但愿望是美好的，现实是残酷的——醉驾出战的他被打得落花流水，大败而回。

北魏禁军将领豆代田在城门没来得及关闭之际混入城内，一路锐不可当，如入无人之境，一直杀进了夏主的西宫，还一把火烧掉了西宫门。

赫连昌调集大军对他进行围剿，他这才从容逾墙而出，全身而退。

拓跋焘对豆代田的勇猛大加赞赏，加封他为勇武将军。

当天夜里，北魏军在统万城北宿营。

为了激怒赫连昌，诱使其出城决战，第二天，拓跋焘下令分兵四出，在统万城外到处烧杀抢掠。

但赫连昌并未上当，一直龟缩在城内，摆出一副死守的架势。

拓跋焘知道，自己麾下这两万轻骑虽然擅长野战，却没带任何攻城器具，要让这些人去攻克坚固异常的统万城，就如同让在水中所向无敌的鲨鱼上岸去和老虎搏斗一样——不仅用非所长，而且毫无胜算！

因此他并没有一意孤行继续攻城，而是下令带着掳掠来的数万百姓班师回国。

和皇帝拓跋焘亲自统率的北路军相比，奚斤、周几等人所率的北魏南路大军则取得了更大的战果。

当然了，考试能得高分，有时不一定是水平有多高，而是因为题目太简单。

南路军这次能大获全胜，主要也是因为对手的表现实在太废柴。

北魏军离对方还有几十里地呢，驻守陕城的胡夏弘农太守曹达就已经弃城而逃，周几因而得以长驱直入，轻松突破潼关天险，进入关中腹地。

胡夏的蒲坂守将赫连乙斗也是个胆小鬼，得知北魏军奚斤所部大举来攻，他慌忙派使者到统万求援。

当时北魏军刚刚包围了统万城，看到城外刀枪如林，杀声震天，使者的裤裆顿时就湿了，哪里还敢靠近，只隔着十八里地远远瞥了一眼就马上回去报告：统万方面自身难保，咱们还是自求多福吧！

赫连乙斗大惊，连京城都快保不住了，那我还在这里卖什么命呀，便立即弃城逃往长安。

驻守长安的是夏主赫连昌的弟弟赫连助兴，听赫连乙斗一讲，他也吓坏了。

双怂合璧，其怂状自然更是无人可比。

两个人一合计，居然觉得长安也不保险，马上就以迅雷不及掩耳之势放弃了长安，一口气狂奔了500里，一直逃到了安定（今甘肃泾川）。

转眼间，所有胡夏守军就从长安消失得无影无踪，仿佛一个无声无息的屁，连一丝痕迹都没留下。

奚斤就这样捡了个超级大便宜，不费一枪一弹就轻松拿下了长安！

由于此时周几在军中病死，奚斤也就顺理成章地成为了北魏南路军的最高统帅。

北魏军声势大振，不仅关中各地纷纷归附，连北凉的沮渠蒙逊也遣使表示臣服。

这么糊里糊涂就丢了关中，赫连昌当然不肯甘心。

第二年刚刚开春，他就派自己的弟弟平原公赫连定（赫连勃勃第五子）率夏军主力南下关中，企图重新夺回长安。

得知这个消息后，拓跋焘立即下令砍伐树木，制造攻城器械，并在君子津修建浮桥，准备趁胡夏军主力不在、长安空虚之机，再次发兵攻打统万城。

经过一番紧锣密鼓的准备后，拓跋焘终于出手了。

他自领中军，同时命司徒长孙翰率3万骑兵为前锋，常山王拓跋素（拓跋遵之子）领3万步兵为后继，南阳王拓跋伏真等人则负责率军护送攻城器械，浩浩荡荡杀向统万。

5月，北魏军在君子津渡过黄河，随后进至拔邻山（今内蒙古准格尔旗南）。

在那里，拓跋焘作出了一个令所有人都瞠目结舌的决定——留下大部队和全部辎重、器械，由他本人亲率3万轻骑前去突袭统万。

群臣都非常不解，每个人心头都缠绕着十万个为什么：都知道轻骑兵不利于攻城，为什么还要这么做？你花这么大力气打造攻城器械，为什么现在又不用？难道是钱太多烧的，把脑子给烧开锅了？……

拓跋焘用不容置疑的口气解释说道：用兵之道，攻城是最下策，不到万不得已应尽量不用。如果我们带着大批步兵和攻城器械开进到城下，对方知道我们要攻城，一定会坚守到底。如果一时攻不下来，对方又坚壁清野，我们粮尽兵疲，情况就不妙了。不如用骑兵直抵城下，再故意示弱，引诱对方与我们决战，一定能得手！

这下群臣当然就无话可说了。

到达统万附近后，为了迷惑赫连昌，拓跋焘把大部队隐藏在山谷中，故意只带了少数骑兵来到城下挑战。

可惜他非但没有盼到赫连昌出战，反而先盼到了一盆冷水。

有个刚投降北魏的胡夏将领给拓跋焘提供了这么一个情报：夏主赫连昌听说魏军将至，曾派人征召赫连定回师，但赫连定却认为统万城坚固异常，只要专心守城，一时半会不会有事，等他平定了奚斤再回师夹击魏军。故而赫连昌决定坚守不出，等待弟弟回军。

这对拓跋焘来说当然不是个好消息。

但他并不愿就此放弃。

他先是令部队撤退以诱使对手追击，接着又让大将娥清率 5000 骑兵在城外到处掳掠，以激怒对手。

然而，这回赫连昌似乎成了坐怀不乱的柳下惠——无论面对什么诱惑，他都毫不心动，毫无行动，始终抱定自己的龟缩战术不动摇。

但拓跋焘知道，赫连昌毕竟不是柳下惠，而是个普通的男人。

他之所以没有动心，也许只是因为诱惑还不够大。

既然如此，那就给你来个性感迷人的绝色美女吧，看你还能不能坐得住！

于是，接下来就发生了下面的这一幕：

有个北魏士兵叛逃到了胡夏，向赫连昌汇报说，北魏军的粮食已经吃尽了，只能以野菜为食，他们的后勤辎重、步兵和攻城器械都远在几百里之外！

赫连昌果然把持不住了——北魏军已经断粮，这是个乘人之危的好机会。而且，如果现在不打，等北魏的后续部队来了，那可就不好打了！

千里马常有，这样的战机可不常有！

第二天，他亲率 3 万步骑出城，直扑北魏军。

见胡夏军来势汹汹，长孙翰建议说：夏军的步兵方阵密集严整，难以攻破，我们应避其锋锐才行。

拓跋焘反驳道：我们之所以大老远地跑来，本来就是要引诱他们出战的，现在他们来了，我们如果再避而不打，那岂不是长他人志气灭自己威风！

不过，话是这么说，拓跋焘也知道胡夏军现在气势正盛，正面硬拼显然并非良策。

他下令诈败诱敌。

见北魏军不战而逃，赫连昌不由得大喜——看来昨天得到的情报没错，北魏军果然已经到了山穷水尽的地步了！

他把部队分为左右两翼，对北魏军紧追不舍。

追了五六里地后，胡夏军本来紧凑密集的阵形逐渐出现了松动。

队伍越拉越开，越来越散——从开始的方形变成了一会儿 S 形一会儿 B 形，从开始的铁板一块变成了散沙一盘。

拓跋焘觉得战机已到，正打算发令反攻，没想到此时天气突变，从东南方向刮起了大风。

一时间，狂风大作，飞沙走石，刚才还是阳光明媚的天空像是被一支饱蘸浓墨的狼毫一笔涂黑，能见度不到一米五！

北魏军中有个精通术数的宦官赵倪，见此情景连忙对拓跋焘说：风从敌人那边吹来，我们逆风，敌人顺风，这说明天不助我！陛下还是先退兵回避，来日再战吧！

此时崔浩正在拓跋焘身边，当即怒斥他道：你这是什么话！我们早就定好了作战计划，怎么可以在一日之内说变就变！敌军贪功冒进，前后脱节，正是我们克敌制胜的好机会。刮风下雨全看我们怎么利用，怎么能够认为一定就会对我们不利！

崔浩所言正合拓跋焘之意。

他马上下令把全军分为左右两队，掉转方向，对胡夏军发起猛攻。

和以往一样，这次他还是身先士卒，冲锋在前。

激战中，拓跋焘的坐骑马失前蹄，他被摔下马来，险些被胡夏军擒获——幸亏他身边的护卫拓跋齐（拓跋焘的远房族兄）极力苦战，死死护住了他，他才得以幸免。

随后拓跋焘重新上马，挺起一枪，刺杀了胡夏尚书斛黎文，接着一下子又连续击杀了10多名敌军。

他越战越勇，越战越爽，越战越兴奋，沉醉在杀戮快感中的他连手掌被流矢击中也全然不顾。

皇帝都如此拼命，北魏军中还有谁敢不尽全力？

很快胡夏军就全线崩溃，败退下来。

北魏军乘胜追击，大获全胜，斩杀敌军万余人。

在北魏军的穷追猛打下，胡夏主赫连昌竟然慌不择路，走偏了方向，导致没能逃回城内，无奈只好带着少数残兵逃往上邽（今甘肃天水）。

而世间的事往往是会阴差阳错的。

有的人本该近视却偏偏不近视——比如看书看手机毫无节制的我老婆，有的人本不该近视却偏偏近视了——比如极其注重用眼卫生的我；有的人本该进城却偏偏没有进——比如赫连昌，有的人本不该进城却偏偏进去了——比如拓跋焘！

当时拓跋焘杀得兴起，一路不管不顾地追逐败兵，居然不知不觉地杀到了统万城内！

由于他冲得实在太过靠前，跟进来的北魏军很少，只有拓跋齐等少数几个随从。

虽然当时拓跋焘穿的只是普通的军服，而且那时候也没有几杠几星之类的军衔标志，可他的身份还是被城里的胡夏军认出来了。

他们立即关闭城门，想来个瓮中捉鳖。

但拓跋焘并不慌张——对他来这样的冒险家来说，无论身处什么样的险境都不会感觉到危险，他带着拓跋齐等数人趁着混乱混入了胡夏内宫，找到了几件女人的裙子，将其系在槊上制成一个简易的飞钩，借此爬上城墙，最终顺利脱险。

而因胡夏主赫连昌一直音讯皆无，统万城内也是人心惶惶，谣言满天飞，有说他被俘的，有说他被杀的，有说他先被俘再被杀的……

在恐慌情绪的支配下，当天晚上，胡夏尚书仆射闾至保护着赫连昌的母亲等人弃城而逃。

这样一来，城中再也没人能控制局面了。

次日，也就是公元427年6月3日，有人打开城门，迎接北魏军进城。

大批没来得及逃走的胡夏王公贵族、嫔妃公主都成为了北魏的战利品。

入城后的拓跋焘见统万城城墙坚固得可以磨刀，皇宫内的各种建筑奢华至极，生性节俭的他忍不住对此大发感慨：一个蕞尔小国，竟然如此不惜民力，焉能不亡！

不过，虽然对赫连勃勃的所作所为颇为鄙视，但拓跋焘对赫连勃勃的所生女儿却很是珍视——他把勃勃的3个女儿都纳入了后宫，其中有一个后来更是被封为了皇后！

之所以会这么做，也许后世某个同样出自游牧民族的名人所说的名言说出了他的心声：人生最大的快乐在于到处追杀敌人，侵略他们的土地，掠夺他们的财富，拥抱他们的妻女！

统万陷落的时候，赫连定还率军在长安与北魏将领奚斤相持，得知这个消息后，他也不敢再打下去了，慌忙率部退往上邽，与夏主赫连昌会合。

令人意外的是，之后拓跋焘并未一鼓作气继续西进，彻底消灭已经奄奄一息的胡夏政权，而是留卜常山王拓跋素等人镇守统万，自己则带着主力班师回国。

之所以作出这样的决策，拓跋焘当然有他的考虑——一方面他担心自己在外太久，后方的柔然会乘机作乱；另一方面，在他看来，丧失了大部分国土的胡夏已经不可能再翻起什么浪了，不如暂时先不去动它，让它和西秦、北凉等西北小国继续狗咬狗！

但长安城内的北魏大将奚斤却不这么看，他坚决请求要乘胜追击，直捣上邽。

在他的一再坚持下，拓跋焘最后还是批准了他的申请——奚斤这人的名字和"西进"同音，似乎还是挺适合西进的，上次西进长安就瞎猫撞到死老鼠中了大奖，这次没准额头又能撞上天花板！

毕竟，很多时候，运气比才气还要重要得多！

于是他又拨给了奚斤一万士卒和3000匹战马，同时还派大将娥清、丘堆等人前去支援。

7月，拓跋焘回到了平城。

果然不出他所料，柔然可汗大檀真的乘虚南下了，准备侵略云中（今内蒙古托克托），得知北魏军班师的消息，才不得不退兵。

不久，奚斤也踏上了他的西征之路。

应该说，他的开局还是很顺利的。

在北魏骁将尉眷的凌厉攻势下，夏主赫连昌不得不放弃了上邽，退保平凉（今甘肃平凉）。

奚斤则步步紧逼，进抵安定（今甘肃泾川）。

但在那里，他却遇到了麻烦。

由于遭受到了严重的疫病，北魏军的战马大批死亡，加上他们孤军深入已久，军粮也出现了问题。

夏主赫连昌乘机反守为攻，击败了在外征粮的北魏大将丘堆。

奚斤只好把部队都撤到了安定城内。

面对严峻的形势，他一筹莫展，双眉紧锁，三天没吃，四晚不睡，五脏俱焚，六神无主。

要打吧，没马；要守吧，没粮；要走吧，没方向；要和吧，没面子；要找个地洞钻下去吧，没地洞……

怎么办？

监军侍御史安颉（北魏开国元勋安同之子）劝奚斤与敌军决一死战。

奚斤不假思索就拒绝了：没有马，怎么打？

安颉说：战马再少，200匹总能凑出来吧？赫连昌急躁无谋又轻率好斗，常常亲自出阵挑战，我军士卒都认识他，如果我们设下伏兵，对他发动突袭，一定能生擒他！

奚斤还是不同意。

但安颉并没有放弃，他和另一名将领尉眷一起挑选了一批精骑，做好了出击的准备。

没过几天，赫连昌果然亲自来攻，安颉立即率部迎击，集中全部兵力，向赫连昌本人所在之处猛冲。

此时又是天色大变，狂风突起，沙尘飞扬。

这已经是赫连昌连续第二次碰到这样的情况了——如果说萧敬腾是雨神、云淡心远是云神（请原谅我的厚脸皮）的话，那他就是风神。

458

只不过这次的风向和上次不一样。

他是逆风。

由于风沙太大，赫连昌几乎睁不开眼睛，根本无法看清北魏军的动向，等到他发现敌军都是冲着自己来的时候，已经太晚了。

他慌忙拨马就逃。

不料他胯下的战马由于转弯太急加上没有 ESP，不可避免地发生了侧滑，一下子把他摔了个狗吃屎！

北魏军一拥而上，将他活捉。

皇帝被擒，胡夏军顿时失去了斗志，很快就败下阵来。

赫连昌的弟弟赫连定收集残兵万余人，退回了平凉，并在那里宣布继位，成为胡夏最后一任君主。

再看北魏那边。

此战过后，奚斤也坐不住了。

身为主帅的自己碌碌无为，而部下却大出风头，这就好比老师遇到难题束手无策，却被学生给轻易做出来了，世界上还有比这更丢面子的事吗？

饿死事小，面子事大，如果自己再不奋起直追，另建奇功，又有何颜面见代北父老？有何颜面见皇帝拓跋焘？

他必须抓获赫连定，彻底平定胡夏！

于是他命令部下丢弃所有辎重，只带 3 天口粮，迂回到平凉的后面，打算切断赫连定北逃的退路，将所有胡夏残部一网打尽。

由于抢功心切，走得太急，沿途又没有任何水源，走到马鬃岭（今宁夏固原西南）的时候，北魏军已经疲惫不堪，干渴难耐。

有个北魏士兵因犯法而叛逃到了平凉，把奚斤的窘境全都告诉了胡夏主赫连定。

赫连定本来已经想逃走了，得知这个消息大喜过望，立即命他为向导，领着自己前去截击。

此时的北魏军已经渴得快虚脱了，累得快迈不开腿了，哪里还有什么战斗力？

这一战，胡夏军胜得比 2002 年世界杯时的巴西对中国还要轻松——斩杀无数，奚斤、娥清等北魏将领悉数被俘。

留守安定的北魏老将丘堆听说奚斤战败，大惊失色，慌忙弃城逃回长安，接着又与长安守将拓跋礼一起放弃长安，逃到了蒲坂。

胡夏军乘机收复失地，时隔一年多后再次占领了长安。

消息传到平城，拓跋焘大为震怒。

这段时间的战报让他的心情经历了过山车般的刺激——先是奚斤所部遭遇疫病，陷入困境，接着是安颉抓获了对方皇帝赫连昌，现在又是奚斤被俘长安丢失……

幸亏他没有心脑血管疾病，否则恐怕早就受不了了！

他当即命人将丘堆斩首。

有过要惩，有功当然也要赏。

尉眷被封为宁北将军、渔阳公，安颉则被封为建节将军、西平公，代领丘堆的部众，负责镇守要地蒲坂。

对被送到平城的胡夏前国主赫连昌，拓跋焘也颇为优待。

毕竟，赫连昌还是有一定利用价值的。

因为胡夏尚未灭亡，甚至隐隐还有死灰复燃之势！

赫连定的野心极大，尽管又重新夺回了关中，但他并不满足。

他曾经登上苟蓝山（即贺兰山，位于今宁夏、内蒙古交界处），遥望旧都统万城，泪流满面，痛哭不已：先帝如果当初让我继承大业，又怎么可能会发生今日的事！

不过，虽然一心想复兴父亲在世时的荣光，但赫连定也不是莽夫。

他清楚地知道，现在的北魏拔根腿毛都比自己的胳膊粗，因此虽然他一直蠢蠢欲动，却一直没有轻举妄动。

直到公元 430 年的 3 月。

当时南朝的宋文帝刘义隆（刘裕第三子）发动了对北魏的大规模北伐，意图收复黄河以南的失地。

由于北魏在河南配置的军队很少，北魏国主拓跋焘下令暂时放弃河南之地，等冬季结冰后再渡河反击。

听说这个消息后，赫连定觉得自己的机会来了。

他一面立即出兵攻打北魏边境的鄜城（今陕西洛川），一面派使臣出使建康，与刘宋结盟，约定共攻北魏，灭掉北魏后以恒山为界平分北魏的领土。

面对两线作战的不利形势，拓跋焘果断决定东面对刘宋采取守势，先集中力量先对付实力更弱的胡夏。

朝中的群臣大多对此表示反对：这样不行啊，如果我们西线被夏国拖住，不能迅速取胜，东面的宋军一定会乘虚北上，河北地区就危险了。

但崔浩却旗帜鲜明地支持拓跋焘的意见：宋军最多不过是要想守住黄河防线，绝不可能再继续北上。而赫连定只是枯树的残根，一击就倒，我们平定夏国后再东出潼关，席卷而前，江淮大地必将尽归我所有！

他的话既有说服力又有感染力，顿时如万吨冲压机将钢板定型成车身一样将此时北魏朝廷所需的决策迅速定型。

拓跋焘也就不再迟疑，立即亲自领兵西征。

11 月，北魏军抵达了赫连定的老巢平凉。

此时赫连定还在鄜城与北魏军相持——就这种战斗力也想联宋灭魏，唉，赫连定也不撒泡那啥自己照照。

得知这个消息后，他顿时大惊，连忙撤兵，回援平凉。

拓跋焘对此早有预料，事先已派大将古弼切断了他的退路。

赫连定无路可走，只好与古弼死磕。

古弼佯装败退，赫连定紧追不舍，没想到中途中了北魏军的埋伏，胡夏军大败，赫连定带着余众逃到了鹑觚原（今陕西长武西北）。

北魏军将其团团围住，并切断了水源。

胡夏军干渴难耐，最后只得抱着"宁做战死鬼，不愿渴死人"的心态冒死突围。

但北魏军早有防备，哪这么容易冲得出去？

经过一番苦战，胡夏军大多被歼——实现了他们"做战死鬼"的愿望。

赫连定本人虽然侥幸杀出了重围，却也身负重伤，后收集残兵，逃往上邽。

此役过后，各地的胡夏守将再无战意，要么弃城而逃，要么献城投降，包括长安、平凉在内的关中地区全都为北魏所得。

在西线大获成功的同时，北魏军在东线也趁着黄河封冻的机会，渡过黄河向宋军发动了反攻，很快就收复了洛阳、滑台等河南各地。

宋文帝刘义隆发动的第一次元嘉北伐（元嘉为宋文帝的年号）就此宣告失败。

之后的北方形势逐渐明朗。

任何人都看得出，在胡夏的最后一支主力被歼后，北方的统一已经只是个时间问题了——就像春天到了，花迟早会开一样！

事实也证明了这一点，在短短半年时间内，甚至根本就没用拓跋焘动手，西秦和胡夏两国就先后宣告灭亡了！

西秦这几年一直在苟延残喘。

先是在公元 426 年进攻北凉时被胡夏偷袭，受到重创，两年后国主乞伏炽磐又死了，太子乞伏暮末继位。

此后西秦国内一直叛乱频仍，外敌北凉又多次入侵，内外夹攻之下，西秦的国势如在下坡路上刹车失灵的车辆一样不断加速下滑。

后来眼看实在是揭不开锅了，乞伏暮末无奈只得主动寻求转型——转成了乞丐暮末。

他向北魏国主拓跋焘摇尾乞怜，请求归附：我真的活不下去了，您就可怜可怜我，打发点吧！

拓跋焘同意了他的申请，下令把平凉、安定等地封给他。

乞伏暮末喜出望外，连忙把城池房子都烧了，带着部众东迁，没想到中途却被胡夏赫连定拦住了去路，乞伏暮末根本过不去，只好在南安（今甘肃陇西）停了下来。

没住的，就搭草棚；没吃的，就挖草根；没喝的，就喝西北风……

公元431年初，赫连定派他的叔父赫连韦伐率一万兵马前去攻打南安。

虽然胡夏现在已经很衰了，但衰中更有衰中手，比起挣扎在生存线上的西秦还是要强出不少，因此在这两个末等生的对决中，胡夏占了明显的上风，乞伏暮末抵挡不住，只好出城投降，不久被赫连定杀死。

西秦就此灭亡，立国共37年。

灭掉西秦，对本已穷途末路的赫连定来说，无疑是一支强心针，让他的信心大为增强；但同时却也是一瓶致幻剂，让他对自己的实力产生了不切实际的幻想——明明只是狗屎，却自以为是天使！

也正是在这种心态的支配下，他决心继续向西进军，夺取北凉的领土。

但幻想毕竟只是幻想。

正如幻想着"我要什么就是什么，我喜欢谁就是谁"的阿Q最终什么都没得到就被杀了头一样，赫连定最终连北凉的边都没摸到就挂了。

袭击他的是一支游牧部落——吐谷浑。

据说吐谷浑源出于慕容鲜卑，其始祖慕容吐谷浑是慕容部首领慕容廆的庶长兄，因与慕容廆不和，吐谷浑率部西迁到了今青海一带，后世代相传，以始祖吐谷浑为族名。

本来吐谷浑一直生活在西秦的阴影下，但近几年西秦衰落，吐谷浑部得以迅速发展壮大。

当年六月，就在赫连定北渡黄河刚渡到一半的时候，吐谷浑可汗慕瞶（guì）遣军突然发动偷袭。

赫连定毫无防备，兵败被擒，后被送到北魏，拓跋焘将其斩首。

胡夏灭亡，立国25年。

一统北方

至此，整个中国北方只剩下了3个主要的政权：北魏、北燕和北凉。

北凉主沮渠蒙逊是个识时务的人，他清楚地知道自己无法与强大的北魏相抗衡，此前早已向北魏称臣纳贡，被拓跋焘封为侍中、征西大将军、凉王。

与北魏为敌的，只剩下了一个割据辽西的北燕。

北燕的实际创建者冯跋已经于公元 430 年去世，此时在位的是其弟冯弘。

冯弘的位子是夺来的——他在冯跋病重弥留之际突然发动政变，将太子冯翼和冯跋的其余 100 多个儿子（冯跋应该是中国历代君主中无可争议的生子冠军）全都杀死，登上了天王之位。

可怜的冯跋就这样成了冯白劳——他辛苦耕耘几十年才收获的这么多儿子，竟然大多连名字都没留下就从这个世界彻底消失了！

由于北燕的国民大多是原来后燕的子民，对当初杀掉自己无数亲人的死敌北魏有着刻骨铭心的仇恨，因此为了顺应民心，北燕政权自建立以来，就一直和北魏不对付，而与北魏的对手柔然、胡夏等国却一直保持着友好关系。

之前由于北燕地处偏远，国力也不强，加上冯跋奉行的政策主要是自保，对北魏并没有什么实质性的威胁，因此两国之间的冲突并不多。

但现在的形势已经完全不同了——拓跋焘志在一统北方，当然不可能容忍卧榻之侧存在这么一个敌对政权。

公元 432 年 6 月，拓跋焘率军从平城出发，前往讨伐北燕，一路势如破竹，北燕石城（今辽宁凌源）等 10 郡的守将纷纷投降。

北魏军很快把北燕国都龙城（今辽宁朝阳）团团围住。

不过，经过慕容氏多年经营的龙城十分险固，北魏军又向来只擅野战，不擅攻城，因而围攻了两个多月依然未果。

拓跋焘并没有再继续坚持，他把辽东（今辽宁辽阳）等 6 郡的 3 万多百姓迁到北魏所属的幽州（今北京）地区，随后班师回国。

就和当初灭胡夏一样，他灭国并不指望能一蹴而就，而是把这一过程当成拔大树——先左右摇晃，让树的根基逐步松动，等持续多次以后再拔，就轻而易举了！

屋漏偏逢连夜雨，北魏撤军不久，北燕又发生了内乱。

冯弘的长子冯崇因没被立为太子而心生怨恨，秘密派使者与北魏联络，打算献出自己镇守的肥如（今河北卢龙）投降北魏。

没想到他虑事不密导致消息走漏，北燕主冯弘立即派兵将冯崇包围。

冯崇连忙向北魏求救。

拓跋焘派永昌王拓跋健（拓跋焘之弟）率军前去救援，很快就击败了北燕军，救出冯崇，接着又攻克了北燕的凡城（今河北平泉）等地，随后撤军回国。

在北魏接二连三的打击下，冯弘不得不低下了自己的头颅——派出使者，向北魏表示臣服。

拓跋焘提出了一个条件：必须把北燕太子冯王仁送到北魏国都平城作为人质。

但冯弘却借口太子有病，一直没有把冯王仁送过去。

在一次又一次的失望后，拓跋焘终于失去了耐心。

公元435年6月，拓跋焘派其弟乐平王拓跋丕领兵4万再次讨伐北燕，一直进抵到了龙城城下，抢掠了男女6000多人后才撤兵。

这下冯弘终于认识到了问题的严重性——在北魏的不断蚕食下，北燕不仅国土日渐缩小，人口更是以十次方根级别迅速减少，再这样下去，要不了多久他就会成真正的孤家寡人了！

他不得不开始寻找退路。

不过他并不打算投降北魏。

因为他知道，落到拓跋焘的手里是肯定没有好下场的——前胡夏主赫连昌就是个例子，虽然刚开始拓跋焘对他非常优待，但胡夏灭亡后不久，他和他的兄弟就全都被杀了！

经过再三考虑，他决定向东面的邻国高句丽申请政治避难。

他派使者前往高句丽，请求对方派兵迎接自己。

这一天很快就来了。

公元436年，拓跋焘再次遣军大举伐燕。

冯弘没有再进行无谓的抵抗，而是一把火烧掉了龙城，随后带着城中百姓，在高句丽军的保护下，一起逃往高句丽，开创了历史上流亡君主的先河。

北燕至此灭亡，立国30年。

吞并北燕后，拓跋焘又开始把解决北凉提上了议事日程。

北凉主沮渠蒙逊已于公元433年去世，此时在位的是其子沮渠牧犍。

北凉早就对北魏称臣，沮渠牧犍对北魏这个宗主国也一直非常恭敬。

让送妹妹就送妹妹——沮渠牧犍的妹妹嫁给了拓跋焘，被封为右昭仪；

让娶妹妹就娶妹妹——拓跋焘的妹妹武威公主嫁给了沮渠牧犍，是其王后；

让送儿子就送儿子——因拓跋焘的征召，沮渠牧犍的太子沮渠封坛被送到了平城，作为人质；

让送自己……呃，这个只能到时再说了……

总而言之，如果我算得上是模范丈夫的话，那沮渠牧健完全可以称得上是模范藩属国国君。

要对这样一个人畜无害的友好国家动手，当然得找一个合适的理由。

464

这难不倒拓跋焘。

公元 439 年 6 月，他以"番茄炒蛋里挑恐龙化石"为原则，"欲加之罪，何患无辞"为宗旨，对外大张旗鼓地公布了北凉主沮渠牧犍的 12 条罪状，随后亲自领兵西征，讨伐北凉，很快就进抵北凉国都姑臧（今甘肃武威）城下。

9 月，沮渠牧犍自缚出降。

北凉就此灭亡，立国 43 年。

拓跋焘终于实现了统一北方的夙愿。

持续 130 多年的十六国时期至此结束。

历史也翻开了新的一页——吞并了北方诸国后的北魏和南朝的刘宋南北对峙，真正意义上的南北朝时代就此开始。

附录 十六国帝王表

匈奴汉国——前赵（304年—329年）

庙号	谥号	帝王姓名	在位时间	关系
高祖	光文皇帝	刘渊	304年—310年	
		刘和	310年	刘渊长子
烈宗	昭武皇帝	刘聪	310年—318年	刘渊第四子
		刘粲	318年	刘聪之子
		刘曜	318年—329年	刘渊堂侄

成——汉（304年—347年）

庙号	谥号	帝王姓名	在位时间	关系
太宗	武皇帝	李雄	304年—334年	
	哀皇帝	李班	334年	李雄侄子
	幽公	李期	334年—338年	李雄第四子
	昭文皇帝	李寿	338年—343年	李雄堂弟
		李势	343年—347年	李寿长子

前凉（317年—376年）

庙号	谥号	帝王姓名	在位时间	关系
高祖	昭王	张寔	317年—320年	——
太宗	成王	张茂	320年—324年	张寔之弟
世祖	文王	张骏	324年—346年	张寔之子
世宗	桓王	张重华	346年—353年	张骏次子
英宗	哀公	张耀灵	353年	张重华之子
高宗	威王	张祚	353年—355年	张骏庶长子
烈宗	冲公	张玄靓	355年—363年	张耀灵之弟
神宗	悼公	张天锡	363年—376年	张骏幼子

466

后赵（319 年—351 年）

庙号	谥号	帝王姓名	在位时间	关系
高祖	明皇帝	石勒	319 年—333 年	
		石弘	333 年—334 年	石勒次子
太祖	武皇帝	石虎	334 年—349 年	石勒堂侄
		石世	349 年	石虎之子
		石遵	349 年	石虎第九子
		石鉴	349 年—350 年	石虎第三子
		石祗	350 年—351 年	石虎之子

前燕（337 年—370 年）

庙号	谥号	帝王姓名	在位时间	关系
太祖	文明皇帝	慕容皝	337 年—348 年	
烈祖	景昭皇帝	慕容俊	348 年—360 年	慕容皝次子
	幽皇帝	慕容暐	360 年—370 年	慕容俊第三子

前秦（351 年—394 年）

庙号	谥号	帝王姓名	在位时间	关系
高祖	明皇帝	苻健	351 年—355 年	
	厉王	苻生	355 年—357 年	苻健第三子
世祖	宣昭皇帝	苻坚	357 年—385 年	苻健侄子
	哀平皇帝	苻丕	385 年—386 年	苻坚庶长子
太宗	高皇帝	苻登	386 年—394 年	苻坚族孙
		苻崇	394 年	苻登之子

467

后燕（384 年—407 年）

庙号	谥号	帝王姓名	在位时间	关系
世祖	武成皇帝	慕容垂	384 年—396 年	
烈宗	惠愍皇帝	慕容宝	396 年—398 年	慕容垂第四子
中宗	昭武皇帝	慕容盛	398 年—401 年	慕容宝庶长子
	昭文皇帝	慕容熙	401 年—407 年	慕容垂幼子

后秦（384 年—417 年）

庙号	谥号	帝王姓名	在位时间	关系
太祖	武昭皇帝	姚苌	384 年—394 年	
高祖	文桓皇帝	姚兴	394 年—416 年	姚苌长子
		姚泓	416 年—417 年	姚兴长子

南燕（398 年—410 年）

庙号	谥号	帝王姓名	在位时间	关系
世宗	献武皇帝	慕容德	398 年—405 年	
		慕容超	405 年—410 年	慕容德侄子

北燕（407 年—436 年）

庙号	谥号	帝王姓名	在位时间	关系
	惠懿皇帝	高云	407 年—409 年	慕容宝养子
太祖	文成皇帝	冯跋	409 年—430 年	
	昭成皇帝	冯弘	430 年—436 年	冯跋之弟

后凉（386年—403年）

庙号	谥号	帝王姓名	在位时间	关系
太祖	懿武皇帝	吕光	386年—399年	
	隐王	吕绍	399年	吕光之子
	灵皇帝	吕纂	399年—401年	吕光庶长子
		吕隆	401年—403年	吕光侄子

西秦（385年—400年，409年—431年）

庙号	谥号	帝王姓名	在位时间	关系
烈祖	宣烈王	乞伏国仁	385年—388年	
高祖	武元王	乞伏乾归	388年—400年 409年—412年	乞伏国仁之弟
太祖	文昭王	乞伏炽磐	412年—428年	乞伏乾归长子
		乞伏暮末	428年—431年	乞伏炽磐次子

南凉（397年—414年）

庙号	谥号	帝王姓名	在位时间	关系
烈祖	武王	秃发乌孤	397年　399年	
	康王	秃发利鹿孤	399年—402年	秃发乌孤之弟
	景王	秃发傉檀	402年—414年	秃发利鹿孤之弟

西凉（400年—421年）

庙号	谥号	帝王姓名	在位时间	关系
太祖	武昭王	李暠	400年—417年	
		李歆	417年—420年	李暠次子
		李恂	420年—421年	李歆之弟

北凉（397 年—439 年）

庙号	谥号	帝王姓名	在位时间	关系
		段业	397 年—401 年	
太祖	武宣王	沮渠蒙逊	401 年—433 年	
	哀王	沮渠牧犍	433 年—439 年	沮渠蒙逊第三子

胡夏（407 年—431 年）

庙号	谥号	帝王姓名	在位时间	关系
世祖	武烈皇帝	赫连勃勃	407 年—425 年	
		赫连昌	425 年—428 年	赫连勃勃第三子
		赫连定	428 年—431 年	赫连勃勃第五子